本书出版得到2017年国家社会科学基金项目(17BGL007
科学基金项目(19BJY096)的资助

经济管理学术文库·管理类

"四新经济"赋能制造业转型升级

杨水利／著

经济管理出版社

ECONOMY & MANAGEMENT PUBLISHING HOUSE

图书在版编目（CIP）数据

"四新经济"赋能制造业转型升级/杨水利著 . —北京：经济管理出版社，2020.10
ISBN 978 - 7 - 5096 - 7656 - 1

Ⅰ. ①四… Ⅱ. ①杨… Ⅲ. ①制造工业—工业经济—转型经济—研究—中国 Ⅳ. ①F426.4

中国版本图书馆 CIP 数据核字（2020）第 236951 号

组稿编辑：魏晨红
责任编辑：魏晨红
责任印制：黄章平
责任校对：王淑卿

出版发行：经济管理出版社
　　　　　（北京市海淀区北蜂窝 8 号中雅大厦 A 座 11 层　100038）
网　　　址：www. E - mp. com. cn
电　　话：（010）51915602
印　　刷：三河市延风印装有限公司
经　　销：新华书店
开　　本：720mm × 1000mm/16
印　　张：20
字　　数：346 千字
版　　次：2020 年 10 月第 1 版　　2020 年 10 月第 1 次印刷
书　　号：ISBN 978 - 7 - 5096 - 7656 - 1
定　　价：88. 00 元

前　言

　　制造业是实体经济的主体，也是推动经济高质量发展、培育国际竞争新优势和保障国家安全的根本所在。经过改革开放 40 多年的发展，中国制造业凭借自身综合比较成本优势，积极融入国际产业分工网络，通过发达国家的"主动溢出"与"倒逼"机制，实现了快速的工艺升级和产品升级。伴随着我国制造业参与国际分工程度的不断加深，依靠发达国家技术溢出效应对企业生产效率的带动作用已接近"阈值"，我国制造业陷入"结构封锁效应"和"低端锁定效应"双重困境，所产生的"价值增值小、获利能力低、议价能力弱、核心技术缺乏与主导权不足"现象，严重阻碍了我国制造业新一轮国际竞争优势的培育与塑造。近年来，技术创新衍生的成本红利和低成本比较优势促使发达国家制造业回流与向东南亚、非洲等地区转移并存，致使我国制造业参与全球价值链分工地位"低端化"、价值增值"贫困化"、核心技术"空心化"、供需矛盾"尖锐化"等问题突出。如何准确把握制造业发展实态，明晰制造业转型升级的战略定位，设计制造业转型升级的路径方案，厘清新情境下制造业转型升级政策的现实需求，是决定制造业转型升级的关键所在。

　　现阶段我国制造业保持平稳较快增长，但增长动能转换机制尚未实现；科技投入强度不断增强，但关键领域创新能力仍然低下；产业结构不断优化，但产能过剩问题依旧突出；信息基础设施建设进度加快，但"两化"融合水平有待提高；节能减排效率明显提升，但总量压力日益严峻；国际竞争力不断提高，但"双端挤压"困局亟待突破。以"新技术、新产业、新业态、新模式"为核心的"四新经济"释放的增值空间与价值红利，正加速推进区域间分工协作机制重构、国家间价值收益格局重配、产业国际竞争优势重塑、全球价值链治理规则重整，世界经济面临"百年未有之大变局"。在此情境下，中国制造业应如何应对新贸易保护新形势和国内经济新常态等新挑战，把握"一带一路""长江经济带""粤港澳大湾区建设""供给侧结构性改革""新基建"等新机遇,推动产业升级已成为现阶段迫切需要解决的现实问题,对于增强我国制造业核心竞争力和建设制造强国具有重要的理论意义和实践意义。

本书是笔者主持完成的2017年国家社会科学基金项目"传统制造业企业转型升级的战略定位、路径与支撑体系研究"(17BGL007),以及主持的2019年国家社会科学基金项目"中美贸易新形势下我国先进制造业应对策略及转型升级路径研究"(19BJY096)的主要研究成果。面对国际反全球化与新贸易保护新形势和国内经济新常态,以制造强国战略为导向、转型升级为主题、提质增效为中心,以制造业为研究对象,按照"创新驱动、质量为先、绿色发展、结构优化"的原则,运用价值链理论、产业分工理论、技术创新理论、竞争战略理论、资源基础理论和动态能力理论等,采用文本分析法、比较分析法、问卷调查法、访谈调查法、模型构建法和案例研究法研究制造业转型升级的战略定位、路径选择及支撑体系。

结合"新技术、新产业、新业态、新模式",从我国制造业在全球产业链中的价值链定位、国际国内竞争中的市场定位、产业融合与协同发展中的产业定位三方面综合明确我国制造业转型升级的战略定位;从区域协同发展、产业、企业、产品四方面设计转型升级具体路径,并结合典型案例论证路径可行性;从创新驱动发展机制、绿色发展协调机制、平台建设带动机制和产业政策措施建议四个方面构建制造业转型升级的支撑体系,对于深化转型升级领域的研究具有重要的学术理论价值。

本书致力于设计制造业转型升级路径体系。通过连续三年(2017~2019年)现场参与"南京·世界智能制造大会",并实地走访北京、上海、广东、江苏、浙江、湖北、山东、重庆、吉林、辽宁、陕西等地,最终完成了对全国规模以上483家制造业的入户调研(其中上市公司总数281家,工信部转型升级试点、示范单位202家,国有企业160家),涵盖了全国27个省(市、自治区)25个制造业细分行业领域,最终设计出基于区域协同发展、产业、企业、产品四方面共计29条转型升级路径,对制造业转型升级具有重要应用价值。

本书的如期出版,首先感谢2017年和2019年国家社会科学基金项目资助,感谢经济管理出版社为本书的出版提供平台支持。还要感谢国家社会科学基金项目团队的博士研究生杨祎、梁永康、李雷,硕士研究生叶妍、张仁丹、刘蕊、许博、段鹏、王思翔、范晓珍、张玉洁、姜文浩付出的辛勤劳动,他们在调研访谈、问卷调查等数据采集与统计及资料收集等方面做了大量工作,尤其是博士研究生杨祎和《西安理工大学学报》编辑部副编审王卫勋仔细阅读书稿，提出了宝贵意见。对于接受我们访谈、填写问卷、提供数据支持的企业界朋友们，在此谨表衷心谢意。

本书的如期出版，对于笔者来讲既是课题研究的成果，也是科研活动的延续。如果本书对推动我国制造业转型升级有所裨益，笔者会感到十分欣慰。若有不妥之处，敬请批评指正。相关意见请发 E – mail：slyangxaut@ 126. com，以期再版时改进。

目　录

1 绪 论

本章对研究背景进行论述，从理论和时间两方面总结研究意义，通过对制造业和转型升级相关概念界定，明确研究对象，结合具体的研究内容和研究方法确立升级起点。

1.1 研究背景

新一轮科技革命和产业变革正加速重塑制造业现有的技术范式和经济范式。以新一代信息技术和人工智能为代表的新的通用技术和使能技术，加快推进新一代信息技术设备制造、高端装备制造、新能源汽车、节能环保设备等一批先导产业的涌现，同时逐步渗入钢铁材料、有色金属材料、石化化工材料、无机非金属材料、生物制造等传统产业部门，为全球经济的新一轮增长和包容性发展提供了巨大动能。以"新技术、新产业、新业态、新模式"为核心的"四新经济"释放的价值红利虽然能惠及全球，但增值收益在国家间的分配却是不均衡的。发达工业国家希望通过加快前沿技术突破和先导产业发展，进一步巩固和强化其在全球价值链中的链主地位，例如，美国推行的"制造业战略"、德国的"工业4.0"、日本的"机器人新战略"等；而已具备一定工业基础和技术能力的后发国家，也希望借助新工业革命打开的机会窗口，通过更新技术轨道和发展路径实现赶超，如俄罗斯实施的"国家技术计划"、印度实施的"印度制造战略"等。因此，赶超成为新一轮科技革命和产业变革的主题。

在此背景下，发达国家与发展中国家在"四新经济"领域差距的持续收敛，逐步催生出区域间分工协作机制重构、国家间价值收益格局重配、产业国际竞争优势重塑、全球价值链治理规则重整（谢伏瞻，2019；李向阳，2018；刘志彪、吴福象，2018；程大中，2015）[1-4]，世界面临"百年未有之大变局"。

中国自加入世界贸易组织以来，凭借自身要素禀赋优势、优惠政策的"洼地"效应以及嵌入全球价值链的出口导向发展模式，中国制造业产业规模迅猛发展，2000～2018 年，中国制造业增加值从 0.38 万亿美元增长至 4.00 万亿美元，制造业增加值规模从只有美国的 24.34%上升至 171.34%，中国制造业规模发展已位居世界第一；产业结构不断优化，2019 年中国高技术水平制造业增加值较 2018 年增幅近 9 个百分点，增速较规模以上工业快 3.1%。同期高技术水平制造业投资增幅超 17.3%，快于制造业总体投资的 11.9%，产业结构持续升级；产业体系完整性和配套性快速提升，目前，全球仅有中国囊括了所有分类工业（具体涵盖 39 个工业大类、191 个工业中类、525 个工业小类），中国制造业产业体系的完整性与配套性日趋增强。随着发达国家制造业回流与对贸易溢出效应的固守，依靠成熟技术基础释放的增值空间带动产业发展逼近"阈值"，中国制造业遭遇全要素生产率下降、核心技术缺失、重大关键核心技术装备高度对外依存，供给不能适应需求的结构性矛盾日趋显著，中国制造业面临内生动力不足与国际壁垒带来的价值链分工地位"低端化"、需求结构升级与要素成本上升造成的价值链增长方式"贫困化"、价值链整体低端化与局部区域差异化产生的价值链发展路径"多元化"、产品模块化与功能模块化的动态分离与整合导致的价值链治理结构"复杂化"等多重困境[4]。中国陷入"中等收入陷阱"趋势凸显。基于此，中国政府适时提出一系列重大战略举措，以期推动制造业转型升级。具体包含：在区域协同发展层面，基于"一带一路"倡议构建包容性全球价值链、长江经济带建设、粤港澳大湾区建设、海南自贸港和各省市区自贸区建设构建的新型区域价值链，基于"金砖合作"框架推动产业转移与国际产能合作、基于"中欧投资"协定推动产业投资便利化、基于"中日韩区域全面经济伙伴关系"协定培育产业技术交流与创新高地；在产业层面，基于"供给侧结构性改革"推动供给要素与需求要素的协同匹配，基于"制造强国"、战略新兴产业引领"核高基""两化融合""两业融合"等产业发展新动能；在企业层面，基于"智能制造""绿色制造"与"服务型制造"的产业多元升级路径。

1.2 研究意义

当前我国经济发展已由高速增长阶段转向高质量发展阶段，产业正处于"转方式、调结构、换动力"的关键时期。如何推动制造业转型升级，促进产业迈向全球价值链中高端已成为现阶段迫切需要解决的现实问题。以明晰我国制造业发展实态为基础，研究我国制造业转型升级的战略定位、路径及支撑体系，对于培育产业转型升级新动能，塑造国际竞争新优势具有重要的理论和现实价值。研究意义主要体现在以下三个方面：

第一，研究聚焦于我国制造业转型升级的战略定位研究。突破以往产业协调视角，着重从全球制造业发展演化和转移趋势、全球价值链参与度与价值增值，结合机会与威胁、优势与劣势分析，提出我国制造业转型升级的"三个战略定位"，研究结论将进一步充实和丰富制造业转型升级理论体系。

第二，研究致力于破解我国制造业转型升级实现路径问题。突破以往价值链和竞争能力视角，着重从区域协同发展、产业、企业和产品四个层面设计不同路径，结合案例分析，为我国制造业转型升级提供可以借鉴的路径方案，研究结论对产业高质量发展具有重要的实践指导意义和应用价值。

第三，研究专注于我国制造业转型升级的支撑体系研究。突破以往制度视角和财税政策视角，着重从创新驱动发展机制、绿色协调发展机制、基础平台建设和产业政策措施四个方面构建转型升级支撑体系，研究结论可为产业主管部门政策的制定提供智力支持。

1.3 相关概念界定

1.3.1 制造业

根据中华人民共和国国家统计局 2017 年发布的《国民经济行业分类》（GB/T 4754—2017），全部制造业分为 31 个大的门类，如表 1 – 1 所示。

表1-1 制造业涉及行业代码和名称

序号	代码	行业名称
1	C13	农副产品加工业
2	C14	食品制造业
3	C15	酒、饮料和精制茶制造业
4	C16	烟草制品业
5	C17	纺织业
6	C18	纺织服装、服饰业
7	C19	皮革、毛皮、羽毛及其制品和制鞋业
8	C20	木材加工和木、竹、藤、棕、草制品业
9	C21	家具制造业
10	C22	造纸和纸制品业
11	C23	印刷和记录媒介复制业
12	C24	文教、工美、体育和娱乐用品制造业
13	C26	化学原料和化学制品制造业
14	C29	橡胶和塑料制品业
15	C30	非金属矿物制品业
16	C33	金属制品业
17	C34	通用设备制造业
18	C35	专用设备制造业
19	C36	汽车制造业
20	C37	铁路、船舶、航空航天和其他运输设备制造业
21	C38	电气机械和器材制造业
22	C40	仪器仪表制造业
23	C41	其他制造业
24	C42	废弃资源综合利用业
25	C43	金属制品、机械和设备修理业

资料来源：依据2017年《国民经济行业分类》（GB/T 4754—2017）整理所得。

1.3.2 四新经济

四新经济指"新技术、新产业、新业态、新模式"的经济形态，是在新一代信息技术革命、新工业革命以及制造业与服务业融合发展的背景下，以现代信息技术广泛嵌入和深化应用为基础，以市场需求为根本导向，以技术创新、应用创新、模式创新为内核并相互融合的新型经济形态。

1.3.3 转型升级

立足于制造业转型升级，侧重于从区域协同发展、产业、企业、产品四个方面研究转型升级问题。通常来讲，转型升级可以从"转型"和"升级"两个维度来理解。"转型"是从组织形式、结构、发展模式、实现目标等方面的转换与变革；"升级"则更注重内部核心竞争力及动态能力。"转型"与"升级"具有内在一致性，转型行为与升级行为紧密相连，既无必要也无可能将它们分裂开来（毛蕴诗等，2015）[5]。本书中的"转型升级"是指制造业在不同发展模式之间的转变，从数量扩张到质量提升转变，从依靠生产要素驱动向依靠创新驱动、需求驱动转变，实现更高的全要素生产率，从价值链的低端走向中高端，实现更高的利润水平和增加值。

1.4 研究内容与研究方法

1.4.1 研究内容

通过制造业发展实态分析，结合新情境研究产业转型升级的战略定位、路径设计以及相应的机制和政策支撑体系，研究内容主要包括以下五个方面：

（1）制造业转型升级实态研究。包括从经济效益、科技创新投入产出、能源消耗和环境污染四个方面分析制造业转型升级实态。

（2）全球制造业转型升级的比较研究。包括美国、德国、日本制造业转型升级的成功模式与经验借鉴。深入分析美国、德国、日本等国家制造业发展及转型升级的过程及规律，通过典型产业升级案例研究，总结出成功模式，为我国制造业转型升级提供经验借鉴。

（3）制造业转型升级的战略定位研究。包括：①全球制造业发展演化规律和转移趋势。根据国际反全球化与新贸易保护新形势和国内经济新常态，从全球价值链增值变化、区域分工等方面揭示发展演化规律和转移趋势。②在全球价值链中参与程度与价值增值测度研究。根据主要产业特征量化指标，研究我国制造业在全球价值链的投入产出与价值增值，从全球价值链参与程度与价值增值多方面明确我国制造业在全球价值链中的位置。③机会与威胁分析。从"一带一路""互联网＋"、供给侧结构性改革等角度分析面临的机遇。从国际新形势和国内经济新常态等角度分析面临的挑战。④国际竞争优势与劣势分析。从国际竞争、国际分工、交易成本等分析比较优势与劣势。⑤确定战略定位方案。研究我国制造业在全球产业链中的价值链定位、国际国内竞争中的市场定位、产业融合与协同发展中的产业定位。

（4）制造业转型升级路径研究。从区域协同发展、产业、企业以及产品四个角度提出我国制造业转型升级的路径设计，包括：①从"一带一路"倡议推动、"长江经济带"建设驱动、"粤港澳大湾区"建设带动、自贸区建设领动四个方面设计区域协同发展层面制造业转型升级路径；②从新兴产业带动、两化融合、两业融合与绿色可持续四个方面设计产业层面制造业转型升级路径；③从价值链、智能制造、绿色制造和服务型制造四个方面设计企业层面制造业转型升级路径；④从技术与工艺、流程与装备、功能与质量、平台与装备四个方面设计产品层面制造业转型升级路径。

（5）制造业转型升级的支撑体系研究。从创新驱动发展机制、绿色发展协同机制、制造业发展平台建设以及产业政策保障体系四个方面研究转型升级的支撑体系。包括：①建立自主创新的内生发展机制，完善产学研深度融合与合作创新机制，建立企业之间的联合创新机制，推动创新链与产业链融合发展催生机制。②建立生态环境补偿长效发展机制，建立严格约束的环保政策倒逼机制，建立绿色要素自由流动的信息共享机制，建立绿色监管体系的防治协同机制。③推动制造业基础信息平台建设，促进制造业创新平台建设，加速制造业双创平台建设，推进制造业服务平台建设。④推进信息技术与制造业融合发展，加速新兴产业与制造业协同发展，优化制造业产业生态链及其发展环境，促进制造业转型升级的财政金融政策。

1.4.2　研究方法

围绕制造业转型升级的战略定位、实现路径以及支撑体系三个核心问题展开研究，遵循"定性研究与定量研究相结合、理论研究与实践调查相结合"的原则，针对不同研究问题采取如下具体研究方法。

（1）文本分析法。文本分析是本书使用的基本方法，围绕制造业转型升级的现实问题，重点对制造业转型升级战略定位、路径及支撑体系的已有文献进行梳理，为深入研究提供理论基础。

（2）比较分析法。制造业转型升级不是一个静态问题，而是一个动态演变的现实问题。采用比较分析方法，通过对不同国别、不同阶段、不同技术领域中制造业转型升级的研究和梳理，揭示典型国家制造业转型升级的演进历程，并对不同国家和地区的实践经验进行比较分析，为我国制造业转型升级提供现实借鉴和启示。

（3）问卷调查法。以典型区域、典型行业的工信部"四化"典型试点示范企业为对象，发放调查问卷。

（4）访谈调查法。通过入户调查获取制造业转型升级信息，访谈对象是政府相关部门、产业协会、企业管理人员以及相关研究领域专家，以了解制造业转型升级过程中存在的优势与劣势、动力和制约因素、战略定位、升级路径、政策需求等情况。

（5）模型构建法。基于产业竞争优势理论、全球价值链治理理论、企业动态能力理论等理论基础，通过构建全球价值链参与程度和价值增值测度模型，用于识别我国制造业参与全球价值链分工实态，为制造业转型升级的战略定位提供理论依据。

（6）案例研究法。本书选择工信部"四化"典型试点示范企业作为个案进行分析，通过资料来源的多样性，建立"制造业转型升级案例库"和证据链，从具有"领域代表性"的案例研究，探讨制造业转型升级存在的不同路径。

2 制造业转型升级的研究综述

转型升级问题是制造业发展的关键问题,近年来已成为学术界的研究热点,学者们主要从制造业产业层面和企业层面对此进行了深入研究,取得了丰富的研究成果。本书致力于破解我国制造业转型升级所面临的战略定位、实现路径以及支撑体系等关键问题,通过文献梳理发现,与本书研究主题相关的文献集中在制造业转型升级战略定位、制造业转型升级路径和制造业转型升级政策三方面。

2.1 制造业转型升级战略定位相关研究

随着中国制造业参与国际分工"空心化"和"低端化"等问题的凸显,基于产业特征指标研究中国制造业在全球竞争中的分工地位成为明确制造业转型升级起点的重要途径。通过对相关文献的梳理研究发现,现有关于制造业转型升级战略定位的相关研究主要集中在以下两方面。

(1) 从国家政策视角研究制造业转型升级的战略定位。"供给侧结构性改革"、"十三五"规划等政策文件均提出制造业转型升级的要求。①结合"供给侧结构性改革"研究制造业转型升级的战略定位。"供给侧结构性改革"明确提出中国制造业的发展必须以推动供给侧结构性改革为前提,提高制造业供给结构对需求结构的适应性和灵活性,优化产业结构并提高全要素生产率,促进制造业转型升级(沈坤荣、李震,2017)[6]。②制造业转型升级的 9 项战略任务,包括提高国家制造业创新能力、推进信息化与工业化融合、强化工业基础能力、加强质量品牌建设、全面推行绿色制造、大力推动重点领域突破发展、深入推进制造业结构调整、积极发展服务型制造和生产性服务业、提高制造业国际化水平。制造业转型升级的 10 大重点领域，包括新一代信息技术、高档数控机床和机器人、航空航天设备、海洋工程装备及高技术船舶、先进轨道交通装备、节能与新能源汽车、电力装备、农机装备、新材料、生物医药及高性能医疗器械（吕铁等，2015）[7]。③结合"十三五"规划研究制造业转型升级的战略定位。"十三五"规划中明确谈到"十三五"时期制造业应抓住新一轮科技革命和产业变革带来的机遇，以提高劳动密集型产业的技术水平、加强传统制造产业的装备升级和技术改造、促进产业合理转移和优化产业布局、促进制造业服务化与生产性服务业发展、支持重点产业领域的转型升级为重点任务（黄群慧、李晓华，2015）[8]，结合"五大发展理念"（创新、协调、绿色、开放、共享），将"四化"（高端化、智能化、绿色化、服务化）作为未来制造业转型升级方向。

（2）从产业协同视角研究制造业转型升级的战略定位。从产业协同视角研究制造业转型升级的战略定位的相关研究主要围绕新兴产业与制造业协同发展、两化融合发展、生产性服务业与制造业协同发展四个方面展开。①结合新兴产业与制造业协同发展研究制造业转型升级的战略定位。推动经济整体升级不仅要重视发展新兴产业，也要重视传统产业的升级（张舒，2015）[9]，既要改造传统产业、发展高技术产业和高附加值环节，同时也要新兴产业先进制造技术赋予传统产业和制造环节新的竞争优势。要解决好产业升级的方向、幅度和风险规避三大问题，在先进技术领域的基础科学、产业重大核心关键技术、产业共性技术方面全面提升制造业各产业的自主发展能力和国际竞争力（张其仔，2008；金碚，2011）[10-11]，实现制造业与新兴产业相互交融、共同发展。②结合两化融合发展研究制造业转型升级的战略定位。两化融合发展推动制造业转型升级主要体现在变革生产组织方式、塑造竞争优势和缓解资源瓶颈三方面（张辽、王俊杰，2017）[12]。在变革制造模式方面，两化融合发展不仅优化了制造业关于研发设计、生产制造、营销服务的生产组织方式，而且给企业提供了价值链延伸、创新链与产业链融合以及企业高端化、智能化、绿色化、服务化等产业组织模式改造（刘吉超、庞洋，2013）[13]；在塑造竞争优势方面，两化融合发展加快了企业间分布式创新网络的联结，促成了企业与供应商之间的信息传递，拓展了企业与市场间的交流互动，提高了企业的资源要素转换能力，从而塑造了企业参与国际分工的市场竞争力（Michael，2001）[14]。在缓解资源瓶颈方面，两化融合水平的提升可缓解制造业的环境污染程度

（张亚斌等，2014；张靖宜，2015）[15-16]。究其原因，主要是两化融合的发展实现了企业工艺流程的优化，改善了企业的资源利用效率，促进了企业绿色化转型升级。③结合生产性服务业与制造业协同发展研究制造业转型升级的战略定位。生产性服务业与制造业的协同发展伴随着产业共生、产业互补和产业依赖三种模式（朱瑞博，2003）[17]。其中产业共生模式是基于"供需视角"，强调随着制造业的发展，对技术指导、运营服务的需求催生生产性服务业市场规模的不断扩张，而产业互补和产业依赖则认为，生产性服务业是制造业的补充，而制造业是生产性服务业的前提（汪本强、杨学春，2015）[18]。生产性服务业与制造业的协同发展作为改善和提高企业自身价值增值能力的关键，是推进制造业服务化转型升级、实现制造业协同技术创新、增强制造业竞争能力的重要途径。

综上所述，现有关于制造业转型升级战略定位的相关研究虽取得了一定成果，但也存在局限性：一是基于国家政策的明确制造业转型升级方向的研究较多，缺少通过明晰制造业参与国际分工的机会威胁、优势劣势来明确制造业战略定位现状的相关研究。二是研究产业协调发展关系的研究较多，缺少国际反全球化与新贸易保护新形式和国际经济新常态背景下，中国制造业在全球产业链中的价值链定位、国际国内竞争中的市场定位、产业协同发展中的产业定位。

2.2　制造业转型升级路径相关研究

现有关于制造业转型升级路径的相关研究主要集中在制造业价值链转型升级、制造业产品转型升级、制造业智能化转型升级和制造业绿色化转型升级四方面。

2.2.1　制造业价值链转型升级路径相关研究

现有对制造业价值链升级的研究主要集中在价值链升级内涵、治理与分工地位、影响因素和路径四个方面。

（1）制造业价值链升级内涵研究。价值链（Value Chain）最早由 Porter（2002）提出，他认为企业是一个综合设计、生产、销售、运送和管理等活动的集合体[19]。20 世纪 90 年代，Gereffi（1999）提出了全球商品链（Global Commodity Chain，GCC）的定义，将价值链的概念与产业的全球组织直接联系起来[20]。Gereffi（1999）、Humphrey 和 Schmitz（2000）指出，企业层面的价值链升级包括工艺流程升级、产品升级、功能升级和链条升级四个部分[20-21]。Ernst（2001）指出价值链升级包括产业间升级、要素间升级、需求升级、功能升级和链条升级五个层面[22]。

一些学者提出全球价值链升级的表现体现在以下两个方面：①出口产品复杂程度与产品附加值的提升，全球价值链升级的主要表现是企业向价值链的高附加值环节攀升，主要表现在出口产品复杂程度提升与出口产品的国内附加值率提升两个方面（Koopman 等，2012；唐东波，2013；黄先海等，2016；郭晶、孙琪，2016）[23-26]。对于发展中国家而言，即从低附加值的劳动密集型环节向技术密集和信息、管理密集的高附加值环节升级，也就是所谓的价值链升级（Poon，2004；王发明、毛荐其，2010；郝凤霞、王彩霞，2016）[27-29]。②价值要素的提升，价值链中的价值主要包括商品价值、顾客价值、企业价值、员工价值、相关利益价值以及环境与社会价值（柴斌锋、杨高举，2011）[30]。作为组织学习和技术追赶的过程，价值链升级需企业有目的地投入研发活动（Cohen，Levinthal，1990）[31]，从而更有效获取、消化、转化和利用外部价值要素，更新和升级内部价值要素。价值链升级意味着企业通过提高生产过程的效率等活动来提高收益水平（Humphrey，Schmitz，2002）[32]，升级依赖于要素投入结构，即高级要素投入的多寡。价值链升级既包括由低梯度产业向高梯度产业转变的价值链升级，也包括由非核心价值元向核心价值元转变的价值元升级（许南、李建军，2012）[33]。

（2）制造业的全球价值链治理与分工地位的研究。在全球价值链的分工中，基于产业发展的情况，技术领先国家与技术落后国家在全球价值链中处于不同位置。技术领先国家在总体上处于全球价值链的高端，在国际分工中处于主导地位，对全球价值链具有强治理能力；技术落后国家总体上处于全球价值链的中低端，在国际分工中处于被动地位，对全球价值链治理能力较低。由于缺少技术、资金、先进工艺等高级价值要素，目前我国制造业普遍仍处于全球价值链的中下游（佟家栋等，2017）[34]。①制造业的全球价值链治理研究。价值链治理是一个动态的过程，其最终目的是价值增值。Gereffi（2001）把价值链治理定义为"价值链中的权力拥有者（链主企业）对分散在各地的价值创造活动进行协调和组织的过程，旗舰企业通过自己建立的治理结构来决定发展中国家的企业能否进入国际市场，以及这些企业所能参与的活动"[35]。Gereffi 等（2005）将价值链的治理模式分为五类：市场型、模块型、关系型、俘获型和层级型[36]。链主企业面临外部环境时，可能为关系型价值链的建立提供契机；对供应商而言，关系型价值链不仅能创造客观的财务收益，还能提供难得的学习机会；关系型价值链为高质量的产品升级创造了条件（宋耘、王婕，2017）[37]。Humphrey 和 Schmitz（2002）提出了四种价值链治理模式，分别是市场型、均衡网络型、俘获型和层级型。俘获型与层级型的治理模式有助于企业较快地完成工艺升级与产品升级，但进一步升级的空间较小，因而不利于绩效的提高；均衡网络型治理模式下企业升级的进度稍慢，但功能升级与链升级的空间较大，有利于绩效提高（卓越、张珉，2008）[38]。②制造业的全球价值链分工地位研究。融入全球价值链分工的路径是决定各国经济体国际分工地位的关键因素。长期以来，中国凭借自身的人口红利与廉价的劳动力成本，嵌入全球价值链中的加工装配等劳动密集型生产环节当中。由于我国大多数制造企业处于产业价值链的加工组装环节，其主要特点是产品具有较强的同质性，产品之间的竞争激烈，不具备高附加值，总体上导致企业只能获得较低的利润（杨书群、汤虹玲，2013）[39]。Koopman 等（2014）、王岚和盛斌（2014）利用全球价值链位置（GVC – Position）指数，通过比较特定行业作为中间品提供者和需求者的相对重要性来衡量它在全球价值链中的位置[40-41]；王金亮（2014）、Carluccio 和 Fally（2012）利用上游度（Upstreamness）指数，通过测度特定行业中间品在成为最终需求品前所经历的生产阶段的个数来反映特定行业在全球价值链中所处的位置[42-43]。刘维林等（2014）、邱斌等（2012）以出口技术复杂度作为衡量国际分工地位的指标，考察融入全球价值链对特定行业国际分工地位的影响[44-45]。

（3）制造业价值链升级影响因素的研究。现有文献主要从企业内部要素层面、企业外部要素层面以及制度层面研究制造业价值链升级的影响因素：①企业内部要素层面。产品能力、设计能力、流程能力与模块化能力可以通过影响企业的技术水平来影响企业的价值链升级（Lee，Chen，2000；Kaplinsky 等，2002）[46-47]；技术创新能力可以发挥长期效应促进企业的价值链升级（周长富、杜宇玮，2012）[48]；技术创新（R&D 经费投入）、产业技术能力、科技劳动力等因素会影响行业的价值链升级（王成东等，2015；王映川，2017）[49-50]；企业现有的技术水平也是影响其价值链升级的主要影响因素（邱红、林汉川，2014）[51]；影响企业价值链升级的关键影响因素主要包括技术效率、科技投入活动（张玉臣、吕宪鹏，2013）[52]。人力资本水平、企业自身竞争力、产品能力等因素会影响行业的价值链升级；通过与生产性服务业的融合也可以促进装备制造业的价值链升级（郑玉等，2017）[53]；融资能力、合作关系也是影响制造业价值链升级的主要影响因素。②企业外部要素层面。处于不同全球价值链条内的制造业选择的价值链升级方式存在差异，市场规模对企业价值链的运营成本产生影响，企业所处的行业结构将对企业进行全球价值链升级时产生影响（徐宁等，2014）[54]；市场需求、宏观经济形势、社会固定资产投资情况等因素会影响企业的价值链升级；资产缺口、国际化经验、外部环境因素及变动会影响企业价值链的升级，而实现企业的价值链升级则需要通过提高企业利润率、产品附加值、市场份额与技术含量等方式（李田等，2017）[55]；外资因素、生产者服务业的发展、产业规模等因素将会对制造业行业中的服务外包与制造外包企业的价值链升级产生影响（崔岩等，2013）[56]；外商直接投资、自然资源丰裕度会促进发展中国家制造业的全球价值链分工地位的提升（黄灿、林桂军，2017；容金霞、顾浩，2016）[57-58]。③制度层面。政府政策是企业价值链升级的关键影响因素；金融信贷会影响制造业在全球价值链中的分工地位；产业市场环境和区域政策环境也是影响企业价值链升级的主要因素。

（4）制造业价值链升级路径的研究。通过对相关文献梳理，关于价值链升级路径的相关研究主要体现在以下三个方面：①技术创新驱动制造业价值链升级。一般而言，价值链的升级是由易到难，价值也是逐步递增的。升级的过程是一步一步的，在现有环节的基础上向其上一级或相关环节转变（江心英等，2009）[59]。制造业如果嵌入在全球价值链的中低端，此类企业应将价值链升级的路径聚焦在核心技术能力的开发上（张辉，2004）[60]。构建研发平台，吸收和消化学习积累到的技术知识，再进行技术集成（林敏华，2009）[61]，此外，进行技术积累、能力演进，突破关键部件壁垒与限制（毛蕴诗、郑奇志，2012）[62]，从企业整体上升级制造链，构建创新链，创新方法链（曾繁华等，2016）[63]，通过国家创新系统（安果、伍江，2012）[64]，提升自身技术水平，使产品可以替代进口产品，替代跨国公司在华产品，再发展至国外市场替代跨国公司产品，最终实现企业的价值链升级。②价值链延伸促进企业价值链升级。价值链升级主要体现在由低附加值的价值链环节向高附加值的价值链环节攀升，单一嵌入全球价值链只能形成对高端价值链的被动追逐与形式模仿，只有深度考察价值链要求下的价值链结构特征及空间组织变化，找到价值链延伸的方式才能完成企业的价值链提升（周密，2013）[65]。聚焦高附加值产业的全球价值链，对现有落后企业进行重组，依靠积累的技术工艺从原有的传统价值链向高端价值链嵌入，并不断向高附加值环节延伸，鼓励知识型服务企业及机构的建立，拓展和完善要素禀赋结构，提高要素禀赋配置和使用效率（冯梅，2014）[66]，加大对生产服务的投入与延伸，提升产品附加值，实现企业的价值链升级。③低碳与循环经济促进企业价值链升级。对于企业来说，在全球价值链的运行机制下，存在功能低碳化—产品低碳化—工艺流程低碳化—链条低碳化，工艺流程低碳化—产品低碳化—功能低碳化—链条低碳化两种不同的升级方式（张伟、游建民，2017）[67]。对于资源消耗大、环境载荷重的制造业，低碳化发展已成为产业在全球价值链分工中掌握主动权的关键因素之一。连续流程产业要实现在全球价值链的升级，需推进环保力度提升战略，加快推进技术、工艺和装备的全面改造升级，实现制造过程低碳化和产品绿色化，提升产业低碳化发展水平（周维富，2016）[68]，实现企业的价值链升级。另外，跨国公司都已确立低碳发展理念，企业供应链具有"原料—成品—再生原料"的循环经济特征，其生产过程要求低能耗、低物耗、低污染、低排放和可循环。从循环经济的角度分析，全球价值链内的各个环节在进行流动的同时均会产生废弃，通过循环经济降低全球价值链中的资源消耗和废物排泄，也可促进企业的价值增值能力（吴迪，2015）[69]，进而实现企业的价值链升级。

综上所述，现有研究虽取得一定成果，但也存在局限性。一是缺少我国制造业在全球价值链中的参与程度与价值测度研究。二是对于企业价值链升级影响因素的研究主要通过实证研究、比较优势研究、案例分析等方面，认为企业价值链升级的影响因素主要集中在技术、企业内外部环境以及制度三个层面，仍缺少从微观企业层面针对全球价值链升级影响因素的实证与案例研究。三是关于价值链升级路径的研究主要从技术创新、产业链延伸以及低碳与循环经济三个方面，缺少从技术积累与创新、生产过程能力、品牌价值提升以及产业链延伸四个角度研究企业价值链升级路径进行具体研究。

2.2.2 制造业高端化转型升级路径相关研究

党的十九大报告明确提出，我国经济已由高速增长转向高质量发展，发展制造业是实现工业高质量发展的重点与核心，高端化转型升级是制造业发展新动能的主要来源，是我国制造业下一阶段发展的主要方向。在学术界，制造业高端化转型升级也是研究者关注的重点，现有文献主要从高端化转型升级内涵、影响因素、路径三个方面进行研究。

（1）高端化转型升级内涵的相关研究。现有的关于高端化转型升级内涵的研究主要从以下三个方面进行阐述：①高端化转型升级是产业向价值链高端环节攀升的过程。高端化转型升级是制造业从技术水平和产品附加值较低的组装加工等"低端"环节向高技术、高附加值、高智力密集性为特征的研发设计、品牌营销等"高端"环节攀升的过程（Schmitz 和 Knorringa，2000；刘英基，2015；苏鑫等，2019）[70-72]。我国制造业部分行业产能过剩，关键核心的装备、工艺、基础零部件和控制系统依赖进口，在发达国家链主企业治理下的全球价值链中被"低端锁定"（杨水利等，2014）[73]，我国制造业需通过高端化转型升级、突破产业低端锁定、实现价值增值，迈向全球价值链中高端（刘芸，2019）[74]。②高端化转型升级是产业向国际产业链高端延伸的方式。制造业高端化转型升级的实质是推动产业向更高水平、更高层次发展，生产效率和产业附加值明显提升，使制造业真正处于国际产业链高端（胡迟，2019）[75]。国际产业链高端需要产业具有较高的技术创新水平与能力（Gnyawali，2009；辜胜阻等，2018）[76-77]，由劳动密集型、资本密集型产业向技术密集型产业转型使得制造业嵌入国际产业链高端环节（张二震，2011）[78]。制造业嵌入国际产业链高端的三个特征：一是产业结构服务化（Verstrepen 等，2000；陈晓涛，2006）[79-80]。制造业企业提供服务业务比重不断提高，呈现服务化发展趋势。二是产业结构新兴化（李毅，2001）[81]。随着新兴产业的迅速增加，科技创新水平日益提高，技术转移速度加快，制造业产业结构也呈现新兴化发展趋势。三是产业结构国际化。各个国家及地区充分利用全球化产业链分工带来的机遇，发挥资源比较优势，推动技术进步和深化加工层次，实现资源利用效率的提升（黄斌和鲁旭，2014）[82]。③高端化转型升级是产业高质量发展的表现。制造业高端化转型升级是推动工业高质量发展的关键（史丹和张成，2017）[83]，面对产业新旧动能与发展方式的转换我国制造业须由中低端加工制造向高端制造转变（金碚等，2011；邵安菊，2016）[84-85]，推进制造业实现高端化转型升级，培育形成新的增长动力，实现制造业整体的高质量发展（金碚，2018；魏后凯和王颂吉，2019）[86-87]。率先完成制造业高端化转型升级的国家及地区，拥有产业高端竞争优势，主导产业转移和发展格局。通过政策引导制造业集聚式发展，提升产业创新效率和协同配套能力（季书涵等，2016）[88]，推动产业向价值链高端环节攀升，实现产业高质量发展（孙德升等，2017）[89]。

（2）高端化转型升级影响因素的相关研究。培育和发展制造业，实现制造业高端化转型升级，需要明晰影响高端化转型升级因素。关于高端化转型升级影响因素的研究，现有研究主要从以下三个方面进行阐述：①技术因素。制造业是技术密集型产业，技术是影响其高端化发展的主要因素，尤其是产业的核心技术（如高端数控机床的数控系统、伺服电机、电主轴、编码器等）对产业高端化转型升级的影响更为关键。刘昌年等（2014）[90]认为，技术创新能力影响核心技术攻关速率和技术更新频率，对制造业高端化转型升级产生重要影响。②市场因素。Holzmannt 等（2014）[91]认为，市场是制造业高端化发展必不可少的影响因素，市场需求促使技术创新发生更加频繁，进而形成产业发展与高端化转型升级；孔伟杰（2012）[92]通过实证研究表明市场需求对制造业高端化发展具有正向影响，并指出国外市场需求对产业高端化转型升级推动力的作用更加明显，为了迎合国际市场需求，我国制造业需要提高生产技术水平和提升产品质量。市场开放使得外资企业进入我国制造业领域，我国制造业通过技术外溢、竞争效应和示范效应等发挥作用，学习与掌握高端化转型升级所需的高级生产要素、技术知识与管理经验等（孙早等，2014）[93]。③制度因素。制度因素对制造业高端化具有一定影响，应结合市场与行政手段，设计适合制造业高端化发展的制度框架（金福子和刘洋，2017）[94]；制度的顶层设计对于产业高端化转型升级发挥作用，制度不仅能够有效激励主体进行创新（肖文和林高榜，2014）[95]，也能对主体行为进行约束，能够为产业高端化转型升级提供支撑与保障；也有学者认为，影响制造业高端化转型升级的制度因素不仅包括正式制度因素，还包括非正式制度因素，如企业政治关系、商业协会和专业协会形成的关系网络、社会文化因素等（Greenwood 等，2002；Lee 和 Neill，2003；梁强等，2011）[96-98]。非正式制度因素通过影响新企业进入与现有企业多元化对战略新兴产业高端化发展产生作用（于波和范从来，2011；石碧华，2014）[99-100]。

（3）高端化转型升级路径的相关研究。高端化转型升级是制造业实现跨越式发展的重要途径之一。现有文献关于高端化转型升级路径研究主要集中在以下两个方面：①聚焦研发设计与营销环节推进企业高端化。通过技术创新和品牌营销提升产品附加值率是实现制造业高端化转型升级的有效路径（Pietrobelli 和 Rabellotti，2004）[101]。制造业企业在追求高端化过程中须注重新产品研发与销售，通过技术创新改善研发效能，强化流程创新、产品创新，优化产业结构和扩大产业规模。高附加值是制造业企业转型升级的原动力（王金凤等，2018）[102]，依靠技术创新打造企业核心竞争优势，创造高市场占有率与超额利润的商业运作模式，加快制造业由中高附加值产业向高附加值产业转型，推动产业结构由中低端到高端化转型升级（何玉长和方坤，2018）[103]。品牌是购买者驱动的全球价值链的战略环节，是价值增值较多的环节。为此，我国制造业企业通过加强自主品牌建设，由单一制造商转变为高端品牌制造商（胡大立，2016）[104]。支持领先企业带头提高产品全生命周期质量追溯能力，把增品种、提品质、创品牌作为增强企业和产品竞争力的重要抓手，用先进的制造工艺技术、技术标准、严谨规范的质量管理体系来打造自主高端品牌（刘志彪，2012；郑志来，2015）[105-106]。邓向荣等（2016）[107]认为，构建制造业高端引领机制，打造我国制造业高端品牌，实现由价值链中低端向高端攀升目标。对国家、区域、行业、企业层面进行顶端引领，为制造业进入高端市场，引入高端装备、新系统研发集成单元与生产制造单元等提供指导。②多元化融合发展推进产业高端化。高技术化意味着技术跨越或实现经济"蛙跳"增长，带来丰厚生产利润与消费剩余（Soete，1985）[108]。当产业关键技术瓶颈或核心技术实现重大突破时，高技术化比现行技术更具明显的成长优势（Elise 等，1993）[109]。王越等（2011）[110]以高端装备制造业为例，依据国际化、新型工业化和生态发展等新要求，制造业由内封闭系统转换为开放系统，实现高技术渗透并融合到装备制造系统，不断地完善与提升高端装备制造业产业成长机制，促成高端装备制造业升级。依托高技术信息化促成制造业与现代服务业的延伸融合，形成制造业与现代服务业"双轮驱动"，提升制造业附加值与核心竞争力（余东华等，2017）[111]；金碚（2014）[112]提出，通过重组制造业内部集成系统与智能化工业，融合柔性化制造系统与计算机集成系统，形成新型产业形态，实现制造业的网络化与集成化，推动制造业高端化转型升级。

综上所述，当前学术界关于制造业高端化转型升级的研究主要集中在高端化转型升级内涵、影响因素和路径三个方面，内涵方面主要关注高端化转型升级是制造业价值攀升的过程、是嵌入高端产业链的关键、是高质量发展的内在要求；影响因素主要有技术因素、市场因素和制度因素；高端化转型升级路径的研究主要阐述了通过技术创新，注重品牌建设、市场推广环节以及制造业与现代服务业的融合发展促进产业转型升级。现有高端化转型升级路径的相关研究存在以下三个方面的不足：一是内涵方面，高端化转型升级不仅是技术的提升、产品质量的提高，还应包括制造业产业价值增值，对外依存度降低等内涵体现；二是影响因素方面，除了技术因素、市场因素和制度因素外，资源因素、成果转化因素等也是影响制造业高端化转型升级的主要因素；三是路径方面，现有研究多从单个产业方面研究转型升级，忽略了新兴产业对制造业高端化转型升级的带动作用。

2.2.3 制造业智能化转型升级路径相关研究

"智能制造"的相关研究始于20世纪90年代，中国机械工程学会指出智能制造是一门研究制造活动中信息获取分析、智能决策与执行的综合交叉技术，目的在于实现某些功能。从数字化起步，到网络化崛起，再到智能化发展，智能化转型升级相关研究也与时俱进，逐步深入。目前，智能化转型升级的相关研究主要集中在智能制造的内涵、影响因素及转型升级路径三个方面。

（1）智能制造内涵的研究。现有文献主要从智能制造系统目标、模式和要素三方面研究智能制造内涵。①智能制造目标方面。智能制造的本质目的在于基于人工智能理论以及智能技术理论解决企业亟须解决的问题（熊有伦等，2008）[113]。刘峰和宁健（2016）认为，智能制造系统的目标在于将智能制造技术融入到制造过程活动中，系统能够自动地进行运行状况监测，自动进行组织调整以优化状态。企业之所以实施智能制造，是因为智能制造在制造过程中能够进行智能分析和智能决策，具有较高的柔性和自组织能力，从而提升生产能力和生产效率，节省生产资源，对市场需求的变换做出迅速的反应[114]。②智能制造模式方面。现阶段提出的智能制造是一种面向产品全生命周期的可持续发展的制造模式。智能制造是通过信息技术与制造技术深度融合实现自感知、自诊断、自优化、自决策、自执行的高度柔性生产方式（宋利康等，2015）[115]。或者说，智能制造是从独立设备的机器智能到制造过程系统智能演进发展的生产方式，具有动态感知、实时分析、自主决策和精准执行四个典型特征（王焱、王湘念，2015）[116]。③智能制造要素方面。智能制造不仅是由智能机器主导的，而且是一个由智能机器和人类专家共同作用的一体化系统，这个智能系统通过嵌入生产过程而发挥作用，通过智能系统来取代制造过程中的大部分人力活动（林汉川、汤临佳，2015）[117]。现阶段的智能制造是一个系统性的大工程，这个系统工程包括智能产品、智能生产过程、智能产业模式以及实现智能制造的基础设施建设，具有能够生产满足个性化需求的智能产品、生产过程智能化以及智能优化配置企业资源等功能（周济，2015）[118]。

（2）智能化转型升级影响因素的研究。现有文献主要从智能制造技术、智能制造能力和政策环境三个方面研究智能化转型升级影响因素。①智能制造技术方面。张曙（2014）认为，智能化相对于自动化，具备了更多的知识含量，智能制造不仅是对于物质的处理，更是基于智能制造技术对非物质的处理，通过智能制造技术赋予产品更多的附加价值，从而促进制造业的智能化升级[119]。通过智能制造实现制造业的产业升级最主要的是积极推动智能制造技术的进步，企业通过技术创新实现自主创新能力的提升。竞争能力的获取关键在于突破核心关键技术，实现智能制造技术的产业化（左世全，2014）[120]。蔡荣江（2018）认为，要通过拓宽企业融资渠道、跨领域技术深度融合以及推进智能制造技术标准化，深入拓展智能制造技术应用路径，实现智能化升级[121]。②智能制造能力方面。基于智能制造实现智能化转型升级的关键在于提升核心智能制造能力，核心智能制造能力体现在构建基于大数据及互联网智能制造体系能力、智能制造知识管理活动能力等（肖静华等，2016）[122]。企业的智能制造能力决定了是否能够实现转型升级。智能制造能力不仅包含与智能化技术、智能制造体系相关等能力，同时也包含了企业在转型升级过程中长期积累的企业创新能力、信息服务化水平以及企业的经营绩效水平等（董志学、刘英骥，2016）[123]。③智能制造政策方面。朱森第（2017）在研究智能制造与智能装备发展中指出，构建有利于推动智能制造发展的政策环境是具有系统性作用的，能够从外部环境中拉动制造业整个行业的升级效果，增加制造业的全球竞争力[124]。产业环境对于制造业智能化转型升级的影响体现在完善产业政策和标准、完善企业创新体制、提升产业配套能力（黄阳华，2015）[125]。智能制造产业存在碎片化、多样化的特点，不同的发展水平以及不同的行业特征的升级效果存在较大的差异，因此完善产业政策和标准，促进相关产业的协同发展对于制造业智能化转型升级具有关键影响作用（汤临佳、李翱，2016）[126]。制度环境对于制造业智能化的影响主要体现在金融支持、法律与社会管理体系（李松，2017）[127]。金融财税政策目的应是积极引导制造业智能化发展进程与国家所倡导的产业发展目标相协同（杨志波，2017）[128]。

（3）智能化转型升级路径的研究。现有文献主要从创新驱动、新业态带动和"互联网＋"支撑三方面研究智能化转型升级路径。①创新驱动的智能化升级路径。选择创新驱动发展路径是应对不同环境变化，提高核心竞争力，实现智能制造的必然选择，也是解决制造业发展深层次矛盾的必然选择（周济，2016）[129]。易开刚和孙漪（2014）在研究制造业智能化转型升级过程中，指出三条基于创新驱动的路径：一是技术资本跨产业创新驱动的智能化升级路径；二是集成式智能化创新驱动的智能化升级路径；三是双向嵌入/重构价值链创新驱动的智能化升级路径[130]。赖红波（2017）认为，制造业智能化升级，不仅是微观层面上的产品升级或者硬件升级，更多的是创新系统升级和技术服务升级，创新涉及产品全生命周期的各个阶段，创新最终体现为产品的价值，达到产品升级，最终实现企业智能化转型升级[131]。②新业态带动的智能化升级路径。辛国斌（2015）指出，智能制造发展路径的关键在于形成新业态发展模式，制造业智能化新业态模式包括大规模个性化定制、网络协同制造以及远程运维服务[132]。远程运维新业态模式的关键在于应用移动互联网技术、云服务技术以及大数据技术搭建企业远程运维服务平台，能够提供实时监测、在线诊断、预知性维护以及远程优化升级等服务，远程运维服务模式增加了产品的价值链，能够满足智能制造要求的技术服务需求，因此通过远程运维新业态模式实现智能化转型升级是一条有效路径（姚丽媛等，2017）[133]。③"互联网+"支撑的智能化升级路径。智能制造的发展离不开互联网技术的快速发展，随着互联网逐渐渗透到传统产业内部，跨界融合的产业发展特征使得制造业向着"互联网+制造业"的模式发展。智能化转型升级涉及产品设计智能化、制造过程智能化、技术服务智能化以及管理智能化四个方面（纪成君等，2016）[134]。陶永等（2016）认为，制造业智能化转型升级必须借助互联网技术，互联网技术的应用，减少了生产制造的中间环节，使得企业更加专注用户体验，提升了产品设计效率及效果[135]。李永红和王晟（2017）在研究互联网驱动智能化转型升级的过程中，指出了四条智能化升级路径：互联网驱动产品智能化、驱动流程智能化、驱动产业链智能化、驱动商业模式智能化[136]。

综上所述，现有研究虽取得一定成果，但也存在局限性。一是从智能制造技术、智能制造能力和智能制造政策三个方面研究智能化转型升级影响因素的研究较多，缺乏关于智能生产装备、智能制造公共服务平台等影响因素的相关研究。二是对智能化转型升级路径的相关研究主要基于创新驱动、新业态带动和"互联网+"三个方面，缺乏关于装备智能化、流程智能化、产品智能化、服务智能化等路径的具体分析。并且，现有涵盖装备、流程、产品和服务智能化转型升级路径的系统化研究尚未形成。

2.2.4 制造业绿色化转型升级路径相关研究

绿色化转型发展是我国制造业转型升级的重点方向之一，探索实现制造业绿色化转型升级的具体方案具有十分重要的理论及应用价值。关于绿色转型升级的相关研究主要集中于以下四个方面：

（1）绿色化转型内涵的相关研究。现有文献主要从发展新模式和节能减排两个方面研究绿色化转型升级内涵。①发展新模式视角，绿色化转型其实是向绿色经济转变的一个过程，张晨和刘纯彬（2009）[137]通过构建三维结构模型对绿色转型内涵进行解释，包括原因维（即从经济、社会、资源以及环境四个方面揭示了绿色转型的必要性），方法维（即从企业、产业和政府角度叙述企业如何实现绿色转型，如引导运营方式、进行产业调整以及创新的监管手段措施等），效果维（即具体实施结果，如实现传统黑色经济向新型绿色经济转化，形成资源能源节约、环境污染友好的科学发展模式）。黄海峰等（2008）[138]认为，绿色转型其实质是指传统物质经济向绿色经济发展转型，不可持续发展模式向可持续发展模式转型；Ferguson（2015）[139]的观点与之相近，也认为绿色转型即提高资源生产率，实现不可持续的发展模式向可持续的发展模式转变。②节能减排视角。杨丹辉（2016）[140]对工业绿色转型赋予定义，认为其是指以资源能源集约利用和环境治理友好发展为导向，以绿色创新为核心内容，从而实现工业生产全过程的绿色化，获得经济效益与环境效益的双赢；李平（2011）[141]的理解与之类似，认为绿色转型即以节能减排为导向，以技术进步为核心，其最终目的是为了实现工业生产的低消耗、低污染，从而达到经济与生态环境的友好和谐发展；王勇和刘厚莲（2015）[142]从工业结构绿色转型及行业内的绿色转型两个层面对中国工业绿色转型进行研究，并认为工业绿色转型是促进能源有效利用、缓解污染排放压力以及增强可持续发展能力的一个不断完善提升的过程。

（2）绿色化转型升级评价研究。现有文献主要从测算绿色全要素生产率和构建多指标体系两方面研究绿色转型升级评价。①测算绿色全要素生产率。吴英姿和闻岳春（2013）[143]通过采用 SML 指数方法对我国 1995～2009 年工业绿色生产率进行测算，并运用方向性距离函数估算工业减排成本，研究发现绿色生产率的变化趋势为先升后降，其对工业减排绩效有促进作用，且存在行业异质性；周五七和聂鸣（2012）[144]从低碳转型视角运用全局 DEA 及 Malmquist -

Luenberger 指数方法对 1998～2010 年的工业绿色全要素生产率增长及其来源进行测度，并得出低碳视角下的工业绿色全要素生产率呈现"N"形变化趋势；彭星和李斌（2015）[145]利用全局 Malinquist－Luenberger 指数测度的工业绿色全要素生产率作为工业绿色转型的衡量指标之一，并利用动态面板模型等对贸易开放和 FDI 对工业绿色转型的影响机制进行研究；沈可挺和龚健健（2011）[146]使用非参数的数据包络法测算我国耗能极大行业的绿色全要素生产率，结果显示，该行业的绿色全要素生产率增长主要得益于技术进步率的提升，FDI、能源消耗强度下降等因素对绿色全要素生产率产生了正效应。李玲和陶锋（2012）[147]分别核算 1999～2009 年工业行业中重度、中度、轻度三个污染层次的环境规制强度以及绿色全要素生产率，并通过面板数据模型表明环境规制存在以污染程度划分的行业异质性；屈小娥（2012）[148]将五种主要污染物构建为统一的环境污染综合指数，并测算了 1996～2009 年考虑环境约束的中国绿色全要素生产率，并发现当前我国全要素生产率较低且存在区域异质性。②构建多指标综合体系。卢强等（2013）[149]利用脱钩理论，以工业新鲜用水量、燃料消耗量作为资源代表性指标，以化学需氧量和 SO_2 排放量作为环境代表性指标，研究广东等 5 个区域的工业增长，并对资源环境脱钩情况进行考察，确定工业绿色转型升级状态；姚西龙等（2015）[150]通过构建工业经济转型效率评价模型（其指标包含三个方面，分别是环境效率、经济效率以及创新效率）对全国及不同省份的绿色创新效率进行评估，并得出绿色创新转型效率呈现阶段性特征的结论；翟璐和刘春芝（2018）[151]通过运用因子分析方法提出并构建以结构优化与驱动、企业产品竞争力、绿色生产为一级指标的衡量体系，对辽宁省工业转型升级绩效进行评价；苏利阳等（2013）[152]不仅从绿色生产、绿色产品、绿色产业三个方面对工业绿色发展内涵进行界定，同时以这三个方面构建指标体系对工业绿色转型发展状况进行衡量，并认为各地区工业绿色转型发展水平有较大差异，应采取分类管理方式。

（3）绿色转型升级影响因素研究。识别影响绿色转型升级的机理对于制造业绿色转型升级发展以及政府制定相关环境政策等有明显的积极作用，现有关于绿色转型升级的影响因素研究主要集中在以下四个方面：①经济因素。傅为忠和黄小康（2016）[153]对长三角地区的工业绿色转型效率进行测度并在分析其影响因素的基础上指出，地方经济发展水平对于工业绿色转型有显著正向影响，可以提高工业绿色转型效率；Hamdouch 等（2010）[154]在描述企业绿色转型时，突出了政府在其中的作用，认为政府不仅要大力推行环境和创新政策，同时也要得到利益相关者和相关组织机构的支持；袁晓玲等（2014）[155]以陕西省为研究对象，测算了考虑环境约束的绿色全要素生产率，并对其进行影响因素研究，发现对外开放程度对绿色全要素生产率有显著负向作用；韩晶和蓝庆新（2012）[156]在测度考虑节能减排的工业增长绿化度的基础上，探究其影响因素及机理，发现经济开放对工业绿化度有正向效应，因而要有效引导外资，通过技术外溢实现工业绿色增长。②结构因素。涂正革（2008）[157]在综合考虑工业增长、资源节约和环境保护的基础上，通过实证分析得出，加快工业经济结构升级速度以及深化产权结构改革是实现工业和环境协调发展的关键；李玲（2012）[158]认为，结构调整对工业绿色转型有较大影响，是实现可持续发展的根本途径，并将结构调整的维度进一步拓展，构建了禀赋结构、资本结构、所有制结构、规模结构以及能源结构五个维度，分别表明其对绿色转型升级的影响机理并进行实证检验；吴静（2017）[159]运用修正的 Laspeyres 分解法探索新能源革命下是否可以促进中国工业绿色转型，得出能源结构是发展绿色工业的优化配套因素，调整产业结构和能源结构是实现工业绿色转型的关键。③技术因素。陈诗一（2009）[160]通过测算我国工业全要素生产率变化，并进行绿色增长核算，得出要实现未来工业的可持续增长，必须坚持技术创新和节能减排；张江雪和王溪薇（2013）[161]采用 DEA－CCR 模型从产出、能源消耗和环境污染三个角度着手，测算我国各省 2005～2009 年的工业绿色增长指数，并提出地区科技水平对工业绿色增长有显著正向作用；廖中举等（2016）[162]通过对钢铁企业绿色转型进行研究发现，绿色技术的推广是钢铁企业绿色转型的动因之一，加强信息技术的使用是推动钢铁企业实现绿色转型的重要路径；岳鸿飞等（2017）[163]认为，依靠技术创新实现绿色转型发展已成为我国工业未来发展的重点方向，文章通过采用 SBM－DDF 方法确定了不同行业实现绿色转型的最优技术创新方式。④规制因素。Jorgenson 和 Wilcoxen（2004）[164]认为，环境政策会使企业增加额外的环境成本，导致企业研发创新投入不足，因而对绿色全要素生产率的增长有明显的负向作用；原毅军和谢荣辉（2016）[165]将环境规制分为费用型和投资型，在运用 SBM 方向性距离函数和 Luenberger 生产率指数测算工业绿色生产率基础上，得出费用型环境规制与工业绿色生产率之间表现为"U"形关系，而投资型环境规制与工业绿色生产率之间呈现负向线性关系；彭星和李斌（2016）[166]运用动态面板模型检验了不同类型环境规制对中国工业绿色转型升级的影响，认为环境规制与工业绿色转型之间呈现"U"形关系，且不同类型环境规制对工业绿色转型影响差异较大；朱东波和任力（2017）[167]基于行业异质性视角，与彭星、李斌研究结论相同，即环境规制与工业绿色转型呈现"U"形关系，并认为当前仍处于"U"形曲线左半部分；齐亚伟（2018）[168]通过测度中国2000~2012年工业行业环境全要素生产率，并进行机理分析研究，得出环境规制与环境全要素生产率之间表现为倒"N"形，设计适宜的环境规制能大幅提升环境全要素生产率。

（4）绿色转型升级路径研究。研究绿色转型升级路径对于改变我国长期以来的高投入、高能耗、高污染、低效益的"三高一低"粗放式发展模式有显著影响。现有关于绿色转型升级路径研究主要有以下三个方面：①构建工业绿色转型体系。李君安（2014）[169]基于创新驱动提出实现工业绿色化需要强化制度激励，推进科技创新，加强绿色科技人才培养以及深化国际合作等一整套体系；杨丹辉（2012）[170]认为，工业绿色转型需要在发展理念、增长方式以及目标方向上做出转变，坚持自主创新、结构优化、节能减排，完善工业绿色发展支撑体系，构建层次丰富、结构完整的工业绿色转型体系；姚聪莉（2009）[171]提出节能减排约束下绿色工业化道路的实现需要建立以生态工业体系为框架的实现路径，包括完善生态工艺技术、改进能源利用、实现"三废"循环化利用、实施绿化工程、建立完整的环境监测系统等。②发展绿色相关产业。韩晶（2011）[172]在分析中国工业绿色转型障碍的基础上，从成本和收益角度提出当前我国应通过积极发展现代制造技术、促进信息化与传统产业结合、发展产业集群获取集聚经济效益以及发展"静脉产业"实现资源循环利用等路径实现绿色转型升级；陈胜昌（2011）[173]在中国生产力学会第十六届年会上对中国发展绿色经济的瓶颈进行分析，认为发展绿色经济应着重进行五种产业调整，包括升级改造传统产业、扶持节能服务产业、鼓励资源综合利用产业、发展新能源产业及加强建设环保产业；欧阳培和曹志宏（2012）[174]提出通过建立高效可循环的回收利用体系，大力发展再生资源产业，构建资源回收的产业链及工业园区，从而在实现可回收资源的产业化进程中实现企业绿色转型。③构建绿色商业模式。高红贵和刘忠超（2013）[175]在分析中国绿色经济发展模式现存问题的基础上，认为应推行适合中国需要的绿色经济发展模式，并提出可以从绿色财政、绿色经济市场以及绿色技术创新三个方面进行模式构建；汪涛和王铵（2014）[176]提出为了摆脱高耗能、高污染、非生态的传统生产方式，实现我国钢铁企业的可持续发展，需要探索新型的商业模式创新之路，包括由传统制造向服务型制造转变，即从传统商业模式向为顾客提供以价值和增值服务为主的多种商业模式转变，进行价值链整合以及推行环境经营等；傅志寰等（2015）[177]在分析我国工业发展获取成就以及面临挑战的基础上，认为我国工业绿色发展必须转变工业生产方式，推广循环经济和新兴产业相结合的发展模式，以加快绿色工业发展步伐。

综上所述，现有研究虽取得了一定成果，但也存在局限性。一是通过测算绿色全要素生产率以及构建多指标综合体系来评价我国工业的绿色转型升级的相关研究较多，缺少关于具体制造业的绿色转型评价研究，也缺少研究具体制造业绿色转型评价的方法。二是从经济、结构、技术以及规制因素四个方面研究绿色转型影响因素的较多，缺少关于具体制造业影响因素的研究。在规制因素方面，也缺少研究具体不同类型的环境规制对制造业绿色转型的影响，如排污交易、排污税等。三是从构建工业绿色转型、发展绿色相关产业以及构建新型商业模式研究绿色转型影响因素的较多，缺少从微观层面研究具体制造业行业绿色转型升级的路径。因此，设计具体的绿色转型升级路径，如绿色工艺技术突破、与第三方合作发展、绿色工厂建设以及绿色供应链发展等势在必行。

2.2.5　制造业服务化转型升级路径相关研究

随着世界经济由产品经济向服务经济过渡，制造业与现代服务业的融合日趋紧密，形成一种基于服务化驱动的制造业转型升级模式。中国制造业企业通过服务化实现转型升级存在必然性：国内视角，由于制造工艺与信息技术的高渗透性、广覆盖性，引致国内市场中的实物商品同质化现象严重；国际视角，发达国家的"再工业化"政策、发展中国家的"工业化推进"战略，双重挤压我国制造业生存空间。因此，基于服务化驱动我国制造业转型升级问题亟待解决。现有相关研究集中在服务化内涵、服务化影响因素、服务化路径三个方面。

（1）服务化内涵的相关研究。在信息技术进步与专业化分工深化的背景下，制造业企业实现生产型制造的服务化转型，需要明确服务化的内涵。通过对现有文献的梳理，服务化的内涵主要包括以下几种形式。①服务化是价值增值体现。从利益相关者角度来看，制造业服务化既是增加价值链中各利益相关者价值的一种制造升级模式（孙林岩等，2007）[178]，也是产品服务系统（PSS）中贯穿全生命周期的价值增值活动；从价值链各环节角度来看，服务化是涵盖增值设计、制造、装配、储运、营销、售后等价值链各环节的模式（李刚等，2009）[179]。②服务化是新兴制造模式。制造业服务化作为新兴制造模式表现在三个方面：一是新颖的价值创新模式，这一模式的核心目标为全面提升顾客价值与综合发展关联企业（程东全，2011）[180]，包含技术驱动型创新与用户驱动型创新（Marceau 和 Martinez，2002）[181]。二是基于制造业与服务业的两业融合新模式（孙林岩等，2011；王康周等，2011）[182-183]，这不仅体现为融合发展的一种新型产业形态（张富强等，2018）[184]，而且还是两业融合具体化与深化的表现。三是整体解决方案的提供者：以服务化为经营理念的企业最终提供全生命周期解决方案，由单纯提供产品向产品及与之相关的服务转变（李晓华，2017）[185]，具体表现为更加完整的"包"（Vandermerwe 和 Rada，1988）[186]，以"产品＋服务"为主要形式（孙林岩等，2008）[187]，能够为客户创造额外价值（Tim 等，2005）[188]，也推动制造业与服务业的融合（黄群慧和霍景东，2015）[189]。③服务化是面向客户形式。从个体消费者角度来看，通过提高个体消费者对制造过程的参与度，以服务化为驱动因素的企业将关注焦点由产品生产转化为需求挖掘，进而开展针对性服务（周国华和王岩岩，2009；何哲等，2008）[190-191]；从企业经销商角度来看，制造业企业将以向下游经销商提供以服务为载体的产品，作为重要的价值创造手段（张忠、金青，2015）[192]，提升制造业企业的创新与盈利等核心能力。总的来说，服务化涵盖提升企业与客户价值的服务（何哲等，2010；刘建国，2012）[193-194]，具体表现为通过客户全程参与和企业主动服务，最终提供针对性的广义产品。

（2）服务化影响因素的相关研究。提升制造业企业的服务化水平，需要明晰影响制造业服务化的因素。通过对现有文献的梳理，制造业企业基于服务化实现转型升级的影响因素主要包括以下四种形式：①信息技术。随着信息技术的进步，制造业与服务业的融合已经成为主流趋势。信息技术不仅润滑与推进两业深度融合（邓洲，2019）[195]，而且重新定义产业内涵、改变产业形态（颜廷标，2019）[196]、模糊产业边界（李君等，2019）[197]，为深化服务化领域理论提供新机遇。②需求差异化。市场需求转变体现为产品需求结构变化（侯雁，2014）[198]，具体表现为从产品消费到服务体验转变（林文进等，2009）[199]，由单纯追求产品向产品服务系统转化，制造业企业通过敏捷、柔性的生产方式应对这一转变，以满足动态与多元的需求，并逐步实现制造业服务化。③业务异质化。在商品同质化竞争的背景下，仅通过规模经济培植的比较优势，将很难使先进制造企业获得高收益。以服务化为导向的企业通过提供诸如差异性产品和服务等非价格竞争的业务，以摆脱同质化竞争，满足客户需求，即实现"制造＋服务"的供给，不仅提升产品的供给质量，而且在同质化产品上附加差异化服务，有利于弥补先进制造企业在同质化产品竞争中的劣势，通过以服务化为代表的异质化业务实现差异竞争，创造更多价值（汪应洛，2010；冯晓玲和丁琦，2011）[200-201]。④分工专业化。大量的生产商和服务商、高度的社会分工和协作是制造业服务化产生的前提条件（王珊珊，2014）[202]。随着社会分工的不断深化，制造业与服务业的融合越发紧密，两业的边界也越发模糊，即制造业服务化是全球产业集群专业化分工的产物（曹晖、林雪萍，2017；Bhagwati J. N.，2010）[203-204]。依据制造业企业内部与外部的专业化分工需求，实现服务化的制造企业将"内化"的分工环节"外化"为社会产业（戴志强，2007）[205]，通过企业间的专业化分工协作创造企业价值（杨书群，2012）[206]。

（3）服务化路径的相关研究。推动制造业企业由大规模粗放生产向批量定制生产转型，需要规划服务化的路径。通过对现有文献的梳理，服务化的路径主要包括以下几种形式：①战略导向视角。为实现服务化，制造业企业一方面可确立产品服务战略导向，即由产品制造转移至产品服务（赵一婷、刘继国，2008）[207]，意味着向物品服务包转变；制造业企业还可确立品牌经营战略导向，由产品经营转移至品牌经营（李转少，2007）[208]，形成差异化优势与优质品牌（刘洪民和杨艳东，2014）[209]；另一方面可确立高附加值战略，如售后部门拓展业务领域，提供整体解决方案，战略导向由"降成本"转化为"增盈利"（李晶莹，2015）[210]，增加服务在产值、利润中所占比重，运用服务及其他差异化因素增强产品竞争力，以获取新的价值（Verma R. 等，2012；Gebauer H. 等，2012）[211-212]。②业务外包视角。制造业企业在实现服务化过程中，非核心业务外包有两种形式：一种是服务外包，制造业企业通过将处于相对劣势的服务部分剥离给外部服务商，在优势领域集聚资源，实现生产性服务业与制造业分工（顾乃华等，2006）[213]、培育自身核心制造能力，并促进两业良性交互合作（顾乃华等，2006）[214]；另一种是制造外包，制造业企业通过外包非核心的制造环节或工艺流程，将企业资源倾斜于具有高经济附加值的优势环节，使自身成为专业的服务提供商。③供应链管理视角。企业间交错协同的合作模式推动由顾客、产品与服务提供商组成动态供应链的形成（Ding K. 等，2015；Mark 和 Carlos，2008）[215-216]。先进制造企业通过供应链

管理达到服务化主要有两种路径：其一，以服务主导的思想重构供应链
（Lusch R. F.，2011）[217]，具体表现为：建立新型的供应链结构与供应链信息
系统，以实现快速响应客户需求。其二，由于服务对象广泛、服务种类多样，
引致服务化供应链网络复杂，则制造业企业应通过研制产品与开发服务，以创
造与获取利润。④自主创新视角。制造业企业通过加大对研发设计环节的资金
与人力投入力度，培植企业自主研发核心竞争力，驱动服务化的实现（杨智
伟、董大海，2013）[218]。制造业企业不仅应加大科研投入以构建创新驱动体
系（泰勒尔，1997；杨水利等，2018）[219-220]，还应借助信息技术手段，积累
客户需求知识，通过自主创新实现制造业服务化。

综上所述，目前关于制造业服务化的研究主要集中在服务化内涵、服务化
影响因素、服务化路径三个方面。内涵方面主要关注服务化是价值增值体现、
是新兴制造模式、是面向客户形式；影响因素主要有信息技术、需求转变、同
质化竞争、专业化分工四个方面；服务化路径研究部分阐述了通过战略导向、
非核心业务外包、供应链管理、自主创新促进制造业企业转型升级。绩效测度
重点集中于财务绩效、客户绩效、市场绩效三个层面。现有研究主要存在以下
两方面不足：一是影响因素方面，除了上述四个因素之外，影响因素还应该包
括商业模式、创新联盟等；二是路径方面，忽略了制造业和现代服务业两业融
合发展的趋势与途径，以及服务型制造的具体实现路径。

2.2.6 制造业产品转型升级路径相关研究

现有关于制造业产品转型升级的相关研究集中在产品升级内涵、产品升级
影响因素、产品升级路径三个方面。

（1）产品升级内涵的相关研究。现有研究关于产品升级的内涵主要有以
下三种观点：①产品升级是产品价值链各环节水平提升。产品升级指制造业不
仅能够独立制定产品规格说明书，而且能进行高性能产品的设计和制造
（Dunne 等，2006）[221]。产品研发设计环节的技术水平提升、产品生产制造的
工艺水平提升均能促进产品升级，产品质量、产品技术复杂度和产品市场化水
平提升也是产品升级（毛蕴诗、吴瑶，2009；刘斌等，2016）[222-223]。②产品
升级是产品竞争力提升。产品升级指产品生产效率及投入产出效率增加，在节
约企业成本的同时降低产品单位价格，使产品在市场中更具竞争力（戴维奇、
林巧，2013）[224]。产品升级指通过产品质量改进、产品性能提升、产品附加
值提升等措施使产品更具竞争力（Ponte 和 Ewert，2009；毛蕴诗、黄程亮，

2017)[225-226]。③产品升级是产品种类增多与产品线延伸。产品升级是增强旧产品改进程度和加快新产品开发速度，使旧产品性能、质量和技术含量提升，新产品种类增多及市场接受程度加大（李慧巍，2013）[227]。制造业产品升级通常在已有资源基础上整合上下游企业资源，加速资源有效流通，丰富产品种类或在原有产品链上延伸（Ritter 等，2003）[228]。

（2）产品升级的影响因素研究。现有研究认为影响产品升级的因素主要集中在企业能力层面、战略层面、市场层面、产业层面。①能力层面。技术能力可以有效促进企业吸收、运用并创造新技术，为增强产品性能、增加产品功能奠定基础（宋耘等，2013）[229]；创新能力不仅能使企业快速推出新产品还可以为顾客创造新需求，开发新市场（毛蕴诗、温思雅，2012）[230]；组织能力使企业在掌握现有科学技术知识的基础上充分把握市场需求，以最快速度调动人力、物力、财力等资源解决产品升级中的问题（张峰，2016）[231]；科技成果产业化能力较强的企业能迅速将最新的科技成果应用于产品研发及生产各个环节，提升产品技术能力，加速产品升级（苏敬勤、刘静，2011）[232]。②战略层面。企业的互动导向战略能加强顾客参与，鼓励顾客在产品或服务生产过程中承担设计者和生产者角色，在互动过程中帮助企业了解顾客需求和偏好以更好地制定相应的产品改进以及经营决策（吴兆春、于洪彦，2013；姚山季、王永贵，2010；黄海艳，2014）[233-235]。企业发起、维持及运用与其他合作伙伴的关系网络能有效促进对相关资源、知识进行整合、共享以获取竞争优势，为产品升级奠定基础（吴家喜，2009）[236]。企业以顾客为核心的战略可获取更多有价值的客户反馈意见以了解顾客的潜在需求，促进企业对原有产品线的改进和新产品的开发（Nadvi 等，1996；Schmitz，1999）[237-238]。③市场层面。行业边界模糊为产品和服务创造了延伸的空间，打破了产品生命周期和传统业务在时空上所受的束缚，形成新的业务增长点（毛蕴诗、汪建成，2006）[239]。无论产品在完全竞争市场、完全垄断市场、垄断竞争市场或寡头垄断市场，适度的市场竞争对产品创新和升级有促进作用。规范的市场环境和专利制度能保障企业新技术、新产品不受侵犯，鼓励企业大胆开发新技术、新产品（耿慧芳等，2018）[240]。④产业层面。加快企业技术创新服务体系建设有利于会聚专业力量，扩大服务覆盖范围，为制造业提供技术服务，有助于企业产品升级（孙玉涛、刘凤朝，2016）[241]。加快共性技术中心建设有助于解决企业共性技术问题，突破产品升级的技术瓶颈（郑月龙、王琳，2018）[242]。还应促进"产学研"联合发展，使企业与科研机构发挥各自优势，开发前沿核心技术，为企业产品升级奠定基础（何星蓉，2018）[243]。促进技术平台建设，如基础研究平台能为企业技术研发和理论创新提供支持，促进产业共性技术的开发，为产品创新提供技术支持。积极规划产业发展与技术改革，明确产业及产品发展的方向和创造市场潜力，能为企业产品升级起到带动作用（蒋为，2015）[244]。

（3）产品升级路径研究。产品升级主要有以下三种路径：①创新驱动的产品升级路径。制造业与合作企业从产品概念阶段开始合作，以此较早地搜寻并选择稀缺、不可模仿的资源从而获得持续竞争优势（姜劲、孙延明，2012）[245]。企业通过高新技术引入或生产系统重组以提高企业输入输出转化率，即通过增加内部流程的效率（如增加库存周转、减少废料、实现多品种小批量高频率的配送）实现产品升级（李四杰、邵灵芝，2018）[246]。企业要由技术模仿、模仿创新向自主创新的发展模式转变，在产品创意方面从跟进和模仿向创新和改进相结合的模式转变，从而实现产品升级（马海燕、于孟雨，2018）[247]。②以重构企业竞争优势为核心的产品升级路径。企业应选择边界模糊的产业作为升级方向，延伸产品和服务，形成新的业务增长点，在原有业务基础上通过增加产品的技术含量，增强产品的功能和特征，改进产品结构，拓展核心业务，提高竞争力（刘斌等，2015）[248]。企业应把组装、制造和加工等低附加值环节分离或外包出去，集中精力于研发设计等，着重提升高附加值环节的能力（林桂军、何武，2015）[249]。在供给侧结构性改革总体目标下，企业产品升级包括产品产业化、产品模块化、产品平台化、产品智能化、产品软件化、产品概念化、产品创意化、产品广告化、产品金融化、产品循环化（李海舰、周霄雪，2017）[250]。企业可以通过引进新产品或改进已有的产品，提高单位产品的增加值，转向更高端的生产线、提升产品质量，增强产品在市场中的竞争力，促进产品升级（赖红波等，2013）[251]。③沿质量阶梯改进的产品升级路径。产品质量水平的高低是一个企业竞争实力和发展能力的体现，因此制造企业应聚焦产品质量提升，沿质量阶梯逐级提升从而占领市场（陈丰龙、徐康宁，2018）[252]。制造企业扩大机器设备投资，改进与提高产品质量，对生产设施进行地理转移和提高管理效率等，沿质量阶梯上升到更高产品层级（张杰等，2014）[253]。制造企业应凭借自身技术能力和要素禀赋，对应自身所处的产品质量水平，沿质量阶梯逐步升级产品，并营造有利于组织形式调整和创新的制度环境（张舒，2014）[254]。

综上所述,现有研究虽取得一定成果,但也存在局限性,一是从能力、战略、市场、政策四个方面研究产品升级影响因素的相关研究较多,缺少从产品功能、性能、质量等方面存在的问题入手,探究研发生产过程中微观的产品工艺、技术装备、基础材料等影响因素的研究,也缺少对不同行业不同类型产品的具体分析。二是从智能化、绿色化研究产品升级路径的相关研究较多,缺少不同行业不同产品的异质性,缺少产品设计、研发、生产、商业化各环节的升级路径研究。

2.3 制造业转型升级政策的相关研究

"十三五"时期,为适应制造业新一轮国际竞争背景下的技术环境、竞争环境和要素环境,其中所构建的产业政策体系也适时地根据产业发展阶段和行业重点任务做出了关于深化体制机制改革、营造公平竞争市场环境、完善金融扶持政策、加大财税政策支持力度、健全多层次人才培养体系、完善中小微企业政策、进一步扩大制造业对外开放和健全组织实施机制八方面的政策部署,以保障各项战略目标的稳步推进。现有关于制造业转型升级政策的相关研究主要集中在以下两方面。

(1)选择性产业政策的相关研究。选择性产业政策在扶持新兴产业、加速产业发展方面起到重要作用。长期以来,中国制造业习惯于使用选择性产业政策来引导企业转型升级,相关的政策研究主题主要从以下三方面展开:①通过投资审批干预制造业转型升级。通过投资审批来干预制造业转型升级的相关研究主要集中在化解产能过剩(刘瑞、高峰,2016)[255]、推进企业节能减排(王凤荣、王康仕,2018)[256]和妥善处置"僵尸企业"(何帆、朱鹤,2016)[257]等领域。接受投资审批干预的行业既有造纸、钢铁、有色、石化、轻工业等传统粗放型发展模型下的绝对产能过剩行业,也有光伏、风电、水电等新兴产业领域中的相对过剩行业。通过投资审批干预的产业政策可加速无效、低效产能的市场出清,强制性推动企业加大在绿色工艺技术和绿色装备的投资力度,促进企业绿色转型,同时也能进一步深化国有企业改革,引导民营制造业与拥有优质资产的国有"僵尸企业"进行兼并与重组(黄群慧、李晓华,2016)[258]。②通过指导目录引导制造业转型升级。在改造提升传统产业方面，政策研究主题以促进形成系统优势的智能制造政策（《智能制造发展规划》，2016)[259]、高端制造政策（《高端智能再制造行动计划》，2018)[260]、服务型制造政策（《发展服务型制造专项行动指南》，2017)[261]、绿色制造政策（《工业绿色发展规划（2016—2020年）》，2016)[262]、"两化融合"政策（《信息化和工业化深度融合专项行动计划（2013—2018年）》，2013;《信息化和工业化融合发展规划（2016—2020年）》，2016)[263-264]。在培育壮大新兴产业方面，政策研究主题以加快推进前沿技术发展（如增材制造、机器人、超材料与纳米材料）和推动重点跨领域发展（新兴产业与制造业产业融合发展）为重点任务，引导新兴产业在新一代信息技术、生物、新能源等九大领域发挥核心引领作用（《国务院关于印发"十三五"国家战略性新兴产业发展规划的通知》，2017)[265]，塑造我国制造业参与国际竞争"核高基"。③通过直接补贴加速制造业转型升级。在通过直接补贴加速制造业转型升级的相关研究中，财政补贴和税收优惠是实施相应政策的重要工具（迟福林，2015)[266]，其中财政补贴范围往往集中在购买关键重大智能装备、先进技术研发与改造补贴、重点技术装备首台（套）示范、工业软件首购奖励、样本工厂示范应用等方面（《福建省人民政府关于加快发展智能制造九条措施的通知》，2015)[267]，而税收优惠则大多围绕在环境保护、节能节水与安全生产专用设备的税额抵免政策（《国家税务总局关于环境保护节能节水、安全生产等专用设备投资抵免企业所得税有关问题的通知》，2015)[268]、重大技术装备进口税收政策等方面（装备制造业调整和振兴规划，2009)[269]，两者共同推动落实关于为制造业提供风险分担和减税降费的政策重心（蔡昉和都阳，2016)[270]，以提高要素成本不断上升背景下制造业的国际竞争力。

（2）功能性产业政策的相关研究。新兴产业中光伏产业低端产能过剩的现状暴露出遵循传统规模经济的产业投资催生模式已不能适应市场对企业新技术、新产品、新业态、新商业模式的创新诉求。随着技术创新与竞争环境的不确定性不断扩大，关于制造业转型升级的政策研究逐渐从选择性产业政策向功能性政策转变，具体的研究内容主要包含以下两个方面：①培育市场机制方面。关于培育市场机制方面的政策研究主要围绕着营造公平有序的市场环境方面展开，具体包含简化制造业市场准入许可和审批程序，强化部门监管责任和制造业产品质量安全主体责任，激发市场对制造业的投资热情（李兰等，2017)[271]；制定和设置关于技术、质量、安全、环保等制造行业准入标准，引导产业结构优化升级（曹霞等，2018)[272]；健全和完善关于知识产权的创造、运用、管理和保护等技术市场运行机制，激发制造业的创新活力；推行制造业信用体系建设，强化企业负面清单管理制度，营造守信激励和失信严惩的公平市场环境（贾男、刘国顺，2017）[273]。②间接引导市场主体行为方面。现有关于间接引导市场主体行为的相关政策研究主要集中于通过公共服务体系建设、制造业发展平台建设、多层次人才培养体系建设等方面。其中公共服务体系建设的相关政策重点解决对过剩产能的退出援助方面，因过剩产能而释放的劳动力需要借助政府公共服务体系，通过增强对失业人员的再教育培训以及失业保障来间接引导落后过剩产能加速淘汰，辅助产业进行结构性调整和转型升级（黄群慧，2016）[274]；制造业发展平台建设的相关政策倾向于以构建围绕新一代信息技术、增材制造等新兴产业领域的制造业创新平台、基于"大众创业，万众创新"的"双创平台"以及基于"创业孵化"的制造业服务平台建设（《关于完善制造业创新体系，推进制造业创新中心建设的指导意见》，2016）[275]；多层次人才培养体系建设的相关政策也逐步由过去仅关注精英型研发人才逐步向注重高级、中级和通用型不同技能层次的人才体系转变，通过政府、企业、高校（含职业技能院校和研究型院校）、培训机构所形成的网状培训体系间接引导制造业由模仿学习加工制造的产品架构知识向自主掌握研发、设计、营销的功能架构转变（黄群慧，2012）[276]。

综上所述，无论是选择性产业政策的相关研究还是功能性产业政策的相关研究都在弱化行政干预、强化市场主体地位、激发企业创新活力等方面做出了突出贡献，但在预见性和约束力方面仍存在不足。一些龙头企业尤其是央企角色定位偏离，技术引领迷失，企业热衷赚快钱，追求短期利益。资金流向"脱实向虚"，制造业发展萎缩，产业"低端化""空心化"问题严重。制造业产能结构性过剩，产能利用率不高。战略新兴产业存在"高端行业空壳化、低端行业包装化"现象。因此，产业引导政策务必与时俱进，从普惠性向功能性转变，充分发挥引领和带动作用，促进制造业在完善的市场竞争环境下加速实现转型升级。

2.4　本章小结

新贸易保护新形式和国内经济新常态背景下，现有文献聚焦于中国制造业转型升级的战略定位、路径及支撑体系研究，本章通过对现有文献进行归纳总结，综合梳理了制造业转型升级的战略定位，制造业高端化、智能化、绿色化、服务化和产品转型升级路径，制造业转型升级的政策相关研究观点。在指出现有研究存在不足的同时，也为后续研究提供了新的视角和研究方向。

3 制造业转型升级实态分析

根据我国制造业的行业分类（涵盖 25 个细分行业），在参考李廉水《中国制造业发展研究报告》[277] 提出的新型制造业评价指标体系的基础上，从经济效益状况、科技创新投入产出、能源消耗状况和环境污染状况四个维度来分析我国制造业的发展实态。

3.1 制造业经济效益实态分析

衡量制造业最重要的指标就是经济创造能力，经济效益是企业乃至行业发展中最关注的问题。为了确定制造业在经济创造方面的发展程度，本部分将从主营业务收入、产值增幅等方面对制造业的经济效益状况进行分析。

3.1.1 制造业主营业务收入

表 3 - 1 列出了 2018 年我国分行业规模以上制造业主营业务收入排名情况。可以看出，规模以上制造业主营业务收入排名前十的行业依次为汽车制造业、化学原料和化学制品制造业、电气机械和器材制造业、农副产品加工业、非金属矿物制品业、通用设备制造业、纺织业、金属制品业、专用设备制造业以及橡胶和塑料制品业。这十个行业的主营业务收入占整个制造业主营业务收入的 75.32%。排名后十的依次为金属制品、机械和设备修理业，其他制造业，废弃资源综合利用业，印刷和记录媒介复制业，烟草制品业，家具制造业，仪器仪表制造业，造纸及纸制品业，木材加工和木、竹、藤、棕、草制品业，皮革、毛皮、羽毛及其制品和制鞋业。这十个行业的主营业务收入仅占整

个制造业主营业务收入的 12.15%，可见制造业各行业间主营业务收入差距很大。

表 3-1　2018 年分行业规模以上制造业主营业务收入排名

排名	行业	主营业务收入（亿元）	占比（%）
1	汽车制造业	83372.6	13.6
2	化学原料和化学制品制造业	72065.9	11.75
3	电气机械和器材制造业	54375.3	8.87
4	农副产品加工业	47758.3	7.79
5	非金属矿物制品业	48973.6	7.99
6	通用设备制造业	38308.9	6.25
7	纺织业	27863.1	4.54
8	金属制品业	34375.1	5.60
9	专用设备制造业	29920.0	4.88
10	橡胶和塑料制品业	24845.2	4.05
11	食品制造业	18679.8	3.04
12	纺织服装、服饰业	17417.7	2.84
13	铁路、船舶、航空航天和其他运输设备制造业	11853.7	1.93
14	酒、饮料和精制茶制造业	15534.9	2.53
15	文教、美工、体育和娱乐用品制造业	13408.8	2.19
16	皮革、毛皮、羽毛及其制品和制鞋业	12130.5	1.98
17	木材加工和木、竹、藤、棕、草制品业	9210.3	1.50
18	造纸及纸制品业	14012.8	2.29
19	仪器仪表制造业	8206.5	1.34
20	家具制造业	7081.7	1.15
21	烟草制品业	10465.4	1.71
22	印刷和记录媒介复制业	6471.1	1.06
23	废弃资源综合利用业	4086.0	0.67
24	其他制造业	1675.1	0.27
25	金属制品、机械和设备修理业	1103.6	0.18

资料来源：依据《中国统计年鉴》（2019）数据计算整理所得。

3.1.2 制造业产业增幅

表3-2是2018年分行业规模以上制造业主营业务收入增幅排名情况。从排名来看，增幅最快的前十个行业依次是烟草制品业，废弃资源综合利用业，金属制品、机械和设备修理业。这三个行业的平均增幅为5.1%。其余行业均出现了负增长。

表3-2 2018年分行业规模以上制造业主营业务收入增幅排名

排名	行业	增幅（%）
1	烟草制品业	17.71
2	废弃资源综合利用业	4.82
3	金属制品、机械和设备修理业	2.41
4	汽车制造业	-1.49
5	金属制品业	-4.39
6	造纸及纸制品业	-5.58
7	酒、饮料和精制茶制造业	-9.13
8	化学原料和化学制品制造业	-12.00
9	皮革、毛皮、羽毛及其制品和制鞋业	-14.00
10	食品制造业	-15.63
11	文教、美工、体育和娱乐用品制造业	-15.83
12	通用设备制造业	-16.01
13	专用设备制造业	-16.51
14	纺织服装、服饰业	-16.63
15	非金属矿物制品业	-17.27
16	印刷和记录媒介复制业	-17.65
17	仪器仪表制造业	-17.93
18	橡胶和塑料制品业	-18.61
19	家具制造业	-19.42
20	农副产品加工业	-20.26
21	纺织业	-22.85
22	电气机械和器材制造业	-24.15
23	木材加工和木、竹、藤、棕、草制品业	-28.87

续表

排名	行业	增幅（%）
24	铁路、船舶、航空航天和其他运输设备制造业	-29.95
25	其他制造业	-36.14

资料来源：依据《中国统计年鉴》（2019）数据计算整理所得。

3.2　制造业科技创新投入产出实态分析

本部分主要从规模以上工业企业科技创新投入和创新产出两方面分析制造业科技创新投入产出实态。由表3-3可知，2018年中国制造业规模以上工业企业科技创新（以下简称R&D）活动经费支出为12954.8亿元，比2017年增长了7.84%；R&D活动人员全时当量为298.1万人·年，比2017年增长了8.95%；R&D项目数为472299项，比2017年增长6.13%；开发新产品经费达14987.2亿元，比2017年增长了11.03%。

表3-3　2017~2018年中国制造业规模以上工业企业科技创新投入

投入指标	2017年	2018年	增长率（%）
R&D活动经费支出（亿元）	12013.0	12954.8	7.84
R&D项目数（项）	445029	472299	6.13
R&D活动人员全时当量（万人·年）	273.6	298.1	8.95
开发新产品经费（亿元）	13497.8	14987.2	11.03

资料来源：依据《中国科技统计年鉴》（2017，2018）数据计算整理所得。

选取新产品开发项目数、新产品销售收入和发明专利数等指标分析制造业科技创新产出结构分布，如表3-4所示。可以看出，2018年我国制造业的科技创新产出仍快速增长，与我国制造业的科技创新投入一致。2018年我国新产品开发项目数为558305项，与2017年相比增长了16.83%；发明专利数为1094200项，与2017年相比增长了17.15%；新产品销售收入为197094.1亿元，与2017年相比增长了2.88%。

表3-4 2017~2018年中国制造业规模以上工业企业科技创新产出情况

产出指标	2017年	2018年	增长率（%）
新产品开发项目数（项）	477861	558305	16.83
新产品销售收入（亿元）	191568.7	197094.1	2.88
有效发明专利数（项）	933990	1094200	17.15

资料来源：依据《中国科技统计年鉴》（2018，2019）数据计算整理所得。

3.2.1 制造业R&D活动经费支出

2018年我国制造业分行业R&D经费（包括内部支出与外部支出）排名如表3-5所示，从R&D经费的投入结构来看，2018年我国制造业科技创新的投入在行业间呈现不平衡的局面。2018年制造业科技创新产业分布主要集中在电气机械和器材制造业、汽车制造业、化学原料和化学制品制造业、通用设备制造业、专用设备制造业、非金属矿物制品业六个主要行业上，这六个行业的研发经费支出额占总额的65.73%。同时也有很多行业研发经费投入不足，如文教、工美、体育和娱乐用品制造业，印刷和记录媒介复制业。

表3-5 2018年我国制造业分行业规模以上企业R&D经费支出排名

排名	行业	R&D经费（万元）	占整体比重（%）
1	电气机械和器材制造业	13201357	16.04
2	汽车制造业	13121411	15.94
3	化学原料和化学制品制造业	8999255	10.94
4	通用设备制造业	7356003	8.94
5	专用设备制造业	7257638	8.82
6	非金属矿物制品业	4158518	5.05
7	铁路、船舶、航空航天和其他运输设备制造业	4008146	4.87
8	金属制品业	3893723	4.73
9	橡胶和塑料制品业	3188856	3.87
10	农副产品加工业	2610675	3.17
11	纺织业	2554381	3.10
12	仪器仪表制造业	2232177	2.71
13	食品制造业	1609628	1.96

排名	行业	R&D 经费（万元）	占整体比重（%）
14	造纸和纸制品业	1677816	2.04
15	纺织服装、服饰业	1029904	1.25
16	酒、饮料和精制茶制造业	1018097	1.24
17	文教、工美、体育和娱乐用品制造业	1117519	1.36
18	皮革、毛皮、羽毛及其制品和制鞋业	590077	0.72
19	木材加工和木、竹、藤、棕、草制品业	546652	0.66
20	印刷和记录媒介复制业	667108	0.81
21	家具制造业	680099	0.83
22	其他制造业	386890	0.47
23	烟草制品业	266076	0.32
24	金属制品、机械和设备修理业	130529	0.16
25	废弃资源综合利用业	—	—

资料来源：依据《中国科技统计年鉴》（2019）数据计算整理所得。

3.2.2 制造业 R&D 活动人员全时当量

表 3－6 显示了 2018 年制造业分行业 R&D 活动人员全时当量的排名情况。由表 3－6 可以看出，同制造业分行业规模以上工业企业 R&D 经费支出一样，各行业规模以上企业 R&D 活动人员全时当量也极不平衡，其中其他制造业，金属制品、机械和设备修理业，烟草制品业三个行业的 R&D 活动人员全时当量最少，占总额的比重均不足 0.6%。而电气机械和器材制造业、汽车制造业、通用设备制造业、化学原料和化学制品制造业、专用设备制造业五个行业 R&D 活动人员全时当量之和占总分的比重较大，达到 56.44%。

表 3－6　2018 年制造业分行业规模以上企业 R&D 活动人员全时当量排名

排名	行业	R&D 活动人员全时当量（人·年）	占整体比重（%）
1	电气机械和器材制造业	306281	15.06
2	汽车制造业	260473	12.81
3	通用设备制造业	218175	10.73

排名	行业	R&D 活动人员全时当量（人·年）	占整体比重（%）
4	专用设备制造业	194430	9.56
5	化学原料和化学制品制造业	168331	8.28
6	金属制品业	117850	5.79
7	非金属矿物制品业	104704	5.15
8	橡胶和塑料制品业	95472	4.68
9	铁路、船舶、航空航天和其他运输设备制造业	89290	4.38
10	纺织业	74347	3.66
11	仪器仪表制造业	70486	3.47
12	农副产品加工业	50917	2.50
13	文教、工美、体育和娱乐用品制造业	41346	2.03
14	食品制造业	39454	1.94
15	纺织服装、服饰业	39323	1.93
16	造纸和纸制品业	32895	1.62
17	家具制造业	25473	1.25
18	酒、饮料和精制茶制造业	23705	1.17
19	皮革、毛皮、羽毛及其制品和制鞋业	23407	1.15
20	印刷和记录媒介复制业	22078	1.09
21	木材加工和木、竹、藤、棕草制品业	14398	0.71
22	其他制造业	12013	0.59
23	烟草制品业	4829	0.24
24	金属制品、机械和设备修理业	4220	0.21
25	废弃资源综合利用业	—	

资料来源：依据《中国科技统计年鉴》（2019）数据计算整理所得。

3.2.3 制造业新产品开发经费

2018 年制造业分行业规模以上企业新产品开发经费排名如表 3 - 7 所示。由表 3 - 7 可以明显发现，电气机械和器材制造业，汽车制造业，通用设备制造业，专用设备制造业，化学原料和化学制品制造业，铁路、船舶、航空航天和其他运输设备制造业六个行业的新产品开发经费之和高达总额的68.50%。而皮革、毛皮、羽毛及其制品和制鞋业,家具制造业,印刷和记录媒介复制业,木材加工和木、竹、藤、棕、草制品业,其他制造业,烟草制品业,金属制品、机械和设备修理业七个行业的新产品开发经费之和仅占4.22%,可见,新产品开发经费在制造业各行业间分布也非常不均。

表3-7 2018年制造业分行业规模以上企业新产品开发经费排名

排名	行业	开发新产品经费 (万元)	占整体比重 (%)
1	电气机械和器材制造业	16855765	18.15
2	汽车制造业	16529584	17.79
3	通用设备制造业	8812594	9.49
4	专用设备制造业	8423383	9.07
5	化学原料和化学制品制造业	8253092	8.88
6	铁路、船舶、航空航天和其他运输设备制造业	4756781	5.12
7	金属制品业	4624373	4.98
8	非金属矿物制品业	4242260	4.57
9	农副产品加工业	2833269	3.05
10	仪器仪表制造业	2766508	2.98
11	纺织业	2687412	2.89
12	食品制造业	1760064	1.89
13	造纸和纸制品业	1674834	1.80
14	文教、工美、体育和娱乐用品制造业	1303119	1.40
15	纺织服装、服饰业	1245650	1.34
16	酒、饮料和精制茶制造业	1159340	1.25
17	橡胶和塑料制品业	1050187	1.13
18	皮革、毛皮、羽毛及其制品和制鞋业	889357	0.96
19	家具制造业	840057	0.91
20	印刷和记录媒介复制业	730496	0.79

排名	行业	开发新产品经费 （万元）	占整体比重 （%）
21	木材加工和木、竹、藤、棕草制品业	605079	0.65
22	其他制造业	409228	0.44
23	烟草制品业	289341	0.31
24	金属制品、机械和设备修理业	151502	0.16
25	废弃资源综合利用业	—	—

资料来源：依据《中国科技统计年鉴》（2019）数据计算整理所得。

3.2.4 制造业新产品开发项目数

表3-8列出了2018年制造业分行业规模以上工业企业新产品开发项目数排名情况。由表3-8可以看出，电气机械和器材制造业、通用设备制造业、专用设备制造业三大行业的新产品项目数占比在10%以上，同时电气机械和器材制造业、通用设备制造业、专用设备制造业、汽车制造业、化学原料和化学制品制造业五类行业的新产品项目数在30000项以上，明显高于其他行业，五类行业项目数之和占整体百分比达57.13%。排名后十位的行业新产品开发项目数占整体百分比的8.47%，其中废弃资源综合业的新产品项目数据暂无，且从金属制品行业（排名第六）开始，新产品开发项目数急剧减少。

表3-8 2018年制造业分行业规模以上企业新产品开发项目数排名

排名	行业	新产品开发项目 数（项）	占比（%）
1	电气机械和器材制造业	67027	15.66
2	通用设备制造业	53128	12.41
3	专用设备制造业	46597	10.89
4	汽车制造业	40322	9.42
5	化学原料和化学制品制造业	37432	8.75
6	金属制品业	28036	6.55
7	橡胶和塑料制品业	24521	5.73
8	非金属矿物制品业	21309	4.98

续表

排名	行业	新产品开发项目数（项）	占比（%）
9	仪器仪表制造业	17285	4.04
10	铁路、船舶、航空航天和其他运输设备制造业	13382	3.13
11	纺织业	12781	2.99
12	农副产品加工业	11862	2.78
13	食品制造业	9383	2.19
14	文教、工美、体育和娱乐用品制造业	8612	2.01
15	造纸和纸制品业	5761	1.35
16	纺织服装、服饰业	5486	1.28
17	家具制造业	5210	1.22
18	印刷和记录媒介复制业	4463	1.04
19	酒、饮料和精制茶制造业	4372	1.02
20	皮革、毛皮、羽毛及其	4036	0.94
21	木材加工和木、竹、藤、棕、草制品业	3011	0.7
22	其他制造业	2064	0.48
23	烟草制品业	1185	0.28
24	金属制品、机械和设备修理业	702	0.16
25	废弃资源综合利用业	—	—

资料来源：依据《中国科技统计年鉴》（2019）数据计算整理所得。

3.2.5 制造业新产品销售收入

表3-9列出了2018年制造业分行业规模以上企业新产品销售收入排名情况。由表3-9可知，汽车制造业、电气机械和器材制造业、化学原料和化学制品制造业三类行业的新产品销售收入占比均达到整体的10%以上。此外，汽车制造业、电气机械和器材制造业、化学原料和化学制品制造业、通用设备制造业四类行业的新产品销售收入之和超过了整体的一半以上，达到了57.7%，新产品销售收入排名后十个行业的新产品销售收入之和仅占整体的7.81%。

表 3 – 9　2018 年制造业分行业规模以上企业新产品销售收入排名

排名	行业	新产品销售收入（万元）	占比（%）
1	汽车制造业	256795586	20.99
2	电气机械和器材制造业	225188311	18.4
3	化学原料和化学制品制造业	123874658	10.12
4	通用设备制造业	100236056	8.19
5	专用设备制造业	84073383	6.87
6	铁路、船舶、航空航天和其他运输设备制造业	56039830	4.58
7	金属制品业	51534577	4.21
8	非金属矿物制品业	49171293	4.03
9	橡胶和塑料制品业	44784363	3.67
10	纺织业	35772339	2.93
11	农副产品加工业	31857685	2.6
12	造纸和纸制品业	29140356	2.38
13	仪器仪表制造业	21445571	1.75
14	纺织服装、服饰业	18021068	1.47
15	食品制造业	16559504	1.35
16	文教、工美、体育和娱乐用品制造业	14594113	1.19
17	酒、饮料和精制茶制造业	12714993	1.04
18	家具制造业	11198873	0.92
19	皮革、毛皮、羽毛及其制品和制鞋业	10068446	0.82
20	烟草制品业	9723200	0.79
21	印刷和记录媒介复制业	9290974	0.76
22	木材加工和木、竹、藤、棕、草制品业	5931369	0.48
23	其他制造业	3238595	0.26
24	金属制品、机械和设备修理业	2436910	0.2
25	废弃资源综合利用业	—	—

资料来源：依据《中国科技统计年鉴》（2019）数据计算整理所得。

3.2.6 制造业有效发明专利数

表 3－10 列出了 2018 年制造业分行业规模以上企业有效发明专利数排名情况。由表 3－10 可知，电气机械和器材制造业占比最高，达到 20.26%。电气机械和器材制造业、专用设备制造业、化学原料和化学制品制造业三类行业的有效发明专利数占比均超过整体的 10%，且三类行业的有效发明专利数之和接近制造业整体有效发明专利数的一半。与此同时，有十类行业的有效发明专利数不足整体的 1%，其他制造业仅占 0.13%。废弃资源综合利用业的新产品项目数据暂无，制造业行业间有效发明专利数分布严重不均衡。

表 3－10　2018 年制造业分行业规模以上工业企业有效发明专利数排名

排名	行业	有效发明专利数（项）	占比（%）
1	电气机械和器材制造业	136014	20.26
2	专用设备制造业	97839	14.57
3	化学原料和化学制品制造业	78732	11.73
4	通用设备制造业	61451	9.15
5	汽车制造业	57360	8.54
6	金属制品业	39321	5.86
7	铁路、船舶、航空航天和其他运输设备制造业	33164	4.94
8	橡胶和塑料制品业	28690	4.27
9	纺织业	28460	4.24
10	非金属矿物制品业	27727	4.14
11	纺织服装、服饰业	10906	1.62
12	农副产品加工业	10822	1.61
13	食品制造业	9630	1.43
14	造纸和纸制品业	9524	1.42
15	烟草制品业	6546	0.97
16	文教、工美、体育和娱乐用品制造业	6091	0.91
17	皮革、毛皮、羽毛及其制品和制鞋业	5284	0.79

排名	行业	有效发明专利数（项）	占比（%）
18	仪器仪表制造业	4437	0.66
19	木材加工和木、竹、藤、棕、草制品业	4406	0.66
20	酒、饮料和精制茶制造业	4362	0.65
21	金属制品、机械和设备修理业	4196	0.62
22	印刷和记录媒介复制业	3246	0.48
23	家具制造业	2339	0.35
24	其他制造业	869	0.13
25	废弃资源综合利用业	—	—

资料来源：依据《中国科技统计年鉴》（2019）数据计算整理所得。

3.2.7 制造业分行业科技创新指标排名分析

2018 年制造业分行业各个科技创新指标排名情况如表 3-11 所示。由表 3-11 可以看出，首先，电气机械和器材制造业、通用设备制造业、专用设备制造业、化学原料和化学制品制造业及汽车制造业，这五个行业的 R&D 活动人员全时当量排名、新产品开发项目数排名、有效发明专利数排名和新产品销售收入排名均较为靠前。其次，铁路、船舶、航空航天和其他运输设备制造业，金属制品业，非金属矿物制品业，橡胶与塑料制品业，农副产品加工业，纺织业，仪器仪表制造业，食品制造业的科技创新投入与产出处于制造业整体的中上游水平。再次，造纸及纸制品业，纺织服装与服饰业，文教、工美、体育和娱乐用品制造业，皮革、毛皮、羽毛及其制品和制鞋业，印刷和记录媒介复制业，家具制造业这六类行业的技术含量较低，科技创新投入与产出处于制造业整体的中下游水平。最后，木材加工和木、竹、藤、棕、草制品业，其他制造业，烟草制品业，金属制品业，机械和设备修理业这五个行业的 R&D 经费支出和 R&D 活动人员全时当量排名相对靠后，属于劳动密集型产业。

表 3-11 2018 年制造业分行业科技创新各指标排名情况

行业	R&D 经费排名	R&D 活动人员全时当量排名	新产品开发项目数排名	有效发明专利数排名	新产品销售收入排名
农副产品加工业	9	12	12	12	11
食品制造业	12	14	13	13	15
酒、饮料和精制茶制造业	16	18	19	20	17
烟草制品业	23	23	23	15	20
纺织业	11	10	11	9	10
纺织服装、服饰业	15	15	16	11	14
皮革、毛皮、羽毛及其制品和制鞋业	18	19	20	17	19
木材加工和木、竹、藤、棕、草制品业	21	21	21	19	22
家具制造业	19	17	17	23	18
造纸及纸制品业	13	16	15	14	12
印刷和记录媒介复制业	20	20	18	22	21
文教、工美、体育和娱乐用品制造业	14	13	14	16	16
化学原料和化学制品制造业	5	5	5	3	3
橡胶和塑料制品业	17	8	8	10	8
非金属矿物制品业	8	7	7	8	9
金属制品业	7	6	6	6	7
通用设备制造业	3	3	2	4	4
专用设备制造业	4	4	3	2	5
汽车制造业	2	2	4	5	1
铁路、船舶、航空航天和其他运输设备制造业	6	9	10	7	6
电气机械和器材制造业	1	1	1	1	2
仪器仪表制造业	10	11	9	18	13
其他制造业	22	22	22	24	23
废弃资源综合利用业	—	—	—	—	—
金属制品、机械和设备修理业	24	24	24	21	24

资料来源：依据《中国科技统计年鉴》（2019）数据计算整理所得。

3.3 制造业能源消耗实态分析

本部分主要从制造业能源消费结构、制造业电力消费结构和能源使用效率三方面分析能源消耗实态。2016 年和 2017 年我国制造业能源消耗量如表 3 – 12 所示，能源消耗总量和万元营业收入能耗均上升，同时电力消费量也有小幅度上升。

表 3 – 12　2016 年和 2017 年中国制造业能源消耗情况

能源及环境指标	2016 年	2017 年	增长率（%）
能源消耗总量（万吨标准煤）	435819	448529	3.45
电力消费量（亿千瓦·时）	61297	64821	5.75
万元营业收入能耗（吨标准煤）	0.3760	0.3958	5.27

资料来源：依据《中国能源统计年鉴》（2018，2019）数据计算整理所得。

3.3.1　制造业能耗消费结构

2017 年制造业分行业能源消耗总量排名由表 3 – 13 可以看出，化学原料和化学制品制造业在制造业能源消耗中的占比最大，行业能耗高，节能减排形势严峻，非金属矿物制品业位居第二，因此，对于非金属矿物制品业来说，提升技术含量、降低资源环境负荷迫在眉睫。

表 3 – 13　2017 年制造业分行业能源消耗总量排名

名次	行业	能源消费总量（万吨标准煤）	占比（%）
1	化学原料和化学制品制造业	49054.85	37.84
2	非金属矿物制品业	32835.27	25.33
3	纺织业	7487.00	5.78
4	金属制品业	5152.41	3.97
5	橡胶和塑料制品业	4761.41	3.67

名次	行业	能源消费总量 （万吨标准煤）	占比（%）
6	造纸和纸制品业	4304.31	3.32
7	农副产品加工业	4089.2	3.15
8	通用设备制造业	3630.43	2.80
9	汽车制造业	3378.13	2.62
10	电气机械和器材制造业	2579.77	1.99
11	食品制造业	1995.26	1.54
12	专用设备制造业	1687.91	1.30
13	其他制造业	1673.41	1.29
14	酒、饮料和精制茶制造业	1418.03	1.09
15	木材加工和木、竹、藤、棕、草制品业	1075.24	0.84
16	铁路、船舶、航空航天和其他交通运输设备制造业	992.23	0.77
17	纺织服装、服饰业	878.54	0.68
18	皮革、毛皮、羽毛及其制品和制鞋业	559.83	0.43
19	印刷和记录媒介复制业	479.45	0.37
20	文教、工美、体育和娱乐用品制造业	433.12	0.33
21	家具制造业	352.61	0.27
22	仪器仪表制造业	306.85	0.24
23	废弃资源综合利用业	221.14	0.17
24	烟草制品业	199.77	0.15
25	金属制品、机械和设备修理业	76.22	0.06

资料来源：依据《中国能源统计年鉴》（2019）数据计算整理所得。

3.3.2 制造业电力消费结构

2017 年我国制造业分行业电力消费量排名如表 3 - 14 所示。可以看出，位居前五的分别为化学原料和化学制品制造业、非金属矿物制品业、纺织业、金属制品业、橡胶和塑料制品业。

表 3-14　2017 年制造业分行业电力消费排名

名次	行业	电力消耗量（亿千瓦·时）	占比（%）
1	化学原料和化学制品制造业	5122.26	26.29
2	非金属矿物制品业	3305.08	16.96
3	纺织业	1684.9	8.65
4	金属制品业	1447.58	7.43
5	橡胶和塑料制品业	1349.35	6.92
6	通用设备制造业	913.95	4.69
7	汽车制造业	885.42	4.54
8	电气机械和器材制造业	745.59	3.83
9	农副产品加工业	716.29	3.68
10	造纸和纸制品业	712.37	3.66
11	其他制造业	482.13	2.46
12	专用设备制造业	423.87	2.18
13	食品制造业	263.34	1.35
14	木材加工和木、竹、藤、棕、草制品业	245.28	1.25
15	纺织服装、服饰业	215.83	1.11
16	铁路、船舶、航空航天和其他交通运输设备制造业	174.51	0.90
17	酒、饮料和精制茶制造业	156.37	0.80
18	皮革、毛皮、羽毛及其制品和制鞋业	147.25	0.75
19	印刷和记录媒介复制业	121.32	0.62
20	家具制造业	98.6	0.51
21	仪器仪表制造业	88.69	0.46
22	文教、工美、体育和娱乐用品制造业	82.58	0.42
23	烟草制品业	51.96	0.27
24	废弃资源综合利用业	37.15	0.19
25	金属制品、机械和设备修理业	14.71	0.08

资料来源：依据《中国能源统计年鉴》（2019）数据计算整理所得。

3.3.3 制造业能源利用效率

2017 年我国制造业分行业能源利用效率排名如表 3 – 15 所示，可以看出，制造业中其他制造业、化学原料和化学制品制造业、非金属矿物制品业、造纸和纸制品业、纺织业等行业的能源利用效率较低，而皮革、毛皮、羽毛及其制品和制鞋业，纺织服装、服饰业，电气机械和器材制造业，仪器仪表制造业，文教、工美、体育和娱乐用品制造业等行业的能源利用效率较高。

表 3 – 15　2017 年制造业分行业能源利用效率排名

行业	能源强度	能源利用效率排名
其他制造业	0.64	15
化学原料和化学制品制造业	0.60	14
非金属矿物制品业	0.55	13
造纸和纸制品业	0.29	12
纺织业	0.21	11
橡胶和塑料制品业	0.16	10
金属制品业	0.14	9
食品制造业	0.09	8
木材加工和木、竹、藤、棕、草制品业	0.08	7
酒、饮料和精制茶制造业	0.08	7
通用设备制造业	0.08	7
金属制品、机械和设备修理业	0.07	6
农副产品加工业	0.07	6
印刷和记录媒介复制业	0.06	5
铁路、船舶、航空航天和其他交通运输设备制造业	0.06	5
废弃资源综合利用业	0.06	5
专用设备制造业	0.05	4
纺织服装、服饰业	0.04	3
家具制造业	0.04	3
汽车制造业	0.04	3
皮革、毛皮、羽毛及其制品和制鞋业	0.04	3
电气机械和器材制造业	0.04	3

续表

行业	能源强度	能源利用效率排名
仪器仪表制造业	0.03	2
文教、工美、体育和娱乐用品制造业	0.03	2
烟草制品业	0.02	1

资料来源：依据《中国能源统计年鉴》（2019）数据计算整理所得。

3.4 制造业环境污染实态分析

本部分主要从我国制造业"三废"排放情况分析环境污染实态。表3－16列出了 2013～2015 年我国制造业"三废"排放情况。从表3－16 可以看出，制造业废水排放总量逐年降低，从 2013 年的 1510307 万吨减至 2015 年 1141278 万吨，降幅达 24.4%；废气排放量连年增加，增加幅度降低明显，分别增加 10% 和 0.6%；制造业一般固体废物产生量呈上升趋势，且上升幅度有所增加，2015 年排放量为 49347 万吨，与 2013 年相比上涨 11.4%。

表 3－16　2013～2015 年制造业"三废"排放量

环境指标	2013 年	2014 年	2015 年
废水排放总量（万吨）	1510307	1197520	1141278
废气排放量（亿立方米）	198078	217896	219187
一般固体废物产生量（万吨）	44311.3	45032	49347

资料来源：依据《中国环境统计年鉴》（2014，2015，2016）数据计算整理所得。

3.4.1 制造业废水排放总量

由表 3－17 可以看出，2015 年制造业中化学原料和化学制品制造业，造纸和纸制品业，纺织业，农副产品加工业，酒、饮料和精制茶制造业是排放废水最多的五个行业，它们排放的废水总量占制造业废水排放总量的 77.47%，而排放废水最少的五个制造行业是废弃资源综合利用业，文教、工美、体育和娱乐用品制造业，印刷和记录媒介复制业，金属制品、机械和设备维修业，家具制造业，这五个行业废水排放量之和仅占制造业排放总量的0.74%。

表3-17 2015年制造业废水排放总量的行业分布

排名	行业	废水排放量（万吨）	占比（%）
1	化学原料和化学制品制造业	256428	22.47
2	造纸和纸制品业	236684	20.74
3	纺织业	184271	16.15
4	农副产品加工业	138910	12.17
5	酒、饮料和精制茶制造业	67839	5.94
6	食品制造业	54483	4.77
7	金属制品业	33556	2.94
8	非金属矿物制品业	38421	2.49
9	皮革、毛皮、羽毛及其制品和制鞋业	25868	2.27
10	汽车制造业	18645	1.63
11	纺织服装、服饰业	17408	1.53
12	橡胶和塑料制品业	12606	1.10
13	电气机械和器材制造业	11166	0.98
14	铁路、船舶、航空航天和其他运输设备制造业	10897	0.95
15	通用设备制造业	10178	0.88
16	其他制造业	7932	0.70
17	专用设备制造业	7271	0.64
18	木材加工和木、竹、藤、棕、草制品业	5446	0.48
19	仪器仪表制造业	2487	0.22
20	烟草制品业	2359	0.21
21	废弃资源综合利用业	2153	0.19
22	文教、工美、体育和娱乐用品制造业	2019	0.18
23	印刷和记录媒介复制业	1863	0.16
24	金属制品、机械和设备维修业	1481	0.13
25	家具制造业	907	0.08

资料来源：依据《中国环境统计年鉴》（2016）数据计算整理所得。

3.4.2 制造业废气排放总量

由表 3 – 18 可知，2015 年制造业废气排放量较集中，具体来看，非金属矿物制品业、化学原料和化学制品制造业、造纸和纸制品业、金属制品业、其他制造业这五个行业的废气排放量占制造业排放总量的 82.3%，其中非金属矿物制品业单行业占比超过总量的一半，而废气排放最少的五个制造行业是家具制造业，纺织服装服饰业，文教、工美、体育和娱乐用品制造业，仪器仪表制造业，金属制品、机械和设备维修业，这五个行业排放总和仅占制造业废气排放总量的 0.59%。

表 3 – 18 2015 年制造业废气排放总量的行业分布

排名	行业	废气排放量（亿立方米）	占比（%）
1	非金属矿物制品业	124687	56.89
2	化学原料和化学制品制造业	36752	16.77
3	造纸和纸制品业	6657	3.04
4	金属制品业	6445	2.94
5	其他制造业	5823	2.66
6	汽车制造业	5729	2.61
7	木材加工和木、竹、藤、棕、草制品业	5685	2.59
8	农副产品加工业	5138	2.34
9	橡胶和塑料制品业	4311	1.97
10	电气机械和器材制造业	3083	1.41
11	纺织业	2783	1.27
12	酒、饮料和精制茶制造业	2352	1.07
13	食品制造业	2180	0.99
14	通用设备制造业	1894	0.86
15	铁路、船舶、航空航天和其他运输设备制造业	1526	0.70
16	专用设备制造业	1062	0.48
17	烟草制品业	567	0.27
18	废弃资源综合利用业	493	0.23

续表

排名	行业	废气排放量 （亿立方米）	占比（%）
19	皮革、毛皮、羽毛及其制品和制鞋业	380	0.17
20	印刷和记录媒介复制业	336	0.15
21	家具制造业	331	0.15
22	纺织服装、服饰业	280	0.13
23	文教、工美、体育和娱乐用品制造业	269	0.12
24	仪器仪表制造业	264	0.12
25	金属制品、机械和设备维修业	160	0.07

资料来源：依据《中国环境统计年鉴》（2016）数据计算整理所得。

3.4.3 制造业一般固体废物产生量

由表 3–19 可知，2015 年制造业一般固体废物产生状况较为集中，产生量最大的五个行业依次是化学原料和化学制品制造业，非金属矿物制品业，造纸和纸制品业，农副产品加工业，酒、饮料和精制茶制造业，这五个行业的一般固体废物产生量之和占总量的 91.91%，而产生量最小的纺织服装服饰业，金属制品、机械和设备维修业，家具制造业，仪器仪表制造业，文教、工美、体育和娱乐用品制造业这五个行业之和仅占产生总量的 0.16%。

表 3–19　2015 年制造业一般固体废物产生量的行业分布

排名	行业	固体废物产生量 （万吨）	占比（%）
1	化学原料和化学制品制造业	32808	66.48
2	非金属矿物制品业	7550.8	15.30
3	造纸和纸制品业	2248.3	4.56
4	农副产品加工业	1892.2	3.83
5	酒、饮料和精制茶制造业	857.4	1.74
6	金属制品业	725.9	1.47
7	纺织业	678.8	1.38
8	食品制造业	471.7	0.96

续表

排名	行业	固体废物产生量（万吨）	占比（%）
9	汽车制造业	373.6	0.76
10	废弃资源综合利用业	253.2	0.51
11	木材加工和木、竹、藤、棕、草制品业	239.1	0.48
12	橡胶和塑料制品业	225	0.46
13	铁路、船舶、航空航天和其他运输设备制造业	208.3	0.42
14	烟草制品业	181.1	0.37
15	通用设备制造业	149.3	0.30
16	专用设备制造业	138.6	0.28
17	电气机械和器材制造业	81	0.17
18	其他制造业	74.8	0.15
19	皮革、毛皮、羽毛及其制品和制鞋业	61.6	0.12
20	印刷和记录媒介复制业	50.3	0.10
21	纺织服装、服饰业	36.1	0.07
22	金属制品、机械和设备维修业	14.5	0.03
23	家具制造业	12.9	0.03
24	仪器仪表制造业	7.6	0.02
25	文教、工美、体育和娱乐用品制造业	6.9	0.01

资料来源：依据《中国环境统计年鉴》（2016）数据计算整理所得。

3.5　本章小结

本章重点研究我国制造业转型升级实态。在借鉴李廉水提出的新型制造业评价指标体系的基础上，对制造业所涉及的 31 个行业，从经济效益状况、科技创新投入产出、能源消耗状况和环境污染状况四方面进行了实态分析，研究发现中国制造业转型升级实态存在显著的行业差异。

4 全球制造业转型升级比较分析

美国自二战之后成为世界经济增长的重心，其制造业在创新能力方面拥有绝对优势；德国依靠"德国品牌"和"德国制造"塑造的"德国质量"使其在国际竞争中能够长期保持优势地位；日本制造业凭借"精益生产""柔性制造"和"工匠精神"闻名于世，而中国制造业正经历由粗放式发展模式向依靠创新驱动发展的动能转变阶段，很有必要对全球制造业转型升级做比较分析，了解和吸取发达国家实现制造业转型升级的成功模式及经验借鉴。基于此，通过对美国、德国、日本的产业转型升级过程进行梳理，归纳总结其成功模式与经验借鉴，并结合典型企业案例开展比较研究，为我国制造业转型升级提供经验参考。

4.1 美国制造业转型升级

制造业是国家经济体系中最核心的部分。美国作为制造业强国，经历了完整的发展周期，从二战后美国制造业各发展阶段的产业发展特征、影响因素、保障体系等方面分析美国制造业转型升级的成功经验和模式，并以美国通用电气公司为例，为我国制造业转型升级提供借鉴。

4.1.1 美国制造业转型升级过程

本书借鉴赵丽芬（2015）[278]、王海兵（2018）[279]的相关研究，将二战后美国制造业的发展分为战后制造业快速发展阶段、制造业相对衰落阶段、制造业重振阶段。

（1）战后制造业快速发展阶段（20世纪40～70年代）。两次世界大战为美国制造业的发展提供了重要的战略机遇，一方面参战国对军备物资的大量需求刺激了制造业的快速发展，另一方面频繁的对外扩张，也为制造业开拓了国际市场。在此阶段，工厂采用"福特制"生产方式并使用第二次工业革命的科技成果为制造业提供新动能，在保证产品标准化的基础上提高了生产效率，灯泡、冰箱、电器等产品的发明带动了消费品市场，形成了技术成果—科学理论—再技术成果的良性循环（贾根良等，2012）[280]，通过大规模兼并落后企业从而拓展企业产品线，扩大企业规模，增强企业资本，为美国制造业规模发展奠定了基础。

（2）制造业相对衰落阶段（20世纪70～90年代）。在石油危机和停滞性通货膨胀的冲击下，美国制造业受到严重威胁：纺织和服装业产量逐年下降；汽车制造业从1979年起销量连续4年下降，不仅大量工厂倒闭，轮胎制造企业、玻璃制造企业等上游企业均遭受严重影响，世界汽车制造业已向日本转移；技术密集型制造业也出现衰落，波音公司被欧洲的空客公司侵蚀了一半销售额；半导体产业不景气，市场份额不及日本。相关数据显示，1980年美国贸易顺差220亿美元，1986年贸易逆差20亿美元，美国从生产型经济转变为消费型经济（胡鞍钢等，2018）[281]。为改变制造业衰落的现状，美国政府积极制定产业政策，颁布《小企业经济政策法》（1980）、《合作研究法》（1984）、《技术促进经济增长》（1993）、《计算、信息和通信：21世纪的技术》（1997）等，旨在鼓励技术创新，规范技术转移，扶持创新创业，促进"官产学研"融合发展（李长胜、蔡敏，2018）[282]，实现以技术创新为核心的产业政策体系，改变制造业衰落的现状。

（3）制造业重振阶段（21世纪初至今）。自2007年次贷危机后，美国一直受困于高失业和"双赤字"，奥巴马提出"再工业化"战略，旨在新一轮产业革命中重振制造业，并陆续出台了一系列政策和措施以改善制造业对外贸易平衡格局，维持或增加制造业就业水平，带动出口，推动制造业的"回归"。特朗普上台后也积极恢复制造业，如中美贸易摩擦即通过提高进口关税，阻碍其他国家产品进入美国，为美国本土的企业扩大了市场。美国重振制造业的措施主要有以下几点：①政策引导研发创新活动。为激发美国制造业的创新活力，引导企业通过创新提升技术水平，美国政府先后颁布了多项关于促进制造业创新与发展的政策法规，如2009年美国政府出台了《重振美国制造业政策框架》《先进制造伙伴（AMP）计划》；2010年美国国会通过了《制造业促进法案》；2011 年美国政府发布了《美国创新战略：促进可持续增长和提供优良工作机会》；2012 年国家科技委员会发布了《制造业国家战略计划》，同时启动国家制造业创新网络计划；2014 年美国政府颁布了《振兴美国制造业 2.0版》；2015 年美国政府颁布了《美国创新战略》。美国政府通过制定"再工业化"相关政策，旨在优化制造业发展环境，加大研发和教育业投入，扶持战略新兴产业，提高制造业出口能力，推动制造业"回归"。②重点突破关键领域。美国政府将清洁能源、机器人、国家安全、3D 打印、新材料、信息技术、生物技术、页岩气等作为重振制造重点突破的领域，加强了上述领域的研发投入和政策引导。2016 年美国能源部设立总额为 250 亿美元的先进汽车制造业贷款项目，为制造风轮、太阳能电池板、节能窗户及其他清洁能源设备的工厂提供融资担保；同年美国国防部发布《增材制造路线图》，在对增材制造材料、工艺和设备、资质和认证、建模和仿真现状及发展趋势分析的基础上，提出产业发展路线图。③提高劳动者素质。美国政府高度重视国民教育，通过提供充足的科研经费、奖学金、薪资及良好的工作环境吸引人才，并根据《美国制造业复兴——促进增长的 4 大目标》政策，简化临时签证和非移民签证审批程序，提高高级技工获得绿卡的效率；注重学生的技能教育和技术培训，制定合理先进的教育培训体系，培养优质的高级技术人才，为制造企业输出高素质的员工；注重劳动者培训，在《制造业国家战略计划》《重振美国制造业框架》等政策的支持下，美国劳工部拨款资助特定行业（如 IT、医疗、制造业领域）雇主与社区学院合作实施"学徒计划"。

4.1.2 美国制造业转型升级经验借鉴

基于上述分析，下面从提升创新能力、推动制造业产业结构优化、促进制造业可持续发展三方面总结美国制造业转型升级经验。

（1）提升创新能力。①推进"制造业创新机构"及制造业创新中心建设。通过在战略领域建立"美国制造""电力美国""AIM 光子"等"制造业创新机构"，提升美国制造业竞争力和生产率。2017 年，美国共投入 4200 万美元用于创建"制造业创新机构"及支撑机构日常运营，设立 19 亿美元的法定预算支出项目用于实现未来 10 年建成 45 个"制造业创新机构"的目标，旨在推动完备的制造业创新网络建设，使美国制造业创新能力始终处于全球前沿，巩固制造业竞争优势。通过在相关区域建设创新中心，不仅能依托当地资源，还能带动该地区产业发展，进一步辐射周边地区。如在底特律建设轻量制造创新中心，促进了当地汽车工业的发展，推动"汽车城"复兴并辐射至美国东南部地区。②官产学研各方主体共建制造业创新生态系统。美国已形成包括政府、高校、科研机构、应用研究机构、企业和服务机构在内的完整的先进制造创新体系。政府通过资金投入、财税政策、基础设施建设等为制造业营造良好的发展环境；高校及科研机构通过跨学科和跨领域的基础研究，为制造业技术持续创新奠定基础；应用研究机构对接科研机构与企业，为企业解决实际问题；企业是重点实现创新技术产业化的主力军；服务机构为企业创新技术研发、应用研究及商业化提供咨询、协调、评估等服务。③积极搭建数字化制造平台。美国政府积极推动制造业生态圈数字化建设，通过开源技术连接上下游垂直式生态圈，围绕系统基础架构、软件平台源代码等关键技术，促进产业上下游不同领域、不同主体间制定技术标准与产品开发合作。

（2）推动制造业产业结构优化。产业结构能直接反映出构成国民经济的内部各部门之间的比例关系，又能间接反映国家经济发展依赖的动力基础，美国制造业在结构方面呈现以下两个特点：①高技术产业比重大。基于制造创新中心带动的美国高技术产业的发展，2008～2009 年制造业增加值衰退时高技术产业增加值并没有衰退，反而有所增长，同时高技术产业增加值占制造业比重也较金融危机之前有了显著提升，且高端制造业的地位不可撼动，汽车、航空、医疗、半导体等产业世界排名第一。②制造业结构合理。石油煤炭等资源依赖产业占比低，消耗能源的汽车产业占比也不高，化工和机械产业占比高，美国这两个产业的技术有绝对领先优势，并且有一批卓越的世界 500 强品牌。

（3）促进制造业可持续发展。美国促进制造业可持续发展具体体现在以下几个方面：①提高信息化水平降低制造成本。美国制造业充分借助大数据、云计算、移动互联网等新一代信息技术，开展新技术和新工艺研发以提升劳动生产率，降低制造业企业生产成本。2014 年 3 月美国成立工业互联网联盟，通过推广各产业信息化来促进整体工业互联网的发展，目前工业互联网已在能源、医疗健康、制造业和智能工厂等领域布局，利用工业互联网明显降低了企业经营生产成本，提升了产业运行效率。②推行税制改革降税费成本。深化税收制度改革，能有效激发企业积极性，减轻企业税负，促进制造业可持续发展。美国在经济危机时，降低企业和个人所得税率以及资本收益税率等减少企业运营成本，并缩短企业固定资产折旧年限，加大对企业投资税收优惠力度。基于《减税和就业法案》的税制改革大幅提升了美国企业经营环境竞争力，吸引国外资金和人才流向美国。

4.1.3 典型制造业企业案例

美国通用电气公司（以下简称GE）是全球规模最大的提供技术和服务业务的跨国公司，具有100多年的发展历史，业务遍及世界100多个国家，也是自1896年道琼斯工业指数建立以来唯一存续至今的百年企业。该公司2017年总资产达377945百万美元，营业收入达122274百万美元，在2018年世界500强中排名41。本书结合GE公司转型升级历程，总结出以下五方面经验。

（1）加大研发投入，促进企业技术创新。GE非常重视全球技术创新投入，每年用于技术创新的资金投入不少于销售收入的6%。为提升企业技术能力水平和核心竞争力，GE积极建立全球开放式创新技术平台，打造全球创新生态系统和创新交互社区，通过建立开放式的技术创新平台，遵循开放、合作、创新、分享的理念，整合全球一流资源、智慧及优秀创意，与全球研发机构和个人合作，为企业提供前沿科技资讯以及超值的创新解决方案，最终实现相关各方利益共享和最大化（杨朝辉，2015）[283]。例如，GE用很短的时间和很低的成本，获得了一位19岁印度尼西亚的青年通过互联网提供的设计方案，成功解决了数个飞机发动机部件体积、重量、外观及功能落后的问题。通过开放式创新，GE在许多领域的研发周期大幅缩短（平均研发周期从3年压缩到3个月左右），加速了企业转型升级。

（2）把握市场动态，准确战略定位。GE将自身定位为"全球基础设施技术供应商"。针对近年来世界各国政府加大对基础设施建设投入力度，以促进经济增长，GE从全球经济增长的预期中找准了未来业务的增值空间，确定由"全球专业金融服务＋全球基础设施提供"转型为"全球基础设施技术供应商"。同时通过做加法和减法对现有业务进行增减和调整从而实现业务升级，具体体现在对重点发展的发电和水处理、航空、石油、天然气、能源管理、交通运输和医疗七个板块实施兼并重组做加法，对家庭商业板块业务和金融业务做减法，出售NBC广播公司，大幅降低金融业务比重。加大对环保型可再生能源、分布式能源、核能、水处理、石油、天然气和能源管理及工业互联网的投入力度，形成绿色健康的先进技术链，进一步打造绿色健康产业。

（3）创建"工业互联网"，实施增值服务，助推转型升级。2012年，GE提出"工业互联网"，并确定将围绕"工业互联网"的增值服务作为未来增长和价值创造的重点。基于大数据、云计算技术支撑，围绕人和机器的生存、运行产生数据，实现人与机器、机器与机器的数据交换、改进和优化，提高运行方案的执行效率，通过开发传感技术并镶嵌入各类设备，建立大数据分析和运用能力，为设备采购方提供智能、远程和不间断的日志记录、设备检测、故障诊断、自动修复等服务，并在商务合同中加入服务增值条款。例如，GE 向全球市场输出的约 2 万台风电设备中，有约 1.2 万台已安装了传感技术设备，传感和运行数据得以向 GE 控制中心实时反馈。另外，GE 还向订购了数据服务的约 8000 架飞机（约 1.5 万台飞机发动机）机主提供基于数据基础的检测预警、直接维修和优化方案服务。

（4）借助平台获取技术解决方案，促进产品升级。GE 经常借助创新平台和双创平台，通过竞赛会聚创新资源，鼓励个人、企业创新或提供解决方案，如 GE 在 GrabCAD（工程设计平台）发布关于发动机部件的难题，一位印度尼西亚工程师的方案被采纳；GE 的算法工程师解决了 Kaggle（数据分析与预测的众包平台）上关于节省飞机油耗的问题；GE 向 Quirky（开放式制造平台）投资 3000 余万美元收集关于产品的创意。在不断从外界获取解决方案和技术的同时，GE 也不断强化和改进自身技术从而促进产品升级。如 GE 通过不断的技术积累和创新，在涡轮技术基础上开发涡轮增压器技术，从而使发电设备功率更大，体积更小，功能更多；在电动机技术基础上开发自动化的动力设备；在电子管技术和化学材料技术基础上开发出消费类电气产品；在白炽灯和弧光灯基础上逐步开发出信号灯、荧光灯等照明设备。

（5）全球化进程中推动海外公司本土化。GE 在香港设立专门"全球增长组织（GGO）"以协调 GE 在世界各国的本土化布局。通过在多国（如德国、俄罗斯、日本、印度、以色列、巴西、中国）设立研发中心和创新中心，加强在全球的销售、商务、采购和生产布局，统筹实施全球人力资源统一布局及管控。

4.2　德国制造业转型升级

纵观德国制造业发展史，德国从最初的技术模仿到自主创新，从追赶英美到自成体系，从追求规模数量到关注质量和品质，直至最后集中于工艺技术的研究，德国实现了与其他发达国家完全不同的"德国制造"模式，完成了德国制造业的转型升级。

4.2.1　德国制造业转型升级过程

为实现德国制造业能够长期稳定发展，德国政府在不同阶段实施了不同的工业化道路，二战后德国的产业转型升级过程主要分为以下四个阶段。

（1）经济高速增长阶段（1951～1966年）。经济发展初期，德国制造业以蒸汽机和金属加工业为主，此类行业在欧美市场得到快速发展，达到中等规模水平的企业超过60%。（周忠锋、刘保滨，2012）[284]。到20世纪初期，德国的工业体系已经基本建立，率先成为欧洲工业强国（刘保滨，2012）[285]。一战期间设备运输业得到快速发展，二战后，德国制造业以重工业为主，生产和销售活动以国有企业和联合企业为主体进行。在机床制造业，德国拥有设计和制造数控机床、加工中心、加工单元，以及包括从设计直至确保用户生产能力的长期经验。通过多方协作，德国制造出许多大小各异、自动化和连锁程度不同的柔性加工系统，同时在缝纫机、光学和精密仪器、钢铁生产等领域占有一席之地（张曙，1983）[286]。

（2）经济增长趋缓阶段（1966～1973年）。二战后日本的钢铁、汽车、相机及家用电器制造业依靠标准化与大批量生产的模式得到快速发展，德国同质产业面临挤压。因此，德国制造业开始转向小批量定制模式，通过开拓灵活的产品设计，将制造业转型为需要工艺技术密集型的产品生产商。此外，德国开始积极调整产业结构，开始拓展机械工具的模具设计、大型工业装备、精密技术以及高级光学仪器等行业，并且开始进一步提升产品的质量、性能、用途和规格，加大对相关行业的技术开发力度和投资。截至20世纪70年代末，德国的装备产品近2/3是通过小批量方式生产的。不仅如此，德国在规模化生产方面也形成了自身特色，以德国汽车制造业为例，"德国制造"在技术、产能、品质、安全和舒适性方面都具备世界领先实力。通过小规模定制和特色规模生产，"德国制造"实现了新一轮的持续发展。机械装备、电机工程设备、钢铁、光学精密仪器制造业等产业开始得到恢复。与此同时，德国制造业开始向化工、制药和电子灯高新技术产业转型，能源、汽车、化工等产业都开始得到快速发展。德国制造业中的化学塑料品、化纤、矿物油加工、车辆制造、电器和电子工业等领域都处于世界领先地位。以汽车制造业为例，1970年，大众汽车在美国市场的销售量超过30万辆，占市场销售量的6%以上，几乎打破福特T型车的销售纪录（范泽红、李雪，2006）[287]。

（3）经济发展停滞阶段（1973～2000年）。20世纪70年代起，德国步入产业结构调整阶段，制造业进入"第三产业化"时期。首先，德国开始进行机动车及其零部件、医疗、测试和控制技术等关键核心零部件制造业的深度发展。在这一阶段，德国制造业价值从70年代的36.5%降至90年代初的23%。虽然制造业价值增值能力呈下降趋势，但是生产性服务业在此阶段得到快速发展。举例来说，德国企业在出售制造业产品和设备的同时，还提供与之相配套的技术培训、技术解决方案和售后服务等。基于此，将制造产品与服务进行"捆绑"，也促进了德国的经济发展。1990年德国统一后，"德国制造"模式再次进行了融合与发展，逐步走出了一条具有德国特色的、以制造业为主的实体经济发展之路。

（4）经济稳定发展阶段（2000年至今）。随着近些年全球经济的迅猛发展，德国制造业基本保持稳定，在美英等国再工业化与新兴经济体制造业转型升级的双向挤压下，德国政府于2006年提出了《德国高科技战略》（2006 ~ 2009年）。2010年，德国政府又进一步推出《德国2020高科技战略》政策，旨在提高高科技领域的竞争力。2013年，德国政府提出了《保障德国制造业的未来：关于实施工业4.0战略的建议》的报告，并于年底提出了"工业4.0"标准化路线图。

4.2.2 德国制造业转型升级经验借鉴

与其他发达国家相比，德国成为工业强国呈现两个特点：德国具备价值增值能力更高的生产制造过程，制造业品牌价值溢出能力更强。德国制造业通过注重技术质量品牌与科研创新、"市场、政策"两手抓、构建合理的职业教育培训体系、培育"隐形冠军"企业、打造高效率的行业协会五大措施促进制造业转型升级。

（1）注重技术质量品牌与科研创新。德国国内始终坚持技术质量发展与产品的科研创新。德国为高等院校科学研究提供了大量奖学金，支持产学研结合发展。同时，还设立了大量产学研结合的科技园和技术孵化中心，为企业的发展培养了大量人才。对亥姆霍兹联合会、马克斯普朗克学会、弗劳恩霍夫协会和莱布尼茨科学联合会等大学以外的科研机构也给予了各个方面的支持。不仅如此，德国对产品质量与行业标准非常重视。大多数德国企业均采用全面质量管理系统，并进行ISO 9000国际标准认证，德国电气工程师协会（VDE）认证体系、标准化协会（DIN）及DIN产品标准在业界获得广泛认可。2006年德国开始启动"标准创新计划（INS）"，将德国的标准化研究领域聚焦在光学技术、能源利用技术、医药与健康技术、纳米技术、生产技术、材料技术、微系统技术、信息与通信技术和航空技术等核心技术上，以巩固德国科技在全球的领先地位。

（2）"市场、政策"两手抓。德国政府不仅充分发挥市场配置的基础性作用，同时也会完善政策法规来规范企业的生产与经营活动，以促进经济的有序运转。德国政府在市场运转的过程中更加趋于理性，运用理性预期理论来实现市场主体的基础性作用，以此来保持竞争政策的连续性和稳定性（谭波、郭红玉，2017）[288]。为了尽量避免财政政策对民间投资的影响，政府对于财政政策的实施较为保守，但是会适时出台法规规划来引导产业的发展方向。例如，20世纪90年代后期，为了鼓励中小型企业向德国东部进行投资发展而出台的促进企业私有化的政策；以及21世纪初期，为了发展高端制造业与绿色制造业而制定的可持续发展规划和高技术发展战略。此外，政府也在保障企业、投资者、债权人、员工以及消费者利益等方面出台了相应的法律法规。如德国政府针对以上权益保护的现行法律法规有《反对限制竞争法》《产品安全法》《反不正当解雇法》《劳动保护法》《参与共同决策法》《雇员代表参加企业管理法》《破产法》《解雇保护法》等。另外，德国对社会保障制度的构建也较为完善，稳定了社会秩序，为市场发展提供了稳定的土壤。目前，德国已经形成了规模庞大、内容完善的社会保障法律体系，有效地促进了市场经济体制的健康发展。

（3）构建合理的职业教育培训体系。德国十分注重人才的培养与能力开发。德国的教育体系以"双轨制"职业教育为主，对于初中后不再升学的学生在就业前需要先接受两年半至三年的职业培训。依托这种教育体系，德国培育了大量具有专业素养的技术人才。接受这种"双轨制"职业教育的年轻人占到80%，每周有3~4天在企业内进行实践教育培训，其他时间则在学校内进行专业理论学习，学成后由德国手工业行业协会或工商行业协会颁发职业资格认证。涉及的培训费用则由企业和政府共同承担，企业需要和学校进行职业教育合作，企业给予跨课程培训教育，学校提供其他教育支持。参与到其中的企业约有50万家，且80%以上的职位是由中小企业提供的。

（4）培育"隐形冠军"企业。德国是世界上知名品牌最多的国家，然而很多国际知名品牌在德国发展规模并不大。德国在扶持中小企业发展方面付出了大量的努力，包括对中小企业的创新研发提供优惠政策、解决中小企业的融资问题以及为中小企业发展提供政策支持与服务支持等。为了减轻中小企业的融资难问题，政府出面成立专门的中小企业金融机构、创办投资公司以及为中小企业申请贷款时提供政府担保，带动整个中小企业的发展，进而促进德国"隐形冠军"企业的快速成长。德国制造业中的"隐性企业"主要集中在装备、信息和通信制造业。根据德国贸易投资署2012年的统计数据，截至2011年末，德国装备制造业中87%的企业是中小企业，且大部分是家族型企业，企业平均从业人员不超过240人，雇用了90.8万高素质的劳动者。如德国菲仕乐公司，企业规模较小，但是在品牌和质量上在全球处于领先地位，是世界著名锅具及厨具的制造厂商之一。由于德国大多数企业作为"隐形冠军"存在，此类企业创新能力更强，促进了德国制造业的稳定发展。

（5）打造高效率的行业协会。德国在搭建高效行业协会，促进行业整体发展方面也处于世界领先水平。目前，在企业与政府及高校之间发挥桥梁作用的行业协会和联合会组织超过30万所，这些组织对德国制造业的发展起到了指导和监督的作用，同时，为政府在制定制造业相关经济政策时也提供了一定的指导。如德国手工业行业协会是德国政府机构，是德国两大综合性行会之一，全德共有55万家中小企业会员。以弗劳恩霍夫应用促进协会为例，应用促进协会下辖41个研究所，目前在职研发人员超过1.8万人，为企业提供定制化的科研服务，每年的研发收入超过16.5亿欧元，可以同时为超过3000家企业提供10000多项的科研开发项目。

总体而言，中国制造业并没有像德国等发达国家那样由第三次工业革命逐渐过渡到第四次工业革命。许多中国企业仍处于工业2.0时代甚至更低的水平。但"工业4.0"这一新概念的大力推广，将会使许多企业对数字化转型抱以很大的热情和期望。为了实现我国的数字化转型与智能制造的愿景，我国企业应根据自身的发展情况、企业所处行业发展趋势，提升企业自身的管理基础，有针对性地对企业进行数字化技术投资，搭建数字化组织架构，制定管控机制和人才培养机制，最终打造出良好的产业生态系统。

4.2.3 典型制造业企业案例

德国所提出的"工业4.0"战略，其主要目的在于借助打造智能制造新机制，巩固其在全球制造业领域的领导者地位。这为我国制造业的转型升级提供了启示。

以德国西门子股份公司为例（以下简称西门子），西门子成立于1847年，是全球电子电气工程领域的领先企业。2017年，西门子在最具价值的全球品牌 100 强中排名第 77 位。西门子始终坚持通过产品的品质和可靠性以及领先的技术创新能力促进企业的持续升级。西门子主要通过重视科技创新、以"数字化双胞胎"为核心的全过程升级、创新人才联合培养模式三方面推动企业转型升级。

（1）重视科技创新。西门子的产品竞争力持续领先同行业主要归功于其持续稳定的技术积累与科技创新。在经过三次工业革命的前提下，西门子的技术创新质量也始终保持全球领先的地位，研发强度常年高于 5%，自 2007 年起，西门子在创新投入上始终保持稳定的增长，目前西门子销售的 75% 的产品投入市场的时间都不超过 5 年，科技创新围绕着"怎样去塑造未来"的问题开展。通过生产创新与技术创新，企业在经济活动中持续保持着技术领先地位，通过采用开放式创新模式推动企业的数字化升级，进而打开西门子未来的增长领域。目前，西门子的研究集中在电气化、自动化与数字化三个议题，研究议题的内容包括为新时代提供能源、塑造第四次工业革命以及打造数字化企业三大方面。西门子内部具备专门的企业科技组织，企业科技组织连接着西门子企业外部的创新资源，利用其全球专家网络从外部源源不断地为西门子输送创新动力。企业科技组织在第一时间内获取新的外部创新资源，并将其传递至西门子内部以增强自身创新能力，循环后进行评估反馈，实现创新的循环叠加。此外，西门子成立了高科技企业化中心，以此来支持社会中的创新创业活动，通过对活动的支持和参与，获取创新创业活动中的技术溢出，实现"外部技术内化"。

（2）以"数字孪生"为核心的全过程升级。西门子的硬件处于世界领先地位，尤其是自动化和电气控制技术。2009 年，西门子完成了全集成自动化平台 TIA 的融合工程，使生产过程达到完全自动化。生产过程自动化需要高度的数字化模拟能力，才能通过数据检测点和采集系统精确控制生产装备，实现产品线上多种产品的同时生产。因此，西门子提出了"数字孪生"理念，包括"产品数字孪生""生产工艺流程数字孪生"和"设备数字孪生"，整个理念全方位地涵盖了产品设计、生产规划、生产工艺、生产执行，直到服务的全价值链的整合及数字化转型，能够在虚拟环境下搭建出企业的数字虚拟模型并涵盖其中的所有环节，实现协同制造和柔性生产。整个过程可以帮助企业实现端到端的数字化，使高效的大规模定制化生产成为可能。目前，西门子是全球唯一一家能在产品研发与制造过程以及工厂管理的完整价值链上提供"数字孪生"的企业。

（3）创新人才联合培养模式。随着西门子公司在中国业务的不断增多，对人才的需求数量和质量不断上升，2015 年，西门子工业软件成立了西门子制造顾问学院，两年间培养了 1200 多名工程师，服务于中国市场。此外，通过与学校加强合作，为中国培养了众多智能制造复合型人才，西门子与地方政府（成都、青岛、武汉、东莞、昆山和长沙等）共同建造智能制造创新中心，对自动化学科的基础理论与专业知识以及目前产业发展现状展开协同教育，并与当地实际情况结合，打造智能制造生态环境，提出课内引进最佳实践的解决方案，为中国培养智能制造复合型人才。

德国制造业转型升级的核心是通过持续的技术积累与创新、创新人才培养的方式以及通过智能制造助力"工业 4.0"的发展。由于我国制造业在技术创新、人才培养机制以及智能制造方面与其相比仍较为落后，我国政府与制造业企业在转型升级时参考德国的经验与西门子转型升级的模式，通过技术创新来塑造未来，通过建造数字化工厂来实现企业的智能制造升级，通过与高校及科研院所联合进行人才培养来完善现有的人才培养机制，助力我国制造业的转型升级。

4.3　日本制造业转型升级

1956～1973 年，日本制造业逐渐形成了以重化工业为重点发展产业的结构特征。从国内生产总值来看，1968 年日本 GDP 总量仅次于美国，成为资本主义世界第二大经济体；从生产总量来看，1971 年日本工业生产总量位于世界第二，许多产品产量跃居世界第一，行销世界各地，如商用车、收音机、电视机等。20 世纪 70 年代，日本已经成为"世界经济实力中心"，甚至在当时各国及舆论界也纷纷认可日本成为继英国、美国之后的又一个"世界工厂"。然而在其辉煌之时，日本却面临能源危机、日元汇率飙升以及泡沫经济等一系列严峻挑战，给日本经济带来严重冲击，迫使日本制造业遭遇了"失去的 20 年"。本节对日本制造业二战后至今的转型升级过程进行描述并加以分析，为我国制造业转型升级提供经验借鉴。

4.3.1 日本制造业转型升级过程

日本作为政府主导型市场经济体制国家，在二战后初期，日本进行产业转型升级的最初模式即为政府的宏观主导，在遭遇了经济泡沫之后，又以高科技创新发展为主导实现产业转型升级。在不同发展阶段，日本的产业政策会有相应的倾斜偏向，依据产业政策倾斜内容明确一段时间内优先发展或重点发展的产业，因此产业政策的阶段性变化也反映出日本产业转型升级所具有的阶段性特征。二战后日本产业转型升级过程进行主要分为以下四个阶段：

（1）二战后经济恢复阶段（1945～1955年）。这一阶段日本转型升级的特征表现为以产业政策推动的政府主导型经济。在二战结束初期，日本将重点工作放在煤炭、钢铁、电力工业和海上运输业等这些关系到日本经济复苏和发展的最薄弱、最急需的产业。其中政府提出的最重要的产业政策是"倾斜生产方式"，倾斜生产方式即重点生产方式，由东京大学教授有泽广已提出，并于1947年初开始实行。其主要内容为：集中一切力量重点生产煤炭，将生产出来的煤炭重点供应生产钢铁和发电，再用增产的钢铁反增强于煤炭业，扩大煤和钢铁的再生产能力，由此带动其他产业的恢复和发展。政府为了保证该产业政策的顺利推行，不仅有重点地分配统配物资，还于1947年1月成立复兴金融金库，对煤炭、钢铁、电力等重点产业发展部门提供大量资金支持。该政策对煤炭、电力和钢铁等工业部门的快速恢复有显著促进作用，对日本的其他基础工业部门也起到了稳固作用，为之后的重化工业化发展奠定了坚实基础。

（2）经济高速增长阶段（20世纪50年代中期至70年代初期）。这一阶段日本转型升级的特征表现为以投资带动的政府主导型经济。在民间设备投资的驱动下，日本政府积极制定有关产业结构高级化政策，推动钢铁、石化、汽车、造船等重化工业的蓬勃发展。在这一政策下，重化工业1964年占整个制造业的比重为64%，1975年甚至达到75%（孙杭生、丁庆蔚，2010）[289]。随着重化工业比重的提升，日本产业结构实现了由轻加工工业向重化工业的转变，将重化工业确定为主导产业，同时以往的能源消费由煤炭消费过渡到石油消费，更多地为日本打进国际市场、导入国际化铺垫道路。

（3）经济稳速增长阶段（20世纪70年代中期至80年代中期）。20世纪70年代，日本经济增长受到严重制约，既有来自外部环境的威胁，如国际贸易摩擦加剧、第一次石油危机爆发等，也有来自内部的挑战，如市场严重饱和、劳动力供给不足等，都使日本经济停滞不前。这一阶段日本制造业主要进行了适应性产业结构调整，重点推出从能源、资本密集型向知识、技术密集型转变的产业政策，致力于发展区别于传统产业的高新技术产业，包括新能源、新材料、生物技术等，同时加强两大支柱能源政策建设，即节约能源与发展替代能源，从而进一步巩固日本经济大国地位，使日本成功克服面临的危机。日本制造业这一阶段的转型升级，基本摆脱了以重化工业为主体的结构模式，以纺织业为例，1955～1985 年，纺织业占制造业产值比重下降了 81%，20 世纪 70 年代规模较大的重化工业在 1975～1985 年也下降了 13%。相反，技术含量较高的机械、汽车等比重呈现明显增长趋势，1955～1985 年增长了 174%，取代了先前重化工业的独大地位。尤其是以丰田精益生产为典型的发展模式为汽车制造业发展注入了巨大动力。这一阶段的产业转型是日本政府迫于内外环境压力而进行的产业转型，通过制定合理的产业政策，帮助制造业结构转型，结构的调整对日本制造业之后的产品质量提升也起到了关键作用。

（4）泡沫膨胀及后泡沫经济阶段（20 世纪 90 年代至今）。日本在 20 世纪 90 年代遭遇了严重的经济泡沫，虽然日本政府在 20 世纪 80 年代左右已经提出要积极发展知识、技术密集型产业，但由于政府战略执行力问题，产业发展始终停滞不前。同时，美国通过将产业战略重点向个人计算机和网络方向转移，逐步领先于当时依然以汽车、造船及大型计算机等为发展重点的日本，日本经济与美国从此拉开差距。尽管如此，日本依靠其先前的技术实力和技术积累，其优势产业的格局基本没有太大变化。1995 年，日本第一、二、三产业在 GNP 中的比重为 1.3∶37.4∶60.4（徐冬青，2007）[290]。

21 世纪以来，日本产业结构调整发生了较大改变。2000 年由通商产业省发表的《21 世纪经济产业政策的课题与展望》指出，日本应开始着重发展技术创新、环保产业等新型产业，建立一个开放且相互联系的发展模式，以代替以往一直沿用的"自给自足式"经济模式。2006 年在日本经济产业省发布的《新经济增长战略大纲》中，明确提出了所扶持产业需要达到的设定增长目标。对于产业发展，政府还提出了相应的指导措施（赵晋平，2007）[291]。为了大力倡导企业进行创新性活动，政府又推出了《日本经济结构改革与创造的行动计划》，帮助企业发展信息科技、生物科技和纳米科技，鼓励涉足新能源、新材料领域等，并对发展循环经济和循环社会的企业提供支持。尽管日本政府出台多项政策支持产业发展，但自经济泡沫出现以来，日本便进入长期经济低迷阶段。此后 20 多年来，经济增速再未突破 5%，平均增速甚至低于 1%。在 1997 年东亚金融危机和 2008 年全球金融危机时，日本经济甚至出现了负增长，20年来经济增长率仅为10.62%。在这个阶段，探究日本经济发生转折点的深层次原因，主要包括：政府政策的一系列决策失误，如金融自由化失当，对泡沫破裂的扶持措施延缓时间较久；传统的金融体制出现"制度疲劳"，影响企业发展；日本老龄化现象严重导致经济活力下降。不能否认的是，尽管日本经济增速低，但发展质量较高。这与日本不断通过科技提高自身发展水平密切相关。在未来发展中，日本也会凭借不断的技术积累实现由科技带动制造业转型的另一个转折点。

4.3.2 日本制造业转型升级经验借鉴

当前，全球制造业以新一代信息技术与制造业融合发展为主要特征，兴起了新一轮科技革命和产业革命。日本制造业凭借其精益管理思想及先进的技术创新能力对我国制造业转型升级有借鉴意义，主要包括以下四个方面：

（1）制定积极的产业政策。在日本成为"世界工厂"的一段时间内，为了扶持制造业转型升级，日本政府发挥主导作用，积极加强宏观调控，通过制定并发布倾向性的产业政策对其制造业进行指导。如日本政府为了强化政府服务和改善企业经济活动便利化环境等，先后制定了《公害损害健康赔偿法》和《自然环境保护法》，鼓励企业进行节能减排技术和高新技术研发以及大力发展节能产业等（李晓燕、曹素娜，2009）[292]。1970年，日本在《70年代的通商产业政策》中明确提出，当前制造业的发展重点已经发生转变，从重化工业向加工装配工业转移，从资本密集型向知识密集型产业转移。1975年，日本公布的《产业结构长期展望》也重点强调了高新科技的重要性，进一步增加了有关尖端技术相关开支政策（李魁、刘淑春，2006）[293]。随后，1978年，日本政府又发布了《特定机械产业振兴临时措施法》，对技术前沿领域进行重点培育，包括集成电路、电子计算机、飞机等产业，并对高新技术产业提供各种扶持政策，如政策补贴、税收优惠等（陈韶华，2011）[294]。同年5月，日本政府制定了《特定产业安定临时措施法》，为防止过度竞争，协助处于衰退期的企业进行停产转产，鼓励海外转移。正是有了这一系列的产业政策支持，日本制造业产业结构得以优化并增强了其产业应变能力及产品竞争力。产业政策是日本政府主导型市场经济体制的重要改革内容，推动了日本产业结构优化及高水平发展（孟昌、张欣，2012）[295]。

（2）实施科技创新驱动战略。日本制造是一部技术创新史，是由模仿创新到改进吸收再创新再到自主创新的典型。二战后，日本作为战败国，经济发展缓慢，几乎处在崩溃边缘，从工业技术水平来看，重工业发展尤其落后，造船技术与美国相比落后 30 年，钢铁产业落后 20 年，轻工业以纺织业为代表，其技术与美国相比也落后近 10 年；从劳动生产率来看，日本与美国差距悬殊，煤炭和化学工业仅相当于美国的 5%，橡胶工业相当于美国的 10%（日本科学技术厅，1970）[396]。为了摆脱经济萧条的困境，日本政府决心通过引进消化吸收的方式模仿美国先进的技术和产品，无论是日常消费品还是汽车通信等领域，均走上了日本牌"山寨"历程，山寨产品几乎覆盖所有行业。但没过多久，日本人逐渐转变思维，跳出"山寨"黑历史，他们不仅开始从书本上汲取知识，还对竞争对手的产品进行自主拆解，学习开发原理并开展深入彻底的研究，甚至将机械设备也作为研究对象，对其逐一击破，这被他们称为"逆向工程"（凡夫俗子，2018）[297]。

通过这种"逆向工程"模式，日本实现了从之前大规模生产、技术引进、机械自动化到大规模生产体系全面建立、高技术发展的逐步转变，彻底告别了高成本、低效率的生产方式，并极大地帮助了国民经济的恢复和发展，为之后新的创新模式奠定了基础。20 世纪 80 年代后，为了日本经济的可持续发展，日本政府意识到仅凭技术引进远远不够，需培养自主创新能力，因而于 1980 年提出了"科技立国"的战略口号，1981 年日本政府在《科学技术白皮书》中特别强调了基础技术研究的重要性。在这一阶段，正是之前提到的日本政府开始将重点工作转移到知识密集型产业，如电子信息产业、飞机制造业等，日本的自主研发能力得到提升。20 世纪 90 年代后，随着日本技术水平的提升，日本与美国的国际"贸易摩擦"日益加剧。为了重振经济，制止"泡沫"膨胀，日本政府确立了"科学技术创新立国"战略，更加强调创新的作用，彻底摒弃过去模仿改进的时代，一时间日本科技水平大幅增加，无论是科研人员数量、专利申请数量等均有较大突破，跻身于技术发达国家行列。随后，在经历了低效益发展阶段后，日本已经意识到当前全球制造业正处于一个非连续创新阶段，在《日本制造业白皮书 2018》中提出"互联工业"作为日本制造业的未来。

（3）重视人力资源管理实践。日本在人力资源管理发展过程中，创立了独具特色的终身雇佣制和年功序列制，这是其发展阶段中的重要组成部分，为日本战后经济的迅速恢复注入了动力。其中，终身雇佣制提出这样一种文化：忠诚、团结、"公司就是家"的理念。终身雇佣制的提出者是松下集团创始人松下幸之助，他曾公开表示，松下不会开除任何一名员工，大家可以安心工作。但之后这种理念的弊端逐渐呈现出来，终身雇佣制会导致人才流动受阻，许多年轻人也不愿被这种制度所束缚，在经济萧条时期，终身雇佣制对企业发展来说也是巨大的用人成本负担，因而后来提出年功序列制以代替终身雇佣制。年功序列制是企业依据员工学历及工龄来确定员工工资水平的一种工资制度。其中，工龄在确定工资水平上占据重要地位，当学历、能力相差不大时，工龄便成为决定工资水平及职务晋升的重要参考依据。当时，该制度在一定程度上增强了企业对员工的吸引力，大大减少了骨干员工的流失率。但该制度也存在一定弊端，如对同等学历和能力的人来讲，年功序列制使得工资的变动取决于工龄的长短而不论贡献大小，对于学历和能力不同的人来说，工龄也会成为掩盖其劳动能力差别的重要因素，因而这种制度容易造成员工工资与劳动数量及质量之间评估的脱节，不利于工资激励机制的建设，同时也使员工之间缺乏竞争力。因而，在后期发展过程中，日本在现代管理中逐渐引入了绩效工资制及能力主义。可以看出，人力资源管理在日本经济发展过程中承担着重要角色，是实现日本制造业转型升级的重要因素之一。

（4）注重现代职业教育体系建设。作为二战战败国，日本在短时间内能迅速恢复经济并一跃成为世界第二大经济体，其核心与日本制造业的跨越式进步息息相关。而日本制造业的崛起，在一定程度上又与日本现代职业教育体系建设密不可分（付卫东，2015）[298]。职业教育于经济发展有深远影响，是实现经济可持续发展的重要环节，而现代职业教育体系又是保证职业教育稳定、完善发展的关键。在二战后至20世纪80年代期间，现代职业教育体系建设为日本实现世界第二大经济体、成为制造业强国候选人做出了突出贡献。20世纪50年代，日本由先前的"倾斜生产方式"转向纺织、食品等的"集中生产方式"。此时，日本制造业将更多重点放在以轻纺工业为主的劳动密集型产业上，因而对于初级技能型人才和熟练劳动者有较大需求，在一定程度上对职业教育范围有所扩充。基于此，日本国会在1951年通过的《产业教育振兴法》提出国库将拨款补助扩充职业教育所必需的经费。1955年以后，日本的倾向型产业政策将重点放在以重化工业为主的劳动密集型产业上，包括钢铁、机械、造船等支柱产业。此时，日本对于初中级技能型人才有较大需求。为此，日本不仅在1960年《国民收入倍增计划》中提出需要大量工业高中毕业生，同时也涌现许多专科性高等职业教育机构。1962年，首批19所以培养中级骨干技术人才的工业技术专门学校诞生。1973年10月，日本经济由于第一次石油危机的爆发而面临巨大危机。此时，日本政府意识到发展以机械、汽车和家电等消耗资源能源较少的技术密集型制造业的紧迫性和重要性,因而日本开始对中高级技能型人才有大量需求。为此,1976 年 10 月,日本创建了一种新型的"技术科学大学",开设了许多与新科学、新技术有关的专业。"技术科学大学"为日本制造业的跨越式发展输入了大量中高级技术性人才,对于日本制造业的辉煌发展有重要影响。20 世纪 90 年代以后,日本高校开始招收社会中的在职人员,视"培养高级职业人"为己任,针对性地开设相关课程,为企业更高质量发展提供保障。

4.3.3 典型制造业企业案例

以日本三菱电机股份有限公司为例,三菱电机成立于 1921 年,20 世纪 60 年代发展成为日本最具革新性以及多元化发展的综合电机厂商之一,也是国际五大光电产品制造商之一。三菱电机产品用途广泛,从电子计算机到人造卫星,涉及个人、工业、军事以及公共用途等多个领域,凭借其强大的技术实力和不断的创新能力在全球的重电系统、信息通信系统、电子元器件、工业自动化、家用电器等市场占据重要地位。数据显示,2016 年三菱电机的年销售额为 4 兆 2386 亿日元,销售利润率为 6.4%,其中,工业自动化与重电系统所占销售额超过一半,达到 51.9%。三菱电机为了更高层次成长,提出了在2020 年前实现年销售额 5 兆日元以上,销售利润率达到 8% 以上的目标。目前,三菱有八项事业被定位于成长牵引事业群,分别为电力系统、交通系统、楼宇系统、FA 系统、汽车机器、宇宙系统、功率元器件以及空调冷热系统,通过进一步强化优势事业,不断创造并提供能满足客户需求并获得好口碑的商品,实现成长目标。具体来看,三菱电机的稳步持续发展有以下三点值得我国制造业企业借鉴:

(1) 不断提高技术创新能力。创新是行业发展的"灵魂",三菱电机的卓越发展来源于其持续不断的技术创新。①追求自主创新实现跨越发展。三菱电机的研发体制较为完善,具体由两个部门构成,即研究所以及开发部门。其中,研究所隶属于开发本部且数目较多,包括信息技术综合研究所、尖端技术研究所以及欧美、中国等地的研究开发基地。开发部门隶属于事业本部,对于三菱电机的 FA 事业部来说,其强大的产品家族是对三菱电机坚持不懈创新的最佳体现。2015 年三菱电机的控制器、人机界面、能源监测等产品悉数亮相东京系统控制博览会现场。其中,MELSEC iQ - R 系列 PLC(可编程逻辑控制器)等几款产品受到大家广泛关注。MELSEC iQ - R 系列 PLC 是三菱电机

2014 年推出的一款重点面向高端市场的产品，对于制造业发展可以起到重要作用，包括为制造企业构建自动化系统，提高生产率、增强产品质量稳定性，同时对于产品存在的周期问题、生产技术问题等能提供相应解决措施。②开展协同创新共谋发展之道。三菱电机对创新的不断追求也体现在与其他企业共同合作之中。如三菱电机传感器解决方案 iQSS 即为三菱电机与合作伙伴共同研发而成。为了减少使用人员在使用过程中对于传感器管理方面投入的时间及成本，包括对传感器的设定、启动以及进行装置维修等，三菱电机与合作伙伴开发了传感器解决方案 iQSS，该方案可以通过 One Tool 自动实现对传感器的设定、启动以及装置维修，还能开展与 PLC 及工程环境等的协作。

（2）精准把握市场需求动态。创新在企业发展过程中固然是关键性因素，但一味追求创新而不考虑市场需求，则会失去创新的意义。在日本制造业辉煌发展的历史长河中，市场需求作为创新的起点和反馈点被反复证明。日本企业的特点就是从需求导出研发和生产（刘旭颖，2015）[299]。具体体现在：①依据市场需求构建战略理念。对于三菱电机来说，2003 年提出的 e – F@ ctory 理念就是依据市场需求而做的最大创新，这一理念不仅在当时取得了市场及用户的良好反馈，成为三菱电机的一大创举，更是对之后三菱电机及其他制造业发展方向的精准把握。具体来看，2003 年，三菱电机为了应对当时市场对产品性能、柔性化的生产制造方式以及用户个性化定制的需求等，提出了构建"e – F@ ctory—整合 FA"的理念，认为其重点就是为了实现生产现场的最适应化。②迎合市场需求转变生产模式。三菱电机认为能够满足客户需求的才是最好的。具体以三菱电机集团下的可儿工厂为例，可儿工厂主要负责生产用于马达负载等相关的电磁开关装置。电磁开关体积较小且用途广泛，因而通常情况下需要大量生产。为此，三菱电机 20 多年前就已经着手投入全自动化生产线，实现了电磁开关的大量生产。然而，对于电磁开关应用全自动化生产线尚能满足其需求，但面对市场多样化需求时，原有的全自动化生产线则存在换产困难，换线费时等问题，导致工厂的生产效率大幅下降。因此，为了满足市场的多样需求以及巨大订购量，三菱电机于 2012 年开始引进"机器人单元化生产系统"，并主要应用于新产品"MS – T 系列"的生产过程中，该系统可以实现人机融合，用户可以通过使用机器人来实现自动化。三菱电机可儿工厂将 e – F@ ctory 机器人单元化生产系统引进后，操作员的工作得以简化，仅仅需要读取提供的二维码就可以将信息导入智能控制管理系统（PLC）中，机器人单元生产系统会自动进入换产模式，并为下一品种生产做好充足准备，同时系统还会通过制造生产过程执行系统（MES）接口将运行信息及时输入到管理服务器中，便于对产品进行追踪和反馈等。目前，可儿工厂原先使用的全自动化生产线已经完全由 2012 年后建立的智能化生产线所替代。与原先的直线型全自动化生产线对比，智能化生产效率大幅提高，且减少了大量人力、物力，所占空间也较小，大幅度降低了工厂成本。可儿工厂生产模式的变革看起来似乎只是对设备的更新迭代，但其实是为了迎合需求而进行的转型发展。

（3）重视质量制造的带动作用。三菱电机在后来发展过程中，由于市场需求等需要生产多种 PLC 和人机接口（HMI），但其组装步骤和所使用的零部件不尽相同，如组装一台 PLC 需要用到 5 种螺丝，总共 16 颗，而这些不同类型螺丝又必须用 4 把不同的螺丝刀进行固定。由于进行组装的工序复杂，包含人员确认等步骤，因而难免出现人为失误，这也意味着三菱电机会面临人为失误而带来的经济损失。因此，三菱电机决定在这条生产线中革新 e – F@ ctory 技术，对其设定检测及反馈功能，确保在生产过程中不会再出现失误，同时也提高了生产效率。在这背后，我们应看到三菱电机对于组装工序中的一枚小小螺丝的重视以及为了能准确无误地进行螺丝固定所付出的努力，可以认为这都是源于三菱电机对产品高质量的执着追求。这种品质追求甚至渗透到每一位员工的价值观里。三菱电机遵行这样一种"耻文化"，即经过自己手生产的产品如果存在质量问题，则被认为是一种耻辱，体现了员工对自身的严苛要求。

日本对我国制造业转型升级的经验借鉴主要表现在：①适时的产业政策对于制造业发展有显著的指导性作用，但产业发展达到一定水平后，要及时调整政策导向，避免出现经济被严重破坏的现象；②要持续不断地增加研发投入，提高自主创新水平以及知识转化能力。日本制造业发展是由模仿创新开始逐步走上自主创新道路的过程，我国情况与之类似，但在自主创新方面明显不足；③质量制造保证了制造业转型升级的长远发展，需要企业具备精益求精的生产理念及坚持精益制造的管理思想；④完善社会保障体系及人力资源管理实践，对于改善我国制造业企业管理实践具有一定的指导意义。

4.4　本章小结

本章重点研究全球制造业转型升级的比较分析。首先，选取成功实现制造业转型升级的典型发达国家——美国、德国、日本为研究对象，对每个国家转型升级过程进行阶段划分，并从中提取凝练转型升级的成功经验，并且对美国、德国、日本具有国际影响力的制造业企业进行案例分析，为我国制造业实现转型升级提供参考依据。从美国制造业发展分析提取的经验为提升创新能力、提高质量效益、推动产业结构优化、促进制造业可持续发展；从德国制造业发展分析提取的经验为加大研发投入促进企业技术创新、把握市场动态与准确定位、以工业互联网为依托实施增值服务、以平台巩固核心技术、全球化背景下推动海外公司本土化；从日本制造业发展分析提取的经验为制定积极的产业政策、实施科技创新驱动战略、重视人力资源管理实践、注重现代职业教育体系建设。美国、德国、日本均以科技创新为驱动，以市场需求为牵引，以政策制度为推动，以人才培养为支撑来实现制造业转型升级。

5 制造业转型升级战略定位研究

根据国际反全球化与新贸易保护新形势和国内经济新常态，分析全球制造业发展演化规律及转移趋势，厘清升级背景；根据主要产业特征量化指标，从全球价值链参与程度和价值增值方面明晰制造业在全球价值链中的分工位置，确立升级起点；结合"一带一路""互联网＋""供给侧结构性改革"等方面分析我国制造业面临的机遇；从奉行单边贸易保护主义的"逆全球化"思潮、新兴技术"鸿沟"、制造业供需结构性失衡、资源环境约束、制造业投资结构失衡等方面分析我国制造业面临的挑战；从市场吸引力、产业体系与产业链、生产成本、基础设施建设等方面分析比较竞争优势；从创新能力、劳动生产率、科技人才、市场监管与营商环境等方面分析竞争劣势，把握升级方向；明晰中国制造业在全球产业链中的价值链定位、国际国内竞争中的市场定位、产业融合协同发展的产业定位，设计战略定位方案。

5.1 全球制造业发展演化规律和转移趋势分析

分析全球制造业的发展演化规律及转移趋势，首先需要对全球制造业的发展轨迹进行梳理，总结各阶段促进产业发展的背景、过程及结果，得出全球制造业发展演化规律，其次根据全球制造业历史演进过程，分析各阶段全球产业转移的动机、方式及路径，并结合国际反全球化、新贸易保护新形式以及"第三次工业革命"等新环境与新背景，总结全球制造业的转移趋势，为我国制造业转型升级提供经验与模式借鉴。

5.1.1 全球制造业发展演化规律分析

分析全球制造业的发展演化规律，可从制造业不同发展阶段所应用的制造模式入手，研究每一次制造模式升级背后所对应的制造系统改变与制造技术的更迭。基于全球制造业制造模式的三次转变（手工单件生产→大批量流水线生产→大规模定制→智能制造）分析不同阶段下制造业发展所依赖的技术基础、竞争资源、产业组织以及战略决策的关键维度，并结合典型案例，总结全球制造业的发展演化规律。

（1）全球制造业发展的第一阶段（19世纪末至20世纪50~80年代）。手工单件生产作为第一次工业革命的结果，是全球制造业发展的起点，被广泛应用于尚未实现标准化和机械化生产的19世纪末。该阶段制造模式所依赖的技术基础主要为工匠个人的技能，企业间关键竞争资源自然也就围绕着工匠数量的多少和是否拥有通用设备展开，产业内的组织形态多为高度分散的小规模手工作坊，产业整体生产效率低下，产能仅够满足少数客户的需求。以汽车工业为例，受制于关键核心零部件的制作高度依赖工匠手工技能，且车体的组装也仅能在配备通用装备的小作坊中才能实现，19世纪末期，欧洲的整体汽车保有量不足1000辆。伴随着第二次工业革命逐步兴起，20世纪中期，以专业化制造装备、标准化零部件、组织化工厂以及科学管理工序为特点的大批量流水线制造模式推动全球制造业实现快速发展（黄群慧、贺俊，2013）[300]。此时制造业所需的技术基础也由原来依靠工匠技能转变为依托机械化的产品架构知识积累，企业间关键竞争资源逐步转变为是否拥有标准化的大规模流水生产线，产业内也逐渐形成市场与资本的大规模企业组织，规模效益在该阶段发挥着重要作用。福特在推出大批量流水线制造模式后的13年中，年产量由4万辆迅速攀升至200万辆便是最好的例证。

（2）全球制造业发展的第二阶段（20世纪80年代至2008年）。大批量流水线制造模式虽然推动了全球制造业生产效率的飞速发展，但由于此类制造模式柔性化程度较低，产品在种类和功能方面并不适应不断升级的个性化需求，需求饱和和产能过剩成为20世纪末全球制造业所面临的市场经济新常态。伴随着第三次工业革命逐步兴起，以信息化与工业化融合为代表的柔性制造系统将全球制造业发展推向大规模定制阶段。在该阶段中，制造模式所依赖的技术基础从产品架构的知识积累又向功能模块的研发设计方面转变，企业间关键竞争资源更多地强调柔性制造系统，产业内组织形态向产品内国际分工转变。此时，依托规模经济形成资本优势的大型制造业企业通过对产业链各环节的分解，逐步形成了以生产驱动型或消费驱动型的全球价值链分工体系，大型企业也逐步转变为占据核心环节的链主跨国企业。实现大规模定制制造模式的企业，既可以满足市场需求的多样化选择，还能实现批量制造模式下的规模经济，同时兼具研发推动与需求拉动的特点。以戴尔公司为例，通过使用信息技术实现企业、供应商、客户三者之间的互联互通，将客户需求前置到企业的研发设计环节，并以此匹配符合条件的供应商快速组织并生产出符合消费者需求的个性化产品，不仅将企业的库存周期缩短至 6 天以内，同时也将产品价格降低至同类产品价格的 30%，产品市场竞争力不断增强。基于大规模定制的制造模式也进一步拓展了两化融合的应用范围，以"互联网＋设计""互联网＋制造""互联网＋销售"的商业模式反哺了企业技术能力的进一步提升。

（3）全球制造业发展的第三阶段（2008 年至今）。金融危机爆发后，各国先后制定了一系列振兴制造业的发展计划，以期重塑制造业国际竞争优势。其中美国的"工业互联网"战略、德国的"工业 4.0"战略等均将信息化、智能化、高端化、服务化作为制造业发展的重点突破领域，产业技术基础也开始向掌握以智能传感技术为代表的基础技术能力、以智能检测技术和微电子技术为代表的数据增值能力、以网络创新平台为代表的资源集成能力、以大数据分析技术和人工智能技术为代表的智能分析能力、以智能工厂为代表的资源调配能力方面转变，强调产品架构、功能架构与技术架构的协调统一（戴亦舒等，2017）[301]。在此阶段中，原来稳定的市场结构（即跨国公司通过全球价值链治理机制，将各个参与国际分工的国家或地区牢牢锁定在对应环节）因发达国家"再工业化"和发展中国家的追赶超越变得不再稳定，绝对竞争优势在各个国家间的边界越来越模糊，全球市场组织面临国家价值链、区域价值链和全球价值链的整合与重构局面。与此同时，市场需求的持续升级与消费能力的持续降级向全球制造业提出了既需要在满足产能和功能的同时满足客户的个性化需求，同时也应以较低的成本随时对制造系统本身进行调整和重构，这就要求制造模式足够智能化。以增材制造技术在航空和汽车发动机制造领域的应用为例，增材制造技术是基于模块化、智能化的开放架构，既可实现产品高端化的定制需求，也可实现产品服务化的市场需要（如修复刹车片等易耗部件）。此时，企业间关键竞争资源逐步转变为是否具备可重构的制造系统、技术平台以及知识型员工。

综上可知，全球制造业的发展离不开制造技术的革新（三次工业革命），而制造技术的革新本质上是"科技长入经济、创新植入增长"的结果，突出表现是制造模式的更迭（手工单件生产→大批量流水生产→大规模定制→智能制造）。具体来说，率先创新对于制造业发展具有"引擎效应"、模仿创新对于制造业发展具有"乘数效应"、创新更替对于制造业发展起到"变速效应"、创新继起对于制造业发展起到"熨平效应"。不同的技术创新类型构成了制造业发展的创新系统，也决定了不同阶段下制造业发展所需的技术基础（工匠技能→产品架构的知识积累→功能模块的研发设计→产品架构、功能架构与技术架构的协调统一）与对应的制造模式，企业依靠这些关键竞争优势资源的不可模仿性与不可替代性，逐步调整和完善既有商业模式，响应市场需求，不断推进微观企业管理模式、中观产业组织方式（手工作坊→垄断型大规模企业→全球价值链链主企业→国家、区域、全球价值链多元结构）和宏观制度环境的变革（满意均衡→非满意均衡→非满意非均衡→制度创新）。因此，全球制造业的发展演化规律遵循制造业创新系统的构建和发展历程，一方面，我国的制造业创新系统的构建比美国晚了100年以上，比英国晚了90年左右，比日本晚了80年左右；另一方面，制造业创新系统的发展比英国晚了80年以上，比美国晚了70年左右，比日本晚了30年左右，目前我国制造业创新系统更多地适用于模仿创新，较少地适应于率先创新（雷家骕，2007)[302]。由此可见，我国制造业发展仍处于依靠模仿创新发挥规模效应的阶段，国内经济新常态预示着模仿创新的扩张已经达到了"边际模仿产量"，其对制造业发展的促进作用（迭代优化和增值乘数效应）已经处于衰减状态。因此，积极推动制造强国战略，推进制造业新一轮率先创新的进程，带动制造业转型升级，将对我国塑造新一轮全球制造业竞争优势起到至关重要的作用。

5.1.2　全球制造业转移趋势分析

全球制造业的发展不仅催生出新兴技术的继起，也影响着各国比较优势的更迭。在全球经济一体化进程中，发达经济体通过不断向技术势能较低和要素禀赋较高的国家或地区转移国内比较优势产业来获取垄断市场，汲取廉价资源，发展中经济体也借助海外优势资本与成熟技术，通过承接产业转移，获得参与国际分工，实现产业发展的机会。全球制造业产业转移的历史进程大致可分为以下四个阶段：产业转移路径先后经历从英国向欧洲大陆和美国转移；从美国向日本和德国转移；从美国和日本向亚洲"四小龙"、中国和东盟四国转移；从发展中经济体向英国、美国回流，以及从中国向"一带一路"沿线国家转移。

（1）第一次全球产业转移（18世纪末至19世纪初）。第一次工业革命促使英国率先完成工业化，并成为当时的"世界工厂"。数据显示，当时英国人口占全球人口总数不足2%，但却控制着世界工业生产总值的30%～50%，世界贸易总值的20%～25%。随着国内生产效率的不断提高以及本土市场需求趋于饱和，英国开始倡导国际间自由贸易，极力推动商品与资本的对外输出，以化解国内市场总体产能过剩，推动技术的持续升级（刘勇等，2018）[303]。美国作为当时英国海外的主要殖民地，拥有良好的要素禀赋，自然成为本次全球产业转移的主要承接地。依靠来自英国的贷款，美国大力发展交通运输设备制造业（如铁轨与火车），逐步形成了工业革命所需的产业基础与技术基础，这也为美国领导第二次工业革命，并替代英国成为全球新的"世界工厂"打下了基础。

（2）第二次全球产业转移（20世纪50～60年代）。二战的爆发对日本及欧洲各国的经济造成沉重打击，而美国则凭借二战所带来的市场"机遇"实现了资本与技术的深厚积累。数据显示，二战期间，美国掌握着全球工业生产总值的半数以上，石油和钢铁的产量则超过全球产量的60%。随着第三次工业革命的兴起以及日本与欧洲各国战后重建的经济诉求，美国通过实施"马歇尔计划"以及朝鲜战争带来的"特需经济"，在极力推动资本与技术对外输出的同时，也完成了国内产业结构的进一步优化和升级。具体地，将钢铁、纺织等传统产业逐步转移到日本和德国，而国内则主要致力于汽车、集成电路、精密机械等资本和技术密集型产业的发展（孙浩进，2011）[304]。至此，美国作为新一轮全球产业转移的主要推动者，不仅确立了全球霸权地位，同时也推动了以德国为代表的欧洲各国经济复苏，塑造了以日本为代表的第三个"世界工厂"的新兴经济体地位。

（3）第三次全球产业转移（20世纪70年代至21世纪初）。"冷战"过后，日本经济经历了近20年的"黄金"增长期，20世纪80年代，日本的国内生产总值超过2000亿美元，仅次于美国。但随着日元汇率的增长以及要素禀赋的制约，1960～1980年，日本先后选择对外转移本土劳动密集型产业（如纺织服装等低技术水平行业）、资本密集型产业（如钢铁、化工等中技术水平行业）和部分已经成为标准化技术的技术密集型产业（如电子通信与汽车制造业等高技术水平行业）来对本土产业结构进行持续的优化与升级。在此期间，产业转移的承接地也先后经历了从亚洲"四小龙"过渡到东盟四国与中国内地。第三次全球产业转移的"上半场"不仅催生了亚洲"四小龙"国家和地区的经济发展奇迹，同时也对中国大陆形成初步的制造业产业体系奠定了基础。基于中国大陆庞大的市场规模和良好的资源禀赋，21世纪初期，包含美国、日本和亚洲"四小龙"在内的国家和地区，纷纷参与到对华投资和产业转移行动当中，来应对本土要素成本上升与企业利润下滑的矛盾、市场需求升级与供给能力不足的矛盾、传统的发展模式与资源环境约束的问题。也正是凭借第三次全球产业转移的"下半场"，中国大陆获得了广泛参与全球价值链、汲取国外先进技术工艺与学习产品架构知识的机会，依靠低成本比较优势，实行平推式的工业化发展战略（金碚，2017）[305]，迅速崛起成为新的"世界工厂"。

（4）第四次全球产业转移（21世纪初至今）。金融危机过后，全球制造业陷入"平庸"发展态势，具体表现为：以美国为代表的发达国家制造业"空心化"问题凸显、产业"离岸化""服务化"现象显著、对全球价值链的主导地位持续弱化。而以中国为代表的发展中国家也面临着全要素生产率下降、核心技术缺乏、产业链低端化、供需矛盾突出等问题。第三次工业革命对全球制造业提出信息化、智能化、绿色化、服务化的转型升级要求，全球制造业所依赖的资源基础、产业分工格局和国际竞争范式均发生重大变革，全球制造业转移不再仅局限于土地、劳动力、能源等低成本比较优势，而是更加注重东道国产业体系、创新生态、市场规模和营商环境等高端要素（赵芸芸，2018）[306]。此时，发达国家与发展中国家选择了两种截然不同的发展路径，也由此推动了第四次全球产业转移。路径一：技术创新衍生的成本红利和低成本比较优势促使发达国家制造业回流与向东南亚非洲等地区转移并存，发达国家通过实施"再工业化"战略（如英国"脱欧"和美国"再工业化"）辅助向更低成本的国家和地区转移来重塑制造业竞争优势。路径二：借助"一带一路"倡议的实施，位于全球价值链不同位置的发展中国家和地区，通过广泛开展多方产业、资金及技术的深度融合，实现沿线国家和地区在区域价值链中的优化配置和重新整合，重塑基于发挥各国比较优势的区域价值链，实现"互惠共赢"局面。全球制造业转移历史进程如图5-1所示。

综上可知，全球制造业的发展离不开国际间产业转移，而产业转移的主体与对象因产业发展阶段的不同，造成各国产业发展的轨迹呈现显著差异。基于此，从产业输出国和产业承接国的制造业发展不同方式与路径来分析全球制造业转移趋势。对于产业输出国而言，前三次全球制造业产业转移都是受产业输

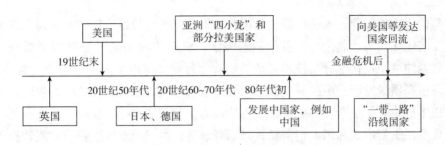

图 5 - 1　全球制造业转移历史进程

资料来源：笔者绘制。

出国要素禀赋制约、市场需求饱和、边际收益递减、产能过剩等因素驱使，通过依靠货物贸易掌握海外市场，借助资本输出培育配套产业，逐步形成以自身为主导的全球价值链来汲取廉价资源和保障垄断利润，以便持续推动市场份额→自主创新→价值增值→市场份额扩大良性循环，实现制造业产业发展新旧动能转换。以最近的两次全球产业转移输出国为例，在产业转移动机方面，美国以掌控全球市场，获得垄断利润为目的，日本则以汲取廉价资源，降低产业成本为动机；在转移方式方面，美国以跨国企业为主体，采用独资经营模式实现产业转移，日本则以中小型企业为载体，通过合资方式实现产业转移；在产业转移路径方面，美国选择比较优势产业直接进驻，而日本则选择将国内丧失比较优势的产业逐步转移至海外的策略（刘瑞、高峰，2016）[307]。第四次全球产业转移中发达经济体推行的"再工业化"战略，则是受国内制造业"离岸化"、国际领先地位受到威胁等因素驱使，通过引导制造业回流，弥补并完善本国产业体系的完整性和配套性，在实现"重振就业，创造岗位"的同时，借助"反全球化"的贸易政策，以期限制先进技术的外溢和维护自身在技术创新等领域的领先优势。对于产业承接国而言，依托良好的要素禀赋优势、区位优势、政策优势以及庞大的市场规模，产业承接国可获得初步的生产能力和技术基础。美国、日本、亚洲"四小龙"以及包括中国在内的东亚国家和地区正是凭借前三次全球制造业产业转移实现了制造业的飞速发展与经济的迅速崛起。不同的是，美国借助英国产业转移所提供技术基础，依靠二战所带来的市场"机遇"，通过持续的技术创新成功引领了全球第二次工业革命，其自身也成为以高技术创新为特点的制造强国；日本则主要通过"逆向工程"，学习并消化吸收从美国引进的产品知识和工艺知识，在优化工艺流程的基础上对制造业产品架构进行持续的完善和改进，并广泛布局于机械和汽车等高技术水平和高价值增值行业，成功摆脱了美国控制下的全球价值链治理体系，逐步成为以工艺优化与柔性制造为特点的制造强国；亚洲"四小龙"受制于资源与生产要素约束，仅在部分高技术含量的制造业行业（如电子芯片、精密仪器等）实现了高质量发展；中国通过营造优惠的政策环境，依托庞大的市场规模，以低成本战略获得了产业发展基础，迅速成为新的制造大国。在国际反全球化与新贸易保护新形式和国内经济新常态新背景下，由于产业发展新旧动能转换仍未完成，中国制造业供需结构性失衡的矛盾、在核心技术领域"缺芯少核"、在关键基础零部件与技术装备领域对外依存度高等问题被不断放大，制造业发展进入转型升级阶段。基于此，中国借助第四次全球产业转移与第三次工业革命所带来的历史机遇，通过"一带一路"倡议，构建"以我为主"的包容性全球价值链，加速国内制造业向"微笑曲线"两端攀升，在逐步培育具备竞争优势的产业对外输出过程中，中国也将逐步实现从产业承接国过渡到产业转移国，制造业发展也迈向了全新的阶段。

5.2 全球价值链参与程度与价值增值测度研究

在中国制造业深度融入全球价值链的背景下，关注制造业转型升级的战略定位就必须了解中国制造业参与全球价值链的分工概况，基于 Baldwin 和 Spiders（2010）[308] 的全球价值链布局理论模型，从参与程度和价值增值两个维度构建中国制造业参与全球价值链的分工地位模型，以此来明晰中国制造业转型升级的起点。

5.2.1 全球价值链参与程度与价值增值测度模型构建

受俘获网络型价值链属性影响，国际大买家或者跨国公司通过掌控研发与设计、高端渠道整合以及重要的战略资源，牢牢控制着价值链高端以及战略核心环节，使大多数发展中国家和欠发达国家被长期锁定在全球价值链的低端（Gramer，1999；王玉燕等，2014；杨水利、杨祎，2019）[309-311]，甚至于陷入"悲惨增长"的境地（刘维林，2012）[312]。由此产生了一个新问题，即制造业在全球价值链中的参与程度问题。现有研究主要从产业特征视角来设计相应的参与程度测度指标，包括：①垂直专业化（VS）指标。VS用来衡量一国总出口中进口中间投入品的份额，一国的 VS 值越高，表示该国参与国际分工的程度越深（Hummels 等，2001；Antràs，2013）[313-314]。早期，Hummels 等（2001）借助生产非一体化指数来测算各国跨国生产分割程度。随后，王直等（2015）[315]根据总贸易流量分解图中所指出的 VS 中包括的不同组成成分，每一部分都有不同的经济含义，代表着不同的生产分工类型，其对各经济体在全球价值链中所处位置的影响也不同。②全球价值链前后向参与度指数。Koopman 等（2010）[316]从分解总贸易额的角度提出了测算一国在全球价值链中的地位和参与程度的指标（KPWW 法），基于此，Wang 等（2017）[317]又从总贸易分解的前向联系和后向联系，提出了产业参与全球价值链的前后项参与度指标。③"上游度"（Upstreamness）指标。Fally（2011）[318]提出了生产阶段数量和最终需求距离两个测算指标。在此基础上，Antràs 和 Chor（2012）[319]提出上游度指标，上游度指标衡量每个国家在全球价值链上所承担的中间品生产环节与最终品环节之间的距离，其值越大说明各国在全球价值链上的位置越趋于上游。行业上游度可以看作参与国际分工的程度，行业上游度指数越大，其参与全球价值链分工的程度越深。④相似度指数（Export Similarity Index，ESI）。Wang 和 Wei（2007）[320]提出了出口差异度指数，用来测度一国出口产品的复杂程度。Lall 等（2006）[321]和李小平等（2015）[322]则通过计算一国不同行业产品的成熟度得分，得到了一国不同出口品的成熟度指数，以此来判断产业竞争力，从而侧面反映出企业参与全球价值链的程度。唐海燕和张会清（2009）[323]在上述研究的基础上提出了相似度指数，认为可以通过比较发展中国家出口产品与发达国家的相似度指数来判断发展中国家在全球价值链上的地位，以此来反映其在全球价值链中的参与程度。为更好地明晰中国制造业在全球价值链的参与程度，在借鉴上述研究成果的基础上，选取全球价值链前后向参与度指数来作为反映制造业全球价值链参与程度的指标，并对其进行测度。

中国制造业融入全球价值链的过程具有明显的"融入价值链先于提高增值能力"的特征。增值能力弱是中国制造业各行业价值链地位提升的关键因素。现有关于价值增值相关研究主要集中在以下四个方面：①GVC 地位指数（GVC – Status Index，GS 指数）。王岚和李宏艳（2015）[324]、杨水利和杨祎（2019）[325]通过引入直接增加值系数作为衡量特定行业与下一生产阶段所在行业距离指标，在全球价值链分工背景下，分工位置反应的是特定行业在价值链中所处的环节，而分工地位则反应的是其增值能力，是价值增值的判断。②增加值出口（Export in Value Add，EVA）。受中间品贸易在国家贸易中份额的迅猛扩展，传统的贸易总量统计已不能诠释价值链分工贸易的作用机理。基于此Koopman（2014）提出了一国总出口的分解法，将出口分解为具有不同经济含义的四部分，并进一步根据出口品价值最终去向，将其细分为九个部分。但由于该方法只能分解一国总出口，不能反映不同出口品在进行各种增加值和重复计算分解时的异质性。王直等（2015）在此基础上将Koopman提出的一国贸易流分解法扩展到部门、双边和双边部门层面进行研究，把各层面的国际贸易流都分解为被国外吸收的国内增加值（Domestic Value Added，DVA）、返回的国内增加值（Return Domestic Value Added，RDV）、国外增加值（Foreign Value Added，FVA）和纯重复计算的中间品贸易（Pure Double–Counted，PDC）等组成部分，并根据贸易品的价值来源，最终由于吸收地和吸收渠道的不同，区分为16种不同路径，从而在传统国际贸易统计与国民经济核算体系之间建立一个系统性的对应框架。③产品技术复杂度（Product Technical Complexity，PRODY）指标。Archibugi和Coco（2004）[326]较早提出了技术成就指数，Lall（2006）根据出口产品的技术含量构建了产品出口复杂度指数。基于此，杜修立和王维国（2007）[327]通过改变技术含量假设，对产品复杂度测度方法进行修正。以上方法的共同特征在于他们对复杂度技术指数的构建都存在主观认定性质，具有技术和复杂度设置上的非客观性。随后，Haumann等（2005）[328]开发了基于国家收入水平的出口复杂度测量方法。产品出口复杂度以不同国家产品显性比较优势（Revealed Comparative Advantage，RCA）为权重对各国人均收入进行加总而成；国家出口复杂度在各产品出口复杂度的基础上加总而成。他与国家收入水平联系紧密，在实际使用中容易导致"富国出口复杂产品，穷国出口简单产品"的循环结论。鉴于此，Hausmann和Hidalgo（2010）[329]基于能力创立了反射方法（The Method of Reflection）计算出口复杂度。该方法认为产品是由不可交易的生产元素制造的，不同国家拥有的能力数量和具体组合不同，不同产品需要的能力组合也不相同。因此拥有较多能力的国家能够生产多样的产品，而需要较多能力的产品生产只适用于少数国家。随后Tacchella等（2013）[330]又对上述模型精确度进行修正，使得产品技术复杂度指标的测算方法更加完善。④全要素生产率（Total Factor Productivity，TFP）。技术距离是制约价值增值的关键因素（苏杭等，2017）[331]，而缩小技术距离，摆脱对发达国家成熟技术的路径依赖则是实现制造业转型升级的必然途径。程虹等（2016）[332]借助全要素生产率（TFP）测度制造业技术进步效应，从侧面反映出我国制造业的价值增值能力。为更好地明晰中国制造业在全球价值链的价值增值，在借鉴上述研究成果的基础上，选取附加值贸易中体现中国制造业价值增值能力的增加值出口和直接增加值系数指标，并对其进行测度。

根据世界投入产出表中总产出的生产与使用平衡条件，可得：

$$X = AX + Y = A^D X + Y^D + A^F X + Y^F = A^D X + Y^D + E \tag{5-1}$$

其中，A 为国内投入系数矩阵，X 为总产出，Y 为最终品生产向量，A^D 为国内投入系数 A 的分块对角矩阵，Y^D 为用于国内消费的最终品生产向量，$A^F = A - A^D$ 为进口投入系数的非对角分块矩阵，$Y^F = Y - Y^D$ 为最终品出口向量，E 为总出口向量。由式（5-1）可对国内增加值的去向和最终产品生产的增加值来源做出分解，具体如式（5-2）所示：

$$\hat{V}B\hat{Y} = \hat{V}L\hat{Y}^D + \hat{V}L\hat{Y}^F + \hat{V}LA^F B\,\hat{Y} = \hat{V}L\hat{Y}^D + \hat{V}L\hat{Y}^F + \hat{V}LA^F L\hat{Y}^D + \hat{V}LA^F (B\,\hat{Y} - L\,\hat{Y}^D) \tag{5-2}$$

其中，$\hat{V}$ 为直接增加值系数的对角矩阵，B 为列昂惕夫逆矩阵，$L = (I - A^D)^{-1}$ 为局部列昂惕夫逆矩阵。该矩阵的行向量表示某国家—部门产出的增加值，被其他国家—部门所吸收的分布情况，由此可分解出某国家—部门国内增加值最终被国外吸收的部分，具体如式（5-3）所示。类似地，基于该矩阵的列向量可分解出某国家—部门最终产品生产的增加值来源，具体如式（5-4）所示。

$$Va' = \hat{V}BY = \hat{V}LY^D + \hat{V}LY^F + \hat{V}LA^F LY^D + \hat{V}LA^F (BY - LY^D) \tag{5-3}$$

$$Y' = VB\,\hat{Y} = VL\hat{Y}^D + VL\hat{Y}^F + VLA^F L\hat{Y}^D + VLA^F (B\hat{Y} - L\hat{Y}^D) \tag{5-4}$$

式（5-4）的后三项之和等于 Koopman 等（2014）所指的 DVA_F，即出口的国内增加值（DVA），具体如式（5-5）所示。

$$DVA = \hat{V}LY^F + \hat{V}LA^F LY^D + \hat{V}LA^F (BY - LY^D) \tag{5-5}$$

式（5-4）中后两项之和减去返回母国的国内增加值等于 Los 等所指的 FVA，即出口中包含的国外增加值（FVA），具体如式（5-6）所示。

$$FVA = VLA^F L\hat{Y}^D + VLA^F (B\hat{Y} - L\hat{Y}^D) - \hat{V}L(A^F B)^D \hat{Y} \tag{5-6}$$

全球价值链前向参与程度指数（GVCt_f）和后向参与程度指数（GVCt_b）如式（5-7）、式（5-8）所示。

$$GVCPt\_f = \frac{\hat{V}LA^F LY^D}{\hat{V}BY} + \frac{\hat{V}LA^F (BY - LY^D)}{\hat{V}BY} \tag{5-7}$$

$$GVCPt\_b = \frac{VLA^F L\hat{Y}^D}{VB\hat{Y}} + \frac{VLA^F (B\hat{Y} - L\hat{Y}^D)}{VB\hat{Y}} \tag{5-8}$$

考虑到《国民经济行业分类》(GB/T 4757—2002)和(GB/T 4757—2011)与世界投入产出表所依据的《国际标准行业分类》(ISIC Rev.4)标准不同,根据研究需要,在后者的基础上对中国制造业各行业进行了归类与合并,具体结果如表5-1所示。以上数据来源于2016年版世界投入产出表,考虑到相关指标变化幅度较小,使用2012~2014年相关指标平均增长率对2015~2017年数据进行预估。

表5-1　根据《国际标准行业分类》(ISIC Rev.4)大类集结研究所
需的17个制造业部门

编号	行业	《国际标准行业分类》(ISIC Rev.4)	《国民经济行业分类》(GB/T4757—2002)	《国民经济行业分类》(GB/T4757—2011)
r5	食品、饮料与烟草	C10,C11,C12	C13,C14,C15,C16	C13,C14,C15,C16
r6	纺织、服装与皮革	C13,C14,C15	C17,C18,C19	C17,C18,C19
r7	木材、木材制品及软木制品的制造(家具除外)、草编制品及编织材料物品的制造	C16	C20	C20
r8	纸和纸制品的制造	C17	C22	C22
r9	记录媒介物的印制及复制	C18	C23	C23
r10	焦炭和精炼石油产品的制造	C19	C25	C25
r11	化学及化学品的制造	C20	C26,C28	C26,C28
r12	基本医药产品和医药制剂的制造	C21	C27	C27
r13	橡胶和塑料制品的制造	C22	C29,C30	C29
r14	其他非金属矿物制品的制造	C23	C31	C30
r15	基本金属的制造	C24	C32,C33	C31,C32
r16	金属制品的制造,但机械除外	C25	C34	C33
r17	计算机、电子产品和光学产品的制造	C26	C40,C41	C39,C40
r18	电力设备的制造	C27	C39	C38
r19	未另分类的机械和设备制造	C28	C35,C36	C34,C35
r20+21	交通运输设备的制造	C29,C30	C37	C36,C37
r22	家具的制造	C31	C21	C21

资料来源:笔者整理所得。

5.2.2 全球价值链参与程度与价值增值测度结果分析

基于全球价值链前向参与程度指数（GVCt_f）和后向参与程度指数（GVCt_b）测算的 2000～2017 年中美德日四国制造业参与国际分工程度如图 5－2 至图 5－5 所示。由图 5－2 可知，中国制造业全球价值链后向参与程度显著强于前向参与程度，表明中国制造业主要通过后向联系参与国际分工。具体的，r12、r14、r15、r17、r18、r19、r20+21 等行业的 GVCt_b 指数均值为 0.21，显著高于 GVCt_f 指数均值 0.15，表明上述行业对外依存度较高，价值增值能力较弱，国际竞争力较低。从演进趋势上看，除 r17 行业 GVCt_f 增幅快于 GVCt_b 增幅外，其余上述行业现状仍将持续下去，r13 和 r16 行业 GVCt_f 指数分别为 0.23 和 0.21，GVCt_b 指数分别为 0.21 和 0.18，表明上述两个行业主要通过前向联系参与国际分工。由图 5－3 可知，美国制造业 GVCt_f 指数均值为 0.18，GVCt_b 指数均值为 0.16，说明美国主要通过前向联系参与国际分工。其中，r11、r12、r15、r16、r17、r18 等行业的 GVCt_f 指数均值突破 0.20，显著高于 GVCt_b 指数均值 0.15，说明美国在上述领域国际分工优势地位明显。从演进趋势上看，行业发展较为稳健。r13、r14、r20+21 行业 GVCt_b 指数均值和 GVCt_f 指数均值均达到 0.15，行业主要以价值中转的参与国际分工，价值增值能力有限。由图 5－4 可知，德国制造业主要以前向联系参与国

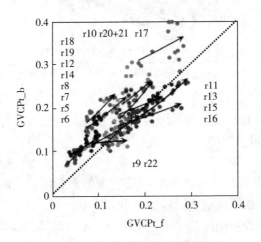

图 5－2　中国制造业全球价值链参与程度特征

资料来源：笔者绘制。

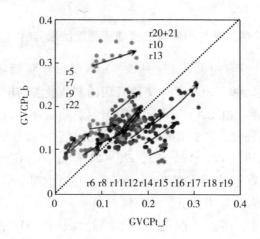

图 5 - 3　美国制造业全球价值链参与程度特征

资料来源：笔者绘制。

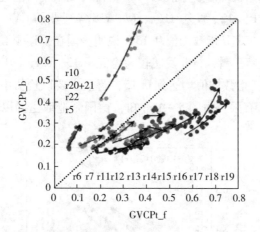

图 5 - 4　德国制造业全球价值链参与程度特征

资料来源：笔者绘制。

际分工，GVCt_f 指数均值达到 0.43，是中国的 2.5 倍，美国的 2.3 倍，日本的 1.9 倍，反映出德国制造业国际竞争力远超中、美、日三国。从演化趋势可以研判，德国制造业在国际分工中的链主地位不可撼动。具体地，r11、r15 行业 GVCt_f 指数甚至突破了 0.67，r12、r13、r14、r16、r17、r18、r19 也均突破 0.30。稍逊的 r20 行业的 GVCt_b 指数均值为 0.31，虽高于 GVCt_f 指数均值 0.24，但行业的价值输出能力依然显著强于中国（0.09）、美国（0.16）、日本（0.15）同行业平均水平。由图5-5可知，日本制造业以前向联系参与国际分工，GVCt_f 指数均值达到 0.23，同样远超美国（0.18）和中国（0.17）。从演进趋势上看，日本制造业 GVCt_b 指数增幅明显，增速显著快于 GVCt_f 指数，产业对外依存现象开始显现。r12、r19、r20 + 21 行业参与国际分工程度较低，其中 r12 的 GVCt_b 指数均值达到 0.09，但 GVCt_f 指数均值却不足 0.03，反映出日本在基本医疗产品和医疗制剂制造领域处于国际分工边缘位置。

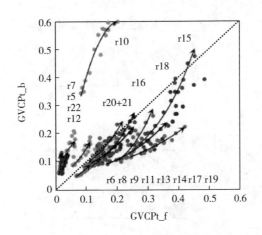

图5-5　日本制造业全球价值链参与程度特征

资料来源：笔者绘制。

　　基于出口的国内增加值（DVA/Export_rate）和国外增加值（FVA/Export_rate）测算的 2000~2017 年中美德日四国制造业全球价值链增值变化如图5-6 至图5-9 所示。由图5-6 可知，中国制造业 DVA/Export_rate 均值不足 9%，反映出中国制造业价值增值能力有限，产业"低端化"问题凸显。FVA/Export_rate 均值仅为 3.65%，反映出中国从国外获取的价值增值占比较小。其中，r17 为中国制造业的优势行业，DVA/Export_rate 均值达到 12.95%，从演变趋势上看，由于 FVA/Export_rate 增幅显著高于 DVA/Export_rate 增幅，行业对外依存趋势明显。其余领域 DVA/Export_rate 均值却不足 6.10%，表明我国制造业全球价值链增值能力较弱，制造业"空心化"问题显著。由图5-7 可知，美国制造业参与全球价值链分工仍以价值输出为主，其优势行业集中于 r11、r12、r17、r18、r19 等领域，行业 DVA/Export_rate 均值分别达到 11.78%、

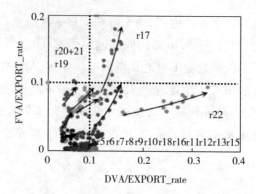

图 5-6　中国制造业价值增值变化趋势

资料来源：笔者绘制。

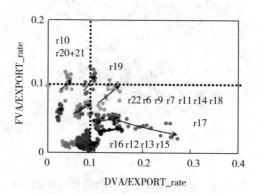

图 5-7　美国制造业价值增值变化趋势

资料来源：笔者绘制。

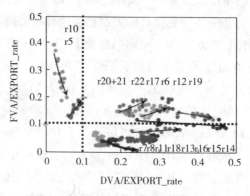

图 5-8　德国制造业价值增值变化趋势

资料来源：笔者绘制。

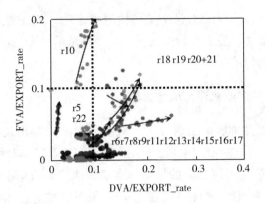

图 5 - 9　日本制造业价值增值变化趋势

资料来源：笔者绘制。

13.02% 、21.51% 、12.69% 、12.94% 。从演进趋势上看，上述行业 DVA/Export_rate 增幅较高，表明行业参与全球价值链增值能力较强。r13、r14、r15、r16 等行业参与全球价值链增值能力较弱，r20 + 21 行业 DVA/Export_rate 均值（8.94% ）小于 FVA/Export_rate 均值（10.64% ），表明该行业"离岸化"现象凸显。由图 5 - 8 可知，德国制造业参与全球价值链增值能力最强且趋势稳健。产业 DVA/Export_rate 均值超过 23.27% ，FVA/Export_rate 均值不足 10% 。反映工业基础能力的 r11、r13、r14、r15、r16 等行业 DVA/Export_rate 均值达到 26.35% ，FVA/Export_rate 均值仅为 5.13% ，表明德国制造业参与全球价值链分工具备高质量的基础工业支撑；r12、r17、r18、r19、r20 + 21 行业的 DVA/Export_rate 均值超过 30.92% ，FVA/Export_rate 均值不足 7% ，产业全球竞争优势明显。由图 5 - 9 可知，日本制造业全球价值链增值变化情况优于美国，r13、r17、r18、r19、r20 + 21 等行业 DVA/Export_rate 均值超过 15% ，其中，r17 行业 DVA/Export_rate 突破 25% 。r14、r15、r16 等行业 DVA/Export_rate 均值也高于 10% ，r11、r12 行业增值能力较弱。

5.3　制造业 SWOT 分析

"十三五"时期，中国的经济发展步入"新常态"，工业化进程处于工业化后期阶段；同时，中国的工业化又与发达国家的"再工业化"和新一轮技术革命周期相互叠加。发展阶段的转换和竞争环境的转变，使中国制造业转型升级面临新的机遇与威胁。

5.3.1　我国制造业机遇与威胁分析

（1）我国制造业面临的机遇分析。从制造强国战略出发，结合"一带一路""互联网＋""供给侧结构性改革"来分析制造业转型升级机遇。

1）"一带一路"倡议实施的机遇。当"嵌入全球价值链的出口导向发展模式"遭遇大规模产能过剩、全要素生产率低下、核心技术缺失、供需结构失衡、产业链"低端化"和"空心化"等突出问题时，更新全球价值链治理体系与发展模式，构建"以我为主"的包容性全球价值链成为中国制造业在新环境新背景下实现由大到强的环境基础与制度要求（刘志彪，2017）[333]。2013年10月，习近平总书记提出的"一带一路"倡议正是基于"命运共同体"的理念来重构全球价值链，实现与沿线的65个国家经济发展的共同繁荣，这对正处于转型升级阶段的中国制造业来说是一个巨大的机遇。从对外直接投资方面来看，根据商务部2018年发布的《中国对外投资合作发展报告》[334]数据显示，2017年中国制造业对"一带一路"沿线国家的投资存量增至131.5亿美元，同比上升40.5%，且在机床工具行业、工程机械行业和通信设备行业持上升趋势。从进出口贸易方面来看，根据国家信息中心公布的《"一带一路"大数据报告》[335]数据显示，2017年，中国与"一带一路"沿线国家的进出口总额达到14403.2亿美元，较2016年增长13.4%，高于中国整体增速的5.9%，占中国进出口贸易总额的36.2%。其中出口额7742.6亿美元，较2016年增长8.5%，进口额6660.5亿美元，较2016年增长19.8%。面对仍有巨大增长余地的国际产能合作机遇，中国制造业参与"一带一路"建设，可重点对外输出具备竞争优势的产能，培养自主的"链主"企业，优化产能结构，实现制造业发展的新旧动能转换。

2）"互联网＋"战略推进的机遇。为应对工业互联网产业支撑能力不足、关键平台综合能力不强、企业数字化网络化程度较低等突出问题，2017年11月国务院发布的《关于深化"互联网＋制造业"发展工业互联网的指导意见》[336]明确提出，以夯实网络基础、打造平台体系、加强产业支撑、促进融合应用、完善生态体系、强化安全保障、推动开放合作七项重点任务来实现两化融合水平显著提升的发展目标。"互联网＋"战略的推进为我国制造业转型升级提供了良好的机遇，尤其在生产流程优化、系统集成创新、信息资源共享等方面，对加速催生具备产业竞争优势的新技术、新模式与新业态具有重要意义。在系统集成创新方面。通过"互联网＋研发"，开展企业与上下游企业之间、同行业企业之间、企业与高校科研院所之间对重大核心关键技术的协同设计、众包众创、"云端制造"等"分布式"创新活动，实现创新资源的系统集成，在满足用户个性化需求的同时，逐步掌握关键核心技术，提高企业竞争能力；在生产流程优化方面。通过"互联网＋制造"，打通数控机床、工业机器人、传送设备之间的互联互通，实现生产流程的智能控制、故障诊断与远程维护，在保证生产效率的同时，逐步提高产品质量参数，不断提升产品的可靠性与稳定性。在信息资源共享方面。通过"互联网＋服务"，实现企业与顾客之间的信息资源汇聚与共享，在拓宽企业销售渠道的同时，也可面向质量追溯、设备健康管理、产品增值服务的服务化方向转型。

3）供给侧结构性改革的机遇。"十三五"初期，中国经济发展呈现"四降一升"（经济增速下降、工业品价格下降、企业利润下降、财政收入下降和经济运行风险上升）的"新常态"，面对供给结构不能适应需求结构变化而造成的全要素生产率低下的突出问题，2015年11月，习近平总书记首次提出供给侧结构性改革的战略任务，并在党的十九大报告中明确指出："建设现代化经济体系，必须把发展经济的着力点放在实体经济上，把提高供给体系质量作为主攻方向，显著增强我国经济质量优势。"制造业作为实体经济的主体，是落实供给侧结构性改革任务的主战场，同时，在推动供给侧结构性改革中，制造业也面临着诸多机遇。从微观企业层面看，推进供给侧结构性改革的重点任务为妥善处置"僵尸企业"、大幅降低企业成本和持续推进国有企业改革，此时，制造业发展将具备更有利于企业创新与公平竞争的体制机制。从中观产业层面看，推进供给侧结构性改革的重点任务为化解产能过剩实现产业发展动能的转换。此时，制造业更有机会实现产业结构高级化和价值链条高端化的任务目标；从区域层面来看，推进供给侧结构性改革的重点任务为：推进"一带一路"建设和促进京津冀协同发展，实现长江经济带和东北老工业基地振兴，此时，制造业更有利于实现工业生产要素跨区域的有效流动，化解工业资源配置在国际与地区间不平衡、不协调的结构性矛盾，提高工业生产要素空间上的配置效率，拓展工业发展空间（黄群慧，2016）[337−338]。

（2）我国制造业面临的威胁分析。依据国际新形式和国内经济新常态，从奉行单边贸易保护主义的"逆全球化"思潮带来的威胁、新兴技术"鸿沟"

带来的威胁、制造业供需结构性失衡带来的威胁、资源环境约束带来的威胁、制造业投资结构失衡带来的威胁五方面分析我国制造业面临的威胁。

奉行单边贸易保护主义的"逆全球化"思潮带来的威胁。随着美国退出TPP关系协定和世界气候公约，强调"美国优先"，以及英国"脱欧"等标志性事件的先后发生，以奉行单边贸易保护主义的"逆全球化"思潮对我国制造业推进制造强国建设构成了实际威胁。具体可从以下三方面阐述：一是产业竞争激烈，加剧了我国产业转型升级的紧迫性和难度。在钢铁、煤炭、纺织、化工等传统工业领域，我国的技术基础薄弱，技术水平相对较低，部分行业出现严重的产能过剩问题，转型升级遇到多重阻碍。受欧美国家"再工业化"战略与东南亚、非洲等低成本国家的双重夹击，我国制造业生存空间被挤压。对于智能制造、绿色制造、高端制造等新型工业领域，我国在技术、人才、制度及科技成果转化等方面仍处于劣势地位，再加上欧美国家为保障国家安全，加强知识产权保护，对我国采取技术封锁措施，拉大了我国与发达国家间的"技术鸿沟"，加强了我国制造业企业采取自主创新的必要性和紧迫性，同时加大了实施自主创新的难度。二是贸易摩擦加剧，削弱了我国在全球化中的传统竞争优势。美国总统特朗普于2017年8月签署总统备忘录，授意美国贸易代表办公室对中国发起"301调查"，拉开了中美新一轮贸易摩擦的序幕。随后，美国对部分重大技术的相关个人和实体采取出口管制与投资限制。2018年6月15日，美国宣布对从中国进口的"中国制造2025"相关产品及高技术含量产品征收25%的关税，具体的征税清单中有1102种商品，涉及航空航天、信息通信技术、机器人技术、工业设备、新材料和汽车等领域。三是资本流出加剧，我国经济企稳回升压力加大，支撑不足。我国资本流出现象频繁，不仅严重地削弱了我国对资本的长期吸引力，还使支撑国内工业发展的资本减少，难以保障工业顺利转型升级，也不利于新常态下我国应对经济下行压力。此外，资本流出产生的正反馈效应会对我国汇率稳定性产生影响，并与国内复杂的经济金融形势交织，进而增大我国面临的系统性金融风险（郭晓蓓，2018）[339]。

新兴技术"鸿沟"带来的威胁。当前新兴技术的发展是基于数字化、智能化、网络化生产制造技术带来的突破式创新和大规模产业化过程。在此过程中，产生了3D打印、移动互联网、大数据、云计算、虚拟制造、工业机器人、生物工程、智能制造等新兴技术，且其应用程度不断加大，尤其是在与制造业的深度融合方面，这些先进技术改变了制造业的生产方式、产业形态和商业模式，降低了制造业产品成本，提升了制造业产品质量和功能，优化了产品开发速度，促进了制造业经济增长。根据经济发展规律，可以将完整的技术经济周期分为"导入"和"拓展"两个阶段，基于此，"十三五"时期将是新兴技术由导入期向拓展期转换的重要阶段，同时也是决定发达国家和发展中国家新兴技术"鸿沟"大小的重要时期。此外，金融危机以来，美、日、德等工业强国积极推进的"再工业化"战略，如美国提出的"制造业复兴战略"、德国提出的"高技术2020战略"和"工业4.0计划"、欧洲提出的"未来工厂计划"都将极大推动新兴技术的发展进程。这不仅提高了制造业在国民经济中的比重，而且通过先进技术与制造业融合，促进了新兴技术部门的形成和新兴技术的创新，塑造了制造业优势。发展新兴技术是世界工业化进程中的新趋势，有可能弱化我国基于传统要素成本的比较优势，并对我国实施制造强国战略及制造业转型升级造成威胁。

制造业供需结构性失衡带来的威胁。当前我国实体经济发展面临的突出问题是制造业大而不强，也造成了供给结构的矛盾，主要有中低端和无效供给过剩、高端和有效供给不足的结构性失衡两方面的威胁。具体可以从产业结构、产业组织结构和产品结构三方面分析。从产业结构看，制造业产业结构高级化程度较低。我国传统资源加工和资金密集型产业占比较高，高新技术型产业占比较低。2016年医药制造业、航空航天器及设备制造业、电子及通信设备制造业、计算机及办公设备制造业、医疗仪器设备及仪器仪表制造业、信息化学品制造业六大高技术制造业增加值占规模以上工业增加值的比重仅12.4%，不及六大高耗能行业占规模以上工业增加值比重的1/2，且主要制造行业长期锁定在全球价值链分工的中低端，附加值较低，制造业产业结构有待优化。从产业组织结构看，制造业产业组织合理化程度有待提升。我国制造业领域存在大量"僵尸企业"，优质企业数量较少。2017年美国《财富》杂志公布的"全球财富500强"名单中，中国企业上榜数量为115家，仅次于美国，但排名靠前的制造业企业占比较低，且上榜的制造业企业与欧美国家的世界500强存在明显差距，主要表现在我国上榜制造业企业大多数是凭借规模优势，而在创新能力、品牌、商业模式、国际化程度等方面仍存在劣势，尤其是资产收益率、企业利润和人均利润等方面。从产品结构看，制造业产品质量偏低，高端品牌培育不足。我国出口商品已连续多年位于欧盟、美国通报召回之首，2016年产品质量监督协会抽查了23152家企业的23851批次的产品，抽查结果显示合格率为91.6%，与2015年相比，提高了0.5%，但比2014年降低了0.7%。

根据世界品牌实验室公布的 2016 年世界品牌 500 强名单，中国仅有 36 个品牌入选，占总数的 7.2%，而美国则有 227 个品牌入选（黄群慧，2017）[340]。

资源环境约束带来的威胁。资源环境约束是世界各国制造业面临的共同挑战，清洁、高效、低碳、循环等可持续发展的绿色理念日益成为全球共识。特别是在应对国际金融危机和气候变化背景下，提高资源能源利用效率、推动绿色增长、实施绿色新政是世界各国制造业的共同选择。加大先进节能环保技术、工艺和装备的研发力度，加快制造业绿色改造升级；积极推行低碳化、循环化和集约化，提高制造业资源利用效率；强化产品全生命周期绿色管理，构建高效、清洁、低碳、循环的绿色制造体系成为发达国家发展绿色经济、重塑制造业竞争新优势、抢占未来全球竞争的制高点的重要措施和手段。在此背景下，我国作为制造业大国，尚未摆脱高投入、高消耗、高排放的发展方式，资源能源对外依赖严重且消耗和污染排放与国际先进水平仍存在较大差距，对外工业排放的二氧化硫、氮氧化物和粉尘分别占排放总量的 90%、70% 和 85%，资源环境承载能力已近极限，加快推进制造业绿色转型升级已迫在眉睫。然而，绿色技术和绿色贸易壁垒作为发达国家谋求竞争优势的重要手段，对我国实施绿色制造工程建设，促进制造业绿色转型升级造成威胁。

制造业投资结构失衡带来的威胁。2016 年制造业投资增速回落。全年制造业投资总额 187836 亿元，同比增长 4.2%，增速较 2015 年全年同比下降 3.9%。在当前科技和产业快速发展大背景下，我国正在大力推进 "中国制造 2025" 计划，实施制造强国战略，制造业投资增速大幅回落，其影响不仅是制造业转型升级，更重要的是会影响到未来经济增长新动能培育和新经济的发展。在投资的内外结构中，存在着国内投资与国外投资失衡问题。2016 年全社会固定资产投资增长 8.1%，增速较 2015 年减少了 1.9%。自 2001 年以来，我国固定资产投资均保持在两位数以上的增速，而 2016 年固定资产投资首次跌破 10%。与此形成鲜明对比的是，我国 2016 年全年制造业对外直接投资 310.6 亿美元，增长高达 116.7%。而 2016 年全年制造业吸引外资 357 亿美元，比 2015 年增长减少了 6.1%。将这三个增长数据放在一起比较，可以初步判断中国制造业外移、制造业空心化的风险正在加大。在投资的所有制结构中，存在国有投资和民间投资失衡问题。在 2016 年全社会固定资产投资中，国有控股企业固定资产投资同比增长 18.7%，增速比 2015 年增加了 7.8%；而民间投资同比仅增长 3.2%，增速比 2015 年减少了 6.9%。一方面国有投资增速大幅度增长，另一方面民间投资增速大幅度下滑，反映出政府驱动型经济增长特征和政府投资挤出效应明显。另外，由于民间投资在制造业占比较大，民间投资增长大幅下滑，也说明民营企业不愿意继续投资于国内的制造业。因此，进一步降低制造业成本、改善制造业投资环境无疑对我国制造业发展至关重要（黄群慧，2017）[341]。

5.3.2 我国制造业竞争优势与劣势分析

基于德勤有限公司和美国竞争力委员会《2016 全球制造业竞争力报告》[342]、中国科学技术发展战略研究院《2016—2017 国家创新指数报告》[343]和中国工程院《2015 中国制造强国发展指数报告》[344]对全球制造业竞争力的驱动因素进行整理，结合新背景与新情境，分析得出中国制造业在市场吸引力、产业体系与产业链、成本竞争力、基础设施建设方面比较有竞争优势；但在创新能力、劳动生产率、科技人才、市场监管与营商环境等方面存在明显劣势。

（1）我国制造业竞争优势分析。借助世界银行数据库和《2016 全球制造业竞争力指数报告》，从市场吸引力、产业体系与产业链、成本竞争力、基础设施建设四方面，分析我国制造业参与国际国内分工的竞争优势。

市场吸引力因素。人均可支配收入作为支持制造业可持续增长的重要因素，是衡量市场吸引力的重要指标。基于此，借助国民可支配收入增长率指标来衡量市场吸引力，如图 5 - 10 所示，2015 年以来，中国国民可支配收入增长率始终保持在 2% 的增长幅度左右，并在 2019 年达到人均 16740 元。随着中国中等收入阶层基数的持续增长，未来中国制造业在市场吸引力方面仍将处于优势地位。

产业体系与产业链因素。借助《2016 全球制造业竞争力指数报告》中高管对"本土供应商网络"的评分来反映中国制造业在产业体系与产业链方面存在的优势。该项指标中涉及三个问题：一是本土供应商质量，二是本土供应商数量，三是产业集群分布。采用一到七级量表进行评分，结果如图 5 - 11 所示。本土供应商质量、数量和集群分布指标可反映出本国是否形成具备竞争力的供应商网络，借助供应商网络中催生的创新和协作机制，增强本土产业体系和产业链的国际竞争力。在供应商质量方面，中国虽与美国、德国、日本三国存在较大差距，但与韩国的差距较小，随着国内供给侧结构性改革的持续推进，本土供应商网络质量将在此次企业转型升级机遇中得到调整和优化。在本土供应商数量方面，中国已超越韩国，逼近美国，说明中国已具备较为完善的

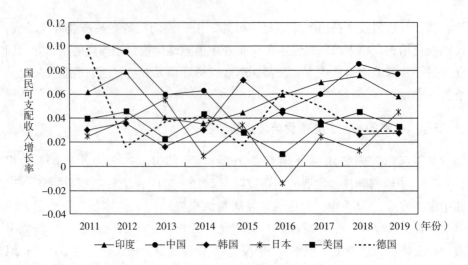

图 5-10　各典型国家市场吸引力

资料来源：笔者依据世界银行数据库相关数据绘制。

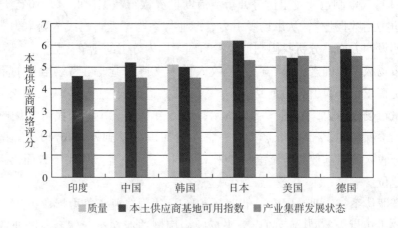

图 5-11　各典型国家本土供应商评分

资料来源：笔者依据德勤有限公司和美国竞争力委员会发布的《2016 全球制造业竞争力指数报告》绘制。

产业体系，产业链配套功能较强。在产业集群分布方面，中国与韩国相当，但与美国、德国、日本三国仍存较大差距。供给侧结构性改革在优化区域间生产要素配置方面强调，推进"一带一路"建设，促进京津冀协同发展，实现长江经济带和东北老工业基地振兴。借助上述战略任务，中国制造业产业集群分布将在新一轮企业转型升级机遇中得到持续优化，产业内配套服务体系将得到不断完善，最终形成具备国际竞争优势的产业体系与产业链。

成本竞争力因素。以劳动力成本、工业用地成本为依据来分析中国制造业在成本竞争力方面存在的优势。劳动力成本方面。主要以制造业劳动力成本（美元/小时）指标进行反映。如图 5 - 12 所示，中国在制造业劳动力成本方面处于优势地位，但泰国、马来西亚、越南、印度和印度尼西亚在该方面有取代中国的趋势；较之于发达国家，中国的制造业劳动力成本增长始终不高，但随着中国经济的持续发展以及制造业产品技术复杂程度的不断提高，制造业劳动力成本也逐步呈现上升趋势。仅 2005 ~ 2015 年，中国制造业劳动力成本已增长近 230%，2013 年后中国制造业劳动力成本已远高于泰国、马来西亚、越南、印度和印度尼西亚，其中印度尼西亚的制造业劳动力成本不足中国的 1/5。工业用地成本方面。中国的工业用地成本虽低于泰国（765 元/平方米）、韩国（903 元/平方米）等地，但随着中国土地财政的持续发展，工业用地成本保持持续上升态势，且在 2015 年首超美国（680 元/平方米）、日本（614 元/平方米）等发达国家，这也反映出中国制造业的用地成本优势正面临逐步被削弱的态势。

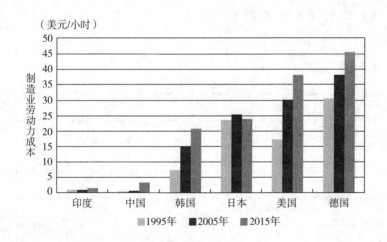

图 5 - 12　各典型国家制造业劳动力成本

资料来源：笔者根据德勤有限公司和美国竞争力委员会发布的《2016 全球制造业竞争力指数报告》绘制。

基础设施建设因素。一个国家创建并维护重要基础设施的能力决定了其能否满足关键的制造业要求，包括原材料和实物商品的物流以及信息的传递。增强国家基础设施建设方面的投资，可被视为是在为建造更强大的、技术更先进的互联制造业打下基础。以铁路总里程、航空运输量、货柜码头吞吐量、安全互联网服务器四大指标为依据进行分析。图5-13、图5-14表明，中国的制造业在铁路、航空、货柜码头便利程度方面处于优势地位，但在互联网使用普

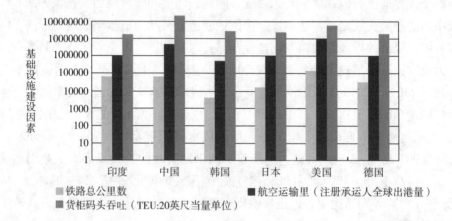

图5-13 2018年各典型国家铁路总里程、航空运输量、货柜码头吞吐量

资料来源：笔者根据世界银行数据库相关数据绘制。

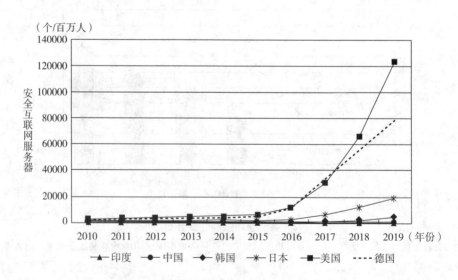

图5-14 各典型国家安全互联网服务器数量

资料来源：笔者根据世界银行数据库相关数据绘制。

及率方面尚处于劣势地位。由此证明中国制造业开展对外贸易的便利性较强，对中国制造业更好地融入国际分工，在分工中成长奠定了更好的基础，另外受"互联网＋""智能制造""两化融合"等政策的影响，对于互联网的普及和使用，中国将展现出长足的进步。

（2）我国制造业竞争劣势分析。

创新能力因素。借助国家创新指数和 R&D 经费占世界份额来反映我国制造业的创新能力，如图 5 – 15 所示。

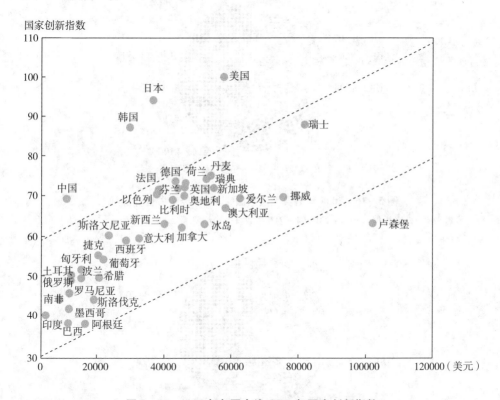

图 5 – 15 2016 年各国人均 GDP 与国家创新指数

资料来源：笔者根据《2016 – 2017 国家创新指数报告》绘制。

由图 5 – 15 可以看出，中国综合创新能力虽然已处于国际中上游的位置，但受制于人均 GDP 数额过低（从不同国家经济发展阶段比较来看，2016 年中国人均 GDP 达到 8028 美元，在 40 个样本国家中仅高于印度和南非），中国企业的创新能力在国际竞争中仍显著落后于发达国家，国际排名仅位居第 17 位。

这说明中国制造业尚未形成生产规模带动创新能力提升、创新能力提升反哺生产规模进一步扩大的体制机制。对比图5-16、图5-17进一步发现，在创新资源投入方面，2015年R&D经费世界排名前3位的国家依次是美国、中国和日本，中国R&D经费与美国的差距虽然呈逐步缩小趋势（2015年美国R&D经费占全球总量34.6%，是中国的2.2倍），但中国的人均GDP却不足美国的1/7，更能反映出中国制造业目前仍面临创新能力较弱的严峻形势。

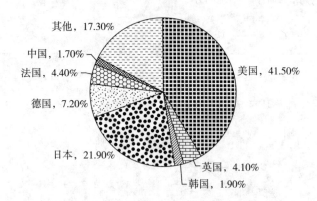

图5-16 2000年各典型国家国家R&D经费占世界份额

资料来源：笔者根据《2016-2017国家创新指数报告》绘制。

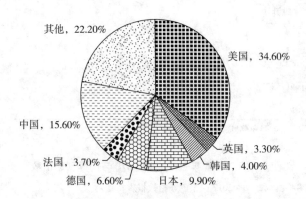

图5-17 2000年各典型国家国家R&D经费占世界份额

资料来源：笔者根据《2016-2017国家创新指数报告》绘制。

劳动生产率因素。劳动生产率方面，以人均GDP指标进行反映。如图5-18所示，虽然中国人均GDP的年复合增长率达到9%，但由于起点较低，截至

2019 年，中国的人均 GDP 并未突破 20000 美元。相比之下，那些在劳动力成本和原材料成本方面并不存在比较优势的发达国家经济体（如美国、德国、日本、韩国四国），其人均 GDP 始终维持在较高水平。由此反映出中国制造业依靠低成本比较优势和规模经济来带动制造业发展的策略并不持久，推进制造业向智能化、信息化方面转型升级才是提高制造业劳动生产率，塑造制造业国际竞争优势的重要途径。

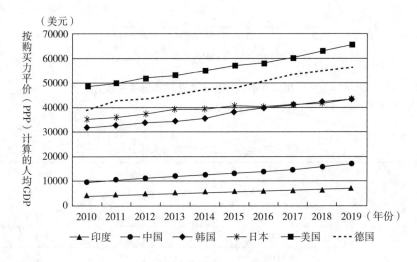

图 5-18 各典型国家劳动力生产率

资料来源：笔者依据世界银行数据库相关数据绘制。

科技人才因素。从教育公开支出总额占 GDP 比重、每百万居民中 R&D 人员人数以及全球人工智能杰出人才分布三方面来说明中国在科技人才竞争力方面处于劣势地位。如图 5-19 所示，2018 年中国的每百万人口当中 R&D 人员数量仅有 1307 人，远低于美国（4412 人）、德国（5211 人）、日本（5331人）和韩国（7980 人）等世界发达国家平均水平，除此之外，教育公开支出总额占 GDP 的比重只有 4.26%，也远低于西方发达国家平均 5% 的综合水平，这也反映出科技人才对中国制造业发展仍不能发挥较好的支撑效应。

在全球制造业关注的人工智能领域，中国无论是从杰出人才数量还是人才总量上来看，虽远低于美国，但与德国、法国、意大利三国的差距在可控范围之内，如表 5-2 所示。这说明中国科技人才在制造业新兴技术领域的引领作用已初步显现。

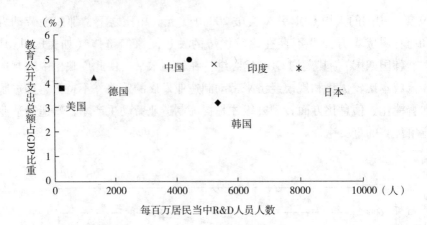

图 5 - 19　2018 年各典型国家人才驱动因素竞争力对比

资料来源：笔者依据世界银行数据库相关数据绘制。

表 5 - 2　全球人工智能杰出人才分布

国家	杰出人工智能人才数量（人）	人工智能人才总量（人）	杰出人才占比（%）
美国	5158	28536	18.1
德国	1177	7998	14.7
法国	1119	9441	11.9
意大利	1056	6395	16.5
中国	987	4740	20.8
西班牙	772	4942	15.6
日本	651	3117	20.9
加拿大	606	4228	14.3
澳大利亚	515	3186	16.2

资料来源：笔者依据《2018 中国人工智能发展报告》绘制。

市场监管与营商环境因素。作为保障制造业增长与发展，并提供有利于生产条件的重要因素，市场监管与营商环境的稳定性和透明度的提高可降低制造业经营成本，提升制造业竞争力。以创建外资企业所需的时间与程序指标为依据，数值越高表示市场监管越严格，行政程序越复杂，创建外资公司也就越困难。如图 5 - 20 所示，外国公司在中国的平均创建时间要在两个月以上，而在美国设立海外子公司则仅需 10 天左右，可见，外国公司在中国需要经历更多的行政程序，所耗费的时间成本期限更长，说明中国在市场监管方面与国际比较处于劣势地位。在营商环境方面，以总税率（缴纳税额占商业利润的比例）指标为依据，来反映中国制造业在营商环境方面存在的不足。根据世界银行数据库统计显示，2019 年，中国企业缴纳税额占商业利润的比例高达 59.2%，远超英国、美国、德国、日本等发达国家以及印度、越南、菲律宾等发展中国家，如表 5 - 3 所示。较高的总税率意味着企业在经营过程中将面临更加高昂的制度成本和环境成本，并不利于企业原始利润的积累和技术创新活动的发生，而这也将直接影响企业竞争优势的培育和塑造。

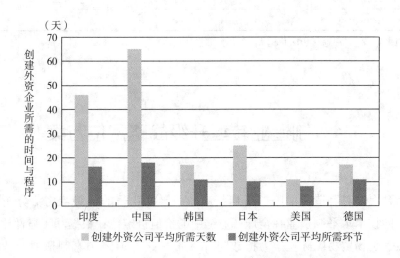

图 5 - 20 2015 年创建外资企业所需的时间与程序个数

资料来源：笔者根据德勤有限公司和美国竞争力委员会发布的《2016 全球制造业竞争力指数报告》绘制。

表 5 - 3 2019 年部分国家总税率比较

世界排名	国家	总税率（%）
23	中国	59.2
40	印度	49.7
47	德国	48.8
56	澳大利亚	47.4
63	日本	46.7
83	菲律宾	43.1

续表

世界排名	国家	总税率（%）
115	马来西亚	38.7
123	越南	37.6
137	美国	36.6
165	韩国	33.2
184	英国	30.6
190	泰国	29.5
205	加拿大	24.5
216	新加坡	21

资料来源：笔者根据《2018 中国人工智能发展报告》绘制。

5.4　制造业转型升级战略定位方案

结合上述对制造业面临的机遇与威胁、国际竞争的优势与劣势分析[345]，提出不同技术水平制造业在全球产业链中的价值链定位；根据基于显性比较优势指数、货物贸易国际竞争力指数与"一带一路"沿线国家制造业产业结合情况，提出中国制造业在国际国内竞争中的市场定位；基于新兴产业与传统制造业融合发展、两化融合协同发展和生产性服务业与制造业融合发展，提出制造业产业融合协同发展中的产业定位，以此为我国制造业企业转型升级提供战略定位方案。

5.4.1　全球产业链中的价值链定位

近年来，技术创新衍生红利和低成本比较优势的产生与推进促使发达国家制造业回流与向东南亚、非洲等地区转移的现象并存，全球产业竞争格局发生了重大调整。我国制造业在新一轮发展过程中面临内生动力不足与国际壁垒所带来的价值链地位"低端化"、需求结构升级与要素成本上升所造成的价值链增长方式"贫困化"等巨大挑战。所以研究我国制造业在全球产业链中的价值链升级问题迫在眉睫，而解决该问题的首要核心任务是厘清现阶段中国制造业在全球产业链中的价值链定位。习近平总书记在党的十九大报告中指出："支持传统产业优化升级，瞄准国际标准提高水平。促进我国产业迈向全球价值链中高端，培育若干世界级制造业集群。"基于此，首先从中国制造业各细分行业参与全球价值链的分工地位及演化趋势分析入手，分行业分阶段明晰中国制造业迈向全球价值链中高端的目标定位，并提出促进我国制造业迈向全球价值链中高端的策略方法。

中国制造业迈向全球价值链中高端的目标定位。导致中国制造业在全球价值链中分工地位"低端化"和"空心化"的关键原因在于：①关键核心技术与高端装备对外依存度高，以企业为主体的制造业创新体系不完善；②产品档次不高，缺乏世界知名品牌；③资源能源利用效率低，环境污染问题较为突出；④产业结构不合理，高端装备制造业和生产性服务业发展滞后；⑤信息化水平不高，与工业化融合深度不够；⑥产业国际化程度不高，企业全球化经营能力不足。据此，本书结合国家发改委印发的关于《增强制造业核心竞争力三年行动计划（2018—2020年）》[346]，分阶段、分行业总结出中国制造业迈向全球价值链中高端的目标定位（见表5-4）。

表5-4 中国制造业迈向全球价值链中高端的目标定位

战略重点	制造业细分行业	第一阶段目标定位（2018~2020年）	第二阶段目标定位（2020~2025年）
智能制造工程	未另分类的机械和设备制造（生产设备）	制造业重点领域智能化水平显著提升，试点示范项目运营成本降低30%，产品生命周期缩短30%，不良品率降低30%	制造业重点领域全面实现智能化，试点示范项目运营成本降低50%，产品生产周期缩短50%，不良品率降低50%
	航空、船舶、汽车		
	计算机、电子产品和光学产品的制造		
工业强基工程	橡胶塑料制品制造	40%的核心基础零部件、关键基础材料实现自主保障，受制于人的局面逐步缓解，航天装备、通信装备、发电与输变电设备、工程机械、轨道交通装备、家用电器等产业急需的核心基础零部件（元器件）和关键基础材料的先进制造工艺得到推广应用	70%的核心基础零部件、关键基础材料实现自主保障，80种标志性的先进工艺得到推广应用，部分达到国际领先水平，建成较为完善的产业技术基础服务体系，逐步形成整机牵引和基础支撑协调互动的产业创新发展格局
	非金属矿物制品的制造		
	基本金属的制造		
	金属制品的制造		

续表

战略重点	制造业细分行业	第一阶段目标定位（2018～2020 年）	第二阶段目标定位（2020～2025 年）
高端装备创新工程	计算机、电子产品和光学产品的制造	实现自主研制及应用	自主知识产权高端装备市场占有率大幅提升，核心技术对外依存度明显下降，基础配套能力显著增强，重要领域装备达到国际领先水平
	电力设备的制造（智能电网成套设备）		
	未另分类的机械和设备制造（高档数控机床、工业机器人、农机设备）		
	交通运输设备的制造（航空航天设备、海洋工程装备及高技术船舶、先进轨道交通设备）		
绿色制造工程	基本金属的制造	建成千家绿色示范工厂和百家绿色示范园区，部分重化工行业能源资源消耗出现拐点，重点行业主要污染物排放强度下降20%	制造业绿色发展和主要产品单位能耗达到世界先进水平，绿色制造体系基本建立
	化学及化学品的制造		
	纺织、服装与皮革		
	纸和纸制品的制造		
	记录媒介物的印制及复制		
	焦炭和精炼石油产品的制造		

资料来源：笔者根据《增强制造业核心竞争力三年行动计划（2018－2020 年)》整理所得。

中国制造业实现全球价值链目标定位的攀升路径。从全球价值链分工地位和价值增值两个维度提出中国制造业实现全球价值链目标定位的攀升路径。由图 5－21 可知，两个维度将整个空间划分为四个象限：若行业处于第一象限，意味着行业从事的是上游高增加值环节（如研发设计环节）；若行业处于第二象限，意味着行业从事的是下游高增加值环节（如营销服务环节）；若行业处于第三象限，意味着行业以资源输出为主，价值增值能力较差；若行业处于第四象限，表明行业以加工装配为主，价值增值能力不强。

（1）高技术水平制造业在全球产业链中的价值链定位。对于高技术水平行业，明确以提升行业智能化水平、提高核心技术自主研发能力、强化产品质量和降低运营成本为行业目标定位。基于此，结合各行业参与全球价值链分工实态，提出该类行业参与全球价值链中的目标定位为从低技术水平、低价值增值的价值链低端环节向具备市场份额→自主创新→价值增值→市场份额扩大良性循环特征的全球价值链中高端环节迈进。具体地，对于处于全球价值链上游，缺乏核心技术优势且价值增值能力较弱的计算机、电子芯片、高端数控机床等行业，其参与全球价值链的目标定位可借助如图5-21所示的路径①来实现（即从全球价值链上游低价值增值环节向上游高价值增值环节攀升）。此时，行业以掌握核心技术为目的，既可通过海外并购直接获取先进技术（如2018年清华紫光以接近26亿美元的价格收购法国智能原件制造商，使得芯片制造水平拥有弯道超车的可能），也可选择持续的自主研发或生产系统重组，促使行业工艺优化和技术升级，实现产品在可靠性、稳定性等方面的提升，不断提高产品价值增值。而对于处于价值链上游且价值增值能力较强的高铁、航空航天、船舶等行业，其参与全球价值链的目标定位可借助如图5-21所示的路径②来实现（即巩固价值链高端地位并向价值链下游高增加值环节拓展）。此时，行业可借助"一带一路"建设契机拓宽全球销售渠道，同时强化技术服务和售后服务，拓展总集成总承包、交钥匙工程和租赁外包等新业务与新模式，提高为全球用户提供专业化系统解决方案的能力，实现产品市场占有率的进一步提升，反哺行业自主创新能力，进而巩固其在全球价值链中的中高端地位。

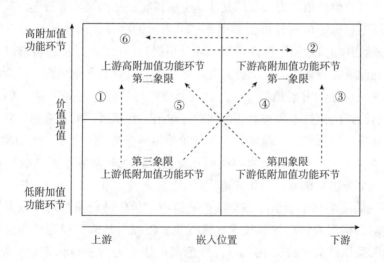

图5-21 中国制造业参与全球价值链分工的地位及演化趋势

资料来源：笔者绘制。

（2）中等技术水平制造业在全球产业链中的价值链定位。对于中等技术水平行业，以工业强基工程推动行业转型升级这一战略重点，明确以自主保障、推广应用、协调互动为行业目标定位。基于此，结合各行业参与全球价值链分工实态，提出此类行业参与全球价值链中的目标定位为从缺乏核心技术与工艺，关键核心零部件与基础原材料对外依存度高的低价值增值环节向拥有自主保障→推广应用→协调互动→自主保障良性循环特征的全球价值链中高端环节迈进。其中，对于全球处于价值链上游且价值增值能力较弱的基础材料产业，如基本金属品的制造、橡胶和塑料制品的制造等行业，其参与全球价值链的目标定位可借助图5-21所示的路径①或④来实现（即从全球价值链上游低价值增值环节向上游高价值增值环节攀升，或从上游低价值增值环节向下游高价值增值环节攀升）。此时，行业以自主保障为目的，既可选择借助"重点基础材料技术提升与产业化"重点专项基金的核心引领作用，推广和应用新型核心基础零部件、关键基础材料和标志性先进基础工艺，提升产业在全球价值链上游环节的价值增值能力；同时也可通过与下游产业的协调互动，逐步实现由OEM向OBM的转变，完成功能升级（如中信戴卡股份有限公司在其生产的轮毂上冠以注册商标后，强化了自身产品与市场同类产品的区分与辨别，实现了企业由OEM向OBM的过渡，进而提高了产品价值增值）。对于处于价值链上游且价值增值能力较强的其他非金属矿物制品的制造等行业，其参与全球价值链的目标定位同样可借助图5-21所示的路径②来实现（即巩固价值链高端地位并向价值链下游高增加值环节拓展），在国内经济新常态以及供给侧结构性改革等背景下，此类行业普遍面临产能过剩的严重局面，行业的价值增值能力呈现逐步滑落趋势。此时，行业同样可依托"一带一路"倡议，呈现实施对沿线国家技术服务等环节的对外输出，并积极探索新能源、新材料等领域的新技术和新工艺，稳定其在全球价值链中的中高端地位。以水泥为例，被淘汰的"窑径3.0米以下水泥机械化立窑生产线等落后水泥产能"在"一带一路"部分沿线国家仍属于先进生产工艺。

（3）低技术水平制造业在全球产业链中的价值链定位。对于以资源密集型、劳动密集型为特点的低技术水平行业，以绿色制造工程为导向这一战略重点，明确以降低单位能耗、建设绿色制造体系为行业目标定位。基于此，结合各行业参与全球价值链分工实态，提出此类行业参与全球价值链中的目标定位为从低效率、高能耗的价值增值低端环节向绿色改造→绿色工艺→绿色产品→绿色制造体系为特征的价值链的中高端环节迈进。具体地，对于处于价值链上游且价值增值能力较弱的化学制品、石油焦炭等行业，其参与全球价值链的目标定位可借助如图 5 - 21 所示的路径③或⑤来实现（即从全球价值链下游低价值增值环节向上游高价值增值环节攀升，或从下游低价值增值环节向下游高价值增值环节攀升）。由于受资源和环境的规制和约束，此类行业的价值增值能力正逐步呈现滑落趋势，行业整体面临绿色转型升级的压力。此时，行业可通过引进绿色技术装备，完成对生产工艺和制造过程绿色改造，同时也积极探索新型绿色工艺技术，逐步提升行业价值增值能力。对于处于价值链下游且价值增值能力较强的造纸、纺织印染、食品发酵等行业，其参与全球价值链的目标定位可借助图 5 - 21 所示的路径⑥来实现（即巩固价值链高端地位并向价值链上游高增加值环节拓展）。此时，行业可通过使用绿色工艺技术，完成对新型绿色产品的研发，同时借助固有的市场销售网络，逐步培育行业形成更具竞争优势的绿色制造体系，不断巩固此类行业在全球价值链中的中高端地位。

5.4.2 国际国内竞争中的市场定位

制造业是实体经济的主体，是实施创新驱动、转型升级的主战场。金融危机爆发后，世界各国围绕塑造制造业新一轮产业竞争优势展开激烈角逐，以数字化、网络化、智能化、绿色化为标志的产业变革，将全球制造业竞争水平带入了一个更为激烈的发展阶段。推动中国制造业转型升级，实现经济高质量发展势在必行，而依靠传统的竞合关系发展已不可持续。中国制造业不仅需要依托规模优势，更要从质量效益、结构优化和持续发展等方面塑造竞争优势，而在此之前，明确中国制造业在国际国内竞争中的市场定位则成为开展一系列工作的起点。基于此，本书从制造业强国战略出发，结合国际产业显性比较优势指数、货物贸易国际竞争力指数以及中国在"一带一路"建设中制造业行业产业结合情况明晰中国制造业在国际国内竞争中的市场定位。

（1）基于显性比较优势指数的市场定位。我国制造业显性比较优势分析。借鉴王直等重新定义的"显性比较优势指数"（NRCA）方法，参考杨祎和杨水利（2019）[347]的相关研究成果，明晰我国制造业在参与国际国内竞争中的地位现状。以上数据来源于 2016 年版世界投入产出表，同样使用 2012 ~ 2014 年相关指标平均增长率对 2015 ~ 2017 年数据进行预估，如图 5 - 22、图 5 - 23、图 5 - 24 所示。

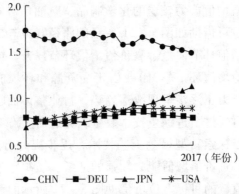

图 5-22 低技术水平行业 NRCA 演化趋势

资料来源：笔者绘制。

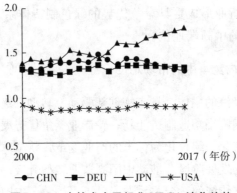

图 5-23 中技术水平行业 NRCA 演化趋势

资料来源：笔者绘制。

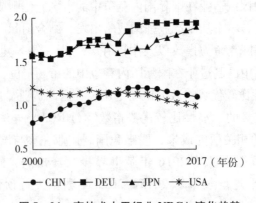

图 5-24 高技术水平行业 NRCA 演化趋势

资料来源：笔者绘制。

整体来看，中国制造业参与国际竞争的优势产业主要集中于依托低成本比较优势和自然资源优势的低技术水平行业（如纺织、服装和皮革产业和木制品加工产业），但从演化趋势来看，随着近年来需求结构升级与供需矛盾突出导致低端产能过剩而高端供给不足，要素成本上升与节能减排约束导致长期以来依靠高投入、高污染、高消耗、低成本、低效率、低技术的产业发展方式难以为继，低技术产业的显性比较优势普遍处于下滑趋势，产业转型升级迫在眉睫。中技术水平行业中，焦炭和精炼石油产品的制造、橡胶和塑料制品的制造、基本金属的制造的显性比较优势呈现大幅下滑的趋势，而金属制品的制造（机械除外）的显性比较优势虽稳步增长，但与发达国家仍存较大差距，说明我国基础材料产业面临的产品同质化、低值化，环境负荷重、能源效率低的局面仍未得到根本改善，基础材料产业仍不能满足我国高端制造业、新兴产业的发展需求。高技术水平行业的显性比较优势明显弱于发达国家，以基本医药产品和医药制剂、未另分类的机械和设备制造与交通运输设备的制造表现最为突出。值得注意的是，在计算机、电子产品和光学产品以及电力设备的制造领域，中国制造业显性比较优势逐步实现由"跟跑型"到"并跑型"的转变，反映出我国制造业转型升级初显成效。

（2）基于货物贸易国际竞争力指数的市场定位。参考彭爽和李利滨（2018）[348] 的研究成果，运用货物贸易数据，以部分典型行业为例，在重新估算我国制造业比较优势指数与竞争优势指数的基础上，从货物贸易的国际市场占有率、竞争优势指数、相对出口优势指数综合评价我国产业的国际竞争力，明确我国货物贸易在国际国内竞争中的市场定位。中国的低技术水平制成品在国际市场的占有率较高，其中纺织服装产品的国际市场占有率份额最高，且近年来持续维持在 36% 左右（其他低技术水平制成品同样也具备较高的市场份额），说明中国制造业货物贸易的国际竞争力主要集中在低技术水平制成品领域。在中高技术水平制成品当中，电子电力产品货物的国际市场占有率虽远高于汽车工业制成品和工程机械制成品，但在电子芯片等关键核心技术领域与国际先进水平仍存较大差距。相关数据显示：2016 年中国进口芯片金额高达2300 亿美元，几乎是同年原油进口金额的两倍，中国中高技术水平制成品核心技术受制于人的局面未得到根本改善。

从表 5-5 可以看出，中国农业加工品的贸易竞争优势指数接近于 0，且为负值，说明在该货物贸易领域内存在贸易逆差。而其他低技术水平制成品的贸易竞争优势指数始终保持较高水平，说明这类产品具有较强的国际竞争力。

汽车工业制成品的贸易竞争优势指数大部分小于0，说明国际竞争力较弱。而工程机械和电子电力产品的贸易竞争优势指数总体保持增长态势，说明产业开始具备一定的竞争优势。中高技术水平制成品的其他领域的贸易竞争优势指数皆为负值，说明此类产品长期依赖进口。

表5－5　中国主要货物贸易竞争优势指数

类别 年份	低技术水平制成品			中高技术水平制成品			
	农业加工	纺织服装	其他	汽车工业	工程机械	电子电力	其他
2008	－ 0.033	0.825	0.659	0.146	0.223	0.218	－ 0.313
2009	－ 0.038	0.827	0.601	－ 0.054	0.221	0.205	－ 0.304
2010	－ 0.066	0.827	0.633	－ 0.169	0.189	0.215	－ 0.305
2011	－ 0.068	0.833	0.668	－ 0.180	0.186	0.227	－ 0.282
2012	－ 0.040	0.829	0.726	－ 0.163	0.262	0.221	－ 0.272
2013	－ 0.022	0.827	0.746	－ 0.158	0.283	0.212	－ 0.295
2014	－ 0.009	0.833	0.756	－ 0.204	0.299	0.233	－ 0.316
2015	－ 0.006	0.827	0.760	－ 0.096	0.352	0.227	－ 0.303
2016	－ 0.092	0.825	0.747	－ 0.193	0.281	0.276	－ 0.333

资料来源：彭爽，李利滨.中国产业国际竞争力再估算——基于比较优势与竞争优势的实证分析[J].江西社会科学，2018（4）：61－69.

从表5－6可以看出，我国农业加工品、汽车工业品与其他中高技术水平制成品的相对出口优势指数均小于0.7，说明其国际竞争力较弱。纺织服装依旧是我国最具有竞争力的产品，其相对出口优势指数大于2.6。其他低科技含量制成品相对出口优势指数在1.633～2.026波动，保持很强的竞争力。中高技术水平制成品中，工程机械产品与电子电力产品的竞争力较强，2016年其最低相对出口优势指数分别为1.166和1.988，这与上述分析相符，说明我国在保持低科技含量制成品竞争优势的同时，中高科技含量制品的竞争优势有所上升。

（3）基于"一带一路"沿线国家制造业产业结合的市场定位。国际分工格局的演变是在国际贸易、国际投资的驱动下，产业链条在不同国家和不同区域间重新布局、重新积聚的过程。其既需要遵循国际经济循环中的资源禀赋、比较优势、竞争优势的规律，同时也受到经济距离、文化差异、技术水平等条件的约束。"一带一路"倡议作为我国参与国际国内分工、重构全球价值链的重大建设工程，是我国充分发挥自身市场优势、资本优势和增长模式优势，推动区域国际分工体系向有利的方向发展，和"一带一路"沿线国家在分工合作基础上实现共同发展的重要战略机遇。基于此，参考徐坡岭（2018）[349] 的研究成果，对我国制造业各行业参与"一带一路"建设过程中的比较优势和竞争优势进行特征描述，分析我国在"一带一路"沿线国家制造业产业结合的市场定位。

表5－6　中国主要货物贸易相对出口优势指数

类别 年份	低技术水平制成品			中高技术水平制成品			
	农业加工	纺织服装	其他	汽车工业	工程机械	电子电力	其他
2008	0.532	3.235	1.824	0.342	1.168	2.370	0.547
2009	0.506	3.137	1.633	0.325	1.232	2.307	0.509
2010	0.523	3.159	1.713	0.325	1.232	2.309	0.568
2011	0.571	3.224	1.842	0.358	1.241	2.422	0.604
2012	0.576	3.179	2.018	0.366	1.258	2.405	0.612
2013	0.562	3.079	2.011	0.358	1.231	2.409	0.575
2014	0.549	2.913	2.026	0.357	1.204	2.237	0.514
2015	0.520	2.646	1.862	0.327	1.183	2.072	0.475
2016	0.511	2.739	1.821	0.322	1.166	1.988	0.490

资料来源：彭爽，李利滨. 中国产业国际竞争力再估算——基于比较优势与竞争优势的实证分析[J]. 江西社会科学，2018（4）：61－69.

从表5－7可知，我国制造业劳动密集型产业在"一带一路"建设中与印度、泰国、越南、新加坡、马来西亚、印度尼西亚和俄罗斯等国的产业结合最为紧密。因此，塑造以纺织业和食品加工制造业为主导的劳动密集型产业竞争优势，应重点布局在上述市场。从合作实践看，我国纺织业企业以降低成本、保持领先优势为动机，积极进行跨国市场布局。例如，考虑到我国与越南中间品贸易额占比较高、越南的优惠关税为我国企业产品进入国际市场提供便捷等因素，以天虹、百隆东方和健盛集团等为代表的企业积极在越南进行市场布局。而我国食品加工制造业企业则以打造企业品牌、优化管理模式和吸引高级人才为动机，积极与海外发达经济体企业开展市场合作。例如，中粮集团收购来宝集团子公司51%的股权项目，伊利陆续在新西兰投资奶粉项目，分别与美国最大的牛奶公司 DFA、意大利斯嘉达公司达成战略合作等，说明我国食品加工制造业企业当前的战略是打造国际品牌，以高品质产品满足国内精致化、差异化需求。

表5-7　中国与"一带一路"沿线国家在劳动密集型产业结合情况

国家	2008 年	2009 年	2010 年	2011 年	2012 年	2013 年	2014 年	2015 年	2016 年
印度	18.77	22.12	28.41	28.69	51.47	77.57	66.76	73.28	51.95
泰国	50.71	53.08	49.16	50.26	41.96	50.83	47.46	45.04	43.23
越南	16.87	21.84	23.86	28.35	32.95	32.34	35.6	34.79	39.1
新加坡	17.69	15.51	27.33	28.27	23.98	28.22	28.65	22.24	26.96
马来西亚	8.46	11.29	13.69	13.37	16.18	16.76	20.15	21.04	22.42
印度尼西亚	13.46	17.14	18.05	17.52	20.41	24.31	27.72	24.8	21.32
俄罗斯	9.17	12.79	12.62	16.96	16.95	18.06	20.38	22.44	17.3
沙特阿拉伯	3.71	4.84	6.96	4.53	3.53	5.24	7.31	7.2	6.24
菲律宾	24.59	17.1	25.72	20.3	14.14	11.59	10.31	5.23	4.94
阿联酋	1.88	3.55	6.23	2.07	2.77	3.1	3.39	3.4	1.85
伊朗	0.23	0.16	0.36	0.12	0.41	0.37	0.32	0.17	0.04
阿曼	0.5	0.02	0.07	0.02	0.18	0.16	0.05	5.29	0.01
伊拉克	0	0	0.08	0	0.02	0	0	0.03	0

资料来源：徐坡岭，那振芳. 我国制造业在"一带一路"的产业链布局问题——竞争优势互补与中间贸易视角［J］. 东北亚论坛，2018（137）：88-109.

由表5-8可知，我国制造业技术密集型产业在"一带一路"建设中与越南、新加坡、泰国、菲律宾、俄罗斯、印度尼西亚和马来西亚等国家合作密切。因此，塑造以电气机械及器材制造业为主导的技术密集型产业竞争优势，应重点布局在上述市场。从合作实践看，我国电气机械及器材制造业以吸收逆向技术溢出和获取配套服务为动机，积极进行跨国市场布局。例如，对于具备相对比较优势的国际市场而言，我国电气机械及器材制造业在面临以美国为代表的西方发达国家所施加的技术封锁与贸易壁垒下，以俄罗斯和吸引欧盟、美国和日本等发达国家的大量投资的新加坡作为突破口，加强研发设计等环节的合作，积极学习并吸收先进技术，获取逆向技术溢出。而对于尚不具备比较优势，但拥有一定的制造业基础的国际市场而言，我国电气机械及器材制造业可将产业链的配套环节布局在此类国家中，在我国技术密集型产业转型升级过程中，为我国技术发展做好配套服务。从成本和竞争力等方面考虑，本书认为越南、菲律宾和印度尼西亚为较合适的市场布局国选择。

表 5 - 8　中国与"一带一路"沿线国家在技术密集型产业结合情况

国家	2008 年	2009 年	2010 年	2011 年	2012 年	2013 年	2014 年	2015 年	2016 年
越南	19. 60	27. 59	34. 05	53. 06	53. 92	55. 76	59. 07	68. 92	78. 58
新加坡	72. 88	74. 64	72. 73	72. 73	73. 21	73. 28	68. 52	65. 44	70. 21
泰国	56. 38	50. 23	51. 66	56. 27	62. 60	59. 53	59. 05	66. 44	64. 48
菲律宾	25. 16	39. 09	36. 40	32. 25	31. 60	35. 49	38. 57	44. 18	44. 29
俄罗斯	35. 72	35. 69	33. 59	31. 00	29. 78	34. 25	36. 40	40. 77	44. 12
印度尼西亚	55. 24	56. 70	65. 91	66. 30	49. 13	46. 10	50. 67	39. 03	40. 70
马来西亚	42. 77	37. 51	32. 65	29. 55	34. 99	37. 76	44. 77	42. 40	39. 86
阿曼	21. 38	14. 29	7. 98	9. 34	7. 48	11. 00	32. 20	25. 63	34. 03
伊朗	37. 42	32. 12	29. 12	27. 07	29. 75	30. 22	25. 03	23. 81	26. 07
阿联酋	12. 55	18. 94	24. 81	27. 45	25. 51	25. 16	23. 69	23. 19	25. 21
印度	23. 96	23. 36	21. 59	22. 96	26. 29	27. 26	24. 24	20. 61	17. 31
沙特阿拉伯	12. 50	10. 47	9. 53	8. 96	10. 08	9. 50	10. 25	11. 18	11. 44
伊拉克	0. 31	0. 05	0. 27	0. 08	0. 07	0. 08	0. 03	0. 00	0. 05

资料来源：徐坡岭，那振芳. 我国制造业在"一带一路"的产业链布局问题——竞争优势互补与中间贸易视角 [J]. 东北亚论坛，2018（137）：88 - 109.

5.4.3　产业融合协同发展的产业定位

促进传统制造业转型升级，建设现代化经济体系，不仅需要调整自身增长模式，改善要素配置，优化产业结构，实现价值增值，更要顺应产业边界逐渐被打破、产业间分工日益细化、产业融合日益普遍的大趋势，通过借助新兴产业的引领作用、两化融合的驱动作用、生产性服务业的促进作用，加强产业融合互动。基于此，从新兴产业供给侧创新效率出发，明确新兴产业与传统制造业在产业融合协同发展中的产业定位；从两化融合协同发展的目标出发，明确两化融合协同发展中的产业定位；从制造业与生产性服务业动态协同发展以及对制造效率的差异性影响，提出生产性服务业与传统制造业在产业融合协同发展中的产业定位。

（1）基于新兴产业与传统制造业融合发展的产业定位。

新兴产业作为我国未来产业结构优化调整和发展方式转型升级的重要着力点，对传统制造业转型升级发挥着极其重要的引领带动作用。实践表明，新兴产业的发展大部分是以传统制造业为基础，以传统制造业的资本、平台、技术、人力等作为支撑，通过资源要素协同融合、产业结构协同融合、空间格局协同融合和市场协同融合来不断反哺传统制造业。在资源要素协同融合中，关于技术要素的协同融合是新兴产业与传统产业融合的前提与基础。借鉴闫俊周和杨祎（2019）[350]相关研究成果，以沪深 A 股 296 家新兴产业上市公司为研究样本，采用 DEA 方法，运用 BCC 模型和超效率模型对 2013～2015 年中国新兴产业供给侧创新效率进行评价和投入产出改进分析，关注新兴产业与传统制造业在产业融合协同发展中的技术引领地位。

对新兴产业供给侧创新效率的分析如表 5-9 所示。从创新总效率来看，三年平均值仅为 0.638，表明创新总效率整体水平不高，新兴产业与传统制造业在产业融合协同发展中的引领地位尚未显现。从发展趋势来看，创新总效率逐年提高，由 2013 年的 0.604 增至 2015 年的 0.679，但年均增长率仅有 6.2%，仅具缓慢增长趋势。从达到 DEA 有效的企业来看，样本期内，绝大多数企业未达到 DEA 有效，达到 DEA 有效决策单元的个数虽然呈递增趋势，但最大值仅为 24%，占比不足 1/4，是导致创新总效率偏低的主要原因。从纯技术效率来看，样本期内保持缓慢增长趋势，三年均值为 0.665，创新总效率为 0.638，但仍未达到 DEA 有效。从表 5-9 可知，创新总效率低下主要是由于纯技术效率低下。纯技术效率是指在既定投入资源条件下提供相应产出的能力，说明我国新兴产业的投入产出比仍需提高。从规模效率来看，样本期内虽呈下降趋势，但波动幅度较小且保持在较高水平。规模效率三年平均值为 0.961，未达到 DEA 有效，但远高于创新总效率和纯技术效率，比二者更接近于 DEA 有效。从规模效率区间来看，规模效率递增的企业占比逐年增加，规模效率递减的企业占比逐年减少，两者之间的比重由 2013 年的 1:2 增至 2015 年的 1:1.2，这说明我国新兴产业的产业集中度较高，产业结构逐步优化，应重点关注纯技术效率和创新总效率的提升。

为进一步探讨各分产业创新效率情况，运用 DEAP2.1 软件可得出样本期内八大产业供给侧创新效率情况，如图 5-25 和表 5-10 所示。

表 5 – 9 2013 ~ 2015 年新兴产业供给侧创新效率及变化趋势

年份	创新总效率 （TE）	纯技术效率 （PTE）	规模效率 （SE）	DEA 有效 企业个数 占比（%）	规模效率递 增企业个数 占比（%）	规模效率递 减企业个数 占比（%）
2013	0.604	0.626	0.965	19	27	54
2014	0.631	0.656	0.961	22	31	47
2015	0.679	0.712	0.956	24	34	42
均值	0.638	0.665	0.961	22	31	48

资料来源：笔者经模型测算整理所得。

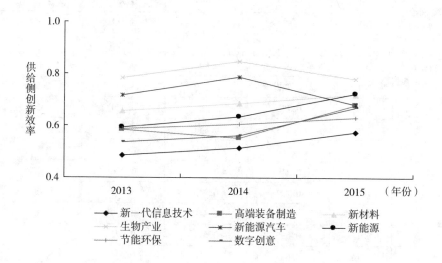

图 5 – 25 2013 ~ 2015 年新兴产业八大产业供给侧创新效率变化趋势

资料来源：笔者绘制。

从图 5 – 25 和表 5 – 10 可知，样本期内八大产业的规模效率基本保持在 0.9 以上，集中度较高，变化幅度较小，对创新总效率的影响不明显。新一代信息技术、新材料、新能源、节能环保、数字创意五个产业的创新总效率和纯技术效率均呈上升趋势。生物、新能源汽车产业的创新总效率和纯技术效率则均呈倒"V"形结构，说明其投入产出有待改善。高端装备制造创新总效率和纯技术效率则均呈现"V"形结构，说明该行业供给侧创新效率呈回暖趋势。由八大产业发展趋势可知，新兴产业供给侧创新总效率的提高受纯技术效率发展水平的制约，二者具有同步发展趋势，应重点关注新兴产业纯技术效率水平的改善和提升。

表 5 – 10　2013 ~ 2015 年新兴产业八大产业供给侧创新效率情况

新兴产业	年份	创新总效率 （TE）	纯技术效率 （PTE）	规模效率 （SE）	规模区间
新一代 信息技术	2013	0.485	0.515	0.967	drs
	2014	0.514	0.544	0.939	drs
	2015	0.576	0.614	0.942	drs
高端装 备制造	2013	0.585	0.614	0.958	drs
	2014	0.552	0.593	0.941	drs
	2015	0.678	0.724	0.942	drs
新材料	2013	0.656	0.685	0.963	—
	2014	0.685	0.698	0.973	irs
	2015	0.722	0.760	0.956	drs
生物	2013	0.783	0.801	0.970	drs
	2014	0.848	0.883	0.959	drs
	2015	0.780	0.819	0.948	—
新能源 汽车	2013	0.719	0.772	0.936	drs
	2014	0.787	0.843	0.932	drs
	2015	0.684	0.818	0.859	drs
新能源	2013	0.595	0.611	0.973	drs
	2014	0.635	0.656	0.966	drs
	2015	0.723	0.740	0.975	irs
节能环保	2013	0.588	0.603	0.973	drs
	2014	0.607	0.625	0.970	drs
	2015	0.633	0.659	0.962	irs
数字创意	2013	0.535	0.568	0.938	drs
	2014	0.563	0.592	0.951	drs
	2015	0.671	0.702	0.950	—

注：—表示规模效率不变，drs 表示规模效率递减，irs 表示规模效率递增。
资料来源：笔者经模型测算整理所得。

由于 BCC 模型分析无法探讨 DEA 有效决策单元的效率值高低以及总体决策单元的排名情况，本书运用 EMS1.3 软件进行 DEA 超效率分析，可得出八大产业供给侧创新效率排名情况，如图 5 - 26 所示。

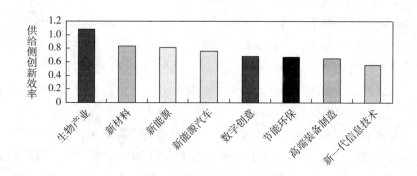

图 5 - 26　新兴产业八大产业供给侧创新效率排名

资料来源：笔者绘制。

　　从图 5 - 26 可知，样本期内供给侧创新总效率大于 1 的只有生物产业，排名第 1 并达到 DEA 有效。新材料、新能源、新能源汽车产业的创新总效率较高，均超过 0.75，分列第 2 名至第 4 名。数字创意、节能环保、高端装备制造产业创新总效率处于中下游水平，分列第 5 名至第 7 名。新一代信息技术产业排名最后，仅有 0.558，处于较低水平。除生物产业外，其他七大产业均未达到 DEA 有效。

　　综上所述，可依据新兴产业供给侧创新效率排名，结合创新总效率、纯技术效率和规模效率，明确新兴产业各细分行业与传统制造业在产业融合协同发展中的引领地位。其中生物产业作为供给侧创新效率 DEA 有效的产业，应充分发挥其在基本医药产品和医药制剂行业中的规模效应和技术引领作用；新材料、新能源、新能源汽车产业应在加强自身技术创新的同时，借助纯技术效率上升的态势，及时将产业内更新的新技术和新模式推广应用至在基础工业领域和交通设备制造业领域，扩大技术创新的应用范围和预期收益；对于数字创意、节能环保、高端装备制造和新一代信息技术产业，则可结合传统制造业的升级需求，通过构建供需匹配的互动模式，共同推动市场份额→自主创新→价值增值→市场份额扩大良性循环，实现产业间融合协同发展过程中的转型升级。以高端装备制造业为例，通过发掘下游消费品行业（如食品加工业、纺织服装业）对先进技术装备或智能装备的市场需求，推动形成供需合作的国家价值链，扩大下游行业对本土高端装备的市场需求，避免因"市场空间障碍"带来恶性循环进而阻碍高端装备制造业和下游关联产业的转型升级。

（2）基于两化融合协同发展的产业定位。

两化融合促进制造业转型升级过程中，通过不断加深信息化对制造业企业整体环节的全方位渗透，逐渐提高制造业数字化研发设计工具使用率和关键工序数控化率，促使制造业在智能制造、供应链协同、精益管理、市场快速响应、风险管控、新模式与新业态等方面的转型升级。但在现阶段，整体水平不高、第三方公共服务平台支撑不足、核心技术薄弱、融合发展生态环境尚不健全等因素成为我国两化融合深度发展与持续发展的严重阻碍。笔者依据工业和信息化部编制的《信息化和工业化融合发展规划（2016—2020）》，提出制造业在两化融合发展中基于变革生产组织方式、塑造国际竞争优势和缓解资源环境约束为不同的产业定位。

两化融合发展中基于变革生产组织方式的产业定位。两化融合背景下需要对制造业所掌握的分工协作形态和生产组织方式进行重新审视。只有如此，才能实现制造业的各功能模块有效融入工业化与信息化服务体系当中，进一步实现两化融合，助力制造业生产方式变革。《信息化和工业化融合发展规划（2016—2020）》指出"完善两化融合管理体系基础标准，制定分类标准、组织管理变革工具和方法等新标准，研究制定引导企业互联网转型的新型能力框架体系和参考模型。组织两化融合管理体系实施与推广，分行业、分领域培育一批示范企业，加快构建开放式、扁平化、平台化的组织管理新模式，打造基于标准引领、创新驱动的企业核心竞争力"。可见，两化融合对制造业生产组织方式的影响主要体现在组织管理优化方面。分析我国当前制造业生产组织方式，制造系统柔性化的要求已经达到局部满足的水平，但整体性的制造系统理念尚未具备，有待进一步加强，最终实现具有独立性与完整性特征的不同功能模块协同搭配以共同完成目标。制造业不同行业两化融合发展中基于变革生产组织方式的产业定位如图 5 - 27 所示。

两化融合发展中基于塑造国际竞争优势的产业定位。当前制造业对制造过程信息化、智能化、网络化的需求越发迫切，这要求信息化技术深入渗透到基础设施、技术研发、流程设计、运营管理等领域，以两化水平提升并强化制造业竞争优势。两化融合程度不断加深有助于企业与内外环境之间的信息收集与反馈应对效率的显著提高，促成企业的投入产出能力和资源要素转换能力不断

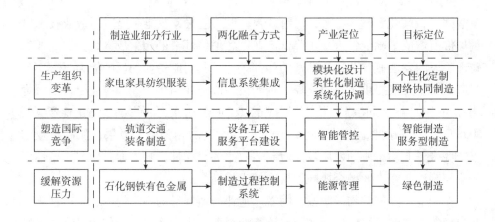

图5－27 两化融合协同发展产业定位

资料来源：笔者绘制。

提升，进而增强企业的市场活力与竞争优势（张轶龙、崔强，2013；任毅、东童童，2015）[351-352]。《信息化和工业化融合发展规划（2016—2020）》中指出通过发展智能装备和产品，来塑造制造业国际竞争优势。其中重点发展智能新产品。大力攻关低功耗CPU、高精度传感器、新型显示器件、轻量级操作系统等智能产业共性关键技术，助力智能硬件产业化技术体系的构建与完善，加速创新成果成功转化。支持重点领域智能产品、集成开发平台和解决方案的研发和产业化，支持虚拟现实、人工智能核心技术突破以及产品与应用创新。发展人工智能和智慧制造等新型智能产品的测试验证环境、示范运行场景和基础数据平台，提升检测认证公共服务能力。做强智能制造关键技术装备。加快推动高档数控机床、工业机器人、增材制造装备、智能检测与装配装备、智能物流与仓储系统装备等关键技术装备的工程应用和产业化。优先支持航空航天、海洋工程、新材料等重点领域智能制造成套装备的研发和产业化，加快制造业生产设备的数字化、网络化和智能化改造。可见，两化融合对制造业国际竞争优势的影响主要体现在智能化改造方面。反观我国当前制造业智能化水平弱的现状仍然没有得到根本改观。因此，制造业在转型升级过程中应该兼顾装备智能化、流程智能化、产品智能化、服务智能化的系统性特征，而两化融合发展在制造业领域的应用则能够促使企业实现智能化改造。

（3）基于两业融合发展的产业定位。

中国制造业大而不强，产品缺乏重大核心关键技术，价值增值能力弱，产业整体"低端化""空心化"问题显著。生产性服务业能在提高制造业技术含量与价值增值基础上,进一步降低产业链各增值环节的相关成本,为制造业突破现阶段的发展瓶颈营造辅助性的外部条件,其对制造业的反哺能力——实现制造业转型升级提供了有力支撑。现阶段,制造业与生产性服务业更多表现为相互作用、相互依赖、相互支持的双向互动关系(孔德洋、徐希燕,2008)[353]。基于此,参考唐晓华等(2018)[354]的相关研究成果,从制造业与生产性服务业动态协同发展以及对制造效率的差异性影响方面,研究生产性服务业与制造业在产业融合协同发展中的支撑地位。

在制造业发展的初级阶段,随着制造业产值规模的不断提升,生产性服务业与制造业之间的协同发展效应对该行业全要素生产率的促进作用具有显著性跃升。其原因在于当制造业产值规模较低时,位于产业链两端的生产性服务业并没有从制造业中完全自然分离出来,即存在制造业"服务内置化"现象。随着制造业发展水平的逐步提升,制造业对各种类型的生产性服务业的需求量也随之增大,多数制造企业内部自我供给不足,需要通过外部市场来购买生产性服务资源。生产性服务业将专业的人力资本和知识资本导入生产过程中,进一步促进制造业生产的专业化与资本化,从而提升制造业各细分行业全要素生产率。从样本期中下降阶段来看,当制造业产业规模扩张到一定程度时,各细分行业将面临创新资源与创新能力的不平衡问题、生产成本上升与销售利润下降的矛盾问题、产能过剩与需求结构升级的不匹配问题,此时生产性服务业与各细分行业的协同合作将经历产业转型升级过程中的沉默期,规模效益的上升无法弥补全要素生产率下降带来的负面效应。随着制造业各细分行业创新能力和新产品转化能力的不断增强,对高质量生产性服务将具有更强的需求。高质量生产性服务作为高级生产投入要素,能够为企业提供位于技术和知识服务链前端的产品和服务,有助于创新资源的相互注入,进而提升制造业价值链各环节中技术创新能力,助推制造业向价值链高端攀升,从而提高制造产品在生产过程的效率。当各类生产性服务业已基本形成稳定的竞争格局时,制造业各细分行业对不同类型的生产性服务业的需求量趋于稳定。制造业各细分行业与生产性服务业间协同互动效应趋于平稳,制造业借助于生产性服务业进一步压缩的成本份额以及利润提升空间有限,规模经济效应随之减弱,进而降低了对制造业全要素生产率的促进作用。此时制造业各细分行业在产业融合发展过程中面临新一轮的"创新继起"过程。

综合分析,本书认为制造业各细分行业在与生产性服务业动态协同发展过程中，应结合自身产业规模、发展水平和技术创新能力，考虑不同阶段产业间协同效应对全要素生产率促进作用的不同表现，设计相应的产业定位。在低技术水平行业中，以农副产品加工业为例，产业间融合协同发展效应良好，而该行业的全要素生产率在样本期内仍处于期中再上升阶段，说明此时该行业创新能力和新产品转化能力将不断增强，对高质量生产性服务具有更强的需求，生产性服务业在与该行业协同发展中处于辅助地位；中技术水平行业中，以橡胶塑料制品业为例，产业间融合协同发展对全要素生产率的影响正处于期中下降阶段，此时生产性服务业在与该行业转型升级过程中处于支撑地位；高技术水平行业中，几乎所有行业与生产性服务业的融合协同发展对全要素生产率的影响都处于期末下降阶段，产业升级迫切需要新一轮的"创新继起"来提供支撑，此时生产性服务业在与该行业融合协同发展中的产业定位应为技术引领地位。

5.5　本章小结

　　本章重点分析制造业企业转型升级的战略定位、全球制造业发展演化规律和转移趋势。通过梳理全球制造业发展演化与产业转移的历史进程，总结出全球制造业发展演化规律：全球制造业的发展离不开制造技术的革新，而制造技术的革新本质上是"科技长入经济、创新植入增长"的结果，突出表现是制造模式的更迭。制造业企业正是依靠制造技术与制造模式这些关键竞争优势资源的不可模仿性与不可替代性，逐步调整和完善既有商业模式，响应市场需求，不断推进微观企业管理模式、中观产业组织方式和宏观制度环境的变革，进而推动制造业整体发展。总结出全球制造业转移的趋势：近期发达经济体推行的"再工业化"战略，则是受国内制造业"离岸化"、国际领先地位受到威胁等因素驱使，通过引导制造业回流，并借助"反全球化"的贸易政策，以期限制先进技术的外溢和巩固自身在技术创新等领域的领先优势，达到重塑制造业竞争优势的目的。中国由于产业发展新旧动能转换尚未完成，供需结构性失衡的矛盾、关键技术领域"缺芯少核"、关键基础零部件与技术装备对外依存度高等问题持续尖锐，制造业发展进入转型升级阶段。中国借助第四次全球产业转移与第三次工业革命所带来的历史机遇，通过"一带一路"倡议，构建"以我为主"的包容性全球价值链，加速国内制造业向"微笑曲线"两端攀升。在逐步培育具备竞争优势的产业对外输出过程中，中国也逐步实现从产业承接国过渡到产业转移国，制造业发展也迈向了全新的阶段。我国制造业全球价值链参与程度与价值增值测度分析方面。借助"全球价值链前后向参与指数""全球价值链嵌入位置"指标测度我国制造业参与程度。研究发现：中国制造业全球价值链后向参与程度显著强于前向参与程度，中国制造业主要通过后向联系参与国际分工；中国制造业价值增值能力有限，产业"低端化"问题凸显。制造业 SWOT 分析方面。结合国际"反全球化"和新贸易保护新形式以及国内经济新常态，从"一带一路"、"互联网＋"、供给侧结构性改革来分析制造业转型升级机遇；从奉行单边贸易保护主义的"逆全球化"思潮带来的威胁、新兴技术"鸿沟"带来的威胁、制造业供需结构性失衡带来的威胁、资源环境约束带来的威胁、制造业投资结构失衡带来的威胁五方面分析我国制造业面临的威胁；从中国制造业的市场吸引力、产业体系与产业链、生产成本、基础设施建设方面分析比较竞争优势；从创新能力、劳动生产率、科技人才、市场监管与营商环境等方面分析存在的劣势。制造业转型升级的战略定位方面。基于中国制造业迈向全球价值链中高端的目标定位，提出不同技术水平制造业在全球产业链中的价值链定位；基于显性比较优势指数、货物贸易国际竞争力指数与"一带一路"沿线国家制造业产业结合情况，提出中国制造业在国际国内竞争中的市场定位；基于新兴产业与传统制造业融合发展、两化融合和两业融合，提出制造业产业融合协同发展中的产业定位，以此为我国制造业企业转型升级提供战略定位方案。

6 制造业转型升级路径研究

世界经济面临"百年未有之大变局",我国制造业如何化危为机,危中寻机,破解发展动力转换的制度藩篱已成为推动产业高质量发展,促进产业迈向全球价值链中高端的重要课题。新时代以"新技术、新产业、新业态、新模式"为核心的"四新经济",强调以5G、特高压、城际高速铁路和城际轨道交通、新能源汽车充电桩、大数据中心、人工智能、工业互联网等新技术广泛嵌入和深化应用为基础,以产业链、价值链、创新链"三链融合"为核心,以高端化、智能化、绿色化、服务化为导向,创新发展新模式,服务引导新产业,催生孵化新业态,赋能制造业转型升级。因此,基于"四新经济",从区域协同发展、产业、企业、产品四个层面出发,设计制造业转型升级路径。

6.1 区域协同发展层面的转型升级路径设计

为加快我国制造业的转型升级,首先需要发挥宏观经济体系的支撑与保障作用。区域经济体系是一个国家或地区制造业转型升级的基础和保障,没有良好的经济体系作为支撑,产业结构也就无法高效优化调整。依据我国区域经济体系的空间分布特征与发展现状,提出区域协同发展层面制造业转型升级的四种实现路径:①基于"一带一路"倡议推动;②基于"长江经济带"建设驱动;③基于"粤港澳大湾区"建设带动;④基于自贸区建设领动的制造业转型升级路径,如图6-1所示。

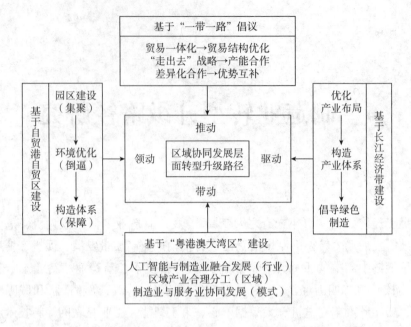

图 6 - 1　区域协同发展层面的制造业升级路径设计

资料来源：笔者绘制。

6.1.1　基于"一带一路"倡议推动的制造业转型升级路径

"一带一路"倡议作为我国一项重要的中长期国家发展战略，旨在解决我国区域贸易主导、资源与能源获取、过剩产能与产业转移及战略纵深开拓与国家周边安全强化这几项重要的战略问题。推进制造领域的区域合作是"一带一路"倡议中的重要内容。"一带一路"倡议的提出为我国构建新型区域价值链提供了历史性机遇。从通过推进区域贸易一体化发展，促进制造业贸易结构优化；通过鼓励对外投资带动产业转移，促进制造业国际产能合作；通过实施差异化合作战略，实现制造产业优势互补三方面提出"一带一路"倡议推动的制造业转型升级路径。

（1）通过推进区域贸易一体化发展，促进制造业贸易结构优化。根据国家信息中心《2018"一带一路"贸易合作大数据报告》数据显示：2017 年，"一带一路"区域国家 GDP 总量已达到 14.5 万亿美元，占全球 GDP 总量的 18.4%，对外贸易总额为 9.3 万亿美元，占全球贸易总额的 27.8%，近年来"一带一路"沿线国家的重要性越发凸显，"一带一路"已成为全球经济增长的重要驱动力。2018 年，中国与"一带一路"沿线各国的进出口总额约为1.3 万亿美元，占中国进出口贸易总额的 27.4%。从出口数据看，中国向"一带一路"国家出口 7047.3 亿美元，同比增长 10.9%，我国成为 65 个"一带一路"沿线国家的最大贸易伙伴。

通过分析中国与"一带一路"沿线国家贸易发展现状可知，中国与"一带一路"沿线各国贸易结构仍有待进一步优化，建设区域贸易一体化体系仍有较大的市场潜力与发展空间。具体来说，从贸易商品结构看：2017 年，中国对"一带一路"国家出口商品主要集中于 HS 商品编码第 84 章（机械设备类）、第 85 章（电气设备类），两者占中国对"一带一路"国家出口额比重接近 40%，其他与制造业相关章节均显著低于 5%，其中制造业出口占比显著不足；中国自"一带一路"国家进口商品主要集中于第 27 章（矿物燃料类）、第 85 章（电气设备类），两者占中国自"一带一路"国家进口额的比重均超过 50%，进出口商品种类分布较为单一。从区域贸易一体化体系看：亚洲太平洋地区占比显著，欧、非地区仍有待进一步提升。亚洲太平洋地区是中国在"一带一路"最重要的贸易合作区域。2017 年，中国与亚洲太平洋地区"一带一路"国家贸易总额为 8178.6 亿美元，占中国贸易总额的 56.8%，2017 年中国在"一带一路"国家前十大贸易伙伴中，有 7 个在亚洲太平洋地区，中国与欧洲、非洲等沿线国家的贸易规模总量较小。与亚洲太平洋地区仍存在显著差距。基于此，可通过加快贸易流通通道创新，促进贸易合作机制创新三条路径推进区域贸易一体化发展，促进制造业贸易结构优化。

第一，加快贸易流通通道创新。贸易运输通道是区域贸易一体化的构成基础，促进贸易运输通道的高效运行可保证区域贸易的持续发展。基于此，为促进"一带一路"区域贸易发展，应结合"一带一路"沿线国家的空间分布，以海运为基础，以公路、铁路、航空运输等多种实现方式，构建高效衔接的区域多式联运贸易运输体系，同时加快打造新型贸易流通通道，提高区域商品贸易的流通效率，有效促进沿线区域的贸易平衡化发展。以中欧班列为例，中欧班列被称为丝绸之路上的"钢铁驼队"，由中国铁路总公司组织。中欧班列的开通不仅为贸易商品开辟了新型通道，同时也丰富了既有的运输方式，增加了区域产业集聚的选择，有效促进了我国商品贸易的快速发展。商务部发布的《中欧班列贸易通道发展报告 2019》数据显示，2011 年中欧班列首列开通，全年共开行 17 列，2018 年中欧班列全年开行 6363 列，如图 6 - 2 所示，班列年均复合增长率为 132.8%。截至 2018 年底，中欧班列已累计开行近 1.3 万列，其中国内有 56 个城市参与中欧班列运输，有效连接"一带一路"沿线 15 个国家及 49 个城市，其中笔记本电脑、智能终端、新能源汽车等先进制造产品逐渐成为中欧班列运输的重要载体。

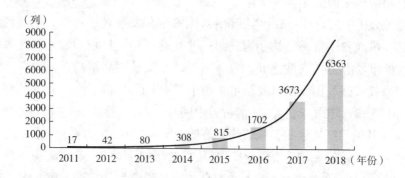

图 6 - 2　2011～2018 年中欧班列开行数量分布

资料来源：根据商务部发布的《中欧班列贸易通道发展报告 2019》整理所得。

在创新贸易运输通道过程中，首先需要注重运输通道与制造业商品贸易的高效结合，不断提升新型运输工具的服务能力与承载能力。以中欧班列为例，目前中欧班列主要发挥两种职能：一类服务于本土商品对外出口。例如，"汉新欧"班列主要运输武汉制造的电子元器件、机电产品等，"渝新欧"班列主要以服务重庆本地汽摩及装备制造、笔记本电脑等制造业企业的出口作为重要目标；另一类发挥中转枢纽、运输节点等交通区位优势，重点对周边地区及沿线地区的货物进行中转、汇集后统一运输，有效地丰富制造业商品贸易结构。其次应注重促进区域贸易的平衡发展。中欧班列的开通，带动了"一带一路"沿线国家优势产品对中国和更广阔市场的进出口，有效促进"一带一路"沿线各国的贸易平衡发展。《中欧班列贸易通道发展报告 2019》的数据显示，目前中欧班列已基本实现"去四回三"，即回程班列数量已占去程班列数量的70% 以上，解决了中欧班列回程的空载问题，有效促进了贸易平衡。

第二，推动贸易流通方式创新。贸易流通方式是区域贸易的重要载体，对实现贸易一体化具有重要的促进作用。以电子商务为例，电子商务具有高效率、低成本、周期短等优势，对促进区域贸易的发展具有重要的推动作用。制造业可借助电商平台，积极推动国内大型电商平台的跨境电商业务建设，通过将跨境电商与"一带一路"倡议有效结合，实现线上与线下商品贸易的有机对接，积极打造"丝路电商"，共同推动区域贸易一体化发展。截至2019年底，中国与俄罗斯等22个国家建立了双边电子商务合作机制，有效推动了"丝路电商"的可持续发展。"丝路电商"虽然已经取得初步发展，但是发展规模、覆盖范围均显著不足，整体仍然处于起步阶段，跨境电商的市场潜力十分巨大，需要我国联合其他相关国家共同推动，协同建设。

除了发展"丝路电商"以外，各国政府牵头、扶持的跨境电子商务综合服务平台、跨境电子商务信用体系、跨境电子商务物流配送网络等也是推动贸易流通的重要内容。

第三，促进贸易合作机制创新。贸易合作机制是促进区域贸易发展的重要基础，对提升区域贸易合作水平具有显著的促进作用，通过打造"经济走廊""产业园区""博览会"等多元合作机制，为"一带一路"贸易一体化发展搭建合作平台。以经济走廊建设为例，近年来，我国不断推进国际经济合作走廊和通道建设，先后打造了"新亚欧大陆桥"等六大国际经济合作走廊，通过六大经济走廊进一步连接了亚洲经济圈与欧洲经济圈，为构建高效畅通的亚、欧大市场提供了重要支撑，各经济走廊的开发与建设重点如表6-1所示。

表6-1 "一带一路"六大经济走廊

经济走廊	合作重点
中巴经济走廊	以能源、交通基础设施、产业园区合作、瓜达尔港为重点的合作布局确定实施。中国与巴基斯坦组建了中巴经济走廊联合合作委员会，建立了定期会晤机制。中巴经济走廊正在开启第三方合作，更多国家已经或有意愿参与其中
中孟印缅经济走廊	中孟印缅四方在联合工作组框架下共同推进走廊建设，在机制和制度建设、基础设施互联互通、贸易和产业园区合作、国际金融开放合作、人文交流与民生合作等方面研拟并规划了一些重点项目
中蒙俄经济走廊	中蒙俄三国积极推动形成以铁路、公路和边境口岸为主体的跨境基础设施联通网络。2018年，三国签署了《关于建立中蒙俄经济走廊联合推进机制的谅解备忘录》，进一步完善了三方合作工作机制
中国—中南半岛经济走廊	昆曼公路全线贯通，中老铁路、中泰铁路等项目稳步推进。中老经济走廊合作建设开始启动，泰国"东部经济走廊"与"一带一路"倡议加快对接，中国与柬老缅越泰经济合作稳步推进。中国东盟（10+1）合作机制、澜湄合作机制、大湄公河次区域经济合作发挥的积极作用越来越明显

续表

经济走廊	合作重点
中国—中西亚经济走廊	中国沙特投资合作论坛围绕共建"一带一路"倡议与沙特"2030愿景"进行高端产业对接;中国与伊朗发挥在各领域的独特优势,加强涵盖道路、基础设施、能源等领域的对接合作
新亚欧大陆桥经济走廊	新亚欧大陆桥经济走廊区域合作日益深入,将开放包容、互利共赢的伙伴关系提升到新的水平,有力推动了亚欧两大洲经济贸易交流。《中国中东欧国家合作布达佩斯纲要》和《中国中东欧国家合作索菲亚纲要》对外发布,中欧互联互通平台和欧洲投资计划框架下的务实合作有序推进

资料来源:笔者根据推进"一带一路"建设工作领导小组办公室 2017 年 5 月发布的《共建"一带一路":理念、实践与中国的贡献》整理所得。

"六廊六路、多国多港"作为共建"一带一路"的重要构成,为各国共建"一带一路"提供了清晰的脉络。通过建设新亚欧大陆桥等六大国际经济合作走廊,可加快促进亚洲经济圈与欧洲经济圈的紧密连接,为建立和加强各国互联互通伙伴关系,构建高效畅通的亚欧大市场发挥重要衔接作用。

(2)通过鼓励对外直接投资推动高水平国际产能合作。在"一带一路"倡议背景下,国内企业对外直接投资与国际产能合作规模持续扩大。截至2018 年底,国内企业对"一带一路"沿线国家直接投资超过 900 亿美元,在"一带一路"沿线国家完成对外承包工程营业额超过 4000 亿美元,在 46 个国家建立了初具规模的 113 个合作区,入区企业达到 5000 余家。但受制于国内供给不能适应需求的结构性矛盾等因素制约,国内企业对外直接投资增速仍然较小,国际产能合作仍集中于低附加值、低技术水平领域。因此,可通过培育重点合作示范产业、打造新型产能合作模式两条路径带动产业转移,促进制造业国际产能合作。

第一,培育重点合作示范产业。通过借助经贸合作示范区,打造重点合作示范产业,是实现"一带一路"产业转移与国际产能合作的重要方式。

近年来,国务院等相关部门印发了一系列推进产业转移、扩大国际产能合作的政策意见,为我国制造企业的对外投资、产业转移、产能合作等方面提供了指导与保障。例如,2015 年国务院发布的《关于推进国际产能和装备制造合作的指导意见》,要求"立足国内优势并结合当地市场需求开展优势产能国际合作""将工程机械、汽车、航空航天、通信、船舶和海洋工程等 12 大相关产业作为重点";2017 年,国家发改委等部门发表了《推动共建丝绸之路经济带和21世纪海上丝绸之路的愿景与行动》，提出要推动新兴产业合作，加快与沿线国家在新材料、新能源、新一代信息技术等新兴领域的深入合作。

通过综合上述指导意见，考虑到现有产业优势与对外投资合作基础，结合"一带一路"布局与"十三五"时期我国对外投资合作战略方向，提出三类重点合作示范产业：新兴优势产业、产能转移产业、配套支持产业，并在此基础上确定具体领域，如表6-2所示，其中新兴优势产业主要以基础设施与新技术产业为主；产能转移产业主要以钢铁为主；配套支持产业主要以金融、物流等服务业为主。

表6-2 "一带一路"倡议下对外投资合作重点产业分布

产业类别	产业领域
新兴优势产业	交通基础设施、电力工程建设、信息通信工程与服务、新一代信息技术、新能源与新材料
产能转移产业	钢铁、水泥、纺织、塑料制品、金属与非金属制品、石油化工天然气能源
配套支持产业	金融、物流、科学研究与技术服务、商务服务

资料来源：笔者根据《共建"一带一路"：理念、实践与中国的贡献》整理所得。

第二，打造新型产能合作模式。打造新型产能合作模式，提高产能合作质量与合作效率，是保障产业转移与产能合作健康持续发展的重要途径。从合作主体看，可积极推广政府与社会资本合作（PPP）模式，建立与"一带一路"沿线国家的长期合作伙伴关系，坚持利益共享、风险共担、长期合作，同时通过持续健全合作机制，有效管控各参与方的合作风险，促进各方共同受益。从合作模式看，推广"软输出"产业合作模式，允许具备条件的海外园区逐步降低资产直接投入的比例，重点提供产业园区规划设计、信息咨询、业务培训、配套服务等"软输出"资本运作方式，加快从传统的"高资产投入"模式向"高资本运作"的新型模式转变。从合作组织看，应利用境外产业园区和经贸合作区的政策优势，通过构建国际产能合作联盟，将个别企业的"孤军奋战"产业转移行为向"抱团出海"集群式发展转变，提高产能合作的经济效益。例如，在行业层面可通过构建国际产能企业合作联盟的方式，重点支持国内相关制造企业集聚、整合行业内部资源、增强行业信息交换与共享，形成合力共同开发国际市场，助推"一带一路"实现国际产能合作。通过表6-3可知，近年来我国在电力、石化、纺织等行业成立了国际产能合作企业联盟，有效带动了我国相关行业扩大国际产能合作。

表 6-3　2016～2017 年我国国际产能合作企业联盟

序号	联盟名称	成立时间	所属行业
1	中国电力国际产能合作企业联盟	2016 年 6 月	电力
2	中国石油和化学工业国际产能合作企业联盟	2016 年 9 月	石化
3	中国工程机械行业国际产能合作企业联盟	2016 年 12 月	工程机械
4	中国纺织国际产能合作企业联盟	2017 年 3 月	纺织
5	中国钢铁行业国际产能合作企业联盟	2017 年 3 月	钢铁
6	中国轻工业国际产能合作企业联盟	2017 年 4 月	轻工
7	中国通信行业国际产能合作企业联盟	2017 年 4 月	通信
8	中国矿业国际产能合作企业联盟	2017 年 9 月	矿产
9	中国建筑业国际产能合作企业联盟	2017 年 1 月	建筑

资料来源：根据一带一路官网（https：//www.yidaiyilu.gov.cn/）公开资料整理。

（3）通过实施差异化合作战略，实现制造产业优势互补。考虑到"一带一路"倡议沿线国家要素禀赋差异，可通过提升逆向技术溢出、共建产业合作示范基地、推广第三方合作模式三条路径实施差异化合作战略，实现制造产业优势互补。

第一，注重捕获逆向技术溢出。通过将研发机构布局至海外，引导国内企业与"一带一路"沿线发达国家（如韩国、意大利等）开展技术交流与合作，广泛摄取制造业先进技术的逆向溢出，从而带动国内制造业水平与全要素生产率的提升，同时通过资产收购、重组并购等方式积极融入发达国家的产业链、创新链、技术链，不断提高产业参与全球价值链分工地位（杨祎等，2020）[355]。例如，浙江日发数码精密机械股份有限公司 2014 年和 2015 年先后收购意大利 MCM 和高嘉两家公司，这两家公司都是世界领先机床制造商，客户涵盖了空中客车、波音、通用电气、西门子等。

第二，共建产业合作示范基地。以加工制造型、资源利用型等产业园区作为合作载体，采用"以点连线到区"的合作方式，不断加强"一带一路"沿线产业合作示范基地建设，重点将产业链的下游装配环节转移到劳动力资源丰富的国家和地区，同时加强政策引导，通过签署产能合作协议、成立产业园区双边工作委员会，引导国内制造业企业完成入园工作，有序推动国内相关产业梯度转移。

截至 2018 年底，我国与"一带一路"沿线国家已经合作建设、运营共计

45 个的海外产业园区。例如，国内的格力电器、立讯精密、苏泊尔在越南的合作产业园区建立了产品生产基地，充分借助越南丰富的技能劳动力资源，加工、组装技术密集型产品。

第三，推广多方参与合作模式。通过创新合作模式，鼓励多方参与合作模式，提升与"一带一路"沿线国家产能合作效率，推动实现中国优质产能＋发达国家先进技术＋资源密集型国家现实需求，形成"一带一路"独具特色的多方参与合作模式，应充分利用发达国家跨国公司先进的技术、管理经验、营销网络的同时，分散中国企业的投资风险。在具体操作中，可通过政府层面与发达国家签订第三方合作协议，积极与发达国家的跨国公司开展项目合作。如中国的电机制造企业东方电气与意大利企业合作建设埃塞俄比亚吉布三水电站项目，东方电气承担设备成套供货与服务项目，工作范围包括 10 台混流式水轮发电机组及其全部附属设备和所有金属结构设备的设计、制造、运输、安装、调试等；意大利 Salini－lmpregilo 公司承担项目土建工作，有效缓解了埃塞俄比亚电力极度短缺的现状，促进了当地经济发展和民生改善。

综上所述，中国通过承接国际间产业转移的形式参与全球价值链体系，成为全球制造业的"世界工厂"，但由于多重因素限制，始终徘徊在全球价值链低端位置，"一带一路"倡议作为我国的一项中长期战略，覆盖范围广、涉及领域多、合作程度深，对于我国制造业的发展壮大与提升其在全球制造业价值链体系中的地位提供了历史机遇。为确保"一带一路"倡议对我国制造业转型升级的推动作用，首先要借助"一带一路"倡议不断优化我国制造业贸易结构，推动贸易平衡发展，为我国制造业企业国际化发展提供稳定的外部环境；其次要借助"一带一路"倡议带来的对外直接投资机遇推动制造业国际产能合作；再次"一带一路"沿线国家众多，发展程度不一，资源要素禀赋差异显著，因此可以实施差异化合作方式，实现优势互补，促进共同发展；最后要借助"一带一路"倡议广泛吸收国外制造业的技术、经验、标准、制度，有效推动制造业的逆向技术溢出。

6.1.2 基于"长江经济带"建设驱动的制造业转型升级路径

长江经济带共包含九省二市，串联我国西南、华中、华东三大地理经济区，承东启西、接南济北，是我国最具综合发展优势的区域经济带、资源带、产业带、运输带、城市带，构成了我国以"黄金海岸"与"黄金水道"著称的两大经济发展主轴之一。长江经济带在我国区域发展总体格局中具有重要战略地位，它有效地将西部大开发战略、中部崛起战略和东部引领发展战略有机衔接，形成沿海与中西部紧密衔接、融会贯通的新格局，同时两大经济带呈"T"形空间分布，交汇于我国经济最发达的长江三角洲地区，长江经济带将我国内陆地区（成渝地区和武汉地区）与海岸经济带联系起来。在我国目前构建的五大城市群中，有3个分布在长江流域，即以上海为核心的长江三角洲城市集聚区，以武汉为中心的长江中游城市集聚区，以成都、重庆为核心的长江上游城市集聚区。

2017年，长江经济带以21%的国土面积承载了42.9%的人口，创造了45%的经济总量，在国家战略部署、经济发展、产业优化、区域开发等方面均具有举足轻重的作用。在长江经济带建设过程中，制造业是长江经济带战略开发与建设的关键与基础，制造业是引领长江经济带制造业转型发展的核心力量。提升长江经济带制造业的竞争力和辐射力，促进长江经济带制造业转型发展，是实现长江经济带整体快速发展的重要基础与关键支撑。基于此，提出促进长江经济带制造业转型升级的三条路径：①通过优化区域产业分工，促进制造业整体转型升级；②通过培育区域高质量产业集群，带动制造业转型升级；③通过推动产业绿色协同发展，支持制造业转型升级。

（1）通过优化区域产业分工，促进制造业整体转型升级。从区域生产总值的分布看，区域人均GDP表现为沿长江由东向西逐渐下降的阶梯式分布形态。长江下游上海、浙江、江苏三地人均GDP水平较高，分别达到12.6万元、9.2万元及10.7万元，其余沿线省、市人均GDP均在7万元以下，其中上游地区贵州与云南两省最低，人均GDP仅为3.7万元和3.4万元。从长江沿线主要市州的人均GDP来看，长江下游（上海、江苏等）沿线主要城市人均GDP均值为13.08万元，长江中游（等湖北、湖南）沿线主要城市人均GDP均值为6.3万元，长江上游（重庆、四川等）沿线主要城市人均GDP均值为5.17万元。

长江经济带沿线各省市间的人均GDP与制造业发展水平存在显著差异，地域差异化强化长江经济带沿线地区的产业衔接水平，推进沿线制造业协同融合发展，打造分工协作、紧密衔接、特色突出的产业布局体系，是实现长江经济带高质量发展的重要内容。结合长江经济带产业发展状况与发展规划，以打造"一轴、两翼、三极、多点"的区域发展新格局为出发点，从长江经济带沿线上、中、下游分别提出以下三条路径：

第一，长江经济带下游沿线区域。下游沿线地区主要包括上海、江苏、浙江三省市，即长江三角洲地区。首先，下游区域应以提升制造业创新能力为重点，重点发展高新技术与战略新兴产业。应充分利用既有产业基础与累积优势，如人才技术、基础设施、产业资本、营商环境等资源要素，加快实现区域制造业创新能力提升。在此过程中，可将高技术制造企业作为创新主体，提升高技术产品与服务的研发投入与人才培养，打造制造业高端品牌战略，通过新一代信息技术、新能源汽车、仪器仪表、生物医药、重型机械设备等优势产业的发展，综合带动长三角地区先进制造产业转型发展。其次，应结合下游区域现代服务业的发展优势，促进制造业与现代服务业深度融合发展。具体可通过加快构建区域工业互联，支持长三角区域标杆企业、高新技术企业、专精特新企业，从仅提供有形产品向"产品＋技术＋服务"提供商转型；同时支持区域平台企业凭借其技术、管理、销售渠道等优势，沿产业链向制造业拓展延伸，打造长江长三角地域成为我国高端制造业聚集区，我国制造业与高技术服务业融合发展示范区。再次，应积极引导不符合区域优势的制造企业进行有序转移。上海及江浙地区可考虑分批将逐步丧失比较优势的落后产业，向长江中上游地区实施转移；对于长三角地区拥有核心自主知识产权、关键技术及自主品牌产品的高新技术制造企业，可考虑将其制造、组装环节向长江经济带中上游进行转移，以有效降低企业成本。需要注意的是，在引导制造业产业转移时，要充分发挥市场的基础作用，提高资源配置效率，激发内生发展活力。

第二，中游沿线地区及上游的重庆地区。长江中游地区主要包括安徽、江西、湖北、湖南。首先，中游区域应重点发展具有比较优势的制造产业，推动中游地区制造业错位发展。具体来看，湖北地区可借助自身的产业基础，依靠武汉、十堰、襄阳、宜昌等地区的制造业产业基础，重点发展汽车制造、高端装备制造等产业；湖南地区可充分依托长、株、潭城市群形成的产业基础，重点发展计算机通信和其他电子设备制造业、化学制品制造业、有色金属冶炼业等；江西地区可重点发展航空及精密制造产业、汽车制造、特色冶金和金属制品产业等。其次，中游地区应以产业转移示范区与聚集区为平台，主动承接长江下游地区加工贸易类制造产业的分工转移。中游地区可复制、推广上游地区承接产业转移的经验，积极承接长三角地区一般性加工类制造业的产业转移。同时中游地区要结合自身产业优势培育发展一批制造业，例如，武汉、长沙等地可以结合自身产业优势加快发展新能源汽车制造、通信设备制造、生物医药制造等先进产业，提升长江经济带中游地区制造企业的竞争力与影响力，打造中部地区特色鲜明的先进制造产业集聚。

第三，长江经济带上游地区。上游地区主要包括四川、重庆、贵州、云南4省市。首先，上游地区应结合区域的资源禀赋与自然优势，重点发展特色制造产业。如云南、四川等地拥有丰富的自然资源、充足的劳动力资源，制造业发展的重点是具有地域特色的纺织业、农副食品加工、食品制造等行业，云南可重点发展烟草制品加工业和农副食品加工业等。其次，上游地区应加强制造业产业合作，提升制造业的产业规模。上游地区由于经济基础、产业基础较为薄弱，但是土地、劳动力资源丰富，因此，应加快与长江经济带中上游区域的产业关联，通过政策鼓励、财政支持等多种方式，加快建设国家级承接产业转移示范区，提升下游地区承接产业转移的能力。通过打造高水平产业承接平台，加快吸纳长三角地区传统制造业的产业转移。在选择承接产业方面，目前可考虑优先承接服装、纺织、通用设备制造等加工贸易类产业，逐步培育制造业发展规模与产业集聚。

（2）通过培育区域高质量产业集群，带动制造业转型升级。加快构造长江经济带"一轴、两翼、三极、多点"的产业发展格局，以长江黄金水道为依托，构建沿江绿色发展轴，带动产业向南北两翼腹地延伸拓展，其中南翼重点以"沪瑞"运输通道为依托，北翼以"沪蓉"运输通道为依托，重点以长江三角洲城市群（长江上游）、长江中游城市群（武汉为核心）、长江下游城市群（成渝为核心）为主体，发挥产业辐射带动作用，加快实现上中下游产业链高效衔接、不同区域间分工与协同联动、产业示范区的引领带动等为特征的高水平制造业产业集群。打造区域制造业产业集群，重点需要从以下两方面实现：

第一，打造优势制造业产业集群，促进优势产业持续发展。长江经济带应结合现有的产业基础和产业条件，加强优势产业的区域协作，逐步整合拓展产业链。具体看，可以长江沿线各城市圈为产业转型升级的载体，以沿线各国家级及省级高新技术开发区作为转型升级的平台，积极发挥中心城市在基础设施、配套服务、交通运输等方面的优势，结合各城市圈的基础产业与优势产业，重点在汽车制造、纺织服装、电子信息及高端装备等制造领域，如表6-4所示，打造区域制造业优势产业集群。通过持续发展自身优势资源与特色产业，打造优势制造业产业集群，有效实现产业规模效应与区域集聚效应。

表6-4 长江经济带五大优势制造业产业集群

序号	细分行业	重点实施内容
1	汽车制造产业集群	依托上海、南京、杭州、宁波、武汉、合肥、芜湖等现有汽车及零部件生产企业，提高整车和关键零部件创新能力
		依托浙江、安徽、湖北、江西、湖南等生产基地，大力发展汽车零部件产业
		在上海、江苏、安徽、湖北、重庆等地，重点发展新能源汽车，积极发展智能网联汽车，重点支持动力电池与电池管理系统、电动汽车智能化技术、快速充电等关键技术研发
2	纺织服装产业集群	以长三角地区为重点，推动形成纺织服装设计、研发和贸易中心，提升高端服装设计创新能力
		在湖南、湖北、安徽、四川等地建设现代纺织生产基地，推动区域纺织服装产业合理分工
		依托云南、贵州等地蚕丝和麻资源、少数民族纺织传统工艺、毗邻东南亚等优势，大力发展旅游纺织品
		在江苏、浙江等地加快发展高技术纤维和生物质纤维技术及产业化
3	电子信息产业集群	以上海、武汉、南京为核心，以现有的集成电路芯片生产线为基础，通过延伸上下游产业链，打造集成电路产业集群
		以上海、合肥、武汉、重庆、成都为核心，依托现有显示面板生产线，积极研发新型显示技术，打造新型面板显示产业集群
		依托上海、南京、贵州等地，重点发展行业应用软件、嵌入式软件、软件和信息技术服务
4	高端装备产业集群	以株洲、重庆、成都、南京、武汉为核心，发展先进轨道交通装备
		以上海、浙江、江苏等地为基础，发展海洋油气勘探开发设备、系统、平台等海洋工程装备
		以上海、江苏、浙江、重庆、湖北为重点，发展高档数控机床、工业机器人、3D打印、智能仪器仪表等智能制造装备

资料来源：笔者根据中共中央政治局2016年9月发布的《长江经济带发展规划纲要》整理所得。

第二，完善新兴产业生态体系，培育新兴产业集群。长江经济带的发展主要以长江三角洲（以上海为核心）、长江中游（以武汉为核心）、长江上游（以成都、重庆为核心）三大城市圈为支撑，三大区域城市群形成了长江沿线产业协同发展的三大区域平台。由于新兴制造业和现代服务业是城市集群健康发展与对外合作的重要前提，因此应以长江经济带三大城市群为支点，重点支持三大城市群战略新兴产业的快速发展，通过上、中、下游三大区域战略新兴产业与现代服务业的深度融合，培育战略新兴产业集群。在此过程中，三大城市群应结合自身优势，实施差异化发展战略，着力建设研发集聚中心和高端制造基地，培育一批具有国际竞争力的龙头制造企业及以"精、专、特、新"

为特征的小微制造企业，打造标杆企业区域领航、小微企业协同跟随式发展的新兴产业生态体系。在行业选择方面，需要结合区域发展实际，重点在新材料制造、生物医药制造、新能源装备、航空航天制造、节能环保制造、信息化产品与软件服务等领域，培育新兴产业集群，如表6－5所示。

表6－5　长江经济带六大战略新兴产业集群发展重点

序号	重点细分产业	主要内容
1	新材料制造产业群	以上海、浙江、江苏、江西、湖北、湖南、重庆等为地区核心，加强新材料技术研发、创新、应用及规模生产、提升新材料产业规模和竞争力，加快发展新材料产业集聚
2	生物医药制造产业群	以上海、武汉、重庆、昆明、泰州、南京、合肥、成都等城市为核心，发展生物制药、医疗器械制造，以云南、贵州、四川、湖北为中心，重点发展现代中药产业，加快发展生物医药产业集群
3	新能源装备制造产业群	依托上海、江苏、四川、浙江地区发展核电装备制造集群，依托上海、四川、江苏、湖南、重庆开发风电装备生产集群，依托重庆发展页岩气装备制造集群，依托上海、江苏、安徽、江西发展太阳能光伏装备生产集群
4	航空航天制造产业群	以上海、成都、长株潭、安顺、芜湖、重庆为核心发展国家民用航空航天产业，以武汉、南昌为核心，发展飞机设计与制造、动力系统和机载系统制造、航空服务，积极打造航空航天产业集群
5	节能环保制造产业群	以成都、长沙、杭州、重庆为核心，提升节能环保设备制造能力及固体废弃物利用能力；以上海、江苏、重庆等为核心发展先进节能环保技术研发及环保产品生产能力，加快发展节能环保产业集群
6	信息化产品与软件服务产业群	以上海、贵阳、南京、成都、武汉、长沙、杭州、重庆等为核心，重点发展基础软件、大数据、云计算等信息产业产品以及新一代信息技术开发应用，加快发展信息化和软件服务业产业集群

资料来源：笔者根据中共中央政治局2016年9月发布的《长江经济带发展规划纲要》整理所得。

（3）通过推动产业绿色协同发展，引领制造业转型升级。长期以来长江中上游地区一直是我国高污染、高能耗产业的重要生产基地，目前钢铁、有色金属、造纸、船舶、化工等资源性制造业仍然是长江经济带中上游地区的重要基础产业。《中国统计年鉴》（2018）相关数据显示：2017年，长江中上游地区化学农药、化学纤维、硫酸等重化工产品的产值占全国总产值的占比超过50%，水泥产量为23.3亿吨，占全国总产量的50.5%；粗钢产量为8.3亿吨，占全国总产量的32.8%，长江经济带重化工产业沿江高度密集布局，呈现显著的粗放式发展模式。从发展模式看，高污染、高能耗、高成本、低效率的粗放式发展模式依然显著。长江经济带的资源消耗和污染排放强度显著高于其他地区，对长江流域沿岸地区绿色可持续发展问题依然严峻。基于此，坚持生态优先、坚持绿色发展是新时期长江经济带顺应自然规律，追求均衡发展、协调发展的必然选择。基于此，可通过以体制创新驱动绿色发展，推动区域产业升级与技术改造；加强生态示范园区建设，倡导循环发展理念；进行市场准入清单管理，引导产业绿色发展这三条路径推动产业绿色协同发展，引领制造业转型升级。

第一，以体制创新驱动绿色发展，推动区域产业升级与技术改造。首先，应加快推进长江经济带制度机制建设，突出体制创新对长江经济带绿色发展的支撑保障作用，如为改变过去长江流域割裂型管理、产业错配等相关利益问题，可重点在项目联合审批制度、流域生态补偿机制、区域合作治理模式等方面加强创新。其次，应借助国家长江经济带建设的历史机遇和政策优势，通过重大项目与重点工程的综合带动，推动长江经济带战略新兴产业、智能制造、服务型制造等技术密集型、知识密集型、资金密集型产业向智能化、高端化、规模化和产业化发展，培育形成若干世界级绿色高新技术产业集群，具体的驱动方式、支撑产业与发展目标如图6-3所示。最后，应加快推进沿线重化工产业实施转型升级，加快对钢铁、石化、有色金属等行业的技术升级改造，同时可通过"一带一路"倡议等方式加强长江流域与国际间的产能合作，逐步化解过剩产能。

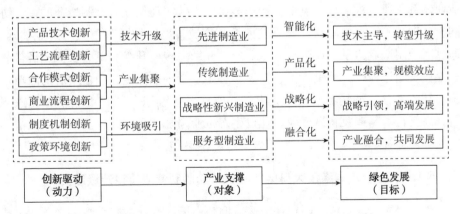

图6-3 长江经济带制造业绿色发展动力机制

资料来源：笔者绘制。

第二，加强生态示范园区建设，倡导循环发展理念。首先，应加快构建绿色循环制造园区以及绿色生态链与生态网。2017 年长江经济带获批创建与验收命名的国家生态工业示范园区分别为 59 家和 34 家，分别占全国比重的 63% 和 71%，以国家生态工业示范园区为节点，加快构建长江经济带绿色生态链与生态网，最大限度地提升资源、能源使用效率。其次，加快引导游离企业入园，促进生产制造企业规范生产、清洁生产，争取在制造业源头将污染物排放量降至最低。再次，同时鼓励环保基础设施生产企业开展模块化产品生产，并加强对制造企业的科学排污进行培训指导。最后，可积极倡导企业推行"生产—回收—再利用"的新型循环发展模式，综合推动长江经济带经济效益、环境效应与社会效益的协同发展。

第三，推行市场准入清单管理，引导产业绿色发展。长江经济带重点生态功能区及沿江岸线地区应加强区域合作，加快推行产业准入负面清单管理制度，负面清单应以保护和修复生态环境、优化制造业产业结构、实现绿色持续发展等为主要目标，重点对岸线、河段、区域、产业四个方面进行设计，同时要明确禁止类与限制类制造业企业清单，严格禁止高污染、高排放的制造企业进入，此外还要对负面清单的执行情况实施动态监测和评估，确保负面清单制度的有效实施。

综上所述，引领长江经济带制造业转型升级的首要任务是优化区域产业布局，通过市场机制与政府调控双重手段，共同有序组织长江经济带制造业产业梯度转移。其次在组织产业有序转移的基础上，要进一步打造长江区域现代制造业体系，通过构造现代制造业产业体系，有效实现长江区域制造业的多地协同、合理分工、高效串联，充分发挥长江流域各地区的资源禀赋与产业基础，通过区域制造业体系建设带动制造业成长并助力转型升级。最后长江经济带制造业在发展过程中，要重视绿色发展，必须坚持生态优先、绿色发展的战略定位，具体来看，对重化工型产业应加快实施升级改造，同时重点培育先进制造、高新技术制造及新兴产业，建设生态工业园区，实施制造业转入负面清单制度等多种策略。

6.1.3 基于"粤港澳大湾区"建设带动的制造业转型升级路径

粤港澳大湾区是继美国纽约湾区、旧金山湾区、日本东京湾区之后，全球第四大湾区。主要包括中国香港、中国澳门特别行政区和广州市、深圳市、珠海市、佛山市、惠州市、东莞市、中山市、江门市、肇庆市形成的城市集群，同时"粤港澳大湾区"概念最早于2015年由国家发改委等部门联合发布的《推动共建丝绸之路经济带和21世纪海上丝绸之路的愿景与行动》中首次被明确提出，2019年国务院印发了《粤港澳大湾区发展规划纲要》，明确要积极打造粤港澳大湾区，建设世界级城市群。

粤港澳大湾区位于中国东南沿海，是与海上丝绸之路沿线国家海上往来距离最近的发达区域，也是全球最密集的港口群。粤港澳大湾区总面积5.6万平方千米，2017年末湾区总人口约7000万，是我国经济开放程度最高、经济活力最强、产业基础条件最优、创新研发能力最强、对外合作交流最广的经济区域之一，在国家发展中具有重要战略地位，从技术创新、产业分布、对外合作三方面提出粤港澳大湾区建设带动的三条路径：①通过构建区域协调创新共同体，推动"制造湾区"向"科技湾区"转型。实现"科技创新＋智能制造＋高端服务"多元融合。②通过培育新型产业链分工体系，促进区域制造业资源合理配置。③通过对接"一带一路"倡议，打造区域高水平产业开放平台。

（1）通过构建区域协同创新共同体，推动"制造湾区"向"科技湾区"转型。构造开放型区域协调创新共同体，已成为香港、澳门及珠三角地区的多方共识，建设开放性区域协调创新共同体，推动大湾区由"制造湾区"向"科技湾区"发展转型，对于推动香港、澳门产业多元发展，加快珠三角经济发展动能转换，实现大湾区经济高质量发展具有重要意义。构建区域协调创新共同体可从以下三方面展开：

第一，强化大企业科技创新的主体地位，促进大中小企业协同创新。大企业是核心技术研发创新的主体，基于此，应充分发挥大湾区科技型大企业、创新型龙头企业协作引领、产品辐射、技术示范、知识输出和营销网络等方面的核心作用，加快落实标杆企业培育发展政策措施，重点提升对大湾区内部先进制造企业的支持力度，在充分发挥市场基础性资源配置的前提下，积极引导大企业开展技术研发与科技创新。在此过程中，应不断优化大湾区的创新环境与技术服务水平，充分发挥国家自主创新示范区、创新孵化园区等高端要素集聚平台作用，提升大湾区内创新龙头企业的合作水平，保障科技型大企业、创新型龙头企业获取创新资源的能力，促进创新龙头企业的知识产权运营与保护。此外，大湾区可构建以大企业为核心的区域技术创新联盟，通过共享技术溢出鼓励中小企业实施裂变式创新，带动区域内中小企业向规模化、集群化、专业化、高端化方向发展，促进大中小企业协同创新。腾讯、华为、联想、百度都是裂变式创新的典型代表，以腾讯公司为例，截至2018年，腾讯已在全国30

个城市建立了众创空间和孵化平台，有超过 600 万创业者在平台注册，该平台先后孵化了 30 家上市公司，通过孵化平台有效实现大中小企业协同创新。

第二，打造"产学研用"协同创新平台，提升科技成果转化效率。目前粤港澳三地尚未建立统一的产学研协同创新信息平台，在科技成果转化方面，仍存在信息壁垒、规则冲突、标准不统一等问题。因此，应加快打造以企业为主导、政府支持、科研机构参与的"产学研用"一体化协同创新信息平台，加快推动大湾区地区创新要素的合理流动，实现区域科技资源的高效共享，提高科研成果的产业化应用效率。同时，可以珠三角国家科技成果转移转化示范区建设为契机，积极探索区域新型科技成果转移转化制度，综合发挥大湾区学校与科研机构在技术创新领域的支持作用，打造"科学研究—技术创新—成果转化—企业孵化—产业化"的完整创新链。以深圳大疆科技公司为例，大疆公司作为粤港澳地区"产学研用"一体化协同融合发展的典型样例，其主营产品无人机的核心技术来自香港高校，总部设在深圳，通过"产学研用"高效整合，成功实现科技成果产业化。

第三，促进要素自由流动，优化技术创新生态体系。粤港澳大湾区应加快促进人才、资本、技术等要素自由流动，重点打造"多主体联动、资源要素自由流动"，重点打造"多主体联动、资源要素自由流动、政策制度高效衔接"的技术创新生态系统，提高区域创新能力。具体来看，在人才方面，重点打造具有全球影响力与竞争力的人才制度，积极构建与科技创新相匹配的人才激励机制，同时保障人才在粤港澳地区实现自由流动。在资本方面，应推进大湾区金融市场互联互通，发挥香港资本市场的独特优势，将香港打造为大湾区企业技术创新的重要的投资平台，同时要完善面向创新的多层次资本市场，实现技术与资本的有效对接。在技术方面，粤港澳大湾区可通过搭建一批具有前瞻性、共享性、开放性的技术创新合作平台，打造新型技术创新生态体系。例如，以建设港深国际科技创新中心为契机，吸引国际高端创新要素，打造基础研究、应用研究、成果转化与产品开发相结合的一体化创新体系。

（2）通过培育新型产业链分工体系，促进区域制造业资源合理配置。因地制宜，通过培育新型产业链分工体系，提升粤港澳大湾区产业资源的配置效率，形成分工合理、协同合作、创新驱动的新经济形态，具体来看，建设新型区域产业链分工体系，可通过促进区域产业合理分工，打造区域对外合作平台（香港、澳门地区），明确区域产业转型重点，推动区域数字融合发展四条路径得以实现。

第一，促进区域产业合理分工（珠三角内陆地区）。珠三角各城市的优势产业和重点行业差异显著，例如，佛山地区以家电制造、家具制造等轻工业制造为主，香港地区以贸易、金融、科技服务等第三产业为主。从重点产业空间布局看，粤港澳大湾区制造业发展的重点主要包括新一代信息技术、高端装备制造、前沿新材料制造、生物医药四大产业。具体来看：对于装备制造业，应以珠江西岸装备制造产业带为重点，加强与广州、深圳、东莞等珠三角其他地市和有关粤东西北地市的协作，明确各地区主攻方向，推动大湾区装备制造业协同发展；对于材料制造业，应以珠江口城市为重点，辐射粤东、粤西沿海地区，推动形成完善的沿海材料制造产业链；对于新一代信息技术产业，以珠江东岸高端电子信息产业带为核心，促进广州、珠海、佛山等其他地市电子信息产业错位协同发展；对于生物医药产业，应重点聚焦做大做强珠三角地区生物医药、医疗机械研发和产业化基地，发展粤东西北地区生物制剂原料加工生产，形成上下游产业协作发展格局。

第二，打造区域对外合作平台（香港、澳门地区）。实现粤港澳大湾区制造业的转型升级与持续发展，必须充分利用国际优势资源。基于此，应发挥香港、澳门地区的资源优势，打造以香港、澳门为主体的区域对外合作交流平台，主动与国际制造企业进行合作交流，提升大湾区产业国际竞争力。其中，香港作为国际金融、航运、贸易中心，现代服务业高度发达。大湾区制造企业可通过香港，不断拓展与德国、日本等发达国家制造业企业进行战略合作，重点通过推动国际产能合作、拓展制造业国际市场空间、支持制造企业海外并购等多种方式提升制造业的国际化竞争力与国际化水平；同时可积极利用澳门地区资源优势，打造中国与西语系、葡语系国家制造业与服务业合作交流平台，逐步实现粤港澳大湾区由"传统的加工制造"湾区向"开放型智造服务"湾区转型。

第三，明确区域产业转型重点。服务型制造是推动区域制造业和现代服务业深度融合的结合点和突破点，是制造业的发展方向，同时也是实现区域经济高质量发展的必然选择。与我国其他地区相比，粤港澳大湾区在促进制造业和现代服务业融合发展方面均具有显著优势。大湾区制造业基础雄厚，产业链条与配套设施完善，上下游配套齐全，同时又涵盖了香港自由港、广东自贸区以及国家经济技术开发区、国家自主创新示范区等产业平台，区域现代服务业规模显著。基于此应加快推进大湾区制造业与现代服务业的深度融合，将服务型制造作为大湾区产业转型升级的重点方向。在此过程中，可依托大数据、云计算、物联网、人工智能、5G 通信等为代表的新一代信息通信技术提升制造业的服务能力，采用"互联网＋制造"模式，重点聚焦"微笑曲线"价值链两端环节，将服务能力融入制造业，加快制造业产业链、价值链双提升。同时粤港澳大湾区可通过构建区域服务型制造功能示范区、全国智能制造发展示范引领区等方式，为制造业企业提供技术服务，引导制造企业尝试大规模个性化定制、总集成总承包等新业态、新模式，鼓励制造企业推广"制造＋服务"融合发展模式、通过"产品＋服务"实现价值延伸与跨界融合，引导具备条件的先进制造企业建设内部研发与设计机构。积极建设国家级、省级制造业设计中心，促进制造设计向高端综合设计服务转变。以广州市为例，2017 年广州市生产性服务业增加值为 9038 亿元，同比增长 9.4％，占 GDP 的比重高达 42％，规模仅次于北京、上海，2018 年广州已获批成为全国首批服务型制造示范城市，广州将进一步打造引领全国的高端生产服务业示范区，进一步强化在粤港澳大湾区的核心引擎作用。

第四，推动区域数字融合发展。在构建大湾区新型产业链分工体系过程中，还需要重视促进区域协同融合发展。当前，数字化正引领全球新一轮技术革命与产业变革，大湾区应以"数字化湾区"建设为契机，加快实现区域数字化转型，通过数字技术引领大湾区融合发展。粤港澳大湾区在人工智能、工业互联网、大数据、云计算等数字产业领域起步较早，具有发展数字产业的基础优势。因此，粤港澳大湾区应加快数字商业、数字产业、数字产业基础设施、数字科创体系建设，以数字驱动雁阵模式打造"9＋2"区域融合发展的数字产业集群。在此过程中，还要加强数字产业与区域制造业的匹配能力，在研发设计、生产制造、售后服务等各阶段提升数字产业对于制造业的服务能力与支撑能力，通过促进大湾区数字融合发展助力制造业转型升级。

（3）通过对接"一带一路"倡议，打造区域高水平开放平台。粤港澳大湾区的战略目标是打造世界级大湾区，更高水平、更深层次的对外开放是实现该项战略目标的根本保障。通过对接"一带一路"倡议，结合自身产业优势参与"一带一路"建设，打造区域高水平开放示范平台，在高水平开放中倒逼制造业进行市场化改革。在此过程中，要重点推进珠三角地区融入全球制造业价值链体系，扩大粤港澳大湾区制造业与国际之间的产能与项目合作，提升制造业国际竞争力。粤港澳大湾区在对接"一带一路"倡议时，可重点从以下两方面实施：①促进国际产能合作。粤港澳大湾区应结合自身优势产业，积极与"一带一路"沿线国家和地区开展产能合作，产能合作重点应围绕人工智能、机械装备、电子信息等领域，打造区域高水平开放平台。具体来看，可以珠海、佛山为龙头建设珠江西岸先进装备制造产业带，以深圳、东莞为核心在珠江东岸打造具有全球影响力和竞争力的电子信息等世界级制造业产业集群，同时发挥香港、澳门、广州、深圳创新研发能力强、运营总部密集以及珠海、佛山、东莞等地产业链齐全的优势，增强大湾区产业横向对接，提升区域协作发展水平，推动粤港澳大湾区与"一带一路"沿线国家和地区的产能合作，形成高效衔接、分工明确的区域产业体系。②注重制度软实力输出。粤港澳大湾区涵盖了香港自由港、广东自贸区，又包含一系列的综合保税区、保税港区、国家新区、国家自主创新示范区、国家高新技术开发区等多层次创新载体和新型制度体系，通过制度创新为促进大湾区各城市之间产业协同发展、制造业与现代服务业融合发展提供了重要的机制保障。基于此，粤港澳大湾区应充分借助"一带一路"倡议，加快输出新型产业制度体系，将制度软实力输出作为粤港澳大湾区参与"一带一路"建设的重要内容，为我国与"一带一路"沿线国家开展区域产业转移、国际产能合作提供制度机制保障。例如，可通过输出"自由港＋自贸区＋产业园区"的创新制度体系，为"一带一路"沿线国家完善顶层设计，布局现代产业体系，聚焦产业园区，加快制造业转型升级进程，提供重要的技术经验和制度经验。

综上所述，粤港澳大湾区作为推动我国制造业转型升级的重要引擎，对于推动我国制造业迈向全球价值链中高端具有重要作用。从行业视角看，引领粤港澳大湾区制造业转型升级的重点是发展智能制造产业，加快实现人工智能与制造业的融合发展。从区域视角看，带动粤港澳大湾区制造业转型升级的重点是对区域产业进行合理分工，提升资源配置效率，具体通过打造珠三角内陆地区为制造业产业示范集聚区，通过香港、澳门、深圳加强制造业的国际合作。从新产业、新业态、新模式视角看，粤港澳大湾区在建设发展过程中要注重制造业与服务业协同发展，具体可以通过构造长效机制、投建信息平台及打造功能示范区等多种路径实现。

6.1.4 基于"自贸区"建设领动的制造业转型升级路径

自贸试验区（港）是我国新一轮改革开放的重要阵地，其基本功能定位是打造集贸易、投资、金融等领域开放、创新于一体的综合改革试验区，全面对接国际贸易规则、全面提升区域治理能力；自贸试验区（港）作为国家经济发展的试验田，主要任务是通过制度创新引领新一轮改革开放的制度机制，探索扩大对外开放的路径方法，深入推进投资自由化便利化，形成可复制、可推广的成果与经验；建立与国际投资、贸易通行规则相匹配的基本制度框架，打造与国际市场高度接轨的营商环境，提高境外投资合作水平，充分激发市场主体的活力。

自 2013 年 9 月起，国务院先后批复成立了中国（上海、广东、天津、福建、辽宁、浙江、河南、湖北、重庆、四川、陕西、海南、山东、江苏、广西、河北、云南、黑龙江）自由贸易试验区共 18 个。至 2019 年 8 月，随着第五批山东等六个自由贸易试验区的设立，标志着我国开放型经济新体制已由局部发展迈向全面深化开放建设的新阶段，至此我国的自由贸易试验区从整体看已经形成了由点到面的 "1 + 3 + 7 + 1 + 6" 的全方位的开放试点格局。综合 "一带一路" 倡议、长江经济带、东北老工业基地振兴、粤港澳大湾区、两岸经济合作、京津冀一体化、中部崛起、西部大开发等一系列国家重大发展战略，我国已经形成了从沿海到内地、从东部到中西部，差异化、立体化的开放型经济制度改革试验区。

目前，我国自贸试验区区间分布与空间优化已基本形成，初步形成 "南北对照、东西接壤、陆海联动" 的基本格局，18 个自贸试验区分别依照国家战略定位，结合本地区的资源禀赋、产业基础等要素具体制定了发展目标以及片区的功能划分，如上海自贸试验区凭借上海作为我国经济、金融、贸易、航运、科技创新中心的优势，其主要战略定位就是对标国际上公认的竞争力最强的自由贸易园区，以金融创新为核心，聚焦投资贸易自由化，加快实现成为我国对外开放程度最高的区域，未来成为我国深度融入经济全球化的重要载体。如表 6 - 6 所示。

表 6 - 6   我国自贸试验区的实施范围与战略定位

试验区	实施范围	战略定位
上海	实施面积 240.2 平方千米，涵盖上海外高桥保税区、上海外高桥保税物流园区等 4 个海关特殊监管区域；陆家嘴金融片区；金桥开发片区；张江高科技片区；临港新片区	对标国际公认的竞争力最强的自由贸易园区，继续积极大胆闯、大胆试、自主改，建立以投资贸易自由化为核心的制度体系，力争建设成为开放度最高的投资贸易便利、货币兑换自由、监管高效便捷、法制环境规范的自由贸易园区。建设具有国际市场竞争力的开放型产业体系，打造一批更高开放度的功能型平台，集聚一批世界一流企业，区域创造力和竞争力显著增强，未来成为我国深度融入经济全球化重要载体

试验区	实施范围	战略定位
广东	实施面积 116.2 平方千米，涵盖三个片区：广州南沙新区片区、深圳前海蛇口片区、珠海横琴新区片区	依托港澳、服务内地、面向世界，将自贸试验区建设成为粤港澳大湾区深度合作示范区、21 世纪"海上丝绸之路"重要枢纽和全国新一轮改革开放先行地
天津	实施面积 119.9 平方千米，涵盖三个片区：天津港片区、天津机场片、滨海新区中心商务片区	努力成为京津冀协同发展高水平对外开放平台、全国改革开放先行区和制度创新试验田、面向世界的高水平自由贸易园区
福建	实施面积 118.04 平方千米，涵盖三个片区：平潭片区、厦门片区、福州片区	围绕立足两岸、服务全国、面向世界的战略要求，充分发挥改革先行优势，营造国际化、市场化、法治化营商环境；充分发挥对台优势，率先推进与台湾地区投资贸易自由化进程，把自贸试验区建设成为深化两岸经济合作的示范区
辽宁	实施面积 119.89 平方千米，涵盖三个片区：大连片区、沈阳片区、营口片区	加快市场机制改革、积极推动结构调整，努力将自贸试验区建设成为提升东北老工业基地发展整体竞争力和对外开放水平的新引擎
浙江	实施面积 119.95 平方千米，涵盖三个片区：舟山离岛片区、舟山岛北部片区、舟山岛南部片区	将自贸试验区建设成为东部地区重要海上开放门户示范区、国际大宗商品贸易自由化先导区和具有国际影响力的资源配置基地
河南	实施面积 119.77 平方千米，涵盖三个片区：郑州片区、开封片区、洛阳片区	加快建设贯通南北、连接东西的现代立体交通体系和现代物流体系，将自贸试验区建设成为服务于"一带一路"建设的现代综合交通枢纽、全面改革开放试验田和内陆开放型经济示范区
湖北	实施面积 119.96 平方千米，涵盖三个片区：武汉片区、襄阳片区、宜昌片区	立足中部、辐射全国、走向世界，努力成为中部有序承接产业转移示范区、新兴产业和高技术产业集聚区、全面改革开放试验田和内陆对外开放新高地
重庆	实施面积 119.98 平方千米，涵盖 3 个片区：两江片区、西永片区、果园港片区	全面落实发挥重庆战略支点和连接点重要作用、加大西部地区门户城市开放力度的要求，努力将自贸试验区建设成为"一带一路"和"长江经济带"互联互通重要枢纽、西部大开发战略重要支点
四川	实施面积 119.99 平方千米，涵盖三个片区：成都天府新区片区、成都青白江铁路港片区、川南临港片区	立足内陆、承东启西，服务全国、面向世界，将自贸试验区建设成为西部门户城市开发开放引领区、内陆开放战略支撑带先导区、国际开放通道枢纽区、内陆开放型经济新高地、内陆与沿海沿边沿江协同开放示范区

续表

试验区	实施范围	战略定位
陕西	实施面积 119.95 平方千米,涵盖三个片区:中心片区、西安国际港务区片区、杨凌示范区片区	全面落实党中央、国务院关于更好发挥"一带一路"建设对西部大开发带动作用、加大西部地区门户城市开放力度的要求,努力将自贸试验区建设成为全面改革开放试验田、内陆型改革开放新高地、"一带一路"经济合作和人文交流重要支点
海南	自贸试验区的实施面积为海南岛全岛	围绕建设全面深化改革开放试验区、国家生态文明试验区、国际旅游消费中心和国家重大战略服务保障区,实行更加积极主动的开放战略,加快构建开放型经济新体制,推动形成全面开放新格局,把海南打造成为我国面向太平洋和印度洋的重要对外开放门户
山东	实施面积 119.98 平方千米,涵盖三个片区:济南片区、青岛片区、烟台片区	围绕加快推进新旧发展动能接续转换、发展海洋经济,形成对外开放新高地,提出了培育贸易新业态新模式、加快发展海洋特色产业和探索中日韩三国地方经济合作等方面的具体举措
江苏	实施面积 119.97 平方千米,涵盖三个片区:南京片区、苏州片区、连云港片区	围绕打造开放型经济发展先行区、实体经济创新发展和产业转型升级示范区,提出了提高境外投资合作水平、强化金融对实体经济的支撑和支持制造业创新发展等方面的具体举措
广西	实施面积 119.99 平方千米,涵盖三个片区:南宁片区、钦州港片区、崇左片区	围绕建设西南、中南、西北出海口,面向东盟的国际陆海贸易新通道,形成 21 世纪"海上丝绸之路"和"丝绸之路"经济带有机衔接的重要门户,提出了畅通国际大通道、打造对东盟合作先行先试示范区和打造西部陆海联通门户港等方面的具体举措
河北	实施面积 119.97 平方千米,涵盖四个片区:雄安片区、正定片区、曹妃甸片区、大兴机场片区	围绕建设国际商贸物流重要枢纽、新型工业化基地、全球创新高地和开放发展先行区,提出了支持开展国际大宗商品贸易、支持生物医药与生命健康产业开放发展等方面的具体举措
云南	实施面积 119.86 平方千米,涵盖三个片区:昆明片区、红河片区、德宏片区	围绕打造"一带一路"和长江经济带互联互通的重要通道,建设连接南亚、东南亚大通道的重要节点,推动形成我国面向南亚、东南亚辐射中心,开放前沿,提出了创新沿边跨境经济合作模式和加大科技领域国际合作力度等方面的具体举措

续表

试验区	实施范围	战略定位
黑龙江	实施面积 119.85 平方千米，涵盖三个片区：哈尔滨片区、黑河片区、绥芬河片区	围绕深化产业结构调整，打造对俄罗斯及东北亚区域合作的中心枢纽，提出了加快实体经济转型升级、推进创新驱动发展和建设面向俄罗斯及东北亚的交通物流枢纽等方面的具体举措

资料来源：笔者根据各地区自由贸易试验区实施总体方案整理所得。

通过对 18 个自贸试验区发展定位、功能划分进行归纳整理可发现，各自贸区均将制造业作为拉动自贸试验区建设的重要组成部分。如上海自贸试验区将制造业作为重点功能承载区；广东自贸试验区重点发展高端制造等产业，打造以生产性服务业为主导的现代产业新高地等。基于此，提出以下三条路径来推动制造业转型升级：①通过打造产业示范集聚区，促进制造业转型升级；②通过优化自贸区营商环境，倒逼制造业转型升级；③通过培育区域创新试验体系，驱动制造业转型升级。

（1）通过打造产业示范集聚区，促进制造业转型升级。

自贸区的持续健康发展离不开贸易、金融、咨询、物流等现代服务业的支持作用，同时更离不开先进制造产业的实体支撑，促进自贸区先进制造业与现代服务业的协同发展与深度融合，是推动自贸区高质量发展的必然选择。通过对我国 18 个自贸区重点支持发展的相关产业进行归纳整理后发现，以高新技术、战略新兴产业为代表的制造业是我国现阶段各自贸区在产业体系的重要构成，如表 6-7 所示，各自贸区正加快打造以高新技术、战略新兴产业为代表的先进制造产业集聚示范区，带动周边产业协同发展。

表 6-7 我国自贸区制造业与国家战略匹配分布情况

自贸区	支持服务国家战略	具体实施片区与规划布局
上海	长江经济带	临港新片区：重点建设集成电路（芯片）、智能制造、生物医药、航空航天、新材料等为代表的新兴战略产业，打造以关键核心技术为突破口的前沿产业集群
	长江三角洲	金桥开发片区：重点发展电子信息、汽车及零部件、现代家电、生物医药等支柱产业，打造全国制造业示范区
广东	粤港澳大湾区	南沙新区片区：重点建设以生产性服务业为主导的现代产业新高地

续表

自贸区	支持服务国家战略	具体实施片区与规划布局
天津	京津冀一体化	天津机场片区：重点发展航空航天、装备制造、新一代信息技术等高端制造业和研发设计、航空物流等生产性服务业
福建	两岸合作	福州片区：重点建设制造业基地
辽宁	东北老工业基地	大连片区：重点发展先进装备制造、高新技术、循环经济等产业
		沈阳片区：重点发展装备制造、汽车及零部件、航空装备等制造业，建设具有国际竞争力的先进装备制造业基地
		营口片区：重点发展新一代信息技术、高端装备制造等新兴产业，建设区域性国际物流中心和高端装备制造、高新技术产业基地
浙江	长江经济带	舟山岛北部片区：石油石化产业配套装备制造
		舟山岛南部片区：重点发展航空制造、零部件物流、研发设计及相关配套产业
河南	中部崛起	洛阳片区：重点发展装备制造、机器人、新材料等高端制造业以及研发设计，提升装备制造业转型升级能力和国际产能合作能力，打造国际智能制造合作示范区
		郑州片区：重点发展智能终端、高端装备及汽车制造、生物医药等制造业
湖北	长江经济带	武汉片区：重点发展新一代信息技术、生命健康、智能制造等新兴产业
		襄阳片区：重点发展高端装备制造、新能源汽车
	中部崛起	宜昌片区：重点发展先进制造、生物医药、电子信息、新材料等高新产业及研发设计
重庆	长江经济带	两江片区：着力打造高端产业与高端要素集聚区，重点发展高端装备、电子核心部件、云计算、生物医药等新兴产业
	西部大开发	西永片区：着力打造加工贸易转型升级示范区，重点发展电子信息、智能装备等制造业及保税物流中转分拨等生产性服务业
四川	长江经济带	成都天府新区：重点发展高端制造业、高新技术等产业，建设国家重要的现代高端产业集聚区、创新驱动发展引领区
	西部大开发	川南临港片区：重点发展装备制造、现代医药、食品饮料等先进制造和特色优势产业
陕西	西部大开发"一带一路"	中心片区：重点发展新兴产业和高新技术产业，着力发展高端制造产业
海南	"一带一路"	海南自贸区：重点发展新能源汽车制造，深化高新技术产业对外开放

续表

自贸区	支持服务国家战略	具体实施片区与规划布局
山东	中日韩经济伙伴	烟台片区：重点发展高端装备制造、新材料、新一代信息技术、节能环保、生物医药和生产性服务业，打造中韩贸易和投资合作先行区、海洋智能制造基地
江苏	长江经济带	南京片区与苏州片区：发展前瞻性先导性产业，建设下一代互联网国家工程中心，探索开展高端装备绿色再制造试点
广西	"一带一路"	钦州港片区：重点发展绿色化工、新能源汽车关键零部件、电子信息、生物医药等产业 南宁片区：大力发展新兴制造产业
河北	京津冀一体化	雄安片区：重点发展新一代信息技术、现代生命科学和生物技术等产业 正定片区：重点发展高端装备制造等产业
云南	"一带一路" 西部大开发	昆明片区：加强与空港经济区联动发展，重点发展高端制造、数字经济、总部经济等产业
黑龙江	东北老工业基地	哈尔滨片区：重点发展新一代信息技术、新材料、高端装备、生物医药等新兴产业

资料来源：笔者根据各地区自由贸易试验区实施总体方案整理所得。

先进制造产业示范集聚区的重点发展对象是高新技术企业、先进制造企业等。相比其他制造业，制造业经济效益和社会效益更优，资源利用效率更佳，与现代服务业的融合更好，更容易发挥产业集聚效应，同时有效带动产业快速转型升级。参考国内外建设高标准先进制造产业示范集聚区的成果经验，同时结合我国现阶段产业转型升级的发展实际，综合认为打造产业示范集聚区，促进制造业转型升级应重点从以下三方面落实：

第一，打造集聚区先进制造产业链体系。产业示范集聚区可按照"产业集群化、企业品牌化、园区特色化"的定位，以技术引领为核心，以项目建设为载体，围绕主导产业、特色产业打造先进制造企业集群，不断提升集聚区内高新技术企业、先进制造企业的集聚度。在此过程中，应加快配套集聚区相关基础设施的发展，重点推进先进制造企业有关的基础原材料和零部件配套区域布局建设，孵化培育园区产业链上、中、下游制造企业，促进制造业与产业价值链的上下游企业协同发展，逐步完善集聚区先进制造产业链体系，进一步发挥集聚区制造业全产业链优势。如山东自贸区烟台片区积极结合自身产业优势，重点在海工装备整体方案设计、融资租赁、全球保税维修再制造和系统集成服务等领域加快探索，重点建设海工高端装备制造全产业链城市；湖北自贸区武汉片区积极吸引科大讯飞、上海联影、小米等一批光通信领域重点企业落户，全力打造中国通信领域最大的技术研发、生产制造、系统服务综合基地。目前已初步完成"芯、屏、端、网"全产业链布局，正加快打造超万亿产值的世界级产业集群。

第二，探索集聚区新技术、新业态、新模式。各自贸区在发展建设过程中，应结合自身产业优势、政策优势与战略定位，重点在对外贸易、产能合作、成果转化等关键领域探索产业发展新技术、新业态、新模式，推动自贸区产业链由外延式增长向内涵式增长转变。在对外贸易方面，可依托自贸区政策优势积极打造先进制造企业的对外出口平台，探索运用区块链、工业互联等新技术、新平台促进制造业跨境贸易发展，如目前上海自贸区临港新片区尝试将区块链技术应用到制造业跨境贸易业务。在成果转化方面，集聚区先进制造企业可通过承接国家重大科技成果转化项目，借助应用示范工程和项目，促进高新技术、战略新兴产业优秀成果在自贸区转化及产业化，不断壮大制造产业集群。在产能合作方面，自贸区可通过设立发展基金，推动制造企业"走出去""引进来"，支持集聚区内高新技术领域的国际产能合作，鼓励自贸区相关企业推广、应用"两国双园""第三方市场"等国际产能合作新模式。

第三，推动集聚区产业融合发展。应积极结合自贸区现代服务业体系的重要支撑作用，促进金融、投资、物流、信息、科技等现代服务业与制造产业链体系的深度融合与协同发展，提升制造企业在研发、设计、生产、营销、供应链等环节的综合效率，借助生产性服务业对制造业的跟随效应，推动优质创新资源向新兴产业、高新技术企业集聚，构建自贸区内完整的制造产业生态链。例如，上海自贸区临港新片区重点集聚发展集成电路、人工智能、生物医药和航空航天四大重点产业，围绕高端"研发＋制造＋服务"布局，着力提升技术创新与服务产业的融合能力，在新片区内构建完善的上、中、下游产业体系，通过承接高端研发项目的产业化需求，形成完善的区域产业链、创新链和生态链。

（2）通过优化自贸区营商环境，倒逼制造业转型升级。自贸区建设要主动对标世界经济体，以满足企业的实际需求为目标，不断优化改善自贸区营商环境，为制造业转型升级提供动力。通过借鉴世界经济体发展经验可知，"国际化、便利化、法治化"是评价自贸区营商环境的三个重要指标，评价自贸区营商环境是否成熟的重要标志就是看其是否实现国际化、便利化、法治化；同时通过实现"三化"，可以加快形成自贸区的倒逼机制，驱动制造企业转型升级，提升其国际竞争力。

第一，推动营商环境国际化，提升企业国际竞争力。实现自贸区营商环境国际化，应建立符合国际惯例与 WTO 规则的市场经济运行机制和体系，实现与国际准则标准统一，通过对标国际贸易投资规则，实现放宽市场准入、自由贸易区建设、内外联动与双向开放等体制机制创新。此外，应全面推行"准入前国民待遇"＋"负面清单管理"制度，完善外资安全审查机制，营造公平、透明、法治和稳定的营商环境，同时组织开展营商环境评价工作，做好与国际接轨、与世界前沿对标的工作，建立客观公正的营商环境评价指标体系。营商环境国际化会吸引境外大量具有国际竞争力的先进制造企业入驻自贸区，带来产业集聚的同时也会加快形成行业竞争，倒逼境内相关企业产品研发和质量提升。

第二，实现营商环境法治化，促进企业公平竞争。营商环境法治化，首先应加快出台相关法律，为自贸试验区的建设和发展提供有力的立法保障，同时各地方政府应积极出台自贸区条例，通过制度条例保障市场主体经营自主权，保障境外投资者权益。其次应认真落实负面清单管理制度，真正做到"法无禁止即可为，法无授权不可为"，禁止自贸区出现政府保护、政府补贴等现象。最后应加快推进自贸区知识产权法院和金融法院建设，应进一步加强国际商事纠纷审判组织建设，明确规定允许境外知名仲裁机构和争议解决机构设立业务机构，就国际商事、投资等领域发生的民商事争议，为自贸区开展改革试点、制度创新和吸引外资等工作提供更坚实的法治保障。

与此同时，实施营商环境法制化会助力营造公开、公正、透明的营商环境，保障市场主体的合法权益，特别是对自贸区企业的知识产权保护，切实增加企业在自贸区经营的安全感与认同感，加速打造守法诚信示范区，把信用等级作为企业享受优惠政策和制度便利的重要依据，同时通过实施失信名单披露、市场禁入和退出制度，倒逼自贸区相关经营主体依法依规经营，倒逼自贸区内企业重视提升产品质量、主动树立知识产权保护意识，通过诚信经营带动企业建立良好的交流合作，促进自贸区良性发展；同时避免自贸区出现强制性技术转让、垄断市场价格等破坏市场公平竞争秩序的行为。

第三，促进营商环境便利化，保障企业高效率运营。营商环境便利化主要强调自贸区内金融、贸易、投资等重要领域要对接国际标准简化流程，提升自贸区内服务质量与执行效率。具体来看，实现营商环境便利化，首先，应借鉴国际通行的金融监管规则，进一步简化自贸区优质企业跨境人民币业务办理流程，推动跨境金融服务便利化；其次，鼓励自贸区使用"单一窗口"模式，通过信息化平台实现全流程办理，为从事相关业务的企业提供"一站式"便捷高效服务；此外在商事登记制度方面全面推行"证照分离"，实现"一门式"审批、"一网式"办理，提升运营效率。与此同时，实施营商环境便利化会提升自贸区企业的经营效率，优化相关企业在涉及投资、贸易、金融等领域的业务流程，减少企业非经营领域的资源投入，缩短企业审批等候时间，切实提升自贸区企业经营过程中的便利度，倒逼自贸区高新技术企业、制造企业聚焦自己的核心业务，倒逼自贸区相关企业通过转型升级带动效率提升。

（3）通过培育区域创新试验体系，驱动制造业转型升级。自贸试验区的使命不仅是促进贸易与投资，更需要借助自贸试验区的发展为技术创新、制度创新、服务创新、管理创新提供新路径，不断扩大自贸区创新试点区域，不断拓展自贸区创新试点内容，以高水平开放倒逼深层次改革创新，提升我国制造业国际竞争力，推动制造业转型升级。具体来看，打造区域创新试验体系，应重点做好以下三方面的内容：

第一，加速自贸区制度创新建设。自贸区建设的核心任务是制度创新，自贸区是制度创新的高地，不是优惠政策的洼地，自贸区需要依靠制度创新激发市场活力。因此，应重点发挥自贸试验区"先行先试""允许试错"的政策优势，积极开展以"体制创新"为抓手的创新驱动探索，以先进制造和高端生产要素集聚为目的的产业转型升级探索，加快形成一批可复制、可推广的新制度。应重点促进产业要素合理流动与高效集聚、平衡产业政策与竞争中性原则、实现金融市场的开放创新等。积极培育新产业、新业态、新模式，推动自贸区内先进制造企业的高质量发展，实现高质量发展和制度创新的相互促进、有机统一。如上海自贸区金桥片区结合自身产业优势，重点探索自贸试验区制造业的体制机制与政策环境的创新，通过建立"引进项目准入机制""重点产业项目清单制度"等管理方式，重点在制造领域形成可复制、可推广的经验，已经初步集聚了一批围绕工业运用、医疗康复等领域的先进制造企业，形成了以工业互联网和机器人为核心的产业群。

第二，实现自贸区"双自"联动发展。通过对目前我国批准建设的18个自贸试验区进行整理后不难发现，大多数自贸试验区及组成片区基本都是国家自主创新示范区，基于此，应充分结合自贸试验区与自主创新示范区的资源优势，大力推进自贸区和自主创新示范区"双自"联动发展，更好地发挥两大国家战略的叠加效应，培育自贸区制造高质量发展的创新引擎，形成相互支持、相互促进的放大效应。例如，湖北自贸区武汉片区全域位于中国光谷核心区域，与武汉东湖国家自主创新示范区重叠交融。武汉片区结合自身区域优势，重点推动国家自贸试验区和国家自主创新示范区有机结合、联动发展，将"制度创新与技术创新联动"作为区域的产业资源发展优势，通过"双自联动"设立政府投资引导基金，重点支持片区内新兴产业项目，促进新兴产业和高技术产业向自贸试验区集聚。

第三，培育自贸区孵化育成体系。自贸试验区应结合创新驱动的资源优势与政策优势，重点打造自贸区内高效的孵化育成体系，鼓励高新技术企业、高校、科研机构、质量检测、信息咨询机构等各类主体，在产业示范集聚区建设专业孵化器，促进科技成果转化应用，促进集聚区"产学研用"体系不断完善，促进集聚区内制造业的快速发展。如中国（福建）自由贸易试验区福州片区成立了制造业综合技术服务中心，为片区先进制造企业提供涉及电子、电气、机械、轻工、环保等各个专业领域的技术诊断、技术改进建议、技术改进方案实施和技术改进效果验证等系列技术服务，内容包括产品检测、质量认证等，同时服务中心还为自贸区企业提供了一站式出口认证检测服务，有效提升了制造业企业的成果转化能力。

新时期我国将自贸试验区建设作为一项重要的国家战略，目前国务院已规划批准18个自由贸易试验区开展建设，其重要目的在于通过自贸区发展探索制度创新，努力形成可复制、可推广的制度成果，推动中国经济全面适应并逐渐引领世界经济全球化发展。在自贸区产业构成中，高新技术产业与制造业是重要组成部分与重点发展方向，对于带动自贸区持续健康发展意义重大。促进自贸区高新技术产业与制造业的快速发展与转型升级，积极发挥引领示范效应，首先需要发挥高新技术产业集聚区的作用，通过集聚区以点带面，实现协同发展；其次通过优化自贸区的营商环境，加速自贸区建设的国际化、法制化、便利化，促进形成倒逼机制带动产业转型升级；最后通过构造开放型金融体系，支持高新技术等相关企业的金融需求，保障企业转型升级的顺利实施。

6.2　产业层面的转型升级路径设计

制造业转型升级是我国建设制造强国的重要保障。"十三五"以来，我国制造业在开放合作新模式、培育发展新动能等方面成效显著，仍面临关键技术创新能力匮乏，云计算、物联网等信息技术应用不足，高端要素分散，资源严重消耗等问题。针对上述问题，从产业层面出发，基于产业发展理论、“微笑曲线”理论等，结合我国制造业高端化、智能化、服务化、绿色化转型升级目标及任务，为制造业转型升级路径设计以下四条：①基于新兴产业带动的制造业转型升级路径；②基于“两化融合”的制造业转型升级路径；③基于“两业融合”的制造业转型升级路径；④基于“绿色可持续”的制造业转型升级路径。路径如图6-4所示。

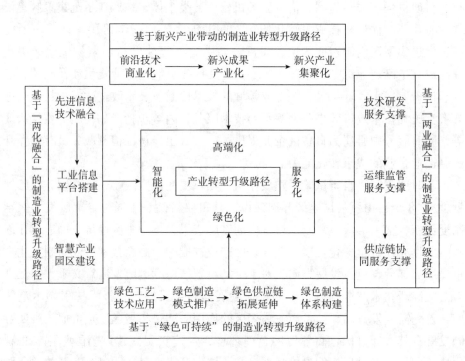

图6-4　制造业转型升级路径设计

资料来源：笔者绘制。

6.2.1　基于“新兴产业带动”的制造业转型升级路径

新兴产业是指以重大技术突破和重大发展需求为基础，推动产业结构转换和实现未来经济持续增长，具有知识技术密集、成长潜力大、综合效益高等特征的节能环保产业、新一代信息技术产业、生物产业、高端装备制造业、新能源产业、新材料产业、新能源汽车产业、数字创意产业。新兴产业作为引领我国制造业转型升级的"核高基",一直受到国家的高度重视,2016~2016年,国务院和国家知识产权局分别印发了《"十三五"国家战略性新兴产业发展规划》《专利优先审查管理办法》《知识产权重点支持产业目录(2018年本)》。如表6-8所示。其中,《"十三五"国家战略性新兴产业发展规划》提出到2020年,新兴产业增加值占GDP的15%,形成新一代信息技术、高端制造、数字创意、生物、绿色低碳5个产值规模10万亿元级的新支柱。2018年我国新兴产业增长8.9%,增速高于全部规模以上工业2.7个百分点。因此,设计基于"新型产业带动"的制造业转型升级路径,具体包括:①基于高新技术商业化带动的产业升级路径;②基于新兴成果产业化带动的产业升级路径;③基于新兴产业集聚化带动的产业升级路径。

表6-8　培育与发展新兴产业相关文件

发文部门	时间	文件名称	主要内容
国务院	2016年	《"十三五"国家战略性新兴产业发展规划》	把新兴产业摆在经济社会发展更加突出的位置,大力构建现代产业新体系,推动经济社会持续健康发展
国家知识产权局	2017年	《专利优先审查管理办法》	决定对国家重点发展的新兴产业,在专利申请或专利复审中给予优先审查,力求快速高效地突破"卡脖子"关键技术领域
国家知识产权局	2018年	《知识产权重点支持产业目录(2018年本)》	就新兴产业相关的产业充分发挥知识产权的支撑保障作用,推动产业转型升级和创新发展

资料来源:笔者整理所得。

(1)基于前沿技术商业化带动的产业升级。新兴产业可通过发挥核心、高端、基础("核高基")的作用,带动我国制造业高端化转型升级。①加快前沿核心技术商业化,打破产业对外技术依赖局面。通过筛选对外依赖程度高的核心前沿技术,制造相应的商业发展规划(如第五代移动通信技术商业发展规划、工业智能机器人商业发展规划等),明确技术商业化的重要性和紧迫性,以填补我国制造业在前沿高端技术方面的空缺,弥补产业因技术不足造成的缺陷,提升产业发展质量,实现产业转型升级。例如,我国电子信息产业通过实施国家科技重大专项计划,突破核心电子器件关键核心技术,并快速进行商业化,从而降低了生产制造成本,提升了我国电子信息产业核心竞争力,为产业转型升级提供有力支撑。②营造良好的技术转让环境，提升高端通用技术商业化绩效。良好的技术转让环境是实现高端通用技术商业化不可或缺的组成部分。通过搭建跨界技术转让平台，规范市场秩序，营造良好的技术转让环境，使更多的关键、核心、共性技术推广至制造业，提升高端通用技术商业化绩效。在创新合作的发展环境下，可通过鼓励规则开展的技术合作，促进产业链条附加值提升和技术转让效益提升，驱动制造业转型升级。③巩固前沿基础技术商业化优势，打造产业降本增效新支柱。技术和市场是产业发展的两个关键要素。前沿基础技术的研发与应用是推动制造业发展的内在动力，以基础前沿技术或主导产品为基点，巩固和发展一批专门从事基础前沿技术研发的新兴产业链，提升前沿基础技术研发强度，再通过营造良好的技术转让环境，将这些技术快速应用到制造业企业的产品中。这种方式的好处在于制造业企业无须专门设立基础技术研发部门，雇用基础技术研发人员，可以直接从外部购买，以加速产品更新换代的步伐，降低企业的研发与运营成本，提升生产制造效益，推动制造业高端化发展。可通过引导新兴产业企业全面认识基础前沿技术商业化的实现过程，找准基础前沿技术应用的市场，充分发挥市场在资源配置中的决定性作用，科学分析市场需求，加快基础前沿技术商业化的步伐，保障制造业高端化转型升级目标的实现。例如，针对关键核心技术，支持优势新兴产业企业开展政产学研用联合攻关，突破关键基础材料、核心基础零部件、先进基础工艺、产业技术基础（以下简称"四基"）的工程化、产业化瓶颈。支持一批具有自主知识产权，具备工程化、产业化示范效应的"四基"项目开展商业化示范应用，支持核心关键基础材料、核心基础零部件、先进基础工艺的首批次或跨领域商业化应用。

（2）基于新兴成果产业化驱动的产业升级。新兴成果产业化作为连接科技创新源头与制造业发展的桥梁，是实现科技成果转化为现实生产力的重要纽带、是提高产业自主创新能力的关键环节，对推动技术进步、实现制造业高端化转型升级具有重要的意义。可通过提升新兴产业的新兴成果产业化效率和产出绩效，带动我国制造业高端化转型升级。①强化产业链核心环节整合力度。可通过制定产业链核心环节整合战略，提升产业集成创新能力和新兴成果产业化效率，充分发挥产业链不同环节创新资源的作用，加强行业间的合作，实现资源的有效整合与新兴成果产出绩效的快速提升，推动制造业转型升级。例如，在电子信息产业中，促成整机企业与集成电路设计企业、软件开发企业、研发机构的合作，促进新兴成果产业化，提升成果产业化效率与提高自主品牌市场份额，用自主知识产权的核心、高端技术成果来打破国外厂商设置的知识产权壁垒和标准陷阱，提高整个产业的国际竞争力，形成一批具有核心竞争力的民族企业，逐步形成自主创新型的成果产业化模式。②发挥新兴成果产业化主体作用。应遵循科技成果转化规律，发挥新兴成果产业化在技术创新决策、投入、研发与产业化等方面的主体作用，采取项目法人机制运作研发项目，推动新兴成果围绕产业和企业需求向应用转化、向产业转化。可通过与高校、科研院所建立密切联系，围绕现实需求和科技前沿，建立产学研协同创新体系，开展产学研协同创新，牵头组织高端应用技术成果研发与产业化。也可通过有效识别市场需求，确立以需求为导向的新兴成果产业化发展方式，提升新兴成果产业化产出绩效。主导产业需要注重促进产业链上下游、大中小企业之间分工协作，加强主体间的耦合互动和相互协调，才能够克服信息和风险不对称制约成果转化运用的客观问题。例如，在面向航空航天、轨道交通、电力电子、新能源汽车等产业发展需求的同时，扩大高强轻合金、高性能纤维、特种合金、先进无机非金属材料、高品质特殊钢、新型显示材料、动力电池材料、绿色印刷材料等规模化应用范围，引导制造业高技术产业进入全球高端制造业产业体系。

（3）基于新兴产业集聚化领动的产业升级。随着新一轮科技革命和产业变革孕育兴起，世界产业格局正发生深刻调整，主要发达国家重新把振兴制造业特别是先进制造业作为战略目标，加快布局新兴产业，抢占未来发展制高点。新兴产业的发展有助于引领制造业技术创新，促进产业结构优化和节能减排，保持可持续发展。我国制造业应立足制造强国战略，优先培育和大力发展一批新兴产业集群，推进互联网、大数据、人工智能与制造业深度融合，促进我国制造业高端化转型升级，推动产业迈向全球价值链中高端。①加快新兴产业集聚发展，形成区域增长新格局。产业集群的构成不是独立的，而是由产业链条健全、专业协作机制完善、竞争力强劲的现代产业体系构成，既有主导产业和其他附属产业的多层次联合发展，又有新兴产业间的相互促进。培育新兴产业集聚发展带动我国制造业高端化转型升级，首先可通过实现各新兴产业的关联、组合发展。其他附属产业的发展要根据自身特色，结合主导产业战略导向，积极做好专业分工和协作配套，延伸产业链条，形成相互依托、相互支持的产业集群。其次可通过各产业园区协调发展。产业园区是集群发展的基本环节，产业集聚区、专业产业园区是集群发展的关键着力点，商务中心区是集群发展的战略重点，各产业园区的协调均衡发展能够加强各新兴产业的联系，形成互促、互动、互补的产业发展格局。②提升产业主体合作关系，优化产业生态环境。我国制造业产业层次和竞争力的提升须依靠科技进步和管理创新，以科技创新破解产业发展的要素性、结构性难题。一方面，可通过加大技术创新投入，支持新兴产业集群内部分企业建设联合研究院、工程技术中心等各类产业技术创新战略联盟，建立以企业为主体、市场为导向、产学研用紧密结合的技术创新体系，为制造业转型升级提供良好的生态环境。另一方面，搭建科技创新公共服务平台。将生产性服务企业重点对行业共性、关键性、前瞻性技术进行联合开发，并探索建立科技租赁公共技术服务平台，面向制造业搞好技术服务，带动其实现高端化转型升级。

6.2.2 基于"两化融合"的制造业转型升级路径

两化融合是指以信息化带动工业化、以工业化促进信息化，走新型工业化道路，其主要以信息技术为支撑，推行智能制造模式。新一代信息技术和先进制造技术的深度融合使得柔性制造、网络制造、智能制造逐渐成为全球制造业发展的重要方向。基于工业和信息化部两化融合服务平台数据，从数字化研发设计工具普及率、工业电子商务普及率、关键工序数控化率、智能制造就绪率等测算我国制造业历年两化融合指数。2012～2018 年，我国制造业两化融合指数由 45.1%增长至 53%，年平均增速达到 2.73%。工业互联网、大数据、人工智能等新一代信息技术加速向制造业各领域渗透。基于此，提出以下三种转型升级路径：①基于先进信息技术融合的产业升级路径；②基于工业信息平台搭建的产业升级路径；③基于智慧产业园区建设的产业升级路径。

（1）基于信息技术融合的产业升级路径。随着 5G 信息技术、工业互联网、云计算等新一代信息技术与制造业深度融合，我国制造业数字化、信息化、智能化发展水平持续提高。

第一，工业互联网与工业云深度融合。随着云计算和大数据的迅速发展，工业互联网与工业云深度融合已成为制造业统一配置资源和协同生产服务，提升整体智能化水平的新范式。工业互联网与工业云深度融合，能为工业全要素链接的枢纽和工业资源配置提供支撑，向上对接工艺优化，向下连接生产设备，驱动制造体系的智能化升级。我国制造业应当立足信息技术演进方向和两化融合发展趋势，注重对工业互联网与工业云的有效利用，全面推动制造业与互联网融合发展，建设面向制造业的云计算、云服务平台，发展云制造。融合"云服务"供应商，如表 6 - 9 所示，如阿里云、华为云等，签约共建"云服务"生态体系。

表6-9 典型工业"云服务"供应商

"云服务"供应商	产品线
微软 Azure	• 计算：主机、PaaS、批处理、RemoteApp • 存储：关系数据库、Redis 缓存、NoSQL 数据库、云存储、混合云存储 • 秘钥保管库、冷备份、数据仓库 • 组网：负载均衡、VPN 网关、DNS 服务、专线连接、虚拟网络、流量管理、公/私云 Bus、BizTalk 混合连接、公网 IP • 应用：AD、身份管理、服务总线、办公 365、在线 CRM • 云中开发：Visual Studio 在线、应用调试 • 信息服务：媒体服务、编码转换、内容保护、CDN、机器学习、流分析
谷歌云平台	• 计算：主机、容器、应用引擎（PaaS） • 存储：对象数据库、Bigtable、NoSQL 数据库、MySQL • 组网：负载均衡、安全互联、DNS 服务 • 大数据：大查询、数据流、消息服务 • 信息服务：翻译、机器学习，RESTful 运维：监控、日志
阿里云	• 组网：网络 VPC、负载均衡、DDoS 高防 IP、云盾渗透测试、云监控 • 存储：关系数据库、缓存数据库、NoSQL 数据库、键值存储、分布式关系型数据库、云存储、CDN、冷存储 • 计算：主机、弹性伸缩计算、大规模分布式计算、采云间、数据库服务 • 应用：云引擎、消息队列、搜索、性能测试、多媒体编码、分布式应用
华为云	• 组网：弹性带宽、IP 地址、vLAN • 计算：主机、镜像 • 存储：云硬盘、对象存储、线下数据传输 • 应用：桌面云、云终端
UCloud	• 组网：网络 UNet、负载均衡 ULB、云开发 UCDN • 存储：云硬盘 UDisk、云数据库 UDB、内存存储 Umem、对象存储 UFile • 计算：主机、混合云 UHybrid • 应用：分布式数据处理、管理 API

资料来源：笔者整理。

第二，物联网与第五代通信技术深度融合。工信部副部长王志军表示，物联网将占到未来 5G 应用的 80%。无线通信信息技术的快速迭代与演进，为物联网规模化发展和新一轮生态布局提供发展动力。在大带宽、低延时、高可靠性的 5G 信息技术支持下，工业机器视觉识别、远程操控等应用场景正变得更加普及。例如，中国商用飞机有限责任公司将 5G + 8K 运用到 C919 大型客机的生产与制造中来提高质量检测效益。运用 5G + 8K 的即时识别技术，用来检测飞机的表面起伏,检测铆钉的漏铆现象,飞机表面有无划痕与凹坑。过去人眼识别时间长、成本高、可靠度低,5G + 8K 技术可有效改善以上问题,提升飞机质量检测效率;5G + AI 技术提升检测效果。飞机复合材料众多,以往复合材料缺陷检验靠无声检测,现在通过 5G + AI 技术检测系统,提升检测效果,提高产品质量。

我国制造业也可借助物联网与 5G 信息技术的融合,发展如图 6 - 5 所示的工业物联网,通过利用工业互联网进行产品信息采集分析、产业资源灵活配置、生产流程实时监控和帮助制造业企业快速适应产业环境,实现产业内部信息的实时分析、精准控制等,提高工业生产的自动化和智能化程度。工业物联网一方面可推动生产流程优化,在产品的整个生命周期进行追踪、控制、预测性数据分析,确定潜在故障风险,从而提前制定预防维护计划,减少设备宕机时间,实现生产节奏平稳运行;另一方面也可通过融入研发设计、生产、销售等各个环节,智能控制生产过程、采集实时参数、管理生产设备与监控产品质量等,提高制造业整体智能化水平,为制造业智能化转型升级提供有力支撑。

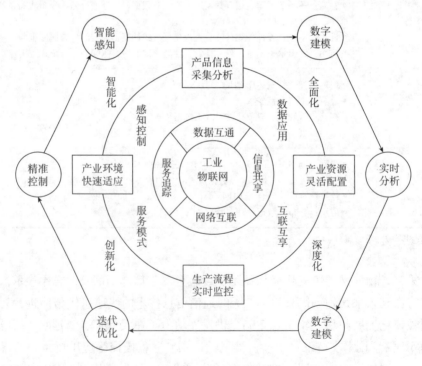

图 6 - 5　工业物联网

资料来源:摘自《2017 工业物联网白皮书》。

（2）基于工业信息平台搭建的产业升级路径。通过搭建工业信息平台，制造业企业就可实现实时监控和调节设备生产状态，优化生产过程和库存，实现需求与供给之间的实时匹配，降低运营成本。①搭建工业互联网平台。可基于云计算、大数据等信息技术，在制造业上下游之间搭建具有强大的数据传输、存储和处理能力的工业互联网平台，突破内外部创新信息共享不足、应用水平低等障碍，有效提升制造业协同创新水平，为制造业的智能化转型升级提供有力支撑。例如，通过工业互联网平台开展创新融合试点，推动制造企业开展柔性制造、大规模个性定制等制造模式创新试点，促进制造模式向基于消费者个性需求的新模式转变。依托工业互联网平台打造的数字化朋友圈，帮助制造业实现从设备、系统到厂区、地区的跨越式互联互通，以低成本、高效率的方式帮助产业从信息化到全面数字化转型，进而为制造业智能化转型升级提供关键支撑。②搭建制造业"双创"平台。工业和信息化部于 2017 年 8 月印发了《制造业"双创"平台培育三年行动计划》，提出到 2020 年底，围绕"双创"平台要素汇聚、能力开放、模式创新、区域合作四个领域分别培育 100 个试点示范项目，重点行业骨干企业互联网"双创"平台普及率超过 85%，制造业"双创"平台成为带动制造企业提质增效，引领制造业转型升级，促进就业增长，加快数字经济发展的重要载体，成为培育壮大新动能、改造提升传统动能，提高全要素生产率、变革生产关系，推动经济保持中高速增长、产业迈向中高端水平的强大引擎（中华人民共和国工业和信息化部），截至 2017 年 6 月底，我国制造业骨干企业"双创"平台普及率已达 60%，大中小企业融通发展、集群发展的制造业新生态正在形成。持续推进制造业"双创"平台建设，可开展"双创"平台示范工程，围绕资源高效整合、产业链协同发展、个性化定制、服务型制造、新模式新业态孵化、闲置资源分享六个方向，积极打造基于云平台的大中小企业协同发展"双创"生态。③搭建共性技术和基础条件平台。通过建设信息和数据共享、检验检测服务等创新服务平台和建立科技中介机构发展专项资金，形成多元化的投入机制，用于扶持公共技术服务平台、科技信息平台建设；紧紧围绕重点产业和产业基地建设，努力引进权威检验检测机构和相关的高层次人才，建立与之配套的公共技术服务平台和第三方产品检验检测技术服务平台；充分利用各地的大型仪器设备共享服务平台，为企业自主创新提供服务，并推动区域性或行业性的科技中介服务的网络化建设，使各类科技资源发挥更大的作用。例如，美国通过建设国家制造业创新网络，资助产业共性技术和平台型技术的研发设计与应用，推动制造技术的创新和商业化；日本通过发展平台建设所需的软硬件组合及构建和运用大规模系统的"物联网系统构建技术"等基础性技术，促进物联网系统构建、大数据解析、人工智能等基础条件平台建设。

（3）基于智能制造产业园区建设的产业升级路径。与工业发达国家相比，我国制造产业园区建设在规划布局、产业集聚、产品链协同方面存在明显差距，管理和信息化水平差距更加明显。我国产业园区建设在信息化和智能化方面缺乏顶层设计，企业入驻园区后需自行完成信息化、智能化建设，导致园区管理平台与入驻企业平台无法形成有效链接，缺乏远程、集中控制，信息资源共享难以实现，"孤岛"现象频发。基于此，从园区的建设内容、服务对象和经营组织以及从建设、运营、管理园区的经验和对国内外同类园区的分析研究，得出智能制造产业园区建设应具有"七要素"：①专业运营机构。由政府支持成立一个专业化运营机构，统筹规划整个产业园区的发展目标和经营方向，在企业间发挥枢纽平台作用。②产业培育空间。产业培育孵化空间对建设智慧型产业园区有重要意义。要有一定的空间面积，引入智慧型的制造业产业链上的各种企业、机构。③基础技术平台。包括实验测试、中试基地、科学研究、技术支持、模型制作等公共技术平台。④资源交易市场。研发设计服务、科技创新服务是促进制造业转型升级的重要生产型服务，因此，创新资源交易市场是服务产业发展和研发设计服务与相关产业的对接融合、科技成果转移、跨界知识集成、创新产品推广、金融投资、知识产权保护、法律支持、人才交流所必不可少的要素市场。⑤人才培养基地。人才是制造业产业发展的基础和核心。要构建学习型的知识培训体系，不断提升、完善从业者的知识和实训水平。⑥会议展示场馆。建设一个高水平的会议展示场馆可用于便利园区内制造业企业进行面对面交流，举办产品展览会、商务洽谈会等，有利于提高园区的知名度。⑦宣传推广平台。园区品牌塑造，宣传是关键，提高知名度必须要加强宣传。建立宣传推广阵地，如搭建网站和创办刊物，组织大赛、吸引媒体，扩大宣传影响力。智能制造产业园区的优势在于其构建集"科技研发＋产业苗圃＋孵化器＋加速器＋推广应用"于一体的服务体系。

以南京江北新区智能制造产业园区（以下简称南京智能产业园区）为例。南京智能产业园区通过积极探索江北新区国家产业科技创新中心和国家智能制造新区建设的新思路和新路线，逐渐成为南京高端装备制造业和智能制造发展的先导区。在园两化融合示范企业千余家，如表6－10所示。

表6－10　南京江北新区智能制造产业园区两化融合示范企业

企业名称	智能化转型升级方式	产品或服务
江苏北斗卫星应用产业研究院有限公司	信息技术融合	北斗卫星应用产业研究、检测认证、位置运营服务和关键技术攻关
中车南京浦镇车辆有限公司	建成完善的设计技术、制造技术、产品技术三大技术平台	铁路客车、城轨地铁车辆、动车组、现代低地板有轨电车等高端技术产品
南京聚隆科技股份有限公司	建立设计及模拟验证数据库	高性能改性尼龙、高性能工程化聚丙烯、长玻纤增强复合材料、高性能塑料合金等

资料来源：笔者整理所得。

在工业化和信息化融合背景下，南京智能产业园区通过利用先进信息技术中的工业互联网与工业云融合，将产业定位于轨道交通装备、节能与新能源汽车、智能制造和人工智能、智能制造解决方案等，快速地推动了产业园区内制造业智能化转型升级。轨道交通装备：以动车组、城轨列车、地铁列车、低地板有轨电车等产品为主要发展方向，重点发展列车系统总成、车体、转向架、牵引传动系统、列控系统、门系统、制动系统等细分产业，及其零部件和实验装置的研发、设计、制造、销售、修理、租赁及技术咨询、试验检测和技术服务。依托中车集团浦镇车辆有限公司，加速园区轨道交通产业集聚和智能制造水平提升，积极构建国家乃至全球先进轨道交通装备产业基地。节能与新能源汽车：重点发展纯电动和混合动力新能源乘用车；重点突破动力电池、驱动电机、电控系统、电动转向、电动制动等电动附件等关键零部件核心技术；设立新能源汽车区域性公共科技云服务平台。通过依托南汽集团及其母公司上汽集团，进一步完善园区节能和新能源汽车产业布局，强化技术创新，完善产业链，构建江苏省乃至全国领先的节能和新能源汽车产业聚集区。智能制造和人工智能：注重研发和生产机聚焦弧焊机器人、全自主编程智能工业机器人、人机协作机器人、双臂机器人、重载 AGV、智能型公共服务机器人等机器人应用领域产品及关键零部件产品。人工智能（AI）芯片设计和产品开发：重点引入人工智能领域基础芯片、语音和语义识别、计算机视觉等产品的设计和生产制造企业。人工智能（AI）行业解决方案：重点引入人工智能行业解决方案和相应产品的提供者，包括 AI＋工业、AI＋仓储物流、AI＋安防、智慧城市等不同应用的产品或解决方案。智能制造解决方案：大力发展三类智能制造解决方案服务企业、机构，一是既具有智能制造核心硬件、软件等产业支撑，又具备建设智能制造工厂、数字化车间、智能化物流等规划能力、设计能力和建设能力的综合性系统方案解决者；二是具备建设智能制造工厂、数字化车间、智能化物流的规划能力、设计能力和建设能力的系统方案解决者；三是具备建设智能制造工厂、数字化车间、智能化物流的规划能力和设计能力的系统方案解决者。

南京智能产业园区通过搭建工业信息平台获得了以下产业优势：智能制造产业集群优势明显。南京智能产业园区与周边的生物医药谷、产业技术研创园、软件园、卫星应用产业园、集成电路产业基地（台积电、清华紫光）、新材料产业基地（南京化学工业园区）等利用已建成的工业云平台形成良性融合互动，形成了以智能制造、智能设计、智能物流为主的成熟的大智能制造产业集群。智能制造协同创新优势明显。南京智能产业园区在"十三五"期间，筹划构建了轨道交通装备科研公共云服务平台、新能源汽车公共云服务平台、智能制造公共云服务平台、工业设计公共云服务平台辐射华东地区的科技创新平台。与此同时，江北新区中德智能制造研究所（德国弗劳恩霍夫 IPK 研究所）、"生命可持续研发中心"（联合美国劳伦斯伯克利实验室组建）、剑桥大学中国（南京）科创中心（与英国剑桥大学筹建）、欧洲（南京）创意设计中心、江苏省产业技术研究院、南大高性能计算中心、东大集成电路产业服务中心、南京信息工程大学气象产业园等高端创新平台落户，联合江北 11 所高校联盟，使园区的协同创新能力得到极大提升、科创支撑优势得到显著提升，为产业园区内制造业转型升级提供了强大支撑。

6.2.3 基于"两业融合"的制造业转型升级路径

两业融合是指生产性服务业与制造业融合发展。生产性服务业是为保持工业生产过程的连续性、促进工业技术进步、提高生产效率与产业升级等提供保障的服务行业，其具有高度创新性、广泛渗透性、深度产业关联性和效率倍增性等特征。制造业向中高端产业链攀升体现在价值分布从制造环节向服务环节转移。在发达国家中，生产性服务业产值占整个服务业产值的70%。可以看出，两业融合的蓬勃发展是产业转型升级的重要支撑。当前我国制造业当前面临技术创新不足、产品附加值不高等问题。生产性服务业可通过提高制造业创新知识水平，带来较高的外部性知识收益。为进一步加强两业融合对我国制造业转型升级的支撑作用，提出以下三种以两业融合为支撑的产业转型升级路径：①基于技术研发服务支撑的产业升级路径；②基于运维监管服务支撑的产业升级路径；③基于供应链协同服务支撑的产业升级路径。

（1）基于技术研发服务支撑的产业升级路径。两业融合促进支撑制造业转型升级是基于其高效中间投入带来的规模报酬递增效应和创新提升效应。①知识密集型服务业发挥知识溢出效应。知识密集型服务业发挥知识溢出效应，为制造业提供产品技术研发和创新服务。强化知识密集型服务业集聚规模报酬递增效应，推动知识密集型技术研发服务业集聚发展以满足制造业对知识密集型服务业产生更多样化的需求，从而提高产品的技术含量和附加价值，如图6-6所示。②生产性服务业嵌入制造业。生产性服务企业可通过提供研发服务，运维管理服务等方式嵌入制造业生产活动中。生产性服务业一方面通过引入人工智能、大数据、云计算和数字制造技术等高级生产要素至企业的活动中，引导企业高效率的开展研发设计。另一方面通过向企业提供运维管理服务，不断挖掘制造业企业的服务增值能力。

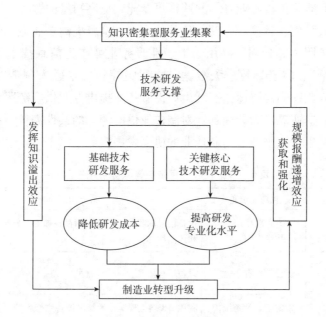

图6-6 技术研发服务支撑制造业转型升级

资料来源：笔者绘制。

（2）基于运维监管服务支撑的产业升级路径。两业融合在发展过程中，生产性服务业作为网络信息技术的输出方，将知识和技能嵌入到制造业中，通过两业深度融合，推动制造业的服务化进程，进而加快制造业的转型升级。

①生产性服务业提供新的运维监管方式和手段。生产性服务业企业可利用互联网信息技术开展远程运维、远程监控等服务，借助视频远程故障诊断技术监控设备运转，并基于工业大数据实现故障预警与提供保养、维修等专业化服务，为制造业提供安全、高效、可靠的运维监管服务。②生产性服务业建设运维监管服务系统。生产性服务业可通过与表6-11中的企业联合打造设备维修追溯系统，为制造业提供解决底层设备数据连接难、维修响应慢和不可靠等问题的服务，推动制造业实现智能制造和智能运维的目标。通过购买专业化的生产性服务或者采用生产性服务外包的方式来生产，一方面节约了制造业企业的生产成本和时间成本；另一方面提高了企业生产效率，培育了自身核心优势。

（3）基于供应链协同服务支撑的产业升级路径。两业融合发展有利于深化制造业分工、降低产业链整体成本以及提高运营效率。现代物流和供应链管理服务的快速发展，使以往由制造业内部提供的相关服务转由生产性服务业提供，使制造业能聚焦核心业务，并获得更专业、更高质量的服务，不仅能够帮助制造业降低采购、运输、仓储等环节的成本，也可提高企业生产效率。①生产性服务业发挥"黏合剂"作用。生产性服务业可作为信息技术和制造业之间的"黏合剂"，将云计算、大数据、物联网等新技术融入制造业的供应链中，进行业务流程的协同运作。②生产性服务业提供专业供应链服务。生产性服务业应以制造业需求为导向，针对制造业供应链上的共性需求，提供专业化的服务，促进生产性服务业与制造业的协同发展。

表6-11　代表性运维监管服务系统平台

系统名称	供应商名称	系统功能简介
HawkEye 设备智能维保系统	方正璞华信息技术有限公司	设备信息的收集、传输、储存、加工、分析、预测、更新和预测性维护
UPEMS 设备管理系统	启云软件有限公司	设备运行监管、预防性维护
设备维修追溯系统	索雷工业设备维护技术有限公司	利用AR增强现实技术解决设备维修响应慢和维修可靠性的问题
风塔设备管理系统	湖北风拓科技有限公司	自动采集设备数据，预防性维护、管理和控制，维修过程可检索维修知识库，可设置预警阈值，超过阈值自动报警
青岛宏大远程运维平台	青岛宏大纺织机械有限责任公司	帮助客户快速解决设备故障，提高生产效率，加强设备管理，提升经济效益

资料来源：笔者整理所得。

以生产性服务业支撑长三角地区（上海市、江苏省、浙江省）汽车产业升级为例。①生产性服务业通过提供技术研发服务支撑汽车产业升级。长三角地区生产性服务业通过"技术联盟"（如科学仪器产业技术创新战略联盟、氢能产业技术联盟、高校技术转移联盟）、"研发合作组织"（如长三角开发区协同发展联盟、长三角国际研发社区）、"虚拟研发组织"（如虚拟现实与人工智能研究院）等嵌入汽车制造业产业链。②生产性服务业通过提供运维监管服务支撑汽车产业升级。长三角地区生产性服务业通过提供产品质量检测与控制、设备监管与维修等服务，嵌入汽车制造业产业链的基础活动中。此外，生产性服务业在财务、人力资源、关系维护等领域水平高，能够为汽车制造企业提供专业服务从而优化资源配置。③通过供应链协同支撑汽车产业升级。长三角地区生产性服务业通过为汽车产业研发设计、原材料及零部件采购、物流运输、汽车销售与售后服务协同配套服务，嵌入汽车产业链。

6.2.4 基于"绿色可持续"的制造业转型升级路径

近年来，欧美发达国家纷纷将"再工业化"作为重塑竞争优势的重要战略，如表6-12所示。走绿色可持续道路是我国制造业实现高质量发展的重要路径。基于此，提出以下四种基于绿色可持续升级路径：①基于绿色工艺技术应用的产业升级路径；②基于绿色制造模式推广的产业升级路径；③基于绿色供应链拓展延伸的产业升级路径；④基于绿色制造体系构建的产业升级路径。

表6-12 主要发达国家发布的"再工业化"战略

国家	战略名称及发布时间	主要内容	战略目标
美国	《美国制造业创新网络计划》（2013年）	计划建设由45个制造创新中心和一个协调性网络，专注研究3D打印等有潜在革命性影响的关键制造技术	打造全世界先进技术和服务的区域中心，持续关注制造业技术创新，并将技术转化为面向市场的生产制造
	《制造业美国领导力战略》（2018年）	梳理影响美国制造业创新和竞争力的因素；目标和任务；战略计划的着力点	开发和转化新的技术；教育、培训和集聚制造业劳动力；扩大国内供应链的能力
	《未来工业发展规划》（2019年）	重点关注人工智能、制造业技术、量子信息科学和5G技术	为了在未来的工业中保持美国的主导地位

国家	战略名称及发布时间	主要内容	战略目标
德国	《德国工业4.0战略实施建议》(2013年)	建设一个信息物理系统网络；围绕智能工厂和智能生产两大主题进行研究；实现三项集成：横向集成、纵向集成与端对端的集成；实施八项保障计划	通过信息网络和物理生产系统融合改变当时的工业生产与服务模式，使德国成为先进智能制造技术的创造者和供应者
	《国家工业战略2030》(2019年)	将钢铁铜铝、化工、机械、汽车、光学、医疗器械、绿色科技、国防、航空航天和3D打印十个工业领域列为"关键工业部门"	扶持重点工业领域，提高工业产值，保证德国工业在欧洲乃至全球的竞争力
英国	《英国制造业2050》(2012年)	推进服务+再制造（以生产为中心的价值链），加大力度培养高素质劳动力	重振英国制造业，提升国际竞争力
法国	《"新工业法国"战略》(2013年)	解决能源、数字革命和经济生活三大问题，确定34个优先发展的工业项目，如新一代高速列车、节能建筑、智能纺织等	通过创新重塑法国工业实力，保持法国在全球工业竞争力第一梯队
日本	《日本制造业白皮书》(2014年)	重点发展机器人、下一代清洁能源汽车、再生医疗及3D打印技术	重振日本国内制造业并复苏日本经济

资料来源：笔者整理所得。

（1）基于绿色工艺技术应用的制造业转型升级路径。制造业可通过应用绿色工艺技术实现低能耗、高产出、无污染生产，实现能源的最大化利用、成本减少和保护环境。依据我国制造业绿色化转型升级实际发展状况，对产业中亟须改善的加工、清洗和处理环节给予绿色工艺技术应用建议。

第一，绿色加工技术应用。为推动制造业绿色改造，可通过大力推广应用绿色技术、绿色工艺，如余热余压回收、水循环利用、重金属污染减量化、有毒有害原料替代、废渣资源化、脱硫脱硝除尘等实现绿色生产。例如，金属制品业可利用表6-13中的烧结废气余热循环工艺技术，该技术可做到烧结低温废气自烧结支管风箱，由环冷机排出后，再次被引入烧结料层时，因热交换和烧结料层的自动蓄热作用，可将其中的低温显热供给烧结混合料。利用废气循环烧结不仅可以实现余热的利用，而且可以大幅度削减废气排放总量。

表 6 – 13 绿色工艺技术部分汇总

绿色加工技术名称	技术简介	适用行业
烧结废气余热循环利用工艺技术	废气循环烧结可实现余热的利用，大幅度削减废气二噁英、PAHs、VOC 等有机污染物排放总量	先进钢铁材料制造业
高辐射覆层技术	在高炉热风炉、焦炉和加热炉的蓄热体表面涂覆一层发射率高于基体的覆层，以提高蓄热体热吸收及热辐射效率，减少加热时间，降低排烟温度和燃料消耗	先进钢铁材料制造业
激光清洗技术	利用高能激光束照射工件表面，使表面的污物、锈斑或涂层发生瞬间蒸发或剥离，高速有效地清除清洁对象表面附着物或表面涂层，从而达到洁净的工艺过程	制造业所有行业
超声波清洗技术	利用超声波在液体介质中的空化效应，对液体介质所到零部件内外表面进行清洗	制造业所有行业
多晶硅生产过程副产品综合利用技术	可将多晶硅生产过程中产生的四氯化硅和含氯硅烷废气、废液等高温水解	先进无机非金属材料制造业新能源设备制造业
失效锂离子电池直接制备电池级钴酸锂技术	将电池破碎、电解质等水洗，用温和的介质浸出电池水洗渣中的钴、锂等，直接得到高纯度溶液，然后共同沉淀钴、锂，得到碳酸钴与碳酸锂的混合物，调整成分后，焙烧得到电池级钴酸锂	新能源汽车及相关设备制造业
废旧线路板资源化回收设备及技术	采用机械物理法工艺，通过一级整机破碎、二级粉碎解离，使铜和基板有效分开，然后再通过二级磁选和涡电流分选达到使各组成部分分离的目的	新一代信息技术设备制造

资料来源：笔者根据工业和信息化部绿色制造公共服务平台（www. gmpsp. org. cn）相关资料整理所得。

第二，绿色清洗技术应用。绿色清洗技术是指借助清洗设备或清洗介质，采用机械、物理、化学或电化学方法去除废旧零部件表面附着污染物，如油脂、锈蚀、泥垢、积炭等，使零部件表面达到检测、分析、再制造加工及装配所要求清洁度的技术。现阶段我国大多数制造业企业仍旧采取传统化学清洗技术，而传统化学清洗不仅危害员工健康，清洗后的污水还会对生态环境造成严重污染，清洗废液中含有大量有害因子，具有很强的腐蚀性，对土壤与水源造成不可逆的污染。为推动制造业绿色化转型升级，制造业应广泛利用激光清洗技术、工业超声波清洗技术等绿色清洗技术来消除产业清洗环节给员工身体健康和生态环境带来的伤害。制造业可利用以"高效、绿色、环保"著称的激光清洗技术，不仅能替代酸洗磷化、喷砂除锈、高频超声清洗等传统清洗技术，而且在清洗过程中无毒无味，无"三废"排放，不会产生污染物，有利于保护环境，更符合绿色可持续发展理念。应用绿色清洁技术既可通过采购激光清洗设备，如表6-14所示，也可通过与相关企业合作，帮助制造业企业建设一体化的智能激光清洗生产线，助力制造业走绿色环保可持续发展道路，逐渐实现绿色化转型升级。

表6-14　典型绿色清洗技术及设备供应商

供应商名称	产品及服务	产品特点
武汉市凯瑞迪激光技术有限公司	激光清洗技术研发及装备定制	可不拆卸进行清洗工作，清洗速度快。对各种异形零件，可快速清洗传统清洗方式无法清洗的凹槽、拐角等部位
济南高能清扬激光清洗有限公司	激光清洗技术研发及装备定制	一次性大宽幅金属表面清洗，清洗速度快、成本低、设备寿命长
成都迈瑞捷激光技术有限公司	激光清洗技术清洗装备建设智能激光清洗生产线	体积小、速度快、精度高、智能化

资料来源：笔者整理所得。

第三，绿色处理技术应用。绿色处理技术是指以绿色环保方式处理工业废弃物的技术。我国制造业可通过应用绿色处理技术将副产品和工业废弃产品中可利用材料进行回收处理、循环使用，这既能节约资源、降低生产成本，又可有效保护环境。例如，无机非金属材料制造业和新能源设备制造业可采用多晶硅生产过程副产品综合利用技术，该技术可将多晶硅生产过程中产生的四氯化硅和含氯硅烷废气、废液等高温水解，生成二氧化硅、氯化氢和少量氯气；通过降温换热回收副产品低压蒸汽，进行固、气分离回收二氧化硅；最后回收副产物盐酸。按照可持续发展的要求，绿色处理技术（如多晶硅生产过程副产品综合利用技术、失效锂离子电池直接制备电池级钴酸锂技术、废旧线路板资源化回收设备及技术等）应用可加速产业绿色化进程，同时通过广泛应用光声、磁电、无毒药剂、生物仿生等多手段连用的先进绿色处理技术，实现制造业绿色化转型升级。

（2）基于绿色制造模式推广的制造业转型升级。绿色制造模式是一种综合考虑环境负影响和资源利用效率的现代制造模式，其目标是使产品从设计到报废处理的整个生命周期对环境的负面影响最小与资源利用效率最优。绿色制造模式是制造业绿色可持续的重要组成部分，主要包括绿色材料选择模式和绿色制造工艺模式，制造业可通过在产业内进行绿色制造模式推广，推动产业转型升级。①推广绿色制造节能模式。通过加快推进产业能耗标准制定工作，以推动制造业绿色节能减排目标的实现。我国制造业在进行产品材料选择时主动考虑环境、资源等因素，优先采用先进材料（如功能陶瓷材料、复合材料等）、再生材料（如可回收金属、生物分解塑料等）、生态材料（如过滤材料、减震材料）、生物材料（如高分子材料、生物玻璃等）、环境材料和节能材料，减少对环境的危害。②推广绿色制造高效模式。绿色制造高效模式是一种高效能、高效率、高效益的模式。绿色制造高效模式是促进制造业可持续发展的重要手段，能够严格控制加工产品的质量，做好集成性、产品属性和环境属性的措施，在保障产品质量的同时还坚持绿色制造的理念，满足产业的发展要求。可通过绿色制造高效模式推广，我国制造业加强制造工艺改造，采用绿色高效制造工艺，如准干切削工艺、风冷却切削制造工艺、干式切削加工工艺等，提高资源利用率，减少环境污染，逐步推动产业绿色化转型升级。

（3）基于绿色供应链拓展延伸的产业升级。绿色供应链以绿色制造理论和供应链管理技术为基础，涉及供应商、生产商、销售商和用户，其目的是使产品从物料获取、加工、包装、仓储、运输、使用到报废处理的整个过程，对环境的副作用最小，资源利用效率最高，强调采购、生产、营销、回收、消费、物流等全过程闭环进行。为了更好地推进绿色供应链构建，产业主管部门相继出台了相应的规范性指导文件，如表 6 - 15 所示。我国制造业可通过绿色供应链拓展延伸，推动供应链上企业减少环境污染并提高能效，提高整个供应链体系的环境治理效率，促进全产业链绿色化转型升级。

表 6 - 15　我国各部门围绕绿色供应链各环节发布的主要文件

环节	发文部门	发文时间	文件名称
采购	商务部、环保部、工信部三部门联合发布	2014 年 12 月	《企业绿色采购指南试行》
生产	工信部、发改委、环保部三部门联合发布	2013 年 2 月	《关于开展工业产品生态设计的指导思想》
	财政部、发改委、工信部等七部门联合发布	2014 年 12 月	《能效领跑者制度实施方案》
	工信部	2015 年 5 月	《工业清洁生产审核标准》
			《工业清洁生产实施效果评估规范》
	财政部、发改委、工信部、环保部四部门联合发布	2015 年 6 月	《环保"领跑者"制度实施方案》

环节	发文部门	发文时间	文件名称
流通	商务部	2014 年 9 月	《关于大力发展绿色流通的指导意见》
消费	商务部	2018 年 4 月	《关于做好 2018 年绿色循环消费有关工作通知》
回收再利用	国务院	2016 年 12 月	《生产者责任延伸制度推行方案》
	工信部、商务部、科技部三部门联合发布		《关于加快推进再生资源产业发展的指导建议》

资料来源：笔者整理。

第一，绿色供应链横向拓展。制造业通过绿色供应链横向拓展，与相关企业、高校、科研院所、金融机构及行业协会组建成立绿色供应链联盟，在联盟内开展绿色供应链管理和技术创新、绿色供应链标准化研究、绿色供应链评价与服务，探索绿色供应链投资金融模式，促进产业内技术交流与合作，推动产业绿色化转型升级。第二，绿色供应链纵向延伸。为解决绿色材料选择、绿色采购、绿色包装、绿色仓储、绿色运输、绿色分销和回收处理等问题，制造业企业可通过绿色供应链纵向延伸，以解决绿色供应链上下游协作不充分的问题。供应链上下游企业可利用信息集成和信息交换技术，建立绿色规制数据库，实现企业内部数据和外部数据的信息集成与交换。绿色供应链战略合作伙伴关系之间既存在信息共享关系，又存在标准同步关系，推动供应链各企业实现绿色化转型升级。

（4）基于绿色制造体系构建的制造业转型升级。2016 年 9 月，为贯彻落实《工业绿色发展规划（2016—2020 年）》《绿色制造工程实施指南（2016—2020 年）》相关部署，工业和信息化部发布了以绿色工厂、绿色产品、绿色园区、绿色供应链为主要内容的相关方案，启动以公开透明的第三方评价机制和标准体系为基础的绿色制造体系建设，计划到 2020 年基本建成绿色制造相关标准体系和评价体系。截至 2019 年 3 月工信部办公厅已公布了四批绿色制造名单，共审批通过绿色工厂 602 家、绿色设计产品 371 种、绿色园区 39 家、绿色供应链管理示范企业 50 家。为研究基于绿色制造体系构建的制造业转型升级路径，我国制造业可通过构建绿色制造标准体系和绿色制造管理体系两条路径实现。

第一，构建绿色制造标准体系。构建绿色制造标准体系可通过制定绿色制造关键标准、培育绿色制造标准化示范基地、开展绿色制造标准推广活动三方面实现。制定绿色制造关键标准，围绕新一代信息技术设备制造、高端装备制造、先进钢铁材料制造等重点行业，研究制定一批绿色制造关键标准。如表6-16所示，在先进钢铁材料制造业里制定钢铁行业（中厚板轧钢）清洁生产标准，规定了钢铁行业（中厚板轧钢）企业的清洁生产指标。培育绿色制造标准化示范企业。选择一批产品竞争力强、增长潜力大、标准化基础好的制造业企业，以构建企业绿色制造标准体系为抓手，加强绿色制造标准整体实施，提高企业产品和服务绿色绩效水平，增加绿色、高端产品供给，打造企业绿色品牌，增强企业绿色竞争力，形成可复制、可推广的绿色制造标准化示范模式，培育一批绿色制造标准化示范基地。开展绿色制造标准推广活动。宣传推广绿色设计、绿色制造等国内外相关技术、标准以及绿色贸易发展最新信息，向企业宣讲绿色设计产品评价、绿色产品认证等工作的最新进展和流程。

表6-16 绿色制造标准部分汇总

标准名称	标准号	适用范围
清洁生产标准钢铁行业（中厚板轧钢）	HJ/T 318—2006	本标准适用于钢铁行业（中厚板轧钢）企业的清洁生产审核和清洁生产潜力与机会的判断，以及清洁生产绩效评定和清洁生产绩效公告制度
清洁生产标准钢铁行业（铁合金）	HJ 470—2009	本标准适用于采用电炉法生产硅铁、高碳锰铁、锰硅合金、中低碳锰铁、高碳铬铁和中低微碳铬铁共六个品种产品铁合金企业的清洁生产审核和清洁生产潜力与机会的判断、清洁生产绩效评定、清洁生产绩效公告制度，也适用于环境影响评价和排污许可证等环境管理制度
清洁生产标准汽车制造业（涂装）	HJ/T 293—2006	本标准适用于汽车制造企业（涂装）的清洁生产审核和清洁生产潜力与机会的判断、清洁生产绩效评定和清洁生产绩效公告制度

资料来源：笔者根据工业与信息化部绿色制造公共服务平台（www.gmpsp.org.cn）资料整理所得。

第二，构建绿色制造管理体系。要进一步强化绿色监管，健全节能环保法规、标准体系，加强节能环保监察，推行企业社会责任报告制度，开展绿色评价。如表6-17所示，我国制造业可通过构建集绿色设计产品评价、绿色工厂评价、绿色园区评价以及绿色供应链评价于一体的绿色制造评价体系，推动产业绿色化转型升级。为此可通过设计开发绿色产品，推行生态设计，显著提升产品节能环保低碳水平，引导绿色生产和绿色消费；可通过建设绿色工厂，实现厂房集约化、原料无害化、生产洁净化、废物资源化、能源低碳化；可通过发展绿色园区，推进工业园区产业耦合，实现近零排放；可通过打造绿色供应链，加快建立以资源节约、环境友好为导向的采购、生产、营销、回收及物流体系。

表 6 – 17　绿色设计产品评价技术规范部分汇总

名称	标准号	适用范围
微型计算机	T/CESA 1019—2018	用于台式微型计算机（含一体式台式微型计算机）和便携式微型计算机的绿色设计产品评价，其他类型微型计算机的绿色设计产品评价可参照执行
烧结钕铁硼永磁材料	T/CAGP 0028—2018 T/CAB 0028—2018	用于烧结钕铁硼永磁材料绿色设计产品评价
稀土钢	T/CAGP 0026—2018	用于稀土钢绿色设计产品评价

资料来源：笔者根据工业与信息化部绿色制造公共服务平台（www.gmpsp.org.cn）资料整理所得。

第三，构建绿色制造服务体系。通过培育一批集标准创制、计量检测、信息咨询、技术创新、绿色金融等服务内容的专业化绿色制造评价和服务机构，为制造业企业开展绿色示范工作并提供绿色制造整体解决方案。同时产业制造部门也可结合绿色制造线上服务平台，强化政策法规宣传、申报信息咨询、示范案例宣传、评价经验交流等线上服务，形成线上线下融合互补的绿色制造评价和服务体系。

以联想（北京）有限公司（以下简称联想）绿色化转型升级为例。作为世界 500 强企业，联想把绿色环保作为公司的核心价值观之一，在 2010 年就发布了《联想气候变化应对策略》，2012 年又发布了《联想可持续发展政策》。联想坚持产品绿色创新，把绿色设计贯穿到产品全生命周期当中，不断革新绿色工艺，推广低碳技术成果，走出了一条具有联想特色的绿色制造之路。①推进节能环保的绿色工艺应用。2017 年 2 月，联想在全球消费电子展上发布独创低温锡膏制造工艺，可减少 35% 的碳排放量，联想应用该绿色工艺技术，每年减少约 6000 吨二氧化碳的排放，相当于少消耗约 250 万升的汽油。联想于 2018 年免费向全行业进行推广，引发整个 PC 制造供应链的大变革，推动了全产业链的绿色升级改造，为电子行业的绿色制造转型提供支撑。②打造绿色供应链体系。联想通过"绿色生产 + 供应商管理 + 绿色物流 + 绿色包装 + 绿色回收"五个维度和一个"绿色信息披露（展示）平台"来打造公司绿色供应链体系。在绿色生产方面，除遵守《电子行业公民联盟（EICC）行为准则》及所有适用规则外，联想也关注生产过程中的能源消耗问题，通过降低经营活动中的二氧化碳排放、提升再生能源使用量和加强绿色工艺的开发、推广使用来降低排放；在供应商管理方面，联想采购部门拥有覆盖多个领域的标准化程序，制定了全面的供应商操守准则。联想关注供应商的环境表现，如有害物质的合规与减排、环保消费后再生材料使用、温室气体排放透明度及减排、避免使用冲突矿产等；在绿色包装方面，联想致力于为产品提供绿色包装，通过增加包装中回收材料种类、可回收材料的比例、减少包装尺寸、推广工业（多合一）包装和可重复使用包装等多种举措来打造绿色包装；在绿色物流方面，联想物流部门致力使用更环保的运输方式，减少运输设备的温室气体排放，并聘请外部监管机构落实改善措施；在绿色回收方面，联想最大限度地控制产品生命周期的环境影响，加大可再利用产品、配件的回收，尽可能延长产品的使用寿命，同时对生命周期即将结束的产品提供完善周到的回收服务；在绿色信息披露平台方面，联想的环保方针、政策、措施和成果，如产品的环保特性、对供应商的环保要求、体系维护情况等信息均在该绿色平台上进行展示和发布。联想按照企业的发展、行业特点和产品导向，将绿色供应链管理体系融入到公司环境管理体系中，制定目标并按年度进行调整，用定性和定量两类指标体系来规划企业内部各项环境工作的具体内容，并将绿色供应链的各个要求渗入体系的各个环节。

6.3　企业层面的转型升级路径设计

从制造业企业价值链、智能制造、绿色制造、服务型制造四方面设计企业层面的转型升级路径。

6.3.1　基于"价值链"驱动的制造业企业转型升级路径研究

制造业企业价值链升级是企业进行转型升级的重要方式之一，通过价值链条的升级，不仅可以带动制造业企业自身进行升级，同时可以促进生产网络间的进一步融合与提升，最终实现整个价值网络的协同升级（熊宇，2011）[356]。基于价值链微笑曲线理论，从价值的上中下游三个角度分析制造业应如何进行价值链攀升，设计企业的价值链升级的路径。在进行路径选择时，充分考虑企业处在不同阶段，如企业初创期、企业成长期与企业成熟期的主要目标和任务，为制造业企业价值链升级设计以下四条路径：①基于技术积累与创新的企业价值链升级路径；②基于生产过程能力提升的企业价值链升级路径；③基于品牌价值提升的企业价值链升级路径；④基于产业链延伸的企业价值链升级路径，如图6-7所示。

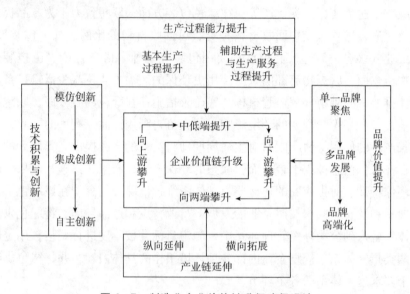

图6-7　制造业企业价值链升级路径设计

资料来源：笔者绘制。

6.3.1.1　基于技术积累与创新的企业价值链升级路径

技术创新是企业转型升级的核心驱动力，主要包括模仿创新、集成创新与自主创新三种方式。对于发展中国家而言，制造业企业需要经过对国外技术的模仿、改造和再创新等一系列过程才能真正转化为适合自身环境与生产模式的实用技术（张杰等，2008）[357]。基于此，针对不同发展阶段的制造业提出以下三种价值链升级路径：①通过跟随模仿创新实现技术积累与创新的企业价值链升级；②通过集成创新实现技术积累与创新的企业价值链升级；③通过自主创新实现技术积累与创新的企业价值链升级。

（1）通过跟随模仿创新实现技术积累与创新的企业价值链升级。由于现阶段我国制造业企业，尤其是初创企业尚不具备技术研发能力，缺少核心技术创新人才以及创新技术源，导致未掌握核心科技的初创企业通常选择通过模仿创新实现技术积累与创新的企业价值链升级。初创企业借助参与全球价值链，通过向价值链链主企业吸收现有成熟技术的方式，可在短期内完成工艺技术、生产过程与管理方法等方面的技术积累，实现企业内部显性技术积累的阶段性目标，并获得企业进行集成创新与自主创新的技术基础。在此阶段中，应鼓励初创企业持续进行模仿创新，在干中学，保持企业的技术积累，推进初创企业培育创新型人才，不断加强企业自身的研发实力，逐步实现企业从模仿创新到集成创新的技术积累过程。

（2）通过集成创新实现技术积累与创新的企业价值链升级。由于处于成长期的企业的生产技术和产品更新速度较快，为了结合自身现有技术，抓住产品的市场特性，同时将各项分支技术在产品中高度融合，能较高效率率先进入市场，处于成长期的企业通常会选择通过集成创新实现技术积累与创新的企业价值链升级。借助产业内部创新活动的交互与分工、创新知识的协同与扩散，处于成长期的企业可在短时间内完成系统结构创新，筛选不同的模块重新组合并进行优化，实现产品的集成创新，并达到系统功能的优化和生产成本的降低，使得自身产品竞争能力及技术创新能力稳步提升。在此阶段中，处于成长期的企业应鼓励企业持续培养自身的创新能力，专注于核心竞争能力的形成，推进将不同模块整合到产品当中，加强不同行业间的协同合作，以便促进优势资源的传递与创新，逐步实现从集成创新到自主创新的技术积累过程。

（3）通过自主创新实现技术积累与创新的企业价值链升级。由于成熟企业具有强大的研发团队和经济实力，在长期的发展中积累了一定的技术创新能力，龙头制造企业通常会选择通过自主创新实现技术积累与创新的企业价值链升级。借助持续对新技术、新工艺、新产品的研发投入，以及与高校及科研院所的协同创新，龙头企业攻克前沿技术难题，实现关键核心技术的积累，并将技术创新成果市场化，逐步实现企业自身产品附加值的提升，完成企业价值链的升级。在此阶段中，龙头企业应鼓励企业不断提高自身技术水平和管理水平，实施学习型组织的管理理念与模式，提升自身企业与国内生产网络的学习能力和学习效率，逐步实现企业通过自主创新实现技术积累的过程。

以上海振华重工股份有限公司（以下简称振华重工）为例，振华重工率先通过模拟创新，结合企业工艺与装备的集成创新，并通过自主创新，提升产品的附加值，完成了企业自身的价值链升级。振华重工的价值链升级主要表现在以下三个方面：

1）通过跟随模仿创新实现技术积累与创新的企业价值链升级。长期以来，世界集装箱起重机械市场一直为国际装备制造业发达国家所垄断，此类企业基本上已有近百年的历史，占据了全球95%以上的市场。振华重工在企业初创阶段主要进行组装加工和产品集成能力的培养。由于国内加工制造成本低廉,且国内的机械结构设计可以应用到钢结构设计当中,其他电气产品通过国外引进的方式可以完成,振华重工最终选择生产集装箱起重机械类的标准化集成产品。通过进行集成与组装加工,振华重工的劳动成本可以比国外同行低近30%。在发展了一段时间后,振华重工开始将先进技术集成到港口机械设备当中,进而提升了产品的技术含量和产品附加值。

2)通过集成创新实现技术积累与创新的企业价值链升级。为了摆脱国外对电气产品核心零部件的依赖程度,振华重工开始针对电控集成系统进行研发设计。电器驱动和控制系统是保证设备正常工作的关键组成部分,技术含量高,基本上可以达到整个机械总价格的20%左右。我国电气驱动和控制系统长期被国外技术领先国控制,核心技术受制于人,导致生产商利润微薄。振华重工通过培养自己的调试工程师,提高产品调试水平等方法,对国外调试工程师进行了替代,使调试周期从3~6个月缩短至0.5~1个月,提升了产品的交货速度。随后,振华重工开始真正意义地走上电控集成系统的设计开发之路。电控集成系统主要包括控制软件和硬件两部分,而控制软件又可以占到整个系统总价格的60%左右。由于我国软件行业整体发展水平较好,因此控制软件的设计较易完成,最终使电控系统的成本下降了60%,同时完成了对控制软件核心技术的积累。而对于电控集成系统中的硬件部分,由于我国硬件基础较为薄弱,整体技术水平落后,导致硬件产品长期依赖进口。以变频器为例,国外厂商没有一家愿意单独出售变频器,因为供应的变频器与其他硬件已经进行了高度集成。因此,振华重工开始培养整个电器组件的国内配套体系,通过持续的对电控集成系统硬件进行技术积累,最终实现了硬件部分的国产化,使电控系统的成本降低了85%,完成了产品附加值的提升。

3)通过自主创新实现技术积累与创新的企业价值链升级。振华重工最终形成自主创新能力的标志是在全球范围内率先应用GPS卫星导航和定位系统。在集装箱产业发展初期,起重器在移动和起吊时均需人工操作,此时效率较低且容易产生安全隐患。所以,当振华重工意识到可以将GPS技术应用到工作当中时,立即开始自主研发能够将GPS应用到场桥电机中的控制软件。通过此项技术的攻关,起重器可以通过场地和箱位情况,进行自主判断与运作,即使重达几十吨的集装箱,其误差也在15毫米左右。这项技术的自主研发帮助振华重工获得了大量订单,通过对自身生产能力的提升,2006年起振华重工在全球港机市场的占有率一直保持在75%以上,至2017年振华重工的营业总收入已达到 220 亿元。

6.3.1.2 基于生产过程能力提升的企业价值链升级路径

生产过程能力的提升包含基本生产过程的提升与辅助生产过程与生产服务过程的提升，对于生产加工环节的企业而言，基本生产过程是指企业的主要生产活动；辅助生产过程包括各种辅助性生产活动，生产服务过程，则包括各种服务性工作（李正风，2005）[358]。由于目前我国制造业企业主要处于全球价值链的生产制造环节，价值增值能力较低，因此，针对以生产制造过程为主的企业提出以下两种价值链升级路径：①通过基本生产过程提升实现制造业企业价值链升级；②通过辅助生产过程与生产服务过程提升实现制造业企业的价值链升级。

（1）通过基本生产过程提升实现制造业企业价值链升级。由于我国制造业企业长期的粗放型发展模式，导致企业生产的产品质量较为低劣，在技术装备、生产工艺等方面不够重视。此类企业通常选择通过生产工艺提升实现制造业的企业价值链升级。借助智能化生产技术与符合企业发展现状的先进管理技术，对生产工艺进行改良，制造业企业可在短期内实现企业生产效率的提升，使产品质量得到快速提升，并获得生产工艺水平的提升。在此阶段中，以生产为主的制造业企业应重视绿色化、清洁化、低碳化的发展模式，构建低成本的高科技工厂，加强生产过程的管理，逐步实现通过生产工艺提升实现企业的价值链升级。

（2）通过辅助生产过程与生产服务过程提升实现制造业企业价值链升级。由于我国以生产制造为主的制造业企业目前规模较小、技术装备较为落后，此类企业通常选择通过辅助生产过程与生产服务过程的提升实现企业的价值链升级。借助推进智能化标准的制定，完善智能化综合标准技术体系，融合云计算、互联网、移动互联网技术，提升生产装备的智能化水平。以生产为主的制造业可较快完成对生产装备与计量检测的提升，使技术装备与工艺水平相匹配，并提升生产服务能力，解决了部分制造效率低和精度低的问题。在此阶段中，以生产为主的企业应将生产过程中所需的各种信息集成软件、设备关键部件接口、信息网络端口等统一连接标准，完成设备与技术管理的标准化，逐步实现通过生产装备提升实现企业的价值链升级。

以珠海格力股份有限公司为例（以下简称格力电器），格力电器通过生产工艺与生产装备的提升，完成了企业的价值链升级。具体表现在以下两个方面：

1）通过基本生产过程提升实现制造业企业价值链升级。格力电器覆盖了从上游零部件生产到下游废弃产品回收的全产业链条。通过投入巨资使之与产业进行配套，形成产业链优势，以提升格力空调的竞争力，在同行中取得领先地位。作为家电制造企业，格力电器自身存在自动化改造的问题，由于格力本身也是智能装备的生产者、工业机器人的供应商，通过在企业内部使用自主研发的机器人与自动化解决方案，测试产品性能与稳定性，格力电器已经完成了基本生产过程能力的提升，全自动管路成型一体化装备、空调外机全智能化线体、空调外机线、管路一体化、钣金自动冲压线等已经投入生产使用，实现了通过基本生产过程提升实现制造业企业价值链升级。

2）通过辅助生产过程与生产服务过程提升实现制造业企业价值链升级。通过自主创新，格力电器针对生产装备进行了信息化改造与智能化升级，完成了基本生产过程能力的提升。2017 年完成了集团层面的车间网络架构建设，实现了车间现场有线网络 100% 覆盖，无线网络 90% 覆盖。就辅助生产过程与生产服务过程而言，格力电器目前已经完成了各类协同平台的搭建工作，通过信息化与工业化发展联动，构成现有的四大系统（Baan ERP、PDM、MES、BI）信息化管理，将 Baan ERP 作为核心，在执行层面上实施 MES 来实现物料管理与产品跟踪及追溯，以及生产过程的控制管理和品质管控等信息管理。此外，构建的商业智能平台（BI）可以实现供应链、生产、销售的智能化并给予决策支持。利用 MES 实时管理平台可以实现产品情报的收集、制造过程的数字化管理，以及对采购、库存、物料消耗、制造工艺、财务指标的实时分析。通过工艺仿真平台的搭建，打通设计—工艺—制造全流程数据，逐步通过辅助生产过程与生产服务过程的提升实现制造业企业价值链升级。

6.3.1.3　基于品牌价值提升的企业价值链升级路径

品牌价值提升是企业进行价值链升级的有效途径之一，品牌价值提升可以通过产品聚焦定位、品牌领先地位确立以及新品牌高端化三个过程实现（黄明和薛云建，2012)[359]。制造业企业竞争能力取决于研发创新基础上的品牌优势，品牌价值更高的企业产品附加值也更高（乔均和彭纪生，2013)[360]。基于此，针对不同市场地位的企业提出以下三种价值链升级路径：①通过单一产品聚焦完成品牌优势初步积累实现制造业企业价值链升级；②通过产品结构调整推进多品牌发展实现制造业企业价值链升级；③通过自主品牌高端化实现制造业企业价值链升级。

（1）通过单一产品聚焦完成品牌优势初步积累实现制造业企业价值链升级。

发展初级阶段，可选择通过单一品牌聚焦完成品牌优势初步积累，逐步实现产品质量、技术、顾客与口碑的积累，借助互联网＋新型商业模式实现品牌优势的短时间集聚，通过自主品牌的创建与维护，完成品牌价值溢出的阶段性目标。

（2）通过产品结构调整推进多品牌发展实现制造业企业价值链升级。当企业已具备某一单品的品牌优势，企业通常可以选择通过产品结构调整推进多品牌发展途径实现企业价值链升级。借助现有品牌资源优势，通过扩大产品类型与完善产品性能，调整产业结构，推进产品的多元化发展。打造具有自主知识产权和市场占有率的品牌，保障渠道的拓展，加强品牌的营销与推广，提升品牌影响力和产品公信度。在此阶段中，制造企业应坚持实施品牌创新。

（3）通过自主品牌高端化实现制造业企业价值链升级。为提升现有品牌的价值增值能力，培育高端化的自主品牌。可依托现有技术能力与品牌营销能力，根据市场反馈，持续性开展产品研发创新。不断提高产品的研发设计与质量水平，借助维护和传播品牌价值观，建立供应链的快速响应能力与创意资源的全球利用能力，不断提高品牌国际化与高端化运营能力。

以长城汽车股份有限公司为例，基于品牌价值提升，长城汽车完成了企业的价值链升级。具体体现在以下三个方面：

长城汽车通过单一产品聚焦初步积累品牌优势。企业发展初期，长城汽车以皮卡为主打产品，为在动力性能、节油性、舒适性方面建立优势，长城汽车长期在研发方面投入大量的资金与资源，使长城汽车在国内汽车行业同产品中保持着竞争力。该阶段自主研发成功的 2.0T 绿静柴油发动机，采用了双顶置凸轮轴、电控高压共轨、VGT 增压中冷、EGR 系统和气门间隙自动补偿器等先进技术，直接塑造了长城皮卡的结实耐用、油耗经济、质量好的市场口碑，企业完成单一产品品牌优势的初步积累。

长城汽车通过产品结构调整推进多品牌发展。围绕皮卡车所具备的品牌优势，2002 年，长城汽车抓住市场空白进行错位竞争，推出了首款 8 万元"哈弗" SUV，同年成为国内 SUV 市场销量冠军。在此阶段中，长城汽车通过持续的研发积累与投入，开发出电控高压共轨技术，使柴油 SUV 得以普及。2005 年，哈弗系列 SUV 开始批量出口意大利，成为首家向欧盟进行批量出口的自主汽车品牌。2012 年 3 月，哈弗销量突破 100 万辆，截至 2017 年，哈弗连续十年在 SUV 市场排名第一，从长城皮卡到哈弗 SUV，长城汽车通过产品结构调整推进了多品牌发展。

长城汽车通过产品高端化提升品牌价值。在现有品牌与资源的基础上，长城汽车历时 4 年，聚集 1600 余名国际技术研发人员参与打造，2016 年推出豪华 SUV 品牌 WEY，目前产品主要包括 VV5、VV7 及新能源汽车。产品具有智能互联功能，可以提供正常驾驶、危险警告、碰撞减缓，发生碰撞以及碰撞后紧急施救等不同阶段的"全过程安全"保护，新能源系列会智能识别各种形式路况，实现发动机驱动、电驱动、油电混合驱动等不同的动力输出形式。长城汽车通过产品高端化战略实现了品牌价值溢出。

6.3.1.4 基于产业链延伸的企业价值链升级路径

产业链延伸包含上下游方向的纵向延伸和产业链平行范围的横向拓展（张弛，2011）[361]。纵向延伸适用于具有一定技术能力和市场基础的制造业企业，横向延伸则适用于具备成熟技术能力和市场基础的制造业企业（覃毅，2018）[362]。针对不同技术能力和市场基础的企业提出以下两种价值链升级路径：①通过产业链纵向延伸实现企业价值链升级；②通过产业链横向拓展实现企业价值链升级。

（1）通过产业链纵向延伸实现企业价值链升级。考虑到技术标准的变化、生产成本的降低、商业模式的更新对企业经营的影响（王琴，2011）[363]，具备一定技术能力和市场基础的制造业企业可选择通过纵向产业链延伸来实现企业的价值链升级。依托现有技术基础，围绕产品重大关键核心基础零部件、关键基础材料、先进技术工艺，上游供应商开展协同创新，促使企业由生产型向服务型制造，向产业链的上游延伸；围绕智能服务、产品全生命周期管理等模式，推动企业向产业链的下游延伸。在此阶段中，此类企业应加强对产业链上下游核心环节的风险把控及系统集成能力。

（2）通过产业链横向拓展实现企业价值链升级。考虑到原始资源优势与生产产品结构等方面与新链条具有相似性，此类企业可凭借固有的技术优势与资本积累进一步控制链外资源，实现产业链的横向产品多元化拓展（王玲玲，2012）[364]，利用兼并、重组等方式与链外企业进行协同合作，获得链外资源与技术的积累，并在企业内部组建跨链间子链。在此阶段中，链主企业应鼓励企业内部合理配置生产要素，增强环节间的协调程度，形成集中度高、关联性强、群体效应显著的横向产业链条，逐步通过横向产业链延伸实现企业价值链升级。

以西安陕鼓动力股份有限公司（以下简称"陕鼓动力"）为例，陕鼓动力通过对产业链进行纵向延伸与横向拓展完成了企业的价值链升级。主要表现在以下两个方面：

第一，通过产业链纵向延伸实现企业价值链升级。陕鼓动力主要通过技术升级与产品服务化两个方面开展产业链纵向延伸。陕鼓动力自2003年起开始着手建立与西门子、GE等龙头企业的"陕鼓成套技术暨设备协作网"，以推动企业技术升级，促使企业不断向产业链上游延伸，同时陕鼓动力调整企业服务化战略，从为用户提供设备运维、改造等单产品的服务项目，转向为用户提供工程承包和装置配套等整体解决方案。推动企业服务化转型升级，促使企业不断向产业链下游延伸拓展。

第二，通过产业链横向拓展实现企业价值链升级。陕鼓动力主要通过组建跨链间子产业链进行产业链横向拓展。陕鼓动力在能源转换设备制造产品的销售过程中发现，购买此类产品的企业更多需求系统解决方案，随后陕鼓动力开始由单一产品制造商向系统解决方案商和系统服务商转变。此外，陕鼓动力在工业流程领域及智慧城市等项目中应用了各种定制化的分布式能源系统解决方案，拓宽了产品销售范围，目前，陕鼓动力的业务板块主要涵盖能量转换设备制造、工业服务以及能源基础设施运营三大部分。

综上所述，处于转型初级阶段的制造业企业可借助模仿创新、生产过程能力提升以及单一品牌聚焦的方式实现企业价值链升级；处于转型中级阶段的制造业企业可借助集成创新、多品牌拓展、生产过程能力提升，以及产业链的纵向延伸，以实现企业价值链升级；处于转型高级阶段的制造业企业可通过自主创新、生产过程能力提升、产品高端化以及产业链的横向拓展以实现企业价值链升级，如图6-8所示。

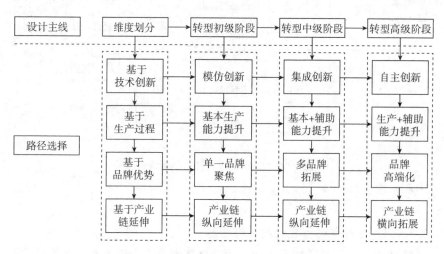

图6-8　制造业企业价值链升级路径选择

资料来源：笔者绘制。

6.3.2 基于"智能制造"驱动的制造业企业转型升级路径

智能制造是塑造制造业国际竞争优势的关键环节（周济等，2018）[365]，要以新一代信息技术与制造业深度融合为主线，以推进智能制造为主攻方向。现有研究认为，智能化方向有产品智能化、装备智能化、流程智能化、管理智能化、服务智能化。依据智能制造系统化理念提出企业智能化转型升级的四种路径：①基于装备智能化的升级路径；②基于流程智能化的升级路径；③基于产品智能化的升级路径；④基于服务智能化的升级路径，如图6-9所示。其中产品智能化为智能制造的核心和最终目标，装备智能化为产品智能化提供生产硬件基础，流程智能化为产品智能化提供生产过程辅助，服务智能化为产品智能化提供产品前端的针对型生产服务。服务智能化中的全生命周期智能运维服务为产品智能化提供产品后端的主动型售后服务。装备、流程、服务智能化均为产品智能化提供更好、更强、更稳的体系支撑。

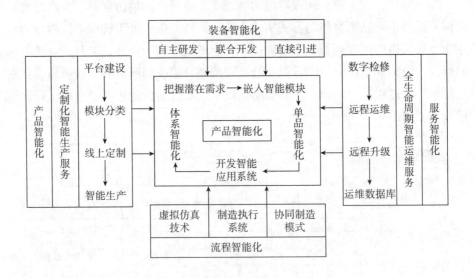

图6-9 智能化转型升级路径设计

资料来源：笔者绘制。

6.3.2.1 基于装备智能化的升级路径

智能制造是先进制造技术、新一代信息技术及人工智能技术在终端产品与制造装备的深度集成，制造产品与制造装备的智能化升级是智能制造核心内容，更是实现流程、服务智能化升级换代的重要保障。装备智能化是实现智能制造的重要支点，智能设备与先进工业软件是智能制造的必要基础。智能制造离不开智能装备的支撑，包括高精度数控机床、配备新型传感器的智能机器人、智能化成套生产线等，以实现生产过程的自动化、智能化、高效化（万志远等，2018）[366]。为提高企业生产效率，企业具有将传统生产设备向智能装备改造升级的现实需求，从自身需求出发，通过使用工业机器人、高端数控机床、智能传感器、伺服系统、数控系统等智能设备与智能软件，逐步升级打造数字化工厂与智能工厂，渐进式提升企业智能制造能力。受智能装备价格高昂因素制约，依靠购买难以实现装备智能化。本书认为，为实现装备智能化，企业应当根据自身技术积累与自主研发能力情况，结合中长期发展战略需求适宜地选择：①掌握核心技术的自主研发；②拥有主要技术适宜的联合开发；③薄弱技术积累与适宜的直接引进。

（1）掌握核心技术的自主研发。当企业拥有丰富技术积累与研发能力，掌握核心技术，并且在生产过程中使用大批量、长时段、高频率的智能装备，此时应充分考虑应用环境，研发环境的适应性，扩大对智能装备系统的使用范围，实现高度自主。

以珠海格力电器股份有限公司为例，格力2012年开始进军智能装备领域，制定出"3至5年实现无人车间"的自动化发展规划，积极布局智能装备制造业，先后设立了自动化办公室、自动化技术研究院、自动化设备制造部、智能装备技术研究院等技术单位，锁定了机器人和精密模具两大领域。2015年，格力首度将智能装备制造事业部独立为格力智能装备有限公司。格力从空调的技术优势出发，开辟智能装备新跑道。格力以与空调相关的领域为立足点，逐步打造智能装备，格力空调产品的背后隐藏着许多装备技术，如钣金的加工、注塑的加工等，都是工业化的过程。以钣金加工技术为例，格力已经实现无人化，一个零件需要数个模具，模具水平设计后只需要一道工序就可以完成，通过模具的进步和流程的完善形成技术积累。格力不断投入人力、财力，通过自主研发、技术攻关实现了对工业机器人三大关键零部件中的控制器、伺服电机和减速器的自主掌控。目前，格力自主研发的机器人、数控机床等智能装备已逐渐进驻格力家电产品的生产车间，帮助格力提升生产效率，降低成本。

（2）拥有主要技术适宜的联合开发。当企业存在一定的技术积累与研发能力，掌握主要技术，但是仍然缺乏部分核心关键技术，智能装备数量较多，但系统智能化程度较低。此时企业应当选择联合开发，企业可选择联合开发模式，逐步提高企业智能化水平。这种方式通过技术能力集成整合，既有效降低成本，又能提高企业生产实力。

以奇瑞汽车股份有限公司为例。2008年，国家重启了机器人产业化第一个项目，该项目由哈尔滨工业大学和奇瑞汽车联合开发。2008年9月，第一台奇瑞机器人研制成功，并投入奇瑞第三焊接车间进行点焊应用。2014年联合开发的"QH—165点焊机器人"项目通过验收，同时"哈工大—奇瑞机器人研究中心"在哈尔滨工业大学机器人研究所挂牌。该中心将借助哈尔滨工业大学的机器人研发优势——专精于机械结构、制造工艺、装备控制等硬技术方面、奇瑞机器人应用优势——生产匹配、生产工艺、过程管理等软落地方面，建立产、学、研、用一体化合作模式，推动奇瑞实现装备智能化，不断提高生产效率。

（3）薄弱技术积累与适宜的直接引进。当企业缺乏相关技术、研发能力比较薄弱、装备智能化水平较低时，企业若转向陌生技术领域研发，将面临研发风险大且研发成本高等问题，对企业长期稳定发展存在一定威胁。此时企业选择直接引进更加适宜，通过国内外采购，更新或者补充生产设备，提高装备智能化水平，促进生产效率的提高。

以上海汽车集团股份有限公司为例，2009年，10万辆荣威350系列轿车AP11焊接生产线在上汽南京基地建成。该生产线引进的49台六轴气动点焊机器人均来自日本FANUC公司，应用在工艺要求较高的车身下车体总成焊接工位、侧围总成及车身本体的装配焊接上。2011年，上汽南京基地在AP11生产线基础上建设MG5车型生产线时，基于AP12主线6万辆生产能力的需求，再次引进了日本FANUC公司的10台点焊机器人。与原AP11主线相比，建设投产的AP12主焊线与AP11线完全实现了设备共用，充分满足了柔性混线生产的实际需求，极大地提高了生产效率。

6.3.2.2 基于流程智能化的升级路径

智能制造的目标是实现智能生产，智能生产的关键是实现制造流程智能化。制造流程智能化的含义是企业以实现制造流程的智能优化决策与加工装备（过程）智能自主控制为特征的制造模式（柴天佑，2018）[367]。流程智能化是企业从传统制造流程改造升级为智能流程的过程。本书认为，流程智能化有三种方式：①实施协同制造模式促进制造资源整合实现流程智能化；②推行智能制造执行系统（MES）通过全流程实时反馈实现流程智能化；③利用仿真和虚拟现实技术通过验证与预测实现流程智能化。

（1）实施协同制造模式促进制造资源整合实现流程智能化。实现协同制造，企业需要利用互联网紧密协同产业链各环节，促进生产、质量控制和运营管理系统全面互联，推行众包设计研发和网络化制造等新模式。在"互联网＋"协同制造模式下，制造业企业将转换线性生产模式，设计与研发环节、生产与制造环节、营销与服务环节不再单独分割进行。企业与其他制造商协同合作，通过任务分配实现不同环节的同时异地完成，通过构建基于信息网络平台的整体服务链，各制造服务商依据一定的流程顺序或者管理顺序布局在服务链中，大幅度的缩短新品上市的时间，缩短生产周期，快速响应客户需求，提高设计、生产的柔性。

以中国商飞公司为例，中国商飞公司主要负责干线飞机和支线飞机发展，是实现我国民用飞机产业化的主要载体，其以"智能协同制造新模式助飞大飞机梦"获得 2016 年全国智能制造试点示范。中国商飞公司通过实施基于模型的民机协同制造示范项目，打造产品单一数据源体系，持续开展各研制成员单位间的协同产品定义与工艺设计，打通车间现场管控的信息壁垒，建设 C919 飞机设计制造一体化智能制造体系，实现民用飞机研制过程的协同设计、敏捷生产与智能管理，为 C919 大型客机的研制成功提供保障。

除去设计与主制造商，还有 10 家机体结构、24 家机载设备、16 家材料供应商和 54 家标准件等供应商组成了 C919 飞机的研发团队，另有 200 多家企业参与了项目的研制过程。依托协同设计、敏捷生产与智能管理等先进技术手段，实现了 C919 飞机从设计到制造过程中涉及的设计商、制造商、供应商、集成商等各个成员的紧密联合。在协同设计方面，利用互联网技术搭建多供应商协同设计环境，并实施基于模型的定义、工艺设计等应用技术，创造出我国民用飞机联合协同研制的新模式，设计与制造过程以协同研制平台为媒介实现了一体化。在敏捷生产方面，采用了自动化钻铆设备、多功能机器人、柔性工装、立体化物流、智能化在线检测、多功能刀具管库等多种智能设备，搭建了物联网试点环境，建设成具有航空特点的智能化车间现场。在智能管理方面，PLM、ERP、MES、BI 等信息化平台的不同功能进行有效搭配与融合，实现各系统之间的信息互通和集成，多角度多层次辅助与支撑制造现场层、车间控制层、业务操作层、业务管理层、企业决策层的一体化智能管理。

（2）推行智能制造执行系统（MES）通过全流程实时反馈实现流程智能化。通过设备智能化改造，采集点、信息点部署，应用传感感应技术，条码扫描技术、自动识别技术、数字化映射技术等，对从订单下达到产品完成的整个生产过程进行优化管理。当工厂里出现故障等实时问题，MES 立刻对相应情况做出反应和报告，并综合分析当前实时数据进行最合适、最有效的指导和处理。这种有效应对不同状态变化的迅速响应使 MES 可以最大限度地减少生产过程中的无附加值活动，正确引导生产运作过程，从而实现工厂及时交货能力的提升与物料流通性能的增强，继而提高生产回报率，最终实现流程智能化。

车间现场借助 MES 能实现关键数控设备以及大型加工中心互联互通，进而促成网络化监控与可视化管理。同时，全面集成 MES 与 ERP 两个系统不同功能与优点，全面实现生产过程的自动化管理和控制，大幅度提升生产制造水平的柔性化能力。通过 MES 系统，提高各个生产单元之间的协同程度，生产订单进度、生产瓶颈工序、工人绩效、产品生产质量等生产模型均有透明量化数据体现；制造过程中的在制、工时、人员等信息，经由 MES 系统实时记录，实现整个生产过程可追溯，为技术研发人员提供了准确、详尽的各类数据。另外，实施 MES 系统要求快速建立及时决策体系，管理者在生产现场出现问题时能够第一时间得到反馈，并采取最快速度、最有效手段进行解决，从而降低问题持续与影响时间。

以中国中车为例，中国中车借助智能 MES 系统，通过制造流程实时反馈、分析、处理，提高制造效率与效益，实现流程智能化。在质量反馈方面，主要包含质量过程、质量管制和生产质量问题管理，通过在线质量控制与分析，以及生产工艺监控与优化，实现质量反馈，继而分析处理进行决策，实现产品质量提高。在成本反馈方面，主要包含生产效率提高和 WIP 管理，通过生产计划跟踪及动态调度、生产设备动态监控与分析，和车间无纸化与目视化管理，实现成本反馈，从而进行分析处理决策，最后实现制造成本的降低。在交期反馈方面，主要包含生产节拍平衡与产能平衡，通过生产计划跟踪与动态调度、产品物料齐套性管理与差缺件预警、在制品交接及跟踪、生产异常及时响应，实现交期反馈，进而进行分析处理决策，最后实现制造周期的缩短。

（3）利用制造仿真和虚拟现实技术通过验证与预测实现流程智能化。仿真技术是数字化研发的核心，是我国实现智能制造的关键技术。制造仿真与验证可以帮助企业验证制造规划中选择的方法和资源，为制造企业提供一次性合格的制造计划。制造企业可以借助对生产流程、设备以及系统进行虚拟验证，实现制造智能化、快速化、精益化。有了制造仿真技术，制造企业可以在生产实施前提前验证流程计划，确保定义的操作、资源以及系统配置一次性合格。具体的企业可以从以下四个方面实施仿真：①装配仿真与验证。对装配顺序、人员作业以及设备交互进行仿真，以便在生产启动前优化装配流程。②机器人仿真与编程。制造企业可以为机器人应用程序开发制造流程并进行仿真，包括工装和外部装备。此外，制造企业还可以利用事件驱动仿真功能和自动化系统离线编程，开展相应研究。③物流与物料流仿真。通过离散事件仿真分析生产量和绩效，并进行虚拟化处理。制造企业可以借此快速查找瓶颈、验证已运送物料，并了解多个流程替代方案的长期资源利用率。④人体仿真和人机工程学：利用可保证人体仿真的先进缩放和人机工程学分析功能，可以开发更安全、更符合人机工程学原理的人工操作。

制造业研发设计、生产制造、经营管理、销售服务等全产业链为实现创新发展，需要新工具、新方法、新途径，而虚拟现实技术的出现和发展提供了这一可能，也为实现流程智能化带来了新抓手、新动力。①在装配环节，精密加工和大型装备产品制造领域是虚拟现实技术当前的主要应用范围，利用高精度设备、精密测量、精密伺服系统和虚拟现实技术的协同模拟，能够打造细致均匀的工件材质、洁净防震恒温恒湿的生产环境，以及实现加工系统间的精准配合，极大降低系统误差和随机误差，从而提高装备效率和质量。②在复杂系统的检修工作中，虚拟现实技术的结合利用能够突破空间限制、缩短时间需要，实现从出厂前到销售后的全流程检测，提高服务效率、扩展服务内容、提升服务质量，将制造业服务化推向新的阶段。

以宝马汽车公司为例，从初步概念到系列产品，快速和高效的虚拟仿真在当今的汽车工业都是不可或缺的。仿真模拟设计环节，规划师、设计师和工程师在同一个数字模型上进行仿真模拟，并对模型进行优化，如果有必要，可将模型数据实时传输到世界各地。例如，声学专家为寻求最小风阻系数，对汽车的造型和设计进行优化，可以利用数字化的汽车模型，在虚拟风洞中进行震荡和空气动力学试验，反复测试并获得期望系数。这样既减少了研发成本，实现设计最优，也加速了研发过程，提供了更快的市场化时间。仿真模拟检测环节，在一个平台上进行交互仿真过程中，发动机专家也就可以检测出发动机中存在的问题，从而实施进一步的设计改善。虚拟现实技术在安全性研究中具有重要意义，它允许使用者模拟现实中极昂贵或极危险的场景。汽车在虚拟环境中用各种不同的方法被碰撞至少100次，是宝马在制造出第一批新车之前必须经历的过程。通过虚拟现实，价值75万欧元的真车损耗检测试验，由只花费400欧元的计算机模拟碰撞取代，可以取得同样甚至更优异的检测效果，并且节省了大量成本。宝马利用虚拟现实技术实现异地设计，预测性检测，既提高了制造效率，也降低了生产成本。

6.3.2.3 基于产品智能化的升级路径

随着科技的不断进步，智能穿戴、虚拟现实、智能家居、智能车载设备、智能服务机器人以及智能医疗健康设备等智能硬件设备如雨后春笋般不断涌现（吴金南等，2017）[368]。智能产品需要具备感知、监测与监控、自适应与优化、互联互通等功能（方毅芳等，2018）[369]。产品智能化是智能制造的第一支点。智能制造的目标是智能产品，而不是智能制造本身，应当利用智能制造实现产品价值增值。例如，在机床厂生产过程中，生产设备和过程均是智能化的，但产品却仅为普通机床，缺乏智能化元素，那么这个制造厂的前景是堪忧的。本书认为实现产品智能化有三个步骤：①挖掘潜在产品智能化需求；②产品嵌入不同智能模块；③开发智能产品应用系统。

（1）挖掘潜在产品智能化需求。线下挖掘，从企业资料库中选取典型客户，定期对客户进行现场访谈、实地调研。一方面，针对产品应用运行情况，详细了解其环境适应性、系统匹配性、操作功能性、质量稳定性现状，准确掌握客户最新需求痛点。另一方面，让客户了解企业最新技术升级与技术创新，以及服务的拓展与延伸，请客户结合实际生产，对技术与服务如何融合现有产品提出客户端设想，逆向辅助产品智能化设计。线上挖掘，借助大数据、云计算，通过海量数据捕捉行业市场行为变化，分析客户群体实时关注点与深层次需求，实施前瞻性、预测性产品研发设计，满足产品智能化需求。

（2）产品嵌入不同智能模块。针对挖掘出的产品智能化需求，制定智能化方案，以嵌入智能微芯片、智能传感器、远程控制器件、智能交互界面、智能分析软件、人工智能自处理系统等智能模块为手段，实现产品单品智能化。

（3）开发智能产品应用系统。单一产品嵌入智能化元素，孤立发展，前景并不长远，且不能实现真正意义的产品智能化。在"互联网＋"时代背景下，数据互联、人机交互必须实现。开发智能应用系统：一方面，通过各个产品数据端口，达到数据互联、信息互通，完成产品联动网络建设，实现产品之间的响应、配合、融合的渐进式服务功能升级，最终构造产品智能化体系；另一方面，通过移动端与PC端，展现应用系统，实现网络端产品应用远程控制与产品体系自反馈，强化客户主动性与掌控性。

以美的集团为例，美的集团首先提出了智慧家居和智能制造为核心的"双智战略"，并据此获得了"2017最具智慧的家电品牌"。

首先，线上线下挖掘需求，美的集团首先利用大数据技术挖掘海量需求数据，针对产品功能、交互体验等维度新趋势与新需求进行分析与提炼，以此作为设计参考；其次，美的会找典型用户，通过深入的沟通调研，挖掘出产品在使用过程中存在的不足与改善的方面；最后，美的集团通过咨询专家和供应商共同参与产品的整个更新迭代过程。

嵌入智能元素实现单品智能化。美的集团融合人工智能、语音识别、图像识别、智能感应、深度学习和大数据等多领域技术，努力打造单品智能化。与此同时，美的在不同的产品研发部门推行同一种代码，助力实现美的所有产品互联互通。以美的智能空调为例，其通过四个方面实现空调产品智能化：一是嵌入通信元器件，实现智能手环与空调的链接；二是嵌入智能温控器件与系统，辅助实现一键智能开机新功能，简化空调模式、温度的选择过程；三是嵌入门窗传感器，打开门窗，空调通过感应与处理进行自动关机；四是嵌入通信软件系统，以自定义模式打造随心联动设备，实现空调与其他智能家电和家居的自由连接，帮助用户定制个性化的智能生活。

开发 M—Smart 智能平台实现产品生态体系智能化。M—Smart 是美的集团在智能家居发展战略上提出的，基于美的产品群及产业群优势、围绕消费者核心诉求，以"去核心、打破孤岛和共享资源"为导向开发的智能平台系统。美的在智慧家居领域实施"1＋1＋1"战略，即"一个智慧管家系统＋一个 M—Smart 互动社区＋一个 M—BOX 管理中心"，通过打造"空气智慧管家""营养智慧管家""水健康智慧管家""能源安防智慧管家"等智能服务板块，加速布局物联网家居市场。为此，美的拟定了四个阶段的推进计划，以实现从各品类联网、单品类自动控制，再到智慧管家系统自动控制，直至社区、商店、医院等生态圈的交互应用，最终目标是构建全新智慧家居生态体系。

6.3.2.4 基于服务智能化的升级路径

服务智能化是企业从提供传统简单售后服务改造升级为智能服务的过程。以"业务生态化，运营智慧化"逐渐成为服务导向，制造企业提供"主动式"服务，提高客户参与度与增强产品智能反馈，实现服务智能化是智能制造不可忽视的关键步骤和重要举措。谭清美和王磊（2018）提出了"智能生产与服务网络"的概念，以"互联网＋传统制造业"的模式构建新型产业创新体系，具有较强的知识性、营利性、开放性、公共性、交互性特点[370]。提出两条服务智能化路经：①定制化的智能生产服务；②全生命周期智能运维服务。

（1）定制化的智能生产服务。随着两化融合程度的进一步加深，制造业企业面临原有大规模流水线生产方式逐步向大规模定制化生产方式转型，新时代消费者对产品差异化、个性化的追求越来越高，标准化已不再适应社会需求变革，必将被定制化取代。为实现定制化智能生产服务，企业需要：

构建信息平台。①以信息平台为依托，逐渐形成信息自收集自反馈自处理系统。②针对性的收集企业用户信息，强化对客户需求变化信息的采集，依靠客户需求海量数据分析进行动态预测，建立客户需求信息共享和反馈的长效机制。

零部件标准化、模块化。在产品零部件设计方面，实施模块化集成设计，强化生产灵活性，在不降低产品质量的前提下最大限度简化生产过程，针对客户个性化需求，快速实现产品的个性化重组。

建立客户体验中心和在线设计中心。现场体验与直观感受才能让客户充分表现出自己的真实需求，所以，利用现实体验与虚拟现实结合的方式，建立客户体验中心和在线设计中心，大范围、多角度地收集与整合客户的信息反馈和个性化诉求，进而不断改善产品和服务质量，为客户提供完善的定制化服务。

定制后智能生产。利用在线设计中心，企业与客户共生，实现顾客网络端垂直反映个性化需求，并直达企业生产端进行反馈、生产、再反馈。生产过程融入智能生产线，提高自动化柔性化水平，既能为客户提供个性化产品，又必须控制成本、确保产品质量的可靠性与稳定性，保证产品的交货期。

以青岛酷特智能股份有限公司（原红领集团以下简称酷特）为例，酷特自 2003 年开始实施转型个性化定制的战略，经过十年的不断尝试，探索总结出 C2M + O2O 的定制化直销商业模式。酷特通过定制化生产服务，已经成为国内制造业互联网转型的典范企业。酷特以智能制造引领世界服装个性化定制的战略、模式、路径，给出了我国服装企业创新应变提升国际竞争力的启示（何涛，2017）[371]。

开发 C2M 平台。通过自主研发，酷特设计并搭建了在线定制直销平台——C2M 平台（消费者需求驱动工厂有效供给）。C2M 平台为消费者提供了在线定制的多品类、多品种解决方案。无论是电脑还是手机，消费者均可实现信息终端登录，产品的款式、工艺、原材料都可以通过在线自主选择完成，线上支付后直接生成电子订单，经由 C2M 平台实现从产品定制、交易、支付、设计、制作工艺、生产流程、后处理到物流配送、售后服务全过程的数据化驱动和网络化运作。

服装要素模块化。酷特借助客户信息搜集与大数据挖掘，设计数据库中服装版型数据已经达到千万级，而设计元素也已达到数万种，这些数据通过搭配组合能够满足多样化的个性化设计。依靠自主研发，酷特的量体工具和量体方法获得了专利，实现了人体信息采集的细致性。基于上述专利，酷特能够实现有效采集人体 19 个部位的 22 个尺寸，采集过程也由于利用了 3D 激光量体仪，实现 7 秒内自动采集所有人体数据实时传输至生产系统共享。当输入用户体型数据时，系统内近 10000 个数据发生同步变化，驼背等 113 种特殊体型特征的定制要求均能得到满足，用户个性化设计需求实现了全覆盖。

消费者定制与生产。消费者利用 C2M 平台线上反映定制需求，系统内自动生成电子订单信息，酷特的版型数据库、工艺数据库、款式数据库、原料数据库与订单数据经过软件比较分析后，自动进行数据建模，原先人工制作版型的瓶颈与缺点得到了突破与克服。各工位在收到 C2M 平台以电子指令方式推送的订单信息后转换并分解生产任务。专属的电子芯片嵌入每一件定制产品，并在生产全流程中通过每一个工位的专用终端设备识别反馈。整个制造流程的物料流转通过智能物流系统等得到解决；利用智能取料系统、智能裁剪系统等实现个性化产品的大流水线生产。通过 C2M 个性化定制平台，实现"一人一版，一衣一款"的设计与裁剪，从订单数据上传到定制成衣出厂仅需 7 天。

酷特运用"大数据、云计算、新模式、智能化"打造了全球独一无二的服装个性化定制平台，真正实现了"个性化、差异化、国际化、数字化"服装全定制的工业化流水生产，精准、高效地满足客户个性化定制需求，为服装经营企业提供了服装定制的解决经验。

（2）全生命周期智能运维服务。当前，定期检修的传统维修维护模式效率性不强，成本低下等问题突出，容易导致产品设备缺乏全生命周期管理、信息碎片化、断序严重。提供全生命周期运维服务、实现服务智能化，是服务"提质增效"的有效途径。为实现全生命周期智能运维服务，企业需要：

现场检修数字化。通过设备振动、温度、流量、压力等传感器与控制系统，现场实时监控产品运行状况，当出现问题时，系统进行数据自储存、处理、预警，相应详细信息直接在用户端系统中反馈，同时回传至制造企业运维部门进行分析。

智能诊断辅助与远程运维支持。采用智能传感单元 + 工业 APP 创新模式，同时将云计算和智能应用高度融合，提高用户体验和智能诊断准确性。结合 AR 智能眼镜的应用，构建成现场故障监测→云计算隐患排查→远程诊断报告→AR 辅助现场故障排查与处理的预测性智能运维闭环。同时基于预测完成超前备品备件，实现服务快速响应。

远程传输与远程升级。通过远程监测收集设备环境变化信息，随着设备环境与应用条件变化，制定应对改善方案。通过技术人员在线指导与搭建远程"一对一"数据服务加密通道，对产品进行软硬件适应性升级。

构建运维辅助数据库。包括：①设备状态数据库，包括快变量数据与慢变量数据。②业务数据库，包括用户档案、机组档案、现场服务记录、用户合同管理、备件生产管理等设备管理过程中产生的数据。③知识型数据库，包括设备设计图纸、加工工艺、装备工艺、制造质量数据、测试数据、核心部件试车、整机试车、各类标准工时文件等。为每个客户建造特定数据链，覆盖产品生命周期各个部分，在企业为客户提供运维服务时，作为分析判断决策基础，辅助运维过程。

以西安陕鼓动力股份有限公司为例，自2003年以来，陕鼓动力始终致力于远程监测、故障诊断、网络化服务平台、云服务应用需求等方面的智能化改造技术的推广应用。服务智能化主要经过三大重要阶段：系统推广应用期（2003~2010年）、网络化诊断与服务平台建设期（2011~2013年）、设备全生命周期大数据建设期（2014年至今）。2013年陕鼓动力已成功解决了面向动力装备的数字化检修维修、现场海量数据的采集与压缩存储、多地多通道并行信号接入、智能故障诊断算法与基础应用、备件预测协同信息化管理、远程传输、远程升级等技术的研发与应用。

现场检修数字化。为了确保用户机组的安全稳定运行，避免由于网络不稳定造成关键实时预警的漏报误报，陕鼓动力采用原始数据本地存储，处理，预警关键数据实时同步压缩上传的接入模式。即使由于网络问题造成通信中断，现场系统仍然可保证实时进行分析预警，对突发的故障数据进行记录与处理，确保用户机组的正常运行。通过设备振动、温度、流量、压力等传感器与控制系统，将数据接入IPMC系统，数据实时处理后，送入现场监控一体化HMI系统，并直接向用户呈现设备运行状态分析结果。

建立远程检测系统。陕鼓动力远程检测系统，将客户端设备运行数据（包括风机的油温、转速等）接入检测系统，通过不同颜色反映设备运行状况（绿色代表正常，黄色代表出现故障，红色代表故障十分严重或者停机状态）方便检测人员实时发现问题、处理问题。

打造远程运维数据库：①设备状态数据库。针对动力设备的快变量数据，利用陕鼓动力自主研发的IMO1000系统进行高通量数据的采集，采集信号主要为振动传感器电压变化值，采集速率每振动测点达到10K/S。慢变量数据主要指设备与装置的工艺量与过程量，利用 TCS 装置级数据采集系统，通过从机组的 DCS 系统获取，刷新频率在 1 ~ 3 秒。②业务数据库。主要包括用户档案、机组档案、现场服务记录等设备管理过程中产生的数据，主要来自陕鼓动力工业服务支持中心的客户管理与服务管理系统。③知识型数据库。包括设备设计图纸、加工工艺等，该部分数据以 IETM 系统管理为主，以 PLM、CAPP、ERP 数据为补充。业务数据与知识型数据总量约为 1TB，且更新随业务流程状态改变，每日平均增量在 5M 以内。陕鼓动力全生命周期运维服务是基于数据赋能实现服务智能化的转型探索，对重大装备制造型企业智能化转型升级起到了良好的示范作用。

当企业处于转型初级阶段，可选择装备智能化的升级路径，通过直接引进、联合开发、自主研发的方式提高装备智能化水平，逐步提升生产效率；当企业处于转型中级阶段时，可选择流程智能化的升级路径，通过虚拟仿真技术实现模拟与验证、通过制造执行系统实现全流程实时反馈、通过协同制造模式实现制造资源整合。当企业处于转型高级阶段，可选择产品智能化的升级路径，通过嵌入智能模块实现单品智能化，借助开发应用程序，深入打造产品智能化体系。当企业处于转型智能化升级阶段时，可选择服务智能化的升级路径，通过定制化的智能生产服务与全生命周期的智能运维服务，构建服务智能化生态，如图 6 - 10 所示。

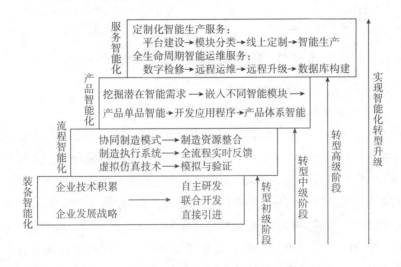

图 6 - 10　制造业企业智能化转型升级路径选择

资料来源：笔者绘制。

6.3.3 基于"绿色制造"驱动的制造业转型升级路径

绿色发展作为制造业可持续发展的一项重要内容，对于提高中国产品的国际竞争力有重要意义（徐艳等，2017）[372]。依据绿色发展理念设计以下绿色转型升级路径：①基于绿色工艺技术突破的升级路径；②基于装备引进或改造的升级路径；③基于第三方合作发展的升级路径；④基于绿色工厂建设的升级路径；⑤基于绿色供应链建设的升级路径，如图 6-11 所示。

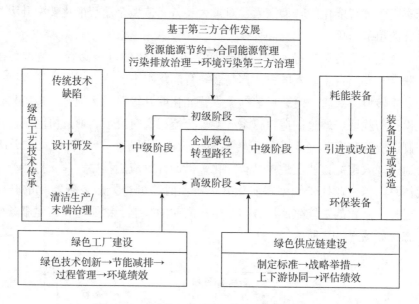

图 6-11 制造业企业绿色转型升级路径设计

资料来源：笔者绘制。

6.3.3.1 基于绿色工艺技术突破的升级路径

国家统计局公布数据显示，2017 年我国的 R&D 支出达到 17500 亿元，与 2016 年相比，同比增长了 11.6%。从全球来看，我国研发经费投入居世界第二位，仅次于美国（钟源，2018）[373]。尽管我国研发投资力度不断增加，技术突破取得显著成果，但环境污染问题却暴露得更为严重，除全球变暖外，雾霾的大面积爆发等似乎都预示着当前环境承载已达到某种"临界点"（原毅军和戴宁，2017）[374]。由此可见，通常意义上的技术创新即使能够在一定程度上推动产业升级，但并不能解决由此引发的生态环境严重恶化问题。实现企业高质量发展，需着力提升绿色工艺技术创新。相关数据表明，当前我国总体科技成果转化率勉强达到15%，绿色技术创新成果市场化率仅占5%（李昆，2017）[375]，西方发达国家总体科技成果市场转化率为70%，新型绿色技术市场化率接近15%。由此可见，进行绿色工艺技术突破是我国制造业企业绿色化转型升级的必经之路。课题组据此提出两条基于绿色工艺技术突破的升级路径：①通过大力发展清洁生产技术实现绿色工艺技术突破；②通过加强末端治理管控技术实现绿色工艺技术突破。

（1）通过大力发展清洁生产技术实现绿色工艺技术突破。清洁生产是以环境保护为核心，实现可持续发展的生产方式。推进清洁生产是经济发展形势、资源环境形势以及市场趋势的共同追求，其对于提高经济效益和环境效益具有双重利好影响。从产品生产过程来看，清洁生产一方面能节约原材料和资源能源消耗，另一方面能减少污染物和废弃物排放。实施清洁生产的核心要点包括在生产过程中消耗最少资源、产生最少的污染物并尽量减少有害材料的使用及有害物质排放，对于"三废"排放物要最大程度转化，对产生的废弃物需进行二次回收利用等。可以看出，企业应用清洁生产技术可以增加资源利用率，提高产品产量与质量，减少污染物的产生并实现绿色转型。

（2）通过加强末端治理管控技术实现绿色工艺技术突破。末端治理是指在生产制造末端，增设相应污染处理设备，使排放物达到环境治理要求的治污方式，末端治理侧重于污染物产生后如何处理达标。由于工业生产无法完全规避污染的产生，即使最先进的生产工艺或清洁生产水平也不能完全做到零污染，因此末端治理技术更新发展就显得十分重要。当前制造业典型行业的绿色工艺技术应用主要表现在如表6-18所示的5个行业。

表6-18　绿色工艺技术应用

名称	内容	行业	应用举例
工业循环水冷却塔蒸发水汽回收利用技术	该技术充分利用冷凝模块中新材料导热的高效性在环境冷风和高温饱和湿空气之间快速、高效地传递热量，实现冷却塔饱和蒸汽的收集。冷却塔汽回收率可达到25%～35%，回收水达到优质蒸馏水水质	通用	中石化大连石化公司采用该技术回收利用冷却塔蒸发水汽，总投资1200万元，年节水量30万 m^3
海水直接利用技术	把海水直接作为钢铁企业自备电厂的循环冷却水，一般以海水直流冷却方式为主。将海水直接冷却后部分进行淡化，以保证淡化处理的海水温度稳定	钢铁	首钢京唐钢铁联合有限责任公司海水取用项目。建设规模168万 m^3/d，项目投资4.165亿元，年节新水量1100万 m^3

续表

名称	内容	行业	应用举例
循环冷却排污水再生技术	该技术再生处理回用循环冷却排污水。主要工艺流程为混凝沉淀＋超滤＋反渗透。单位节水量约0.8m³/MWh	电力	国电宣威发电有限公司采用该技术，2009年投运，总投资约6000万元，年节水量约146万m³
高温高压气流染色技术	依据空气动力学原理，由高压风机产生的气流经特殊喷嘴后形成高速气流，牵引被染织物进行循环运动，染液以雾状喷向织物，使染液与织物在很短时间内充分接触以达到匀染的目的	纺织	浙江恒生印染有限公司年产8000吨针织印染布，采用高温高压气流染色技术，项目投资2000万元，年节水量约48万m³
网、毯喷淋水净化回用技术	网、毯洗涤水进入单独处理系统，通过浮选或过滤的处理方式，使水净化满足作为喷淋洗涤水的水质要求，循环使用	造纸	浙江景兴纸业利用网毯喷淋水净化回用技术，新建白水回收机和白水筛等设备，投资额400万元，年节水量100万m³

资料来源：笔者依据《国家鼓励的工业节水工艺、技术和装备目录（2016）》整理所得。

以山西蓝天集团为例，蓝天集团是中国煤粉工业锅炉知名品牌，目前在山西、山东、新疆、天津、辽宁、河北、河南、安徽、福建、云南等省区推广应用煤粉工业锅炉近千台，总容量20000蒸吨以上，市场占有率居国内首位。为解决当前我国工业锅炉市场存在的燃料匹配差、技术装备落后、运行效率低等带来的环境污染问题，山西蓝天集团将发展重点放在绿色工艺技术创新上，通过以下两条路径实现绿色转型升级。

通过大力发展清洁生产技术实现绿色工艺技术突破。通过对比传统工业锅炉与新型环保工业锅炉的工艺流程，可以看到为了解决小空间稳燃问题，该技术通过助燃风改性，加快煤粉点火及燃烧速度，从而改变了以往大多数煤粉锅炉消耗大量燃油点火启动的状况，现流程仅需在锅炉启动期间，使用较低点火强度的点火装置，便可以快速稳定地点燃煤粉，另外该流程还配套设计了由臭氧发生器、一次风管、中心管、煤粉预燃室及助燃风室组成的燃烧器，保证了煤粉在狭小空间内稳定高效地燃烧。对于污染物的处理，也比传统工艺流程更加洁净化，通过布袋除尘器及脱硫塔对污染物进行处理，尽量保证排放零污染，如图6－12所示。

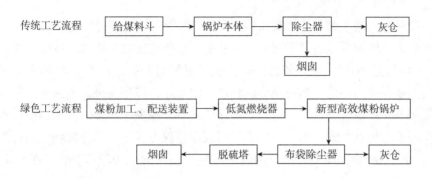

图 6 – 12　传统工业锅炉与新型环保工业锅炉工艺流程对比

资料来源：山西蓝天集团官网。

通过加强末端治理管控技术实现绿色工艺技术突破。山西蓝天集团对于污染物脱除方法如图 6 – 13 所示，该污染物脱除技术突破了我国传统燃煤工业锅炉存在的热效率不高、系统配套不完善等技术问题，提升了我国燃煤工业锅炉的效率和系统装备的制造水平，运行热效率可达 88% 以上，与传统工业锅炉相比节煤 30% 以上（马培根等，2011）[376]，对制造业企业广泛应用洁净煤技术有重要的指导意义。

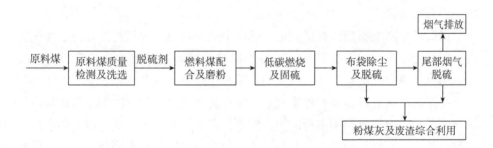

图 6 – 13　山西蓝天集团多段组合污染物脱除成套技术

资料来源：山西蓝天集团官网（www. sxlantion. com）。

6.3.3.2　基于装备引进或改造的升级路径

装备引进或改造可以为企业节能降耗减排提供有效帮助。这类装备包括：环境污染防治专用装备、固体废物处理处置装备、水污染防治装备、资源综合利用装备、环境监测专用仪器仪表等。对于制造业企业而言，应用环保类装备是企业在生产过程中兼顾环境保护的重要技术基础，是实现企业绿色转型发展的重要保障。基于此,本书提出两条具体升级路径:①通过引进环保类装备实现企业绿色转型升级;②通过对现有装备实施改造实现企业绿色转型升级。

(1)通过引进环保类装备实现企业绿色转型升级。制造业企业所应用的装备多数存在高耗能、高污染等问题。为实现绿色转型发展,依据企业具体生产类型及发展情况,应选择适合的环保类装备,减少企业排污行为,培育新型绿色经济增长点。近年来,在环保部门高压巡视力度下,部分将环保类装备作为"摆设"的企业受到整改,倒逼了环保类装备的使用频率,促进了企业绿色转型升级。

(2)通过对现有装备实施改造实现企业绿色转型升级。对现有装备实施改造包括自主研发以及与环保装备企业合作研发两种方式。为了实现装备绿色化升级带动制造业企业绿色化发展,部分企业利用自身技术优势,通过研发设计新装置替代更新原有设备,并加强生产过程的节能管理与能耗监督,自主完成绿色化改造实现绿色转型发展;部分企业则选择与环保装备企业合作研发的模式,开发出新型的适用于本企业生产重要的装备。现阶段,环保装备制造业发展迅速,2016年环保装备制造业实现产值6200亿元,比2011年翻一番(中华人民共和国工业和信息化部,2017)[377],2017年10月,工信部发布了《关于加快推进环保装备制造业发展的指导意见》,为环保装备制造业快速发展提供有力支撑。

以阳煤集团下属阳泉煤矿发电厂热电余热回收热泵项目为例,由于煤矿发电厂消耗资源大,污染排放严重,为了响应国家政策以及企业自身可持续发展,阳泉煤矿发电厂具体通过以下两条路径实现企业绿色转型。

通过与环保装备企业合作实现企业绿色转型升级。为解决阳泉煤矿发电厂煤炭消耗量大但热能利用率低的突出问题,阳泉煤矿发电厂通过研发创造性地将热泵技术与发电厂的发电设备相结合,建成全球第一套大型热电余热回收吸收式热泵,高效地回收火力发电厂的热能。自热泵使用以来,在不增加能耗的前提下,通过回收余热可以满足阳煤集团新增144万平方米的供热需求,每年可以节约标准煤3万吨,减少二氧化碳排放74000吨,减少二氧化硫排放660吨,相当于再造了一个上万亩面积的森林。

通过对现有装备实施技术改造实现企业绿色转型升级。发电厂的冷却塔是电厂用来降温的设施,由于在降温的同时需浪费大量的水资源,现有冷却塔设备存在明显缺陷,为解决此类问题,部分电厂正在逐步使用空冷塔降温技术来替代原先高消耗的冷却塔装置,这种降温技术利用空气对流来降温,并不会消耗大量的水资源。由于此项技术被美国和德国掌握，在中国相应产品市场占有率超过60%，两台35万千瓦的空冷岛，设计费为3000万元，两台60万机组的空冷岛，设计费需要3000多万元，此后我国江苏双良集团耗费三年攻克并掌握了这项空冷塔技术，国内诸多企业选择与发展集团合作研发，目前国际市场上一套空冷岛设备的设计费用也随之降到了500万元。

6.3.3.3　基于第三方合作发展的升级路径

在企业开展的节能减排工作中，第三方治理属于企业提高资源能源集约利用效率、减少环境污染排放的一种十分重要的模式。许多制造业企业在实现绿色转型过程中，均面临资源能源约束以及环境污染治理双重问题，企业选择与第三方合作发展的绿色转型升级路径。具体包括：①通过采用合同能源管理模式，实现资源能源充分节约；②通过采用环境污染第三方治理模式，实现污染物排放有效治理。

（1）通过采用合同能源管理模式，实现资源能源充分节约。合同能源管理是指节能服务公司和用能单位之间通过契约形式确定节能项目目标，为实现该目标，节能服务公司需要向用能单位提供对应的服务，而用能单位则以节能效益支付节能服务公司的投资及合理利润的能源效率改进服务机制（杨琴和陈炜，2015）[378]。节能服务公司以通过承诺节能项目的节能效益或承包整体能源费用的方式为客户提供节能服务，其实质就是利用减少的能源消耗费用来支付实施节能项目产生的全部成本的一种节能业务方式，这种节能投资方式允许企业用未来的节能收益为制造工厂和设备升级，从而实现当前企业能源利用提高以及未来企业的可持续高效发展。国家大力支持和鼓励节能服务公司与企业之间以合同能源管理机制开展节能服务，此类服务项目目前仍能享受财政奖励、营业税免征、增值税免征和企业所得税免征等优惠政策（李宁国和董战山，2016）[379]。

以江苏银宝实业股份有限公司（以下简称江苏银宝）为例，江苏银宝是扬州市重点耗能企业之一，其经营范围包括原材料即棉花收购、加工、纺纱、织布、成品、贸易等一体化流程。主要用能设备包括空调系统、梳棉机、并条机、细纱机等。在公司采用合同能源管理之前，公司原有的细纱机，运行功率和效率较低，线路和变压器损耗较高。为降低企业能耗，能源服务公司主要通过对细纱机加装智能纺织专用变频器、用稀土永磁电机更替老电机等实现企业能源的有效管理。加装智能纺织专用变频器可以改善功率因数、减小输出转矩以及启动电流，具有效率高、精度高、调速平稳、范围宽等优点，稀土永磁电机功率因数大且稳定，提高了电机效率，节电优势明显。对江苏银宝实业公司进行改造前后，其细纱机的生产及能耗情况有明显改进，年产量由改造前每年 8160 吨增加至改造后每年 8920 吨，年节约电量 97.9 万千瓦时，节约电费 66.6 万元。

（2）通过采用环境污染第三方治理模式，实现污染物排放有效治理。环境污染治理是一项技术性和专业性较强的工作，许多企业并不能完全依靠自身实现环境的有效治理，因此，环境污染第三方治理模式就显得极为重要。为了将环境污染第三方治理模式能够有效贯彻落实到各地方，环境保护部（2018年 3 月改为中华人民共和国生态环境部）于 2017 年 8 月出台了《环境保护部关于推进环境污染第三方治理的实施意见》（以下简称《意见》），用来指导全国各地开展环境污染第三方治理相关工作，《意见》明确了排污单位主体责任和第三方治理责任，并对合同服务加强政策指导和支持，如鼓励绿色金融创新、引入第三方支付机制、建立责任保险制度等。在第三方治理模式上，政府也鼓励提供多种类型实践，包括污染问题诊断、方案编制、排放检测、治理设施建设、运营及维护等服务。

以河北中煤旭阳焦化有限公司为例，该公司属于典型的高污染、高排放企业。虽然公司之前有污水处理站两座，但由于使用时间较长、系统运行不稳定，不能适应当前排放标准要求。2015 年 4 月，河北中煤旭阳焦化有限公司协同环保科技股份有限公司就污染环境治理签订合同，对该排污主体企业的焦化废水处理设施实行有效改善措施。主要服务模式即为对先前污水处理站的扩建和改造，扩建后的污水处理站处理能力大幅提升，达到 250 立方米/小时，该治理项目总投资 2000 万元。第三方治理企业采用的具体治理方式为典型的镶嵌式治理模式，首先对旭阳焦化企业先前的污水处理站设备进行改造，如更新使用方法等；其次在先前的污水处理工艺基础上进行参数调整和优化，并推行循环经济，将处理后的废水全部回收利用，该污染处理项目实施较简单，企业通过第三方处理所支付费用低于企业自运营费用。

6.3.3.4 基于绿色工厂建设的升级路径

在绿色发展趋势下，推行绿色制造、创建绿色工厂是促进工业经济可持续发展的重要使命（储宏，2017）[380]。绿色工厂建设作为加速实现绿色发展重要载体，既是构建绿色制造体系的重要环节，也是实施绿色制造发展的重点任务之一。绿色工厂的基本概念指构建以厂房集约化、生产洁净化、原料无害化、废物资源化以及能源低碳化发展为特征的工厂（杨檬和刘哲，2017）[381]本书依据工信部 2016 年发布的《工业绿色发展规划（2016—2020）》中提出的绿色工厂评价要求，提出三条基于绿色工厂建设的绿色转型升级路径：①以环境绩效为目标构建绿色工厂；②以节能减排为核心打造绿色工厂；③以基础设施及管理体系为基础保障绿色工厂。

（1）以环境绩效为目标构建绿色工厂。企业构建绿色工厂应以环境绩效为目标，通过对实施全方位绿色化改造，并对成效及时评估，实现经济效益及环境效益的协调统一。经济效益如废弃物循环利用带来的企业利润及成本节约、因环境改善所减免的罚款，以及生产绿色产品增加市场占有率；环境绩效如废弃物的回收利用率、"三废"排放量的有效控制、资源利用效率的增加以及长期获得的企业环境成本的降低等。

（2）以节能减排为核心打造绿色工厂。企业绿色化发展的重点就是要形成资源能源集约利用、环境污染减少的新型发展模式。具体来看，企业在生产运营过程中通过使用清洁原料减少源头资源能源消耗，应用先进清洁生产技术减少生产过程工艺浪费及不必要的生产成本，使用高效的末端治理装备减少污染废弃物及有害性物体排放等，通过采用电热联供、电热冷联供等技术，提高制造业企业的能源利用效率，建立余热回收系统，对工艺过程及设备产生的余（废）热加以有效利用，推动企业各类资源的循环化和无害化利用。节能减排的实施可以推进企业提高核心竞争力，强化绿色发展理念。

（3）以基础设施及管理体系为基础保障绿色工厂。企业按照绿色工厂建设标准对厂房进行建造、改造和管理；按照绿色工厂综合评价要求，在满足节能减排、绿色产品要求下，构建以基础设施、管理体系、环境绩效评价为基础的综合发展体系，包括采用绿色建筑技术对厂房建设实施绿色化改造，预留可再生能源应用场所以及设计其负荷量，对于厂区内能量流、物质流路径进行合理布局规划，通过建设服务系统，如厂区光伏电站、储能系统、能源管理中心以及智能微电网等对企业开展绿色工厂建设提供保障，更好地推进绿色工厂建设实现绿色化的目标，实现工厂的绿色发展（中华人民共和国工业和信息化部，2018）[382]。

以一汽轿车为例，一汽轿车作为一汽集团发展自主品牌乘用车的主要企业之一，在绿色转型发展方面表现突出，2017年跻身绿色工厂行列。2016年8月，一汽轿车成立了"推进中国一汽绿色制造"专项工作组，确定2017年绿色制造实施项目共计230个。实施方案以"蓝途战略"和集团公司产品规划为引领，加快实现节能汽车和新能源汽车的批量产出，推进一汽产品的绿色化，以绿色工厂标准为引领，全力推进绿色工厂的打造，其具体实践主要体现在：

推进清洁生产及技术改进实现节能减排。一方面，一汽轿车的加工生产线通过采用清洁生产方式，利用循环系统减少了乳化液的使用以及废乳化液的产生，为了杜绝工业粉尘产生，采用湿式加工工艺在源头上进行控制；另一方面，一汽轿车通过对空压站进行节能技术改进，对空压机群、冷却循环系统及外围辅助监控系统进行自动化改进，极大地降低了空压站能耗；通过对重机部烘干室进行技术改进，选用清洁能源天然气燃烧加热代替传统蒸汽加热，也实现了节能减排，通过推进清洁生产及技术改进来实现节能减排为一汽轿车的绿色生产提供了有力支撑。

建立能源及环境管理体系强化过程监控。一汽轿车从管理出发，与各部门签订目标责任书，将指标分解至各生产车间及班组，实行严格的节能减排指标控制，同时，一汽轿车建立能源计量网络以及环保监测网络，对能源数据和污染物排放情况进行实时监测，除此以外，一汽轿车还制定节能降耗工作标准以及环境污染应急预案，以应对节能减排指标超标的情况，对重点耗能设备用能以及提高环境污染事故的应急能力也要给予及时控制。通过管理上的优化改进，从源头上减少了能源消耗和污染物排放。

承担节能改造项目实现环境绩效提升。2016 年，一汽自主乘用车平均燃料消耗量降至 6.67 升/100 千米，明显优于法规目标值的要求；在商用车方面，率先实现国内重卡发动机换油周期由 1 万千米到 10 万千米的跨越。2017 年 6 月中国一汽正式发布《"十三五"期间推进中国—汽绿色制造实施方案》，将推动绿色产品、绿色工厂、绿色厂区等全面发展。在工业节能与绿色发展现场评价中，一汽轿车凭借近几年在能源资源投入、产品生态设计、有害物质管控等方面取得的成果，以 95.25 分的优异成绩，通过了绿色工厂评价要求，跻身于国家绿色工厂的行列。

6.3.3.5 基于绿色供应链建设的升级路径

绿色供应链的概念最早由美国密歇根州立大学制造研究协会 1996 年提出的（陈栋和朱亚楠，2012）[383]，该协会认为绿色供应链是以绿色制造理论和供应链管理技术为基础，涉及供应链上下游包括供应商、制造商和用户等，其目的是在考虑环境影响和资源效率下，实现产品从原材料获取、制造加工、包装、运输、销售到报废处理的整个过程中对环境的消极影响最小而资源效率最高。在工信部 2016 年公布的《关于开展绿色制造体系建设的通知》中，绿色供应链的建设重点在于供应链节点上企业之间的协调与协作。区别于传统供应链，绿色供应链更加注重资源节约、环境保护等问题，其具有经济效益和环境效益双重目标。本书提出两条基于绿色供应链建设的升级路径：①构建上下游绿色供应链协同发展体系；②构建绿色供应链管理信息系统。

（1）构建上下游绿色供应链协同发展体系。构建绿色供应链发展的关键是实现上下游协同绿色化。现阶段，许多企业已经开展了相关的绿色供应链实践，如华为的"绿色合作伙伴"认证计划等，就是期望以供应链上下游企业间共同协作模式来降低对环境的负面影响，从而实现企业绿色转型发展。实现上下游协同绿色发展，与核心企业的带动作用密切相关（毛涛，2018）[384]。从产业类型来看，汽车制造业、电子通信制造业、机械制造业中核心企业拥有供应商数目较多，供应链较长，这些企业可以发挥自身优势，积极构建上下游绿色供应链发展模式；从产业链环节来看，接近或者处于产业链末端的制造企业在绿色供应链构建方面，其带动性一般比中上游企业的带动性大，此类企业也应利用自身优势构建绿色供应链。

（2）构建绿色供应链管理信息系统。绿色供应链管理信息系统（GSC－MIS）是绿色供应链运作的核心。制造业企业可以通过联网与环境管理系统（EMS）、人力资源管理系统（HRMS）、知识管理系统（KMS）、财务管理系统（FMS）、质量管理系统（QMS）连接，促进自身与各地的供应商、制造商、分销商、物流商等相连接，实现信息共享。区别于传统供应链管理信息系统，GSC－MIS的决策支持系统（DSS）不仅反馈以上管理系统的信息，更重要的是还会考虑社会系统的一些因素，包括政府或者国际性组织对供应链成员的规制，整个社会的文化、价值观等因素，并听取专家的建议后决定是否流程重组或改进，并把最终的结果传递给GSC－MIS，在这个过程中考虑社会因素，重视社会影响是绿色供应链管理信息系统构建的重点。

以潍柴动力股份有限公司为例，潍柴动力是著名的汽车及装备制造产业集团之一，2018年在世界500强中排名第53位。通过研究其构建绿色供应链的具体实现过程，总结其成功经验，具体包含以下三个方面：

确定绿色供应链的基础。潍柴动力股份有限公司拥有众多供应商，目前上游供应商近410家，包括曲轴、连杆等数百种产品，覆盖终端用户超过300万、服务站5000家、备品中心库超80家，主要企业包括陕西重型汽车有限公司、宇通客车、徐工集团、山东五征集团、中国移动、中国电信等，涵盖整车整机、工程机械以及电力设备等领域。潍柴对实施绿色供应链有明确的目标、思路、计划以及措施，如要加快成为整体供应网络管理者，提高产品质量竞争力。在采购方面，要加强协同效应，关注供应链整体拥有成本；在生产制造方面，要制定全球化生产化战略，对生产执行过程深度管控；在物流方面，要加强过程管理，提升自动化或信息化的支撑程度等。

制定绿色供应链的战略举措。潍柴动力立足自身发展需求，联合 50 余家有研发能力的零部件供方企业共同成立了"潍柴产品研发共同体"，并在此基础上建立了产品研发协同机制。搭建了供应商协同设计平台，提高了设计效率和质量，降低了产业链整体的研发成本，实现研发全过程可控，上下游企业协同增效。同时加强对供应商绿色理念的灌输，让其充分意识到节能减排环保的重要性，带动中小企业绿色化发展。同时，潍柴动力构建了完善的供应商管理体系，通过制定供应商选择评价制度并实施供应商分级管理，优化供应链结构，在供应商中有较强的影响力，与上下游供应商均建立了良好的合作关系。

评估绿色供应链的绩效。潍柴动力通过采取绿色供应商管理措施，在企业中树立绿色采购的理念，按照《采购协议》《设计任务书》《发动机用材料禁用或限用物质》及《国家绿色产品标准体系和技术规范》，将绿色采购贯穿材料、产品和服务采购的全过程，并不断改进和完善采购标准和制度。企业标准产品设计文件编制规范《设计任务书》针对不同产品，对排气污染物、烟度、噪声、可再使用率和可回收利用率等环境属性指标给出明确要求，采购部门在采购相关原材料及零部件时需以满足这些设计要求为前提。从相关销售情况来看，2017 年潍柴动力实现销售 111.7 万辆，同比增长 52.4%，共销售重卡用发动机 37 万台，同比增长 86.9%，市场占有率达 33.1%，较 2016 年同期提升 6.1 个百分点。控股子公司陕西重型汽车有限公司共销售重型卡车 14.9 万辆，同比增长 81.3%，稳居国内重卡企业第四位，整车带动优势明显增强；其控股子公司陕西法士特齿轮有限责任公司变速器销售量达到 83.5 万台，同比增长 66.8%，行业领导地位进一步巩固。

对处于转型初级阶段的企业来说，可选择同第三方合作发展的转型升级路径，通过实施合同能源管理模式、环境污染第三方治理模式等借助外部服务机构协助企业完成节能减排指标要求；对处于转型中级阶段的企业来说，可采取更多的绿色工艺技术突破以及绿色装备引进或改造来实现企业绿色转型，包括采用清洁生产技术、末端管控技术以及同环保装备制造业协同发展；对处于转型高级阶段的企业来说，企业应倡导绿色供应链发展体系构建，以建设绿色工厂，完成能源、资源集约投入，环境污染减少，产品绿色化，环境绩效好，管理体系完善以及基础设施先进为导向，实现上下游企业共同发展。如图 6-14 所示。

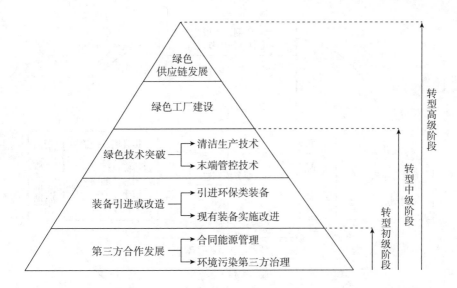

图6-14 制造业企业绿色转型升级路径设计

资料来源：笔者绘制。

6.3.4 基于"服务型制造"驱动的制造业转型升级路径

当前，在国际国内市场日趋激烈的竞争环境下，企业逐步由生产型制造向服务型制造转型，服务型制造作为一种先进制造模式，内核为基于制造的服务与面向服务的制造。结合制造业企业服务型制造发展阶段，设计以下四条路径：①价值链各环节视角下基于制造的服务；②服务类型视角下面向服务的制造；③价值导向视角下面向服务的制造；④协同创新视角下基于制造的服务。路径设计如图6-15所示。

6.3.4.1 价值链各环节视角下基于制造的服务转型升级路径

制造业企业实现服务型制造，可通过将服务渗透至价值链各环节，以提高企业功能架构价值增值能力。具体地，从研发设计、柔性生产、后市场三个环节提出价值链各环节视角下基于制造的服务升级路径。

（1）通过研发设计实现基于制造的服务。通过研发设计实现基于制造的服务，可从搭建定制化设计平台、组建专业化研发团队两方面展开。①搭建定制化设计平台，包括研发数据共享平台、反馈信息管理平台、研发服务测试平台。制造业企业通过反馈信息管理平台收集消费者的体验与需求信息，并将信

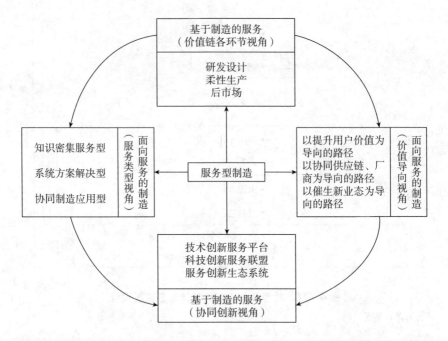

图6-15 基于"服务型制造"驱动的制造业转型升级路径设计图

资料来源:笔者绘制。

息转化为数据共享于企业内各研发部门,反向驱动定制化设计。②组建专业化研发团队。企业通过吸纳多种专业领域的全职研发人员,分别组建以"专业研发+虚拟项目研发"与"项目经理制+专业研发部门"为代表的研发团队,充分结合各领域专业知识,输出高水平研发设计服务。

(2)通过柔性生产实现基于制造的服务。柔性生产可通过更新智能生产线予以实现。智能生产线的应用场景如下,用户所下的订单被传送至互联工厂的不同车间,车间内的智能生产线将按照用户个性化定制信息,进行自动检索、柔性选配、扩展加工、换模响应、自动换模等工序,在保证生产线平衡的基础上,精准对接用户的多样化需求,落实用户参与生产过程,同时使制造业企业具备多品种大规模定制能力。如表6-19所示,新材料、节能与新能源汽车、生物医药、高档数控机床和机器人等领域的制造业企业依托智能生产线更新,实现柔性生产。

表 6 – 19　智能生产线更新代表性企业具体案例

所属领域	年份	代表性企业	具体实施
高性能纤维及制品和复合材料制造	2010	浙江尤夫高新纤维股份有限公司	公司引入智能生产线，按照客户订单要求进行产品的生产与运送，在企业资源计划（ERP）体系下建立完善的生产管制程序
新能源汽车及相关设备制造	2015	广汽本田汽车有限公司	冲压车间导入内嵌视觉系统的智能生产线，根据工件的实际位置进行抓取，克服原有生产线固定位置抓取的缺陷，相较于原有生产线更具有柔性
	2018	中国一汽集团	多款车型在同一智能生产线上被同时生产，焊装、冲压、涂装车间均实现柔性化、自动化、节能化生产
生物产品制造	2017	亿帆医药股份有限公司	公司通过更新嵌入式软件智能生产线，实时收集市场需求信息，实现"随行就市、以销定产"，使产品达到 GMP（优良制造标准）等行业标准
高端装备制造	2018	宁波海天精工股份有限公司	公司以订单合同为依据，根据用户特殊要求，编制个性化工艺路线，并依照路线更新智能生产线，组织安排生产，柔性生产产品

资料来源：笔者根据《新产业新业态新商业模式统计分类（2018）》整理所得。

（3）通过后市场实现基于制造的服务。后市场指的是从售出产品至报废回收期间，围绕产品销售与使用过程中的各类服务。通过后市场实现基于制造的服务，可从个性化营销、预判产品风险、监控产品运行三方面展开。①个性化营销。制造业企业通过实时识别与持续追踪顾客需求，制定差异化营销方案，满足顾客多样化产品与服务需求。以宝马汽车（中国）有限公司为例，公司成立营销体验中心，顾客能够自主选择汽车颜色、材质、内饰、中控台等，定制系统根据选择结果生成 3D 立体图像并提供所选材质，使顾客凭借视觉与触觉加强直观体验。同时，公司着眼于子品牌劳斯莱斯消费者多为年轻女性群体的现状，针对性布置交车场地，将中国元素嵌入汽车内饰中。公司依托数字化与定制化营销，优化企业与顾客之间的关系。②预判产品风险。制造业企业可从产品售后管控入手，实时分析用户行为数据，评估测算产品潜在风险，能够在产品故障发生前预判风险并提出对应的解决方案。③监控产品运行。制造业企业可通过产品运行监控系统，收集并分析产品回传数据信息，监测产品运行状况，实现在线提供运维服务，进而改善产品运作性能，延长产品使用周期。制造业企业通过后市场实现基于制造的服务不仅增加企业销售收入，降低企业库存成本，而且提升顾客满意度，锁定部分顾客群体。

6.3.4.2 服务类型视角下面向服务的制造转型升级路径

制造业企业通过提供多种模式的服务，提升信息技术、通信技术在制造转型升级过程中所处的地位，推动企业高质量生产。基于知识密集服务型、系统方案解决型、协同制造应用型三类服务模式，提出服务类型视角下面向服务的制造升级路径。

（1）基于知识密集服务型模式实现面向服务的制造。基于知识密集服务型模式实现面向服务的制造，可从加速科技成果转移转化方面展开。科技成果转移转化是指科技成果由实验室转移至生产车间，助力产品更新与工艺改进，提高企业技术水平。企业根据自身具备的研究开发能力，可采取技术外购、技术合作、自主研发等方式，将科技成果转移至企业内部，与生产要素和知识要素有机结合，增强企业技术服务的输出能力。如表 6－20 所示，以华为技术有限公司为例，该公司与西安电子科技大学开展技术合作，引入人工智能领域的 OCR（光学字符识别）技术，与本企业的生产工艺相整合，以移动终端为载体输出信息识别与信息录入服务。

表 6－20 科技成果转移转化代表性企业具体案例

所属领域	年份	代表性企业	具体实施
节能环保设备和产品制造	2017	清华同方股份有限公司	联合清华大学等高校，建立虚拟研发中心，转移研发成果至企业内部进行孵化，通过资本运作将孵化成果转移至外部企业，转化为先进生产力
	2018	珠海格力电器股份有限公司	公司搭建综合云服务平台、大数据实训中心、区域性研发中心实现技术转移，依托解决方案中心、企业孵化中心等，实现技术转化
新能源设备制造	2018	中国核工业集团有限公司	颁布《中国核工业集团有限公司科技成果转化实施细则（试用)》，提出推动科技成果转移转化的具体措施与机制要求
高端装备制造	2018	中国交通建设股份有限公司	利用 AI（人工智能）技术开源平台，将关于轨道交通建设与城市交通基础设施建设等领域的技术成果转化为云资源进行转移，与长安大学等高校联合搭建科技成果转化联盟，推进新技术、新方向课程的开发实践
新一代信息技术设备制造	2019	华为技术有限公司	与西安电子科技大学进行技术合作，引入人工智能技术，与企业生产工艺相结合，提升企业信息处理水平

资料来源：笔者根据《新产业新业态新商业模式统计分类（2018)》整理所得。

（2）基于系统方案解决型模式实现面向服务的制造。基于系统方案解决型模式实现面向服务的制造，可从交钥匙工程方面展开。交钥匙工程是指承包商全面负责项目规划、设备制造、生产线调试、后续服务，并依据交钥匙合同，将经营权与所有权完全转交至服务对象。制造企业先对承包项目做出全面且周密的规划，再通过一揽子解决方案全面落实承包项目，以交钥匙合同中的规定参数为标准，研发与设计项目设备，开发工业软件连通制造装备以实现生产线集成，并根据试生产的验收结果，挖掘并修正生产线存在的欠缺，并提供项目交接后的零部件更换与设备维修等服务。如表6-21所示，实施交钥匙工程的制造业企业集中于高档数控机床和机器人、电力装备、生物医药及高性能医疗器械等行业。

表6-21 交钥匙工程代表性企业具体案例

所属领域	所在地	代表性企业	具体实施
节能环保设备和产品制造	上海	上海电气集团股份有限公司	向用户提供完善的工程成套项目总承包服务，由销售单一产品向出售个性化电站解决方案和系统服务转变
高端装备制造	杭州	杭州大天数控机床有限公司	首先确定用户加工内容项目，并根据用户的要求确定基本机床机型，对复杂项目制定"一揽子"制造方案。公司根据不同的制造方案选定各类型刀具，最后进行产品加工与成品检验
高端装备制造	北京	北京达诺巴特机械有限公司	开展项目定义（任务、计划、要求、报价）、项目设计和规划（质量控制、安全和风险措施）、全面项目管理（条款修订、风险、财务管理、认证等）
高端装备制造	衡水	衡水源立电气科技有限公司	提供立体车库电气交钥匙服务，提供立体车库电控系统的方案设计、设备选型、系统集成、电气布线、安装调试、用户培训一站式服务
高端装备制造	昌吉	新疆特变电工股份有限公司	通过深度应用人工智能、能源互联网、云计算、物联网等先进技术，为客户提供从勘测到设计、施工、安装、调试到培训、运营、维护一体化的解决方案
高性能纤维及制品和复合材料制造	乐山	四川和邦生物科技股份有限公司	根据拥有的装置运作经验与专业技术团队，提供完成碳纤维项目所需的工程设计、设备交付、流程监控、质量保障以及其他服务

资料来源：笔者整理所得。

（3）基于协同制造应用型模式实现面向服务的制造。基于协同制造应用型模式实现面向服务的制造，可从全生命周期管理方面展开。全生命周期管理是指企业借助管理技术与应用系统，记录并管理产品定义、设计、生产、配送、销售、消费等环节的信息与过程，同时客户也能够参与以上环节。制造企业与消费者建立长期战略合作伙伴关系，定期追踪与接收消费者的反馈信息，将消费环节的信息传送至产品设计、生产、配送等环节，优化各环节运营。以阿里巴巴"淘工厂"为例。在产品设计阶段，客户在阿里巴巴平台下单后，平台系统将自动搜索并及时确定与客户所下订单相匹配的产品设计厂商，订单协同虚拟机器人（"跟单专家"）在线管理与自动跟踪设计流程，客户能够通过手机查看订单设计阶段的进展状况，若发现异常可向"淘工厂"跟单专家发出警报以协调纠正偏差，确保产品设计方案在预订时间内进入生产环节；产品生产阶段，阿里巴巴"淘工厂"于2000平方米工厂内安置超过20个摄像头，每天扫描次数累计可超过1亿次，量化扫描结果为数据并上传，经过分析上传数据可得知各车间生产现状，实现数据同步、实时监测、工况直播，客户能够通过摄像头直接查看现场生产状况，提高生产过程透明度；在产品配送阶段，阿里巴巴"淘工厂"通过RFID（射频识别系统）技术，快速反映销售终端的库存水平，实时追踪与报告商品由生产工厂至销售终端的配送情况，扫除配送阶段数据流中的阻碍。

6.3.4.3 价值导向视角下面向服务的制造转型升级路径

依据不同的价值导向，制造业企业提供各类增值服务，以此实现面向服务的制造。基于提升用户价值导向、协同供应链厂商导向、跨界催生新业态导向，提出基于价值导向面向服务的制造升级路径。

（1）基于提升用户价值导向实现面向服务的制造。基于提升用户价值导向实现面向服务的制造，可从实施低成本大规模定制展开。一方面，应用模块化技术。制造业企业分解与整合用户需求，将复杂的产品生产划分为若干模块，将各模块分配至专业化生产车间，各车间协同装配模块，规模化、敏捷化地制造出符合用户消费行为与消费特征的产品。另一方面，构建物流支持系统。企业通过此系统打通供应、批发、分销和销售各环节的物流渠道，扫除企业内部各部门间沟通协作障碍，压缩定制成本，提升生产效率。以海尔集团为例，海尔集团通过编写《工业大规模定制白皮书》将模块化生产作为制造过程的核心，通过众创汇、海达源等模块，将收集到的客户需求转移至互联工厂，通过工厂内部专业化生产与跨车间个性化装配，高成效低耗能地实现大规模定制；海尔集团日日顺物流系统，建立供应商信息交互渠道，开展线上线下顾企交互活动，及时获取客户订单，准确分拣货物，有序出库提货，优化送货路线。

（2）基于协同供应链厂商导向实现面向服务的制造。基于协同供应链厂商导向实现面向服务的制造，可从推进供应链协同展开。供应链协同是指供应链内各节点企业通过电子信息平台，相互协作实现共同目标的活动。制造业企业通过搭建供应链协同信息平台、成立信息化项目实施小组，参与采购、销售、物流等环节节点企业间的合作，重组供应链业务流程，畅通供应链内部信息渠道，加速信息传递与改进制造模式，持续提升供应链协同绩效。

（3）基于跨界催生新业态导向实现面向服务的制造。新业态是指整合不同的行业、产业以及各企业内部价值链、外部产业链而形成的组织形态。基于跨界催生新业态导向实现面向服务的制造，可从应用 AR 技术辅助生产展开。AR 技术是指市场主体凭借先进技术模拟部分难以感知的信息，将模拟结果应用于现实生活中，增强人类感官体验。以波音公司为例，该公司利用 AR 技术辅助布置电缆，精准识别电缆信息，高效引导电缆安装，降低飞机电路制造与检测成本，提升飞机运行质量与飞行性能。

6.3.4.4 协同创新视角下基于制造的服务升级路径

为顺应技术革命与消费升级的趋势，制造业企业服务型制造要着眼于创新领域，积极与其他企业开展协同制造与联合创新，增强创新业务的价值增值能力。基于技术创新服务平台、科技创新服务联盟、服务创新生态系统三种方式，提出协同创新视角下基于制造的服务升级路径。

（1）通过技术创新服务平台实现基于制造的服务。技术创新服务平台是指整合科研机构、技术中介、制造企业的技术研发资源，针对存在技术创新共性问题的企业提供服务的组织机构。制造业企业可着眼于尖端制造领域，通过加大平台建设投入，整合科研院所、工业企业等社会技术创新资源，开展协同创新合作，生成创新资源数据库，提供技术创新解决方案。制造业企业依托技术创新服务平台进行协同制造，提高创新服务产品占产品总产值的比重。企业搭建技术创新服务平台，畅通信息渠道，共享创新资源，解决共性问题，提升自主创新能力。

（2）通过科技创新服务联盟实现基于制造的服务。科技创新服务联盟是指企业单位、高等学校、投资集团等机构形成联盟，网络化输出专业的战略咨询、知识产权、科技孵化等创新服务。制造业企业联合高等院校、龙头企业、科研机构等组织，高效统筹组织成员的优势资源，针对创新技术持有企业的不同现状，共同为原创性技术开发提供"点对点"的融资、智力、运营等复合型服务。以三星集团为例，该集团联合 IBM、GlobalFoundries（格罗方德）公司，组建芯片生产技术创新服务联盟，利用联盟成员的技术专长，为 28 纳米、

20 纳米、14 纳米级的工艺突破提供以数字 CMOS（互补金属氧化物半导体）技术为代表的科技支撑。

（3）通过服务创新生态系统实现基于制造的服务。服务创新生态系统是指制造企业以服务创新为目的，跨越行业边界，联结科研院所与各企业，在新型商业模式下形成的网络化创新生态圈。先进制造业企业可通过运用大数据、物联网等前沿技术，以企业自身为服务创新主体、与其他行业内企业、多类型高校等机构协同创新，吸纳外部资源至服务创新过程中。以三一重工股份有限公司为例，公司与中国移动联手打造"加速器 + 创新投资"平台，并依托此平台网状联结各服务创新主体，共享服务创新信息、融合服务创新资源，构建"互联网 +"服务创新生态。

根据企业竞争优势理论、企业成长理论，结合典型案例分析，认为处于不同阶段的制造业企业应选择相应的转型升级路径，如图 6-16 所示。处于转型升级初级阶段的制造业企业，可选择定制化设计和搭建创新服务平台实现基于制造的服务，可选择提供知识密集型服务，以提升用户价值为导向实现面向服务的制造；处于转型升级中级阶段的制造业企业，可通过柔性化生产与创新服务联盟实现基于制造的服务，通过提供系统解决方案和以协同供应链厂商导向实现面向服务的制造；处于转型升级高级阶段的制造业企业，通过个性销售和构建创新生态系统实现基于制造的服务，通过集成定制战略与以催生新业态为导向实现面向服务的制造。

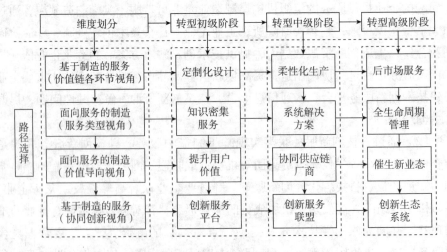

图 6-16　服务型制造升级路径选择

资料来源：笔者绘制。

6.4 产品层面的转型升级路径设计

产品升级是制造业企业转型升级的重要内容。根据价值链理论、产品生命周期理论、企业成长理论，针对产品价值链的各个阶段设计了以下四条路径，如图 6–17 所示。①基于"技术与工艺"提升的制造业转型升级路径；②基于"流程与装备"提升的制造业转型升级路径；③基于"功能与质量"提升的制造业转型升级路径；④基于"平台与服务"提升的制造业转型升级路径。

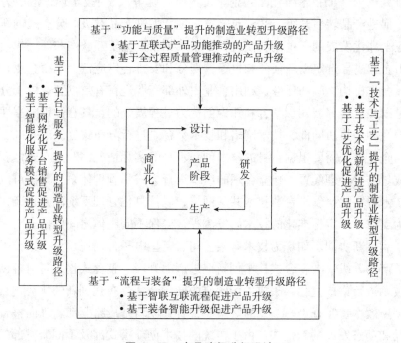

图 6–17　产品路径升级设计

资料来源：笔者绘制。

6.4.1 基于"技术与工艺"提升的制造业转型升级路径

（1）基于技术创新促进产品升级。从产学研协同技术创新、分布式技术创新、整合式技术创新三个方面来研究制造业企业技术创新的路径，主要有以下三条路径：①产学研协同技术创新促进产品升级。产学研协同创新是以企业、高校、科研院所等基本创新主体为核心要素，在市场经济主导下通过与政府、中介组织、金融机构、创新平台等深度合作，形成优势互补、互利共赢的网络创新模式。由于企业缺乏关键技术解决方案，科研院所的转化率过低，企业与科研院所的信息脱节，使得资源利用效率和成果转化率低。制造业企业可借助高校、科研院所的人才及科研力量更好地推动企业的技术创新。在此阶段，制造业要强化企业在技术创新中的主体地位，根据高校的培养目标选择合适的合作方式，充分利用科研院所的科研成果，可搭建信息平台，促进高校、科研院所和企业的信息交流，获取各自需要的资源，搭建企业与高校、科研院所的研究机构（如技术孵化园、企业技术研究院等），使技术理论落地为现实成果，促进产品转型升级。②分布式技术创新促进产品升级。分布式创新是企业适应全球化发展的一种创新模式。分布式创新是基于互联网和新一代信息技术，由企业主导选定创新任务和目标，划分和安排各供应链上下游企业、分支机构、合作机构之间的任务，利用企业内外部资源进行有效创新。由于分布式创新是以知识转移、知识整合和知识创造为过程展开的，具有知识共享性、空间差异性和网络协同性，技术网络和技术平台是进行分布式创新的基础。在此阶段，企业首先需要根据自身的技术创新水平等实际情况，对分布式创新网络中的成员进行合理配置，建立合理的组织运行方式和管理体系，其次可以通过构建技术数字化研发平台和技术共享网络，以信息化管理系统和知识产权保护体系为支撑，制定标准化的技术研发流程，确保不同主体之间的信息交流、知识共享和创新协同。如华为技术有限公司、三星电子公司通过分布式技术创新促进了产品升级。③整合式技术创新促进产品升级。整合式创新是对各创新要素和技术进行集成优化，集成了产学研协同创新、分布式创新的优势，目的是提高创新效率，实现 $1 + 1 > 2$ 的效果。整合式创新是战略驱动、纵向整合、上下互动和动态发展的新范式。由于传统的技术创新模式涉及不同研发部门、不同人员、不同项目以及设备资源等之间的顺序推进，造成创新成本高，效率低，资源利用率低、周期长的问题。制造业企业可以通过高度集成化的数字模型、研发工艺仿真体系以及互联网、云计算的高效协同平台实现研发工作流程的重组优化，实现研发技术与资源的跨企业、跨行业有效利用和整合，为整合式创新打下坚实基础。在此阶段，制造业企业首先要增强自身技术创新实力；其次与高校、研究院所组织进行外部集成，通过产学研技术创新模式有效利用知识和人才资源；最后可以通过企业并购、技术转移和技术协同（如工业互联网平台、云平台）实现行业内部以及跨行业的技术交流与共享，促进产品升级。如表6-22所示。

表6-22　技术创新模式及部分应用企业一览表

创新方式	应用企业	创新案例
产学研协同创新	哈工大机器人集团股份有限公司	清淤工作机器人医疗机器人
	中国交通通信信息中心	国产多源遥感数据高精度智能处理与应用新技术
	泰安华鲁锻压机床有限公司	超大型船体复杂曲面钢板加工工艺及智能化成套装备
分布式创新	华为技术有限公司	华为昇腾310芯片分布式缓存服务器
	三星电子公司	第五代V-NAND技术
整合式创新	中国航天科技集团有限公司	委内瑞拉一号卫星项目
	美的集团	COLMO系列产品、布谷系列产品
	海尔集团	海尔6p空气源热泵海尔飨宴冰箱

资料来源：笔者整理所得。

（2）基于工艺优化促进产品升级。工艺优化可分为基于性能提升的工艺优化和基于质量提升的工艺优化两个方面，主要有以下两条路径：①基于性能提升的工艺优化促进产品升级。制造业企业的工艺优化可以从提升产品性能的角度出发，有效缩短产品研制周期，降低制造和生产成本，促进产品的迭代更新和性能优化。制造业企业可基于大数据样本分析模型、预测分析模型，优化工艺参数；可以通过引进和利用工艺数字化技术、建筑BIM（建筑信息模型）技术、MBD技术（基于模型的产品数字化定义）、数字孪生技术（是指物理产品在虚拟空间中的数字模型，包含了从产品构思到产品退市全生命周期中的产品信息，这个"双胞胎"不仅与其真实空间中的孪生兄弟形似，能模拟产品实际运行，还能通过安装在产品上的传感器反馈回来的数据，反映产品的实际运行状况），在三维环境下进行工艺设计，实现工艺设计和环境的统一，实现柔性化、无纸化的设计和生产。采用数字孪生工艺可大幅提升产品附加值，预期将通过利用MBSE、物联网、分析技术、AI（人工智能）、AR（增强现实）、VR（虚拟现实）、机器学习、3D打印等技术，打造持续、双向、开放的模型驱动型信息反馈回路，统一管理物理和数字环境中的智能互联产品，提升产品附加值，如图6-18所示；通过整合云计算、大数据、智能机器、专家经验四个方面的资源构建工业大脑，利用人工智能算法对生产参数进行学习计算并结合专家经验对数据进行筛选，准确快速地找出工艺优化的关键参数，构建参数曲线模型，提升产品性能。例如，飞机制造企业在产品研发阶段，就可以利用飞机的数字孪生模拟所需要的各种验证和测试，减少飞行实验的次数。当航空公司接收飞机时，每一架飞机都可以伴随着自身对应的数字孪生，并把飞机的真实飞行参数、表面气流的分布数据通过传感器反馈输入模型中；通过分析这些数据，可以预测潜在的故障和隐患，降低发生飞行事故的概率。②基于质量提升的工艺优化促进产品升级。由于我国制造业工艺技术水平迭代更新速度慢、工艺技术与生产能力不匹配等，使得生产率和产品质量有所降低。制造业企业可以通过引进人工智能、大数据、云计算、互联网、物联网、新一代信息技术支撑的精密铸造、直接沉积、冷挤压等成型技术进行工艺技术优化、寻找可再生新型材料。在此过程中，制造业企业可以通过引进精度更高的激光切割设备、离心机、金属切削机床、锻压设备等，提高产品精度，降低废品率，利用新一代人工智能技术、数字孪生、虚拟仿真、工业机器人和3D打印技术，进行模块化、专业化生产，优化工艺流程，提升产品质量。如中国领先的造船企业江南造船集团利用三维体验平台进行数字化设计以及VR建造模拟，以便提前进行设备空间可达性、设备可操作性和可维护性等评估，从源头

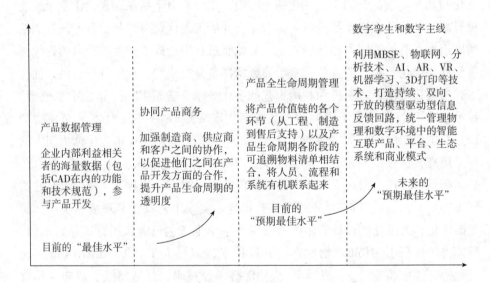

图6-18　数字孪生工艺在产品管理方面的应用

资料来源：摘自埃森哲《数字孪生：打造生力产品，重塑客户体验》。

上提升设计质量，增强用户体验，并通过智能生产终端以三维模型直接指导生产建造与管理。江南造船集团设计的改单量约为同类型船舶的 40%，工程进度也显著提升，原计划 3 个月的搭载周期仅花了 31 天。

以海尔集团为例，海尔的技术创新模式和工艺技术一直是行业典范，也是海尔能够紧跟时代发展、成为全球创新孵化企业的标杆、引领制造业企业转型升级的关键。

基于智能研究院的产学研协同式技术创新。2016 年海尔集团与清华大学天津高端装备研究院、德国弗劳恩霍夫研究院签署战略合作协议，成立了中国家电行业第一家工业智能研究院。海尔集团通过利用清华研究院的人才、学科、技术优势，以及德国弗劳恩霍夫研究院全球先进的智能制造、自动化、机器人实验室和研究所，实现技术互补、技术转移和创新协同。此外，海尔还推出了线上平台，提高了企业与科研机构的沟通效率。海尔通过推进产学研深度融合，助推企业突破关键核心技术，并对互联生态圈进行深入研究，为整个家电行业提供整体解决方案，将越来越多的科技成果转化为现实生产力。

基于开放创新平台的分布式技术创新。海尔一直推行以用户为中心的"人单合一"模式，通过与用户的零距离交互，实现产品和用户价值。在此模式的推动下，海尔于 2009 年成立了 HOPE 开放式研发团队探索开放式创新。2014 年，可以实现与用户、资源零距离交互的 HOPE 平台上线。HOPE 平台通过社区交互、技术匹配、创意转化三大模块让用户和资源都真正参与到产品的研发过程中，实现了用户和资源的深度交互以及持续创新。平台中供应链的上下游企业以及全球顶尖的科研院所等都参与到产品的技术创新中，除此之外，海尔在全球范围内建立了十大研发中心，每个研发中心既可独立运营，又可相互协同，构建了分布式创新网络模式。

基于工业互联网平台的整合式技术创新。作为工业互联网的代表，海尔 COSMOPlate 工业互联平台使工业设计实现了从总系统到分系统之间的充分协同，实现了工厂内部组件、生产模块以及第三方合作资源（物流资源、服务资源、设计资源）的协同利用，是企业实现整合式创新的重要平台。海尔 COSMOPlate 工业平台将各类产品拆分为不同技术模块，分别为智能制造的共性技术、关键技术模块与产品特性技术模块。在产品特性技术模块，海尔从全球吸纳技术资源，通过技术发布、资源整合、社群化交互定制等功能模块实现所有供应商、用户和资源可实时零距离参与模块设计。同时海尔 COSMOPlate 平台可以实现跨行业、跨领域复制，目前海尔已经赋能包括 15 个行业的生态互联，帮助中小型企业实现技术突破和产品升级。

基于性能与质量提升的工艺优化。海尔为了提升产品性能和质量，打造"零缺陷"产品，对工艺技术水平进行持续的改善与优化。利用 5G 技术、AI 技术、物联网等信息技术，不断进行工艺技术的优化。如在电热水器性能提升方面，海尔通过海尔云 SMART 人工智能技术依托 U + 大数据平台，自动获取水温、天气、电价等信息，学习用户用水习惯，形成不断优化的智能加热方案，精准定制水量、模式，用户免操作、耗电省一半。海尔基于工艺技术的创新，在其原有产品基础上不断进行性能的优化与提升，满足用户不断提升的需求。

6.4.2 基于"流程与装备"提升的制造业转型升级路径

（1）基于智能互联流程促进产品升级。实现智能互联流程可以从企业内部价值链、企业外部供应链展开，主要有以下两条路径，如图 6 - 19 所示。①价值链互联互通促进产品升级。价值链互联是指通过打通生产各环节（计划、采购、生产、配送）中"人""机""料""法""环"五个层面的数据，打破原来生产流程中各环节相互脱节的局面，重点是打通从生产计划到生产执行、生产执行到生产设备、生产设备与生产检测间数据的互联互通。由于我国制造业企业的生产流程中各环节相对独立，耦合性低，缺乏柔性，难以适应用户的个性化需求。企业需关注人员配备、设备连接、环境感知等方面以实现全过程互联互通。在此阶段，制造业企业除了引进智能化的现场制造设备和智能信息化系统装备外，可以通过搭建工业控制网络（工业以太网、工业无线网、移动网络）以及数字化集成平台，应用云计算、大数据分析等通信技术，将不同生产环节的装备、人员链接起来，实现生产各环节可视化、透明化。②供应链互联互通促进产品升级。企业在实现内部生产流程互联互通的基础上还需考虑内外部的互联互通，实现用户、供应商与设计和生产部门的互联及信息互通。通过与用户的零距离交互，实现从"推动式"生产到"拉动式"生产方式的转变，减少生产和订单处理的中间环节，提升用户价值和企业效能；与供应商的互联互通可以减少企业库存、降低生产成本，也有助于企业实现从"生产型"为主导向"服务型"为主导转变。在此阶段，制造业企业可通过构建云制造平台或工业互联网平台，打通上下游企业及用户间的数据信息流，使供应商和用户参与到企业产品生产的各个环节，实现供应链的互联互通。可以利用互联网、大数据、云计算、云制造技术，构建模块化的柔性化智能生产单元，在实现全流程数据可视化的基础上，进行智能决策，将不同的生产单元进行智能化组合，以满足用户生产多种类、小批量产品的需要，实现供应链全流程互联互通。

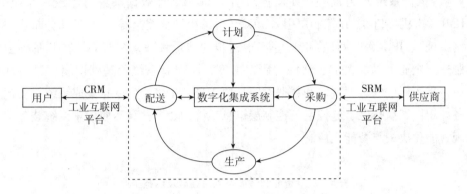

图 6 – 19　全流程互联路径框架

资料来源：笔者绘制。

（2）基于装备智能升级促进产品升级。智能装备转型升级主要分为现场制造装备智能升级和信息系统装备智能升级两个方面，智能装备升级包括以下两条路径：①现场制造装备智能化促进产品升级。新一代信息技术和新一代人工智能制造技术的发展，推动着制造业技术、人工智能技术和信息技术的融合。目前，制造业已经基本实现了自动化生产线、数字化生产线，如轿车数字生产系统、纺纱数字化生产系统，但这只是数字化、网络化生产的初级阶段，还需要向具有自学习、自适应、自控制的智能化发展。我国工业机器人、数控机床、传感器、3D 技术的应用领域也在逐步扩大，已经涉及汽车、航空航天、军事工业、工业检测、机械制造、工业造型等领域，相关智能装备制造业企业也加快了发展脚步，如深圳市回传技术股份有限公司、山崎马扎克（中国）有限公司、沈阳仪表科学研究院、三的部落科技有限公司等，如表 6 – 23 所示。制造业企业可以通过引进高档数控机床、工业机器人、3D 打印技术、智能传感和控制装备、智能仓库和智能物流、智能测控装置等智能装备，或通过企业自主研发平台打造智能化生产线，实现生产、仓储、物流装备智能化升级。②信息系统装备智能化促进产品升级。制造业企业的信息系统装备可分为IT 系统（信息科技）和 OT（操作技术）系统，信息系统智能化升级离不开 IT（信息科技系统）和 OT（操作技术）之间的数据交流，制造业企业可以通过打通计划层、执行层、监控层、控制层、现场层之间的数据流来实现信息交互。在此阶段，制造业企业可以通过在计划层引入企业资源规划（ERP）、客户关系管理（CRM）、供应链关系管理（SCM）等管理软件；在执行层以 MES（制造执行系统）为核心；在监控层引入 SCADA（数据采集与监控）系统、HMI（人机接口），在控制层引入 PLC（可编程逻辑控制器）、DCS（分布式控制系统）、IPC（工业计算机）等实现初步的信息管理系统布局，在此基础上制造业企业可以加大工业软件的研发力度，对现有系统的基础性模块进行升级，采用标准的数据接口和数据库等，便于进一步搭建数字化集成系统，实现各计划层、执行层、监控层、控制层信息系统的数据共享，使信息系统装备实现智能化决策与智能化控制。

表 6 - 23　智能制造装备应用领域及示范企业

智能制造装备	主要应用领域	示范企业
工业机器人	汽车、电子、家电	新松机器人自动化股份有限公司
		大疆创新科技有限公司
		深圳市回传技术股份有限公司
数控机床	汽车、航空航天、军事工业	山崎马扎克（中国）有限公司
		德玛吉森精机机床贸易有限公司
		大连机床集团有限责任公司
传感器	工业检测、汽车、医疗、环境保护、航空航天	沈阳仪表科学研究院
		深圳清华大学研究院
		河南汉威电子股份有限公司
3D 技术	工业造型、机械制造、航空航天、军事	三的部落科技有限公司
		先临三维科技股份有限公司
		海联泰科技股份有限公司

资料来源：笔者整理所得。

　　以徐工集团为例，徐工集团通过引进智能制造技术、设备实现了制造过程智能化，促进了产品升级。

　　通过智能装备升级促进产品升级。徐工集团智能化装备升级主要从以下两方面入手：①现场制造装备智能升级。②信息化系统智能升级。在装备智能升级方面，徐工集团在生产线搭建方面广泛应用数控加工中心、焊接机器人、自动喷漆系统以及在线检测系统等，并配合智能物流仓储和配送，成功搭建了首条起重机零部件智能生产线。此外，徐工集团通过应用大量焊接机器人群建成了 2 条自动化焊接线，实现了制造过程无人化，降低了人工成本和生产成本，同时显著提高了焊接质量。在信息化系统智能升级方面，徐工集团率先建立质量大数据系统 X－QMS，深度集成 PDM（产品数据管理）、ERP（企业资源规划）、SRM（供应商关系管理）、CRM（客户关系管理）、MES（生产执行系统）、SCADA（数据采集与监控）等核心信息系统，实现了计划层、执行层、监控层、控制层的数据集成，智能化决策、管理与控制。为了实现各层信息系统的数据共享和互联互通，徐工集团建立了标准化的对接接口（企业服务总线），成为徐工解决多个系统间互联互通的关键，同时避免了重复开发和接口效率低下的问题。

通过智能互联流程促进产品升级。徐工集团除引进先进的生产装备外，还致力实现生产全流程的互联。内部价值链互联，企业在各生产环节（计划、采购、生产、配送）引入智能化装备和信息系统装备的过程中，实现内部价值链互联的关键在于打通各环节生产装备之间及各层信息系统之间的数据流。在现场制造装备互联方面，通过搭建 CAXA 平台物联网络 DNC 实现了数控设备和传统设备的通信互联，能够实时反馈设备状态，作业进度和产品质量问题等；在信息系统与现场制造装备互联方面，通过条形码、二维码、RFID、传感器来实现信息系统与设备互联；在信息系统互联方面，徐工集团通过建立信息化数据系统 X－QMS 系统，采集计划层、执行层、监控层、控制层核心信息系统的信息和数据。徐工集团通过运用新一代信息技术和人工智能技术，实现了生产管理、物流配送、生产加工、物料转运全过程的自动化、数字化、互联化。外部供应链互联，外部供应链互联的重点是让用户、供应商参与产品生产制造过程。在客户连接方面，建立了 CRM（客户关系管理系统）、移动 CRM、营销服务门户 Portal、BI（商业智能）、CallCenter（呼叫中心）来实现用户需求快速响应和有效沟通。在与供应商连接方面，通过建立供应商协同系统，实现协同运作，减小企业库存和降低生产成本。目前，徐工搭建的汉云工业互联网平台进一步让用户和供应商参与到产品价值创造的全过程。汉云工业互联网平台通过连接机器、传感器、控制系统、数据源和设备，汇聚了海量数据，打通供应端到制造端的数据流和信息流，实现全流程互联互通。

6.4.3　基于"功能与质量"提升的制造业转型升级路径

（1）基于交互式产品功能推动的产品升级。交互式产品功能可以分为基于开发人员的交互式产品功能和基于用户体验的交互式产品功能。具体可以通过以下两条路径实现交互式产品功能：①基于开发人员的交互式产品功能。新一代信息技术，人工智能、人机交互技术的发展，使得交互式产品功能成为可能，交互式产品功能可以逆向辅助产品的设计与开发。开发人员通过交互式产品的线上用户数据挖掘，借助大数据、云计算，综合分析用户习惯、挖掘需求，从而前瞻性、预测性地进行产品研发设计，不断进行产品持续迭代以满足用户最佳体验。制造业企业可以通过 VR（虚拟现实技术）进行交互式设计，开发者通过虚拟现实技术让用户参与到产品的开发过程中去，有利于进一步改进完善产品设计；可通过给产品植入通信模块、传感器、芯片，建立标准化的数据结构和数据接口，实现不同产品之间的互联，搭建产品生态圈，通过大数据分析进一步优化产品链，实现人与产品、产品与产品之间的更高层次的交互。②基于用户体验的交互式产品功能。制造业企业应以用户体验为出发点进行交互式设计，运用人工智能算法不断优化现有交互方式，开发多渠道融合的人机技术，使交互方式更加舒适，减少外在设备的束缚，通过优化情景适应性设计，使产品能根据不同情境进行主动交互，提升用户体验；从用户体验和需求出发时，构建智能产品交互生态圈，提供一站式智能化服务。现阶段实现产品交互式功能主要通过体感交互、触摸交互、智能语音交互、眼动交互、生理信号交互等形式，目前具体的应用有 Siri 语音助手、头戴式显示器、VR 手柄、PCEye 眼控设备等。以上几种交互方式的应用领域还有待拓宽，技术方面也有待提升，如表 6 - 24 所示。具体的交互方式以及产品应用随着云计算、大数据、人工智能、物联网、5G 技术、人工神经网络等技术的成熟和发展更加智能化，更具适应性、灵敏性和学习性。产品可以根据用户的操作习惯进行优化，预测下一次的交互场景，提供更智能的用户体验。

表 6 - 24　目前智能交互技术形式及其应用

交互方式	产品应用	改进方向
触摸交互	• "Magic Cube" 键盘 • iPhoneX • 小米 MIX	• 触觉反馈的真实性较差 • 交互动作的局限性

续表

交互方式	产品应用	改进方向
智能语音交互	• Siri 语音助手 • Echo 智能音箱 • "小爱同学"	• 唤醒与终止方式不够自然 • 语音交互异常处理方式的人性化程度不够高 • 情感识别与表达能力较弱
体感交互	• 头戴式显示器（HMD） • 数据手套 • VR 手柄	• 受环境因素影响较大 • 无法实现力反馈 • 实时性较差
眼动交互	• PCEye 眼控设备 • 眼控智能眼镜 "aGlass"	• 算法精度与佩戴舒适度较差 • 受环境因素影响较大
生理信号交互	• "UDrone" 意念无人机 • "BrainGate2"	• 认知神经科学的限制 • 生理信号算法的限制

资料来源：笔者整理所得。

小米集团于 2013 年开始布置生态圈，以手机、智能硬件、生活耗材为核心搭建生态链，2015 年正式启动 IoT（物联网）战略，经过多年的发展，AIoT 业务成为小米集团核心业务之一。小米生态链的快速发展也为中国制造业转型升级提供了新思路。

小米通过搭建 IoT 开发者平台，向开发者开放智能家居、智能家电、健康可穿戴等领域的智能硬件接入、智能硬件控制、自动化场景、AI 技术等特色优质资源，实现第三方智能硬件与小米 IoT 现有产品的互联，为用户提供良好的智能硬件交互体验。小米 IoT 平台为开发者提供了设备直接连入、云对云接入两种技术支持，为开发者提供便捷的服务，同时实现更多智能设备的互联，进一步丰富小米的生态圈。基于用户体验的交互式产品功能。小米基于用户体验不断完善产品的交互功能。如在众多开发者的优化下，"小爱同学"拥有了 1300 多项技能，截至 2018 年 12 月，"小爱同学"嵌入并激活的智能设备数超过 1 亿台，月活跃用户数超过 3900 万，成为最活跃的人工智能语音交互平台之一。为了适应年青一代的家居生活方式，小米与宜家进行合作打造智能家居。用户可以通过"小爱同学""米家 App"等实现了与宜家家居智能照明产品的交互，与小米 IoT 智能产品之间的场景联动。小米还将继续丰富 IoT 平台使其连接更多的设备，渗透更多应用场景，并利用连接设备海量数据完善人工智能深度学习引擎。

（2）基于全过程质量管理推动的产品升级。要实现制造业企业全过程质量管理，可以通过价值链全面质量管理和供应链全面质量管理两条链展开，主要分为以下两条路径：

第一，基于价值链全面质量管理。工业4.0时代的到来，生产方式智能化的转变以及新一代信息技术、人工智能的发展，使得质量管理的方式也随之发生改变。传统的质量管理工具有APQP（产品质量先期策划）、MSA（测量系统分析）、FMEA（潜在的失效模式及后果分析）、PPAP（生产件批准程序）、SPC（统计过程控制）五类，质量管理方法包括六西格玛、精益生产、全面质量管理等。在智能制造环境下，质量管理更强调信息系统的搭建，更多依赖设备和信息系统的自我检测、自我控制、自我决策。在此阶段，制造业企业首先可以通过引进智能制造装备，尤其是数字孪生、传感器、RFID（无线射频技术）、GPS（全球定位系统）、大数据分析、云计算技术的应用，在搭建自动化、智能化生产线基础之上，实现生产全过程的透明化、可视化，打造从产品创新（产品概念和组合管理、设计和系统工程）、快速响应用户需求（供应链整合、产品仿真、制造工程、产品发布），到优化销售和服务体验（产品运行监控、售后维修和服务、产品退市）的产品全生命周期质量管理，如图6-20所示。制造业企业可以通过运用传感器、RFID、数字孪生、人机交互技术来实现智能装备、产品与质量管理信息系统的数据交流，打通工艺系统与信息系统之间的数据，通过云计算、大数据分析实现实时监测、预防、诊断和决策，此外还需要培养一批质量技术人员，能够应用新工艺、新设备，大数据进行决策分析，实现价值链的全面质量管理。

推动产品创新	响应客户需求	优化销售和服务体验
• 智能产品创意 • 产品概念精练 • 基于数据的产品概念 • 生成式设计 • 沉浸式产品审核 • 产品效率和表现提升10%以上 • 上市时间缩短10%~50% • 工艺设计变更减少5%	• 快速的产品模拟和迭代 • 更快的供应商整合 • 制造过程的虚拟验证 • 互联员工 • 生产制造过程中效率提升30% • 处理时间减少70%	• 增强或虚拟现实客户体验 • 最优销售配置和建议 • 实时订单跟踪 • 售前到售后服务无缝过渡 • 智能诊断/健康管理 • 智能维护，保修成本减少20%~25% • 自助服务

图6-20 数字孪生技术下的产品全生命周期质量管理

资料来源：摘自埃森哲《数字孪生：打造生力产品，重塑客户体验》。

第二，基于供应链全面质量管理。由于制造业企业传统的质量管理未将供应商提供的零部件信息质量和数据体现在产品质量信息上，用户也未能参与产品信息质量的监督。在新一代信息技术和人工智能技术的推动下，质量管理也扩展到供应链上下游以实现全过程质量管理。在此阶段，可以通过搭建信息化质量管理集成系统，如图6-21所示。实现供应链全面质量管理。信息化质量管理集成系统主要可分为生产全过程质量管理信息系统模块、供应商管理系统模块和用户信息反馈系统模块，通过三个模块系统间的数据交互，实现整个产业链质量管理水平的提升。供应商的选择会产生对产品质量管理影响，制造业企业需要建立供应商选择的标准化流程体系，控制供应商质量以及产品质量。制造业企业可以通过供应商管理信息系统，通过集成供应商的关系数据、产品数据、风险数据、柔性数据、财务数据等信息实现对供应商质量的综合管理，以及通过数字孪生技术集成供应商的产品质量信息（设备信息、工艺过程等），运用大数据，云计算分析定位供应商的具体制造环节，为供应商改善产品质量提供依据，使供应商管理链条透明、可控，通过加强与供应商的信息数据交流，实现协同制造。用户对产品质量的监督与控制，体现在用户的知情权与参与权中。制造业企业可以通过采用条形码、二维码、RFID技术、数字孪生，使用户了解产品从生产到运输过程中各环节的信息，如供应商信息、用料批次、生产工艺、生产设备信息、加工人员、加工地点、质量检测及判定等；此外还可搭建用户信息反馈系统使用户参与到质量标准的制定中，实现用户与企业双向互动。

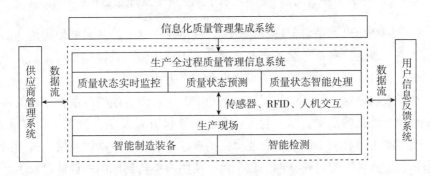

图6-21 信息化质量管理集成系统框架

资料来源：笔者整理所得。

中国中车自2012年以来就致力于构建精益管理体系，以打造工位制节拍化流水线为重点，以模拟生产线、模拟配送线点检为抓手，促进企业内部六个管理平台、六条管理线的协调运行，打造高效率低成本质量管理体系。

基于价值链端到端一体化协同质量管理体系。中国中车通过精益生产（以工位制节拍流水线为核心的精益制造模式）、精益管理（以打造流程化高效管理模块为核心的管理模式）为支柱，建立信息保障（管理信息化、制造信息化、制造化工作平台）、机制保障（沟通机制、评价机制、激励机制）、基础改善保障（精益改善十大应用工具）、精益人才保障（领导战略层、组织推进层、中层实施层、基层改善层）四个基础支撑平台，推进价值链的全面质量管理。中国中车通过工位制节拍流水线、智能车间、数字化管理等方式实现了生产全过程中人、机、料、法、环的互联互通，实时监测和优化控制。基于供应链电子管理平台建设全面质量管理。中国中车通过信息化平台把生产环节有关职能部门和用户、供应商串联起来实现供应链和价值链的系统改善。中国中车奉行以用户为中心的质量管理理念，通过用户创新服务平台、搜集用户反馈信息、使用户参与产品设计，实现与用户的信息互动为进一步优化产品质量提供依据。在供应商管理方面，中国中车搭建了供应链电子采购管理平台来对供应商进行统一管理，确保供应商产品质量。通过平台建设可实现采购方和供应双方信息的协同，企业可以收集到供应商的档案，包含供应商从前面准入到后面供货所有的信息和数据。供应商提供的产品、试验的数据、制造过程中质量的数据、交付之后运用的数据都会集中到平台上，确保供应商产品质量的同时也为供应商改善产品质量提供了支撑。

6.4.4　基于"平台与服务"提升的制造业转型升级路径

基于网络化平台销售促进产品升级。网络化平台经济的发展使传统的供需关系发生了改变，降低了交易成本，提升了用户价值。具体地，可以从大规模定制平台、共享平台、新型融资租赁平台三个方面实现。

基于大规模定制平台销售促进产品功能升级。随着消费者消费方式的转变以及日趋个性化的消费需求，制造业企业的销售方式及生产方式也相应改变。大规模定制生产有利于制造业企业降低销售成本、库存成本以及快速占领消费者市场。企业可以通过建立网络化平台，使用户参与到产品的设计以及生产过程中，快速响应用户个性化需求，以此提升品牌价值，增加销量，实现产销动态平衡。在此阶段，制造业企业可建立用户社群等社交化平台帮助用户进行产品辅助设计，交流设计创意，并不断扩大用户规模。一方面可搭建集成信息系统，如自建电子商务平台或工业互联网平台智慧供应链协同智能制造云服务平台、紫光工业互联网平台、中天科技线缆行业工业互联网平台等，如表6-25所示。以标准化的零部件为基础、搭建模块化的柔性生产单元，实现定制平台与产品研发设计、制造执行以及供应商之间的协同，以快速实现从用户线上定制到线下大规模生产的快速执行和产销动态平衡。另一方面制造业可以依托第三方电子商务销售平台来实现大规模定制生产，基于 C2M 模式，由用户需求反向倒推工厂进行规模化定制。第三方电子商务平台主要分为综合类和垂直类电子商务平台，制造业企业依托垂直类电子商务网站较为广泛，如中国制造网、慧聪网、中国汽车用品网等。制造业企业首先要选择适合的第三方电子商务平台，需要对该平台的销售产品类型、用户规模和活跃度、网站运行效率、数据分析能力、网络金融安全、物流智能化程度等加以综合评价，选择最合适的第三方平台开展合作，基于 C2M 模式进行大规模定制销售，其次制造业企业需要建立与电子商务相对应的网络化组织结构，以提高各机构的沟通效率；最后，制造业企业可以利用第三方电子商务网站提供的运营数据分析，运用大数据对用户群体消费方式、消费行为等进行综合分析，以便进行有针对性的网络化营销，预测产品功能及需求，及时补货，实现以销定产，降低企业成本。

表 6-25　工业互联网平台示范试点项目

工业互联网平台	申报企业
沃库工业网（VOCOOR. COM）智慧供应链协同智能制造云服务平台	北京向导科技有限公司
基于紫光工业互联网平台	紫光云引擎科技（苏州）有限公司
中天科技线缆行业工业互联网平台	江苏中天科技股份有限公司
海尔 COSMOPlat 工业互联网平台	青岛海尔股份有限公司
工程机械工业互联网平台	三一集团有限公司
全光工业互联网平台应用	长飞光纤光缆股份有限公司

资料来源：笔者根据工信厅《2018 年工业互联网试点示范项目名单》整理所得。

基于智能"交钥匙工程"服务促进产品功能升级。基于智能"交钥匙工程"服务是指以客户行为服务模式为导向，为用户提供系统的解决方案，企业的生产模式由生产型制造转为服务型制造。企业在产品方面不再是注意单一产品的性能而是注重整个系统的运行功能，这就需要企业的产品服务模式由面向单一的产品服务转变为对整个产品生态系统的整体服务，为用户提供全套的解决方案。在此阶段，制造业企业可以通过搭建或利用第三方工业互联网平台连接上下游企业和第三方服务商，制定面向客户的需求诊断、开发设计、设备集成、工程建设、检验检测、专业维修等全价值链总集成总承包服务，促进产品功能升级；还可以通过协同工作平台，支持企业联合协同研制模式和并行工程的实施，建立健康管理体系、在线产品支援和客户服务系统，为客户提供系统的服务解决方案。如数字孪生技术的发展，如图 6-22 所示。可以进一步打通研发、制造、营销、售后等不同职能部门以及企业间的数据孤岛，及时感知用户需求和搜集产品使用信息，为"交钥匙工程"服务提供技术支撑。数字孪生的发展可以使离散的数据孤岛发展成为数字孪生生态系统。数字孪生发展的第一阶段，主要是离散的数字孪生技术应用，数据分布是离散的，是单个团队内部流程的简单应用。数字孪生发展的第二阶段，数字孪生开始在企业内部实现点对点的集成，形成了企业内部数据库，实现跨团队数据交流。数字孪生发展的第三阶段，数字孪生依托互联网平台集成企业所有产品的数据，可远程监控产品的使用和运行，实现闭环式设计、生产和服务。数字孪生发展的第四阶段，依托智能平台打通企业内部和外部数据流，实现内外部互联互通，形成数字孪生生态系统。

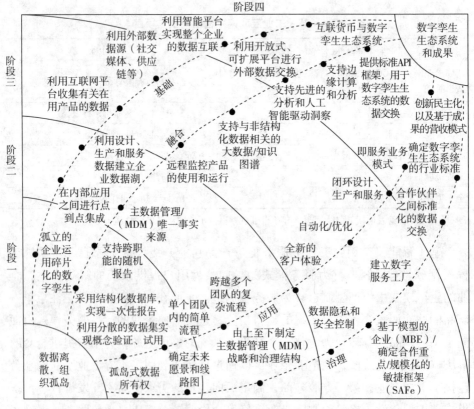

图 6-22 数字孪生的进化

资料来源：摘自埃森哲《数字孪生：打造生力产品，重塑客户体验》。

陕西鼓风机（集团）有限公司（以下简称陕鼓集团）紧跟"工业4.0"的发展步伐，应用新一代信息技术、人工智能技术深入探索和实践互联网思维下新型制造模式，取得了显著成效。陕鼓集团正在以智能化、绿色化、数字化的转型发展实践，助推了中国制造业企业高质量发展。

基于远程运维检测平台促进产品升级。陕鼓集团通过搭建大型旋转机械远程在线监测及故障诊断平台，向远程用户现场设备提供机组运行监测、预警、诊断等各类设备健康管理服务，并向客户提供反映近期机组运行状况及短期趋势预测、机组检修监测等服务。陕鼓集团的远程在线监测和故障诊断平台通过搜集底层设备的数据信息、客户使用信息，运用云计算、大数据分析技术以及专家库对设备的运行状态进行智能检测与修复，并且通过云储存技术将每一次设备故障检测与维修结果记录下来，一方面用于对重复故障做出智能预判和处理，另一方面也为产品研发、设计优化提供了依据。陕鼓集团通过其远程运维检测平台与用户建立了牢靠的合作关系，实现了双向价值提升。

基于智能服务平台一体化服务促进产品升级。在服务客户领域，以"打造工业服务产业"为目标，为客户提供设备全生命周期专业化定制管理服务。陕鼓集团通过提供系统设计、系统装备提供、系统安装调试、系统功能维护等全生命周期服务，提升了企业利润空间的同时给用户带来了更多的价值。陕鼓集团通过打造与重点配套供应商、原材料供应商、合作伙伴间的合作网络服务平台，使新产品开发、生产计划制定、质量保证、设备管理等环节更加紧密协同，为提供系统化的客户服务打下了坚实的基础，并依托其核心产品，结合精湛的专业技术，为客户提供融资解决方案、设备成套运营等一揽子服务，实现了订单的快速增长。

依据产品价值链理论、企业竞争优势理论、企业成长理论，制造业企业处于不同阶段可选择不同的路径促进产品升级。如企业在初级阶段，在产品设计环节以聚焦产品功能为主、在研发环节以模仿创新为主、在生产环节以设备升级为主、在商业化环节以业务调整为主。在高级阶段，企业在设计阶段以交互式产品设计为主、在研发环节以创新继起为主、在生产环节注重精益生产、在商业化环节注重互联网生态平台的建设。如图6-23所示。

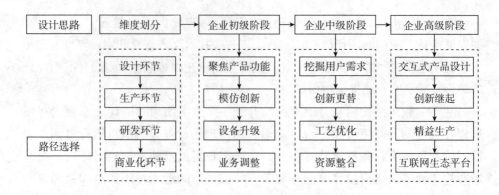

图 6 – 23　产品升级路径选择

资料来源：笔者整理。

6.5　本章小结

　　本章从区域协同发展、产业、企业、产品四个层面提出 29 条转型升级路径。其中，区域协同发展层面主要包括基于"一带一路"倡议推动、"长江经济带"建设驱动、"粤港澳大湾区"建设带动、自贸区建设领动的 4 条制造业转型升级路径；产业层面包括基于"新兴产业带动""两化融合""两业融合""绿色可持续"的 4 条制造业转型升级路径；企业层面包括基于"价值链""智能制造""绿色制造""服务型制造"的 17 条制造业转型升级路径；产品层面主要包括基于"技术与工艺"提升、"流程与装备"提升、"功能与质量"提升、"平台与服务"提升的 4 条制造业转型升级路径。研究结论对于引导产业转型升级，推动制造业高质量发展具有较强的现实意义。

7　制造业转型升级支撑体系研究

为保障前述路径的顺利实施，从制造强国战略出发，研究基于自主创新的内生发展机制、产学研深度融合与合作创新机制、企业之间的联合创新机制、创新链与产业链融合发展的催生机制等层面的创新驱动发展机制；基于生态环境补偿长效发展机制、严格约束的环保政策倒逼机制、绿色要素自由流动的信息共享机制、绿色监管体系的协同防治机制等层面的绿色发展协调机制；基于基础信息平台、创新平台、双创平台、协同服务平台等层面的制造业发展平台建设；基于信息技术与传统制造业融合发展、新兴产业与传统制造业协同发展、产业链与创新链融合、产业投资基金与创新基金相结合等层面的产业政策保障体系，为制造业转型升级构建促进机制。

7.1　创新驱动发展机制

党的十八大明确提出"科技创新是提高社会生产力和综合国力的战略支撑，必须摆在国家发展全局的核心位置"。继续强化要坚持中国特色自主创新方向，实施创新驱动发展战略。党的十九大报告提出，创新是引领发展的第一动力，是建设现代化经济体系的战略支撑，到 2035 年我国跻身创新型国家前列的目标将激励全社会积极实施创新驱动发展战略。实施创新驱动发展战略，对我国加快转变经济发展方式、提高经济增长的质量和效益具有迫切意义。加快实现由低成本优势向创新优势的转变，可以为我国由制造大国向制造强国发展提供重要支撑。课题组通过文献研究和企业调研，提出制造业企业创新驱动发展机制的建立主要应从以下四个方面进行落实：建立自主创新的内生发展机制，包括强化以企业为创新主体的科研投入保障机制、构建鼓励企业家创新精神的动力机制、实施以知识价值为导向的科技人员分配机制、发挥企业工程技术研究中心（ERC）的带动机制；完善产学研深度融合与合作创新机制，包括建立政产学研用等各方参与的创新联盟机制、完善促进科技成果转化的高效机制和完善产学研平台建设保障机制；建立企业之间的联合创新机制，包括企业间动态联盟合作机制、资源整合机制、区域性企业"专利池"前端控制机制和合理的利益分配与约束机制；以及推动创新链与产业链融合发展催生机制，包括引导关键共性技术双链研发的合作机制、创新链与产业链融合的协调机制。

7.1.1　建立自主创新的内生发展机制

《中共中央国务院关于深化体制机制改革加快实施创新驱动发展战略的若干意见》（2015年）强调"促进企业真正成为技术创新决策、研发投入、科研组织和成果转化的主体"。然而我国企业在众多领域（如芯片设计、基础材料研发等）缺乏具有自主知识产权的核心技术，生产能力依然受限于各类条件，企业没有真正成为研发投入、科研组织、创新决策和成果应用的主体，制约企业发展的体制障碍仍然存在。以前的以高校、科研院所为创新主体的现状转变为以企业为创新主体。企业作为市场主体和创新主体，是解决这一问题的内因。要解决这一问题，创新主体应该从发展机制入手，打造企业创新引擎，将创新由外部驱动转化为内生驱动，塑造创新新格局。通过各种机制设计保障企业创新过程的顺利实现。由此可见，建立自主创新的内生发展机制是首要任务。

（1）强化以企业为创新主体的科研投入保障机制。实现由以前高校院所为创新主体到以企业为创新主体的逐步转变。我国除少数大企业外，绝大多数中小企业还没有形成自我投入、自主研发、自主产业化的科技投入与创新机制。在企业微观统计上，常用的方法是以"R&D投入/主营业务收入"来衡量其R&D投入强度，假设其研发投入强度低于1个百分点，将面临生存困境；当其R&D投入强度达到2个百分点以上，竞争力才能保持。从《2015年科技经费统计公报》的数据来看，统计平均研发投入强度情况，我国规模以上工业企业仅为0.9个百分点，制造业企业为0.97个百分点，都达不到1个百分点。相比较来看，德国制造业在这方面的数据为2.3%，英国为2.6%，日本为3.4%，美国为4.0%。按照《国家中长期科学和技术发展规划纲要

（2006—2020 年)》，到 2020 年我国研发 R&D 投入强度要达到 2.5%，要实现这一目标必须在研发投入上进行更多的资源配置。

要提升企业的科研能力，投入保障是基础，需要从多方面加强引导和支持。强化企业科研投入保障机制，完善有利于创新的资金保障制度，增强科研项目投入，促进企业研发的积极性。企业应该重视研发资本存量的计划和实施，企业从自身实际情况出发，每年从预算中划拨一定比例的研发资金，并对研发资金的使用进行专项管理，研发投入比以营业额为参考，保证研发投入比例能持久达到行业中等以上水平。强调研发投入的重要性，鼓励财务部门出台一系列年度、季度和月度的研发资金预算计划，引导资金合理有效使用。鼓励研发部门根据研发情况积极申请资金使用，保障研究活动的顺利进行。而且，企业应加强对政府政策支持的关注和合理利用。主要包括政府孵化基金支持、示范项目与龙头企业支持、关键零部件项目支持等。在研发领域，企业应主动寻求政府支持，加强与行业部门的沟通，从各方面获取科研发展的支持。为了保证企业落实研发投资，尚需在各种资源配套方面为研发部门及利益相关方搭建优良的合作平台，进而充分利用资源，不断使研发风险降低到较低水平；在制度层级建设上，充分维护企业的研发利益，保持企业的研发积极性（陈波、梁彤缨，2014）[385]。

（2）构建鼓励企业家创新精神的动力机制。市场活力关键在于人才因素，而企业家精神是核心要素。创新精神是企业家精神的核心和灵魂。2017 年 9 月 25 日，中共中央、国务院发布《关于营造企业家健康成长环境弘扬优秀企业家精神更好发挥企业家作用的意见》，意见明确指出，企业家是经济活动的重要主体。这也是国家首次以文件形式确定企业家精神的重要性。国家的创新关键在企业，而企业的创新很大程度上受到企业家素质的影响。企业家是企业创新活动的倡导者、组织者和推动者。企业家在经济发展中扮演重要角色，然而其创新行为会受到各方面因素的掣肘。企业家薪酬激励也是影响企业家创新精神的一大因素。金融业薪酬为行业第一，制造业公司董事长薪酬收入靠后。外资企业薪酬增速相比国企更快，受国企限薪政策影响，地方国企高管最高薪酬均值比 2014 年低。同时，企业家掌握的巨大资源与收入之间的不平衡也会出现权力寻租现象。

构建企业家创新精神的动力机制，能服务于企业家诸多方面：清除创新障碍，不断调适创新方向和行为，进而提高创新成功的概率。企业要长期保持一定的竞争优势，企业家需要继续改进自己的创新行为。并且，企业要生存和发展，保持其创新行为制度配置方面的系统必须充分开放（李志强，2009）[386]。

保护企业家的创新收益，提供企业家创新行为的利益驱动机制，完善企业家薪酬激励机制；培育企业家精神和企业家群体，鼓励企业家进行创新活动的学习与深造；以财政补贴等政策支持企业家进行具有一定风险的创新；强化国有企业负责人创新意识的培养；提供给民营企业家创新的前期孵化平台；降低企业家创新中的不确定性外部因素，给予企业家创新活动的充分空间。通过这些机制鼓励企业技术基础的继续研究和创新范围的扩大，使企业能更主动地落实创新活动。

（3）实施以知识价值为导向的科技人员分配机制。2018年10月，《人民日报》对三省六市100家企业的调查显示，制造业吸引人才正面临"三难"（找不到、招不来、留不住），高达73.08%的企业认为，目前企业迈向高质量发展过程中最困难的就是"技术人才缺乏"。我国约170家中央企业只有专业技术人员273万多人，具有硕士以上学历人员只占总数的2.5%，高级技师仅占工人队伍的0.21%。另外，科技人员流失现象十分严重。既引不来人才，也留不住人才，究其原因，其中分配机制僵化是重要因素。不少企业认为应努力提高技术工人和高科技人才待遇。过去科技人员的实际工作，特别是智力劳动与收入分配不完全符合，包括股权激励等对创新具有长期激励作用的政策缺位，导致内部分配机制不健全。因此，需要通过发挥收入分配政策的引导作用，让智力价值、知识价值获得更明确更有效的回报。企业的激励机制以往主要倾向于市场开拓与销售业绩，而忽视对科技人员的激励。要顺利实施创新驱动战略，就要让科研人员在科技创新中有获得感，激发科研人员创新的本能与原动力。①落实技术人员和科技人员收入结构调整机制。努力提高技术人员待遇，打通技术人员晋升通道，加强职业技能培训。强化知识价值，彰显知识价值创造及贡献对科技人员收入的巨大带动作用，使科技人员的工资收入比例逐步降低，以激励性收入来源为主；注重科技人员研发成果与市场挂钩，与绩效、贡献挂钩，使科技人员收入体现其经济价值和社会价值；放开薪酬限制，给高端人才相应的高待遇；推进绩效工资制度，拉开绩效、贡献不同的科技人员的收入差距，对于负责重大、重要和急需科研项目的人才，对于实施成果转化的人才，对于开展科技创新创业的人才都应赋予相应的激励和倾斜政策。②完善科技人员贡献激励机制。采取股权奖励、股权出售、股票期权、分红激励等长期激励方式，对科技成果完成者进行长效可持续激励。从科技成果转化的实际投入—产出贡献视角，将企业和科研团队对科技成果转化的收益与工作业绩、实际贡献和创造的科学价值、经济价值、社会价值紧密联系，建立可持续的激励机制，细化对各利益主体的激励原则，确定奖励报酬的因素、支付期限、发明人的知情权、无约定情况下奖励报酬的最低标准、特殊情况下的权益保障等，完善奖励报酬制度（杨水利等，2018）[387]。③优化科研项目管理流程和经费管理制度。简化项目申请程序和经费审核流程，让科研人员从烦琐的申请、报账等工作中解放出来，以更大精力投入到科研当中。经费管理方面应该放权给项目负责人，让其对项目经费分配使用具有更大决定权，从而促进科研团队的整体研发动力。

（4）发挥企业工程技术研究中心（ERC）的带动机制。ERC作为国家科技发展的重要组成计划部分，是具备自我良性循环发展机制的科研开发实体。其主要依靠产业方面科技力量雄厚的研发机构、科技型企业或高校，其目标是在工程技术方面建设比较完善的综合配套试验条件，以及培育国内一流的研发、设计和试验的专业团队，为产业、行业和企业进行多种综合性服务（刘新英等，2018）[388]。随着科技创新被提到更加重要的位置，企业应发挥ERC的带动机制。①以ERC建设带动企业生产要素向研发集聚。以ERC建设为契机，使资金、知识要素（包括专利等）各项生产要素集聚在研究中心上，聚焦企业研发目标，以更有效的方式统筹资源，加快技术研究的步伐。②以ERC运行带动科研活动项目化管理水平的提高。扩大ERC的功能定位，强化研发项目管理职能的具体落实，以项目管理的矩阵组织为架构，提高平台项目管理水平，鼓励研发项目和ERC平台融合；加大对ERC的投入力度，并对平台人员进行有效的激励政策。例如，设置专利奖、项目申报奖等，以此促进平台对企业研发的贡献。构建技术开发项目考评制度，针对优秀项目提供资金支持优先通道，推荐其申报国家级项目。相反，对考评较差的项目进行淘汰，腾出位置。发挥ERC带动机制应结合企业自身特征，以企业科技研究人员数量和研究目标为参考，确定建设规模。

7.1.2 完善产学研深度融合与合作创新机制

2016年，我国科技进步对经济增长的贡献率为56.2%，与有些发达国家70%左右的水平相比，差距较明显，同时我国科技成果转化率与发达国家有明显差距。尤其是高校和科研机构的科技成果难以顺利转化为企业的产品。因此，提高我国科技创新能力的关键是提高高校和科研机构的科研成果转化率。制造业企业的快速发展需要合理利用大学、科研院所的创新力量。创新人才的培养主体是高校和科研院所。原始创新、前沿研究、高技术研究和基础性研究往往来源于大学和科研院所，这些机构要培养既懂技术又懂营销的复合型人才。激发制造业企业的积极性，促使主动迈进高新技术研发等领域，参与到高校和科研机构的研发活动中，进而用市场理念去引导高校、科研机构进行科研活动，形成各领域间的协同机制。合作创新机制需要加强创新主体的引导作用，加强创新资源投入力度，构建鼓励创新的服务系统和分配体系，完善有利于创新的政策保障，不断完善对知识产权保护的制度安排，切实保护创新者的合理利益。具体包含以下三方面机制设计：

（1）建立政产学研用等各方参与的创新联盟机制。推动科技创新的关键在于政产学研用技术创新联盟的建设。政府以往的角色是牵线搭桥、直接项目支持，这一角色应该转变到设施平台保障、财政补贴、政策支持等间接性投入或制度供给方面，为大学、科研院所和企业提供良好的发展平台，进而形成最合适的政产学研用多方参与的技术创新联盟，尤其在国家重大战略目标和基础研究等领域，政府应强化投入力度，服务于技术创新工作。

政府出面构建"创业苗圃（众创空间）+孵化器+加速器"推进体系，对新建的创业苗圃（众创空间）、孵化器、加速器、新认定的国家级创新创业载体，给予一定的资助；支持小企业创业基地开展提升服务能力建设；支持各类主体利用空置资源改建或扩建创新创业平台。在创新创业服务上不断创新，类似"科创通"等创新平台要不断提升其能力，保证"一站式"服务效率和质量。各级政府要发挥引领作用，出台细则和方案保证各个产学研联盟能得到切实服务并受益。其一，在产学研政策，如产业发展、科技发展的政策，技术引进的政策，间接的财政政策以及金融政策等方面不断完善，保证政策体系公平化，保证各种规模企业有一样的政策环境。其二，组织专业管理人员为创新服务，设立产学研联盟管理部门、专项基金等，对产学研联盟的建设和发展进行支持（孙浩进，2018）[389]。

通过借助校所合作建立工程技术人才培养基地。国家层面上，应该落实政策，保证研发科技人员在产、学、研各界充分有效流动。鼓励大学科研人员将研究成果带到产业当中，对大学教师到企业兼职进行奖励。同时，让企业研发人员走进高校，帮助高校优化课程设置，用其实践经验帮助高校在人才培养上与市场接轨。简化项目申报过程中的行政化程序。财政资金项目需要提交科技报告，完善科技报告工作机制；鼓励非财政支持类的科技项目加入平台进行共享，建立跨区域开放式成果供需对接体系。

（2）完善促进科技成果转化的高效机制。我国专利技术的转化率仅10%左右，远低于发达国家的40%。科技成果转化为现实生产力问题，已成为我国政府、理论界、企业界和科技界共同关注的焦点。2016年3月国务院印发《实施〈中华人民共和国促进科技成果转化法〉若干规定》，2016年9月20日《陕西省促进科技成果转化若干规定》正式颁布实施，规定在陕高等院校、研发机构的项目完成人自主决定转让、许可、作价投资，通过协议定价、在技术市场挂牌交易、拍卖等市场化方式确定价格等内容，各省份相继也出台了相关文件。具体地，应从以下六方面保障科技成果转化的高效机制：①设计科技成果转化收益分配契约机制。制定科技成果转化各利益主体之间的收益分配契约机制，建立风险分担和收益共享机制来统筹协调利益相关者在创造价值方面的关系。借鉴西安光学精密机械研究所"人才+技术+服务+资本"四位一体科技成果产业化及服务模式和西北有色金属研究院的"科研、中试、产业三位一体大型科技集团"的全链条发展模式，以增加知识价值为导向，遵循收益与贡献对等原则，建立事前的科技成果转化收益分配契约机制，将高校院所、企业和科研团队等各利益主体为科技成果的研发与转化提供的独有贡献、独特资源和优势（如提供各自掌握的知识、技能、管理、研发条件、原始资金、转化平台及转化资金）等进行有效组合，通过资源共享和优势互补使科技成果实现产业化、资本化。②明晰职务性科技成果产权归属。明晰高校院所对科技成果的处置权和收益分配自主权。一是建议将职务科技成果的使用权、转让权、收益权等处置权利充分分权到高校院所，由高校院所自主决定处置的方式、时间和对象以及获得收益的分配比例等，明确界定职务性科技成果的产权处置或转让等实施办法或操作细则，积极推动科技成果使用权、处置权和收益权"三权"改革政策落地；二是借鉴美国、日本等科技发达国家关于职务性科技成果产权申请权和所有权的规定，将职务科技成果的专利申请权和专利所有权在成果所有单位与科研团队之间进行分配，有效保障科研人员的技术权益，推进建立兼顾成果所有单位、科研团队及内部成员利益的激励机制。③建立科技成果交易市场与平台。平台建设目标是优化科技转化流程，提高科技成果转化效率，为科技成果应用提供协调服务。科技成果交易平台的建立需要前期进行科技成果产权制度完善工作，信息平台搭建后，为需方企业和供方研究者提供服务，政府政策发挥导向作用，市场各方在交易过程中充当主要角色（马松尧，2004）[390]。这个过程中，以企业为主体，鼓励其通过多种渠道寻求技术成果，保证企业在科技成果交易中获得最大收益。例如，通过买卖、合资、合作、股份化运作，这几类方式择优选取。市场规则清晰、消除市场交易障碍是前提基础。④完善科技成果拍卖机制等交易制度。科技成果拍卖制度是科技成果交易制度的一种特殊形式，有其优越性。产权交易制度是一整套组合制度。要降低交易成本，必须进行有效清晰的产权界定。科技成果产权边界清晰是基础条件，边界界定清晰才能帮助产权所有者获得合理报酬。同时，也更有利于风险资金的进入，减少后期的纠纷。产权边界清晰也有助于中介组织的参与，中介组织往往更愿意为界定清晰的成果服务，它是产权所有者（供给者）和企业（需求者）的中间协调者，帮助科技成果的快速有效转化，中介组织因其专业化而具有高效的交易促成能力和促成机制。中介组织虽然存在交易费用，但肯定低于个体产权所有者的费用。科研院所可以通过以下方式进行成果交易，有价转让、许可或者作价投资等。而且可以通过协议定价、在技术交易市场以挂牌交易、拍卖等市场化方式确定其成果价格（杨萍、张源，2010）[391]。⑤科技成果转化金融保障机制。采取设立贷款风险补偿和科技成果转化基金等方式保障科技成果转化。商业银行通过开设知识产权质押贷款、股权质押贷款等针对性业务，为科技成果转化提供金融服务。企业同时可以通过发行股票、股权交易和债券等直接融资方式，为创新成果转化项目进行融资。发展天使投资、创业投资以及利用众筹的方式筹措成果转化初期资金。对于科技型企业，通过贷款的绿色通道和利息补贴等措施予以扶持，重点支持初创期科技企业和科技成果转化项目。⑥科技成果转化辅助机构保障机制。由政府出面建立科技成果引导平台，帮助企业寻找有价值的科技成果，为高校、科研院所探求市场需求。借助互联网建成科技人员数据库，借力大数据帮助科技人员和企业接洽，鼓励科研人员接触市场，将研究成果变成满足市场的产品。建立检测中心、科研设备、实验室的储备库，方便企业到库中寻找需求，提高闲置设备的利用率。培养有关科技成果转化的专业机构和经纪人，促进科技成果转化精准化。

（3）完善产学研平台建设保障机制。支持高校院所建设产业发展急需的中试基地和共性技术研发平台。鼓励高校院所、龙头企业、投资机构等共同建立新型产业技术研究院并给予支持。对企业联合高校院所实施产业集群和产业链协同创新项目给予部分资助。对联合申报国家重点创新发明的项目进行鼓励，不断持续形成协作创新的科研格局，在此基础上共享科研创新平台和成果。形成双方联合组成的创新顾问团队，鼓励科研院所挖掘企业、行业发展过程中的深层次需求并进行指导，为企业、产业发展提供智力支持。同时，在人才培养模式上，不断完善与科研院所的合作。推动各方联合办学等形式，提高科技创新型人才培养质量。

7.1.3 建立企业之间的联合创新机制

《2014 年全国企业创新调查统计资料》显示，2013～2014 年我国有 13.0 万家企业在创新方面与研究机构、高校、供应商、客户进行过合作，其中与研究机构、高校合作创新分别占 19.6% 和 29.2%，与供应商创新合作的占 36.1%，而与客户进行创新合作的达到 45.4%。随着企业合作研发程度的深入，合作研发行为对创新绩效的影响更加显著。供应商是企业供应链的上游主体，客户是供应链上的下游主体，二者是企业最核心、合作频率最高的伙伴。随着创新的需要，企业之间的创新联盟也是大势所趋。制造业企业具有不同的竞争优势，从规模划分，强大的集成、生产能力是大规模企业的竞争优势，科技型制造业企业的竞争优势在于能很快地吸纳新的知识和成果，并迅速将其转化为在市场上有价值的新技术、新产品。联合创新的目标是通过市场各主体的对接，使不同规模各具优势的企业形成互补的格局。因此要建立产业内制造业企业协作以及分工格局，构建与制造业企业之间的协作配套的工作机制和高效的对接平台。无论国企或民企，鼓励建立基于产业链的协作与分工体系，并依托产业集群优势提高整个产业的整体创新能力。出台方案鼓励民营企业和国企开展多种形式合作，使各个企业能快速融入到全球的创新体系中，能充分利用全世界的人才、科技、市场和金融等资源，以共享共赢的方式加入大的创新格局中。企业要使技术创新得以实现，需要从以下四个方面保障联合创新机制。

（1）企业间动态联盟合作机制。动态联盟较早运用于企业之间的合作研发，在大型跨国公司中运用较多。组建以创新制造业企业为核心，由创新制造业企业、上下游企业、竞争对手等多种主体构成的混合型网络合作组织。动态联盟合作机制鼓励企业之间打破存在于研发环节的资金和技术瓶颈，实现跨界的资源共享和优势互补，促进企业和产业体系的协同发展，推动企业间创新要素的充分流动和有效整合，提升我国产业的整体创新效率。联盟企业各自发挥优势，针对重大科研攻关合力聚焦，为企业间联合创新提供组织保障。企业之间的合作形式从初期的低级形态的合资合作向具有战略伙伴的高级形态的动态联盟转变，从单向的资金、技术的吸纳一步步地转向双向的、水平式的技术知识互通交流，从经营资源、经营能力的不平衡转向均衡的动态联盟形式。动态联盟合作机制能为企业提供以下保障：①解决资源稀缺性、创新能力有限性和技术创新风险之间的突出矛盾，有利于企业更有效地利用外部资源，从而强化企业的核心研发技术水平，帮助企业实现创新目标（张广凤，2010）[392]。②保障参与成员更好地利用所处的网络组织位置获得更大的收益。③提升企业员工的素质和能力，使员工更好地参与网络化研发活动。④便于信息交流、信息共享，形成纵横相连的组织平台，保障研发部门能够根据环境的变化及时做出正确的判断。

（2）资源整合机制。创新制造业企业进行资源投入后，创新资源的整合机制决定着获取的资源能否得到最有效的组织和最合理的利用。创新资源来源于网络化组织成员，而各成员在资源禀赋上各有优势。制造业企业通过与上下游企业之间的资源整合，可以帮助企业获得更多的反馈信息和市场机会，帮助企业新产品、新工艺在应用中不断提高、不断发展和创新。政府在制造业企业创新中应发挥的角色定位是促进资源共享、保障基础设施方面的服务职能，在制度上进行合作创新方面的政策法规支持、财税支持等。金融机构在资源整合方面的角色定位是创新金融服务项目的种类，在范围内合理预估制造业企业合作创新的风险并加以有效控制，在技术创新方面提供贷款支持。中介服务机构的角色定位是完善信息咨询、技术服务、技术评估、技术经纪等职能，有效促进企业与高等院校、科研机构之间的合作。各种组织在资源整合方面各自发挥优势，共同服务于创新驱动发展。

（3）区域性企业"专利池"前端控制机制。这种具备"前端控制"能力的研发网络能在研发初期有效减少研发资源的不必要浪费，在一定程度上减少研发风险，而且能整合企业之间的研发能力与市场实力，能不断扩大用户安装基础，进而诱发正反馈的网络效应。这种机制不断促进技术标准向事实标准转化。基于专利池战略与标准竞争战略的高度，以主导企业为核心，塑造开放式创新网络的"前端控制"机制，依靠专利池运作和标准平台聚焦形成自主创新高地。鼓励本土主导企业或旗舰企业在构建区域之间研发网络的起始阶段，就应面向将来标准竞争战略和专利池战略努力，在技术主导范式上界定明晰，选择适合自己标准的合作企业，在各方分工的前提下研发核心技术，同时分享彼此的核心专利技术，进行专利池的有效构建（韩江波，2017）[393]。

（4）合理的利益分配与约束机制。联合创新是基于各个企业间的共同资源与努力，因此应提前明晰创新成功后的利益分配机制，避免利益分配不均出现后期的矛盾。将国家、行业协会、高校或科研院所引入充当中介或见证者，建立约束机制。企业之间签署合同或协议建立战略联盟的同时，需要明确各利益主体的责权利,明确划分产权归属因为界定清晰将有利于企业间的长久合作。假如遇到突发情况,出现合作终止的情况,联合创新中的企业也可以通过技术转让交易等形式,购买一定的产权。同时,应该在签署的合同或协议中明确收益的多少、投入比例和贡献率的大小这三个因素的分配比例。市场经济下不确定的情况和风险很多,这些情况也应该提前签署合同或协议,以免引起利润分配的纠纷。

7.1.4 推动创新链与产业链融合发展的催生机制

在创新驱动发展的大战略下,推动产业升级的重要因素将是产业链与创新链的融合,以及有效整合与协同形成的产业创新链。产业创新链的目标是提升产业创新能力与优化创新系统,它是围绕产业重大和关键技术突破,促进产业链和创新链相互耦合,推动以制造业企业为主体、科研机构和院校等共同融入,政产学研用紧密结合的产业技术创新体系建设的功能链节结构模式(方鹏,2016)[394]。实施创新驱动战略的核心,是调动各主体的创新活力,通过搭建创新利益共同体,促进创新链与产业链双链融合,以此推动资源要素优化配置,促进创新成果产业化、商业化体系建设,引导企业转型升级。发挥企业主导作用,联结产业链上相关企业的竞争合作关系,聚集创新链上高校及科研院所等知识价值创造主体。不同主体在互动中衍生出新的职能、角色转换,形成超越合约关系的准研发合资公司(李林等,2017)[395]。基于此,应从以下三个方面进行机制落实:引导关键共性技术双链研发合作机制、创新链与产业链融合协调机制。

(1)引导关键共性技术双链研发的合作机制。引导创新链与产业链合作,建设关键共性技术的专业研发中心,引导企业、高校、科研院所、用户组建智能制造创新联盟,推动创新资源向企业集聚,共同开展关键共性技术研发。整合现有各类创新资源,既包括产业链内行业龙头企业的高应用性技术、实际技术应用障碍的实例反馈、零距离掌握用户需求的能力等,也包括创新链内各方科技人员的前沿理论性技术、跨领域技术融合与重构的能力、高端关键技术未来升级方向的预见能力等。继而围绕感知、控制、决策和执行等智能功能的实现,针对智能制造关键技术装备、智能产品、重大成套装备、数字化车间/智能工厂的开发和应用,突破先进感知与测量、高精度运动控制、高可靠智能控制、建模与仿真、工业互联网安全等一批关键共性技术,研发智能制造相关的核心支撑软件,布局和积累一批核心知识产权,为实现制造装备和流程智能化提供技术支撑。

（2）创新链与产业链融合的协调机制。围绕产业链部署创新链，消除科技创新中的"孤岛现象"，使创新成果更快转化为现实生产力。创新链内高校与科研机构虽具有丰富的智力资源和厚实的研究实力与基础，但其所研究的内容和申请的专利常常缺乏生产导向性与市场导向性，导致创新成果落地困难，难以进入应用与商业化阶段。而产业链内企业虽然能掌握市场需求实时变化，但由于研发能力有限，导致有心无力，产品创新往往慢于企业战略变革速度。创新链与产业链"平行线"式各自发展既拖延产业链发展，也浪费创新链的研发资源。这些问题可以通过建立创新链与产业链协调机制加以解决。

产业内建立双链融合的协调平台，鼓励技术创新和市场对接，培育和实现"基础科学研究—应用科学研究—生产技术创新—实用产业研发"的完整链条，通过产业的确定性来牵引组织创新链中的不确定性，强化科学严谨的组织论证和确定性的实施目标；通过产业确定性的组织方式，即确定的路线图、确定的组织模式、确定的投入预期、确定的风险承受度来消除创新活动的不确定性因素。支持科研机构为企业提供检测、检验、查新、标准及知识产权登记保护等服务；加强对设施设备、科研平台等的投入力度，如国家级和省级重点实验室、工程技术中心等机构，实施部门与地方联动，整合相关资源形成技术创新服务平台，为技术创新提供高质量服务。鼓励企业领导与技术人才定期到高校、科研院所进行座谈，以问题为导向，反映企业与行业的一线情况，将现实技术障碍与迫切需求凸显出来；同时邀请行业专家、高校学者到企业开设专题报告和讲座，汇报前沿基础理论与技术发展趋势，促进实践与理论、需求与研发的对接。以此形成创新链与产业链融合的协调机制。

通过创新驱动发展机制的逐步完善，为我国制造业企业提供持续发展的机制保障，满足企业在技术创新和转型升级方面的制度需求，为企业持续创新、为创新驱动发展战略夯实基础。

7.2 绿色发展协调机制

绿色发展是国际大趋势，是制造业与自然、社会协调的重要主题。绿色发展与协调发展密切相关：一方面，协调发展是绿色发展的内在要求。绿色发以实现人与自然和谐相处为终极目标,蕴含"平衡、协调、可持续"的发展理念,在推进绿色经济发展过程中更加关注生态发展较为落后的地区,以形成发展程度不同区域与资源环境生态相匹配的状态(黄娟,2016)[396]。绿色发展必须是均衡发展,它强调形成资源环境生态相协调的发展新格局。另一方面,绿色发展是协调发展的重要组成。协调发展是一项系统性工程,其中,经济社会发展与资源环境生态相适应是协调发展的重要组成部分。增强发展的协调性是绿色发展的重大意义,可以缓解地区经济社会发展与资源环境生态之间的现实矛盾(黄娟、程丙,2017)[397]。而制造业转型对于国家经济发展意义重大,因此,绿色发展与协调发展在我国制造业转型发展进程中是统一不可分的,必须将二者协同融合,形成绿色协调发展思维。通过建立生态环境补偿长效发展机制、严格约束的环保政策倒逼机制、绿色要素自由流动的信息共享机制和绿色监管体系的协同防治机制,对制造业转型升级绿色协调发展有一定的支撑作用。

7.2.1 建立生态环境补偿长效发展机制

实施生态环境保护补偿是调动各方积极主动保护生态环境的重要手段,也是我国生态文明制度建设的重要内容(中华人民共和国生态环境部,2016)[398]。近年来,我国生态环境保护补偿机制在各地区均有序推进,在一定程度上取得了不错的阶段性成果。但从总体上看,我国当前实行的生态保护补偿依然存在范围偏小、标准偏低,保护者与受益者良性互动体制机制尚不完善等问题,生态环境保护措施行动成效没有得到充分保障。为了进一步健全和完善生态环境保护补偿机制,加快稳步推进我国生态文明建设,在国务院办公厅公布的2016年关于健全生态保护补偿机制的意见中提到,到2020年,生态补偿水平要与经济社会发展状况基本相适应,各地区流域等环境补偿试点示范取得明显突破,初步建立多元化环境补偿机制,促进绿色生产方式和生活方式加快形成。有效建立生态环境补偿机制,具体包括以下五个方面:

(1)扩大生态环境保护补偿范围。为鼓励企业积极投入改造,实现绿色升级,对于企业的环境保护补偿范围应适当扩大。部分省市在制定生态环境补偿机制的意见中对于环境补偿范围的划分较窄,如南京市发布的《关于建立和完善生态补偿机制的意见》中的补偿范围只包括水稻、公益林及重要水源地(含湿地),对于制造业企业来说,南京市出台的《南京市节能和发展循环经济专项资金管理办法》仅对企业实施节能及循环经济项目进行补助,危废处置利用行业由于企业规模小并未达到节能规模要求，因而无法享受到其他环保产业的优惠补偿政策。另外，补偿范围所涉及的资金财政预算也较少，对于补偿资金的支付及管理办法并不完善，不能及时给予企业补偿支持，阻碍了企业开展正常的经营活动（高小杰等，2016）[399]。因而，政府应适当扩大生态补偿范围，涉及各类行业并完善相关政策。

（2）完善生态环境保护补偿标准。生态环境保护补偿标准为制造业企业正确合理安排企业生产排放行为指明了方向，对于不同制造领域及不同地区，要综合考虑提供优质绿色产品服务而形成的投入成本及机会成本，包括环境污染综合治理、城镇垃圾和污水处理、监测和能力体系建设，以及限制发展所造成的损失，生态系统服务的价值，生态环境受益者的获利等（湖北省人民政府，2018）[400]，依据这些完善生态环境补偿的测算方法，制定适应当地经济发展水平以及与制造业行业匹配的生态环境保护补偿标准，并随形势变化适时进行动态调整。

（3）完善生态环境保护补偿方式。目前生态环境补偿方式仍以政府补偿为主，对于国际性金融机构优惠贷款、民间社团自发组织筹资及个人捐款等方式并未得到政府政策的积极支持，政府与市场的双重作用没有得到充分发挥，因而无法有效实施横向生态环境保护补偿机制，导致生态环境补偿主体的多元化以及补偿方式的多样化无法得到满足。当前，为了进一步完善生态环境补偿方式，需要对财政支出结构进一步调整优化，对重点行业的生态保护补偿大力支持，对各类基本公共服务的保障水平加以提高。一方面，对于实施清洁能源建设、应用清洁生产技术的相关企业，尤其是制造业企业，要大力进行资金补助；另一方面，为积极探索横向生态环境保护补偿机制的建立，还要将碳排放权交易、排污权交易、生态产品服务标志等市场化手段一并应用，从而不断探索发展市场化补偿模式。

（4）完善生态环境保护补偿效果评价制度。对于制造业企业实施生态环境补偿进行评价与考核是保证其顺利实施节能减排的重要保障，具体来说，要切实加强制造业企业的能源消耗以及环境污染的生态监测能力建设，对企业的节能减排能力实时监控，完善重点行业、重要污染源的监控点位置和自动监测网络布局，制定并完善监测评估指标体系，及时反馈动态监测信息数据，推进生态环境保护补偿信息的公开化、透明化。大力培育生态环境保护监测的第三方机构，对生态环境保护补偿效益及生态服务价值进行评估，通过对生态环境保护补偿政策实施效果前后的对比与评价，及时、准确、科学地找出方法予以解决。

（5）加快形成生态损坏赔偿与生态保护补偿的协同机制。研究建立生态环境损害赔偿、生态产品市场交易以及生态保护补偿的协同推进有利于保证生态环境保护机制的平稳有效运行。对于生态环境损害赔偿的建立，应积极开展试点示范行业及地区，将成功经验进行总结并拟定损坏赔偿标准，从而能够加快形成生态损害者赔偿的运行机制。对于生态产品市场交易来说，生态产品价格的有序良好形成依赖于健全的生态保护市场体系，可以使生态保护者在生态产品交易中获得收益，体现了市场机制在促进生态保护建设中的积极作用。对于生态保护补偿而言，通过建立排污权、碳排放权、用水权等初始分配制度，完善排污权交易等涉及的有偿使用、投融资机制、交易方式等问题；对于交易平台的健康运转实行有效监督，建立统一的绿色产品标准、认证、标识等体系，不仅为实施绿色转型的企业提供资金来源，如排污权交易，也为推动行业整体绿色转型发展奠定基础。

7.2.2　建立严格约束的环保政策倒逼机制

当前，我国是制造大国，而非制造强国，在资源能源消耗和污染排放指标方面与国际先进水平仍存在较大差距，工业排放的二氧化硫、氮氧化物和粉尘分别占世界排放总量的 90%、70% 和 85%（中华人民共和国工业和信息化部，2016）[401]，生态环境承载力已近极限，对于推进制造业绿色发展刻不容缓。为严格监督制造业绿色转型的实施，工信部先后发布了《工业绿色发展规划（2016—2020 年）》和《绿色制造工程实施指南（2016—2020 年）》，旨在加快形成绿色生产和生活方式。2016 年 6 月 30 日正式施行的《工业节能管理办法》，规定了重点用能工业企业积极开展能效水平对标达标活动，鼓励关键节能技术突破以及重大节能装备研发等改造工程。

"十二五"时期，全国单位国内生产总值能耗降低 18.4%，化学需氧量、二氧化硫、氨氮、氮氧化物等主要污染物排放总量分别减少 12.9%、18%、13% 和 18.6%（中华人民共和国中央人民政府，2016）[402]，超额完成我国节能减排预定的目标任务，为我国经济结构调整、环境改善以及应对全球气候问题等做出了突出贡献。在宏观层面上，计划到 2020 年，全国单位国内生产总值能耗相比于 2015 年下降幅度达 15%，全国化学需氧量、氨氮、二氧化硫、氮氧化物排放总量比 2015 年分别下降 10%、10%、15% 和 15%，挥发性有机物排放总量比 2015 年下降 10% 以上（中华人民共和国工业和信息化部，

2017)[403]。为了继续控制我国污染排放及能源使用现状，应建立严格的环境规制，具体包含以下五个方面。

（1）调整优化产业结构，促进传统产业转型升级与新兴产业共同发展。一方面，积极推进制造业高端化、智能化、服务化及绿色化发展。对于产能严重过剩行业应强化环保标准约束，合理进行关停并转等措施，对于节能减排标准未达标或生产、使用淘汰类产品的企业要依法有序退出；另一方面，对于新兴产业应给予大力支持，培育一批具有国际竞争力的大型节能环保企业，进一步推广大数据、云计算技术应用。计划到2020年，新兴产业增加值占国内生产总值比重提高到15%，服务业增加值占国内生产总值比重提高到56%，节能环保、新能源汽车等绿色低碳产业总产值突破10万亿元，成为我国支柱产业。

（2）加强工业重点领域节能项目，实施工业能效赶超行动。对于工业领域重点耗能行业着重加强能耗管控，尤其是制造业行业，为提高能效水平，在与国际国内同行业领先企业的能耗指标进行对比的条件下，确立标杆，并通过加强技术能力及提高管理效率等达到或超过能效标杆水平。为对能源消耗进行严格控制，一方面，企业可以通过积极推进能源管控中心建设，实现智能化用能监测及高端化技术诊断等。在环境规制的严格约束下，计划"十三五"时期末即2020年底可以实现工业能源利用效率明显提高、单位能耗明显降低，重点耗能行业能源利用效率能够与国际对标，达到或接近世界先进水平。另一方面，企业可以实施两化融合发展，将新一代信息技术如"互联网＋"、大数据、云计算等与制造技术相结合从而使得制造业企业的生产及能耗效率得到有效提升。为加快节能项目开展，还可以设立绿色发展考核体系，将可再生能源在能源总消费中的占比情况作为衡量指标之一，对企业应用可再生能源起到促进作用。

（3）推进重点行业用能设备节能管理。重点耗能行业如钢铁、石油石化等所用设备属于高耗能特种设备，消耗大量资源能源且污染排放严重，因而针对这些行业的用能设备应加强审查监管，并构建安全、节能和环保三位一体的监督管理体系。具体来看，高耗能设备如工业用燃煤锅炉，在推进节能减排监督管理的过程中，要覆盖燃煤锅炉生产、经营以及使用等全部环节，包括对燃煤锅炉能源效率及污染排放测试，对燃煤锅炉管理人员专项培训进行考核，对监管体系信息数据平台及时更新，积极开展在线监测试点并实现信息共享，计划到"十三五"时期末，新生产的燃煤锅炉效率大幅提升达80%以上，燃气锅炉效率则达到92%以上。另外，在对当前设备进行节能减排的基础上，还应加快高效电机、高效换热器等用能设备的研发和使用，对高能耗、高排放、高污染用能设备进行淘汰处理，全面提升重点用能设备能效水平。

（4）促进工业污染物减排，实现污染源全面达标。①环境影响评价制度。企业进行建设活动时，应对建设项目选址、设计以及投入使用后对环境带来的影响进行调查和评估，不应出现未批先建、批建不符等问题，对擅自变更环境评价行为、存在项目建设违法的企业，应落实相关责任人追究，严重者对其企业实行关停并转等措施。②环保红黄牌制度。通过建立企业污染物排放红黄牌制度，对企业的排放行为进行一定限制，也给企业时间进行整顿改造等。对于不达标的企业出示黄牌和红牌，红牌直接淘汰，黄牌给企业一定整改时间，若仍然不达标，则列入淘汰范围。另外，应积极发挥市场作用，建立以排污许可制为核心的工业企业环境管理体系，禁止无证排放以及违反许可证规定的排放。③总量减排制度。总量减排是促进工业污染防治、改善环境质量的重要手段。当前，我国污染物排放总量依然较大，环境质量仍有较大提升空间。在确定环境总量的前提下，应继续加强工业重点领域污染物排放的总量减排制度，纳入更多环境指标，完善总量减排涉及范围。同时，总量控制应根据不同地区环境容量及污染状况，针对性地进行总量控制指标涉及，对总量控制进行一定的弹性调整。

（5）开展主要污染物减排以及循环经济重点工程。主要污染物对环境有严重的消极影响，因而以主要污染物的减排工作为重点，推进方向对改善环境质量有明显作用，主要包括大气污染物、水污染物以及固体污染物重点减排工程。为减少环境主要污染物，相关制造业企业应积极改革能源结构，尽量采用无污染或低污染能源如风力、水力、天然气等，采用闭路循环工艺、预先处理燃料等措施以减少燃烧时产生的大气污染物、水污染物或固体污染物，淘汰落后产能及不符合环保标准要求的机组设备等。为推进循环经济重点工程，企业应积极投入园区改造、示范基地建设等，如实施工厂园区循环化改造、资源循环利用示范基地建设、"互联网＋"资源循环等，结合信息技术提升企业节能减排水平，实现资源能源可再生、污染物可循环利用等发展模式，构建企业绿色转型低碳循环发展体系。

7.2.3 建立绿色要素自由流动的信息共享机制

对于制造业企业来说，与绿色转型发展相关联的技术、资金、人才、市场等要素是否完备是实现制造业企业绿色转型发展的关键,在很大程度上决定了制造业企业绿色转型发展的效果。目前,制造业企业绿色转型发展所需的各种要素并不完善。一方面,以绿色投资为例,虽然当前仍保持增长趋势(《中国统计年鉴》(2017)相关统计数据显示,2016年全国环境污染治理投资为9219.80亿元,同比增长4.7%),然而,生态建设资金缺乏统一管理、投资体制条块分割问题严重,如企业对于污染末端处理投入较多资金,而在污染源头研发上投入较少;另一方面,以市场机制为例,在企业绿色转型发展中市场机制尚未发挥决定性作用,排污许可证制度、排污权交易机制等未在全国范围内得到完全普及,加上不同区域经济发展水平与企业发展情况等存在差距,对于绿色协调发展带来一定阻碍。因而,构建绿色要素自由流动的信息共享机制是企业绿色转型发展的基础,具体包括技术、资金、人才、市场以及企业间上下游协同五个方面。

(1)发挥龙头企业辐射带动作用,整体提升企业绿色技术发展水平。工信部在《产业技术创新能力发展规划(2016—2020年)》中提出,要重视国家制造业创新中心建设,到2020年基本建成15家国家制造业创新中心。为了发挥绿色制造示范企业的辐射带动作用,系统推进制造业企业绿色技术发展,通过建立一批国家级绿色技术产业基地、创新中心、合作平台等,将技术进行推广普及,在相关企业间能实现技术探讨及共同研发,整体提升行业绿色技术发展水平。如构建协同创新平台、突破共性关键技术、打造技术共享新生态圈对于促进企业可持续发展能够带来深远影响。为发挥龙头企业辐射作用,选择具有绿色示范意义的园区及重点用能企业,推广低温余热发电、高效电机等先进节能技术、设备,开发系列绿色创新合作平台,绿色技术测试平台,为绿色技术普及提供便利渠道。

(2)建立制造业企业绿色发展专项资金,解决绿色资金不足及自由流动问题。资金不足是阻碍企业进行绿色改造、绿色技术创新等的重要因素,通过拓宽绿色发展投融资渠道,建立绿色发展专项资金等可以有效解决绿色资金不足及自由流动问题。制造业企业为实现绿色转型发展,在深入开展绿色制造工程、加快绿色技术研发、积极推进绿色园区及绿色供应链体系建设过程中,都需要大量资金予以支持。例如,广东省在绿色发展专项资金管理办法中提到,对那些在绿色发展专门领域取得突出成效、有良好带头作用或获得权威认定的制造业企业给予专项扶持,体现了资金支持绿色发展的推动作用。在资金自由流动方面,首先要做好绿色资金流动的整体规划,结合国家对金融政策的推进方向，体现制造业绿色转型升级在制造业转型升级中的地位和作用，以此制定不同阶段绿色金融的目标规划；其次要抓住时机拓宽资金流动渠道，逐步增加资金流通途径，包括完善节能减排绿色发展涉及的各类专项资金的流通机制及配套政策等；最后要完善有关制造业绿色转型升级的绿色金融基础设施，探索绿色金融业务创新，推广特色结算业务等。

（3）加强产学研之间交流与合作，探索绿色人才自由流动机制。探索科学合理的绿色人才自由流动机制是有效实现企业绿色转型发展信息共享的核心。在2009年哥本哈根气候大会上，全世界的焦点都集中于环境保护，节能减排、环境污染、垃圾处理等环保问题成为话题核心。一时间，环保、新能源等正处于起步阶段的行业成为资本投资的新领域，对于"绿色"人才的需求大幅增加。随着中国对环境保护的重视程度日益加深，从事环保技术、环境咨询与环境服务等工作的人才将大幅增加。为推动制造业企业绿色发展，离不开高校、企业以及科研机构之间专业人才的充分流动，因而，加强产学研合作，组建产学研联盟，构建交流联系平台及研发网络，改变过去三方联系松散、"各自为政"的局面，充分发挥产学研在协同创新机制中的潜力和优势，共同推动制造业企业协调发展（陈忠良、魏来，2014）[404]。

（4）建立并完善排污权交易等市场，构建绿色要素自由流动的环境。排污权交易是我国环境资源领域一项重大的制度改革和机制创新，是我国进行环境资源配置以及深化污染减排的重要经济政策，尤其是制定的排污权有偿使用政策更是明确其主导思想，即环境有价、资源有偿。为保证制造业企业顺利开展绿色转型工作，国家相关部门应建造公平公开公正的市场环境，尽快完善排污权交易及其相关配套制度，允许各省级人民政府依据各地区经济发展、环境管理等水平出台适合各地区的排污实施方案。对于排污权二级交易市场，要明确政府在排污权交易政策中的地位，有序做好"放、管、服"，明确企业作为交易主体，对参与交易拥有自主权利。为构建绿色要素自由流动统一环境，政府应积极运用经济杠杆实现排污权在企业间的流转，帮助并引导企业实现资源优化配置，在各省市成立排污权管理机构并强化机构能力建设，实现全国联动，建立全国统一的排污权交易管理平台，优化排污权交易服务机制，完善监测管理体系，为排污权交易的顺利实施提供保障。

（5）加强企业间上下游协同，形成绿色产业群和低碳产业带。为实现信息共享和绿色发展要素自由流动，可以通过企业间上下游协同打造布局科学、管理规范、发展有序、各具特色的绿色产业群和低碳产业带。国家发改委在

2016年发布的《循环发展引领计划》（征求意见稿）中提出，"十三五"期间，我国要初步实现企业循环式生产、产业循环式组合以及园区循环式改造，为形成绿色产业群和低碳产业带打下坚实基础，计划到"十三五"时期末，相比于2015年，主要资源产出率提高15%。为了形成绿色产业群，鼓励企业构建绿色供应链，即从原料采购、加工生产、印刷包装、物流运输、销售服务等均实现绿色化，带动上下游企业共同实现绿色发展，对实施绿色供应链的企业给予补贴和优惠政策，推动制造业企业绿色转型协调发展。总体来说，为了制造业企业顺利实现绿色转型发展，必须依靠绿色发展要素的自由流动，让绿色技术带起来、绿色资金流起来、绿色人才动起来、绿色市场通起来、绿色产业连起来。

7.2.4 建立绿色监管体系的协同防治机制

绿色发展是正确处理人与自然关系必须遵守的法则，而保障绿色发展顺利实施的关键是构建有效的监管体系。目前，我国环境监管体制在30多年的不断完善中对环境与经济的协调发展起到了巨大的推动作用。然而，面临当前新一代信息技术以及全球绿色发展的新趋势，传统的环境监管体制不能有效发挥其作用。只有依据当前形势，制定绿色转型发展下的环境监管体制，才能真正推动企业形成绿色生产方式和生活方式，实现企业绿色转型发展。具体建立的绿色监管体系协同防治机制包含以下两个方面。

（1）加强组织领导，抑制隐性经济。隐性经济是制度弱化的体现，它是指处于政府监管范围之外的各种经济活动。隐性经济对于环境管制效果及经济发展质量有较明显的消极影响，由于引发隐性经济的参与者往往通过寻找漏洞来逃避政府监管，因而具备隐蔽性和模糊性等特征，对于政府监管内的经济活动有一定的威胁性（余长林、高宏建，2015）[405]。具体而言，当政府开展控制经济活动的监管行为时，部分企业为了获取利益，存在主观逃避监管的动机从而引发隐性经济，如一些无照经营的小作坊，仍然使用落后的甚至被淘汰的设备或技术，从环保层面来说，不仅造成资源能源浪费，同时带来严重的环境污染；从经济发展层面来说，不仅削弱了环境规划绩效，同时也降低了经济增长质量。当前，我国的环境规制政策对管理可见的能源消耗和污染排放有一定的控制作用，但对于控制隐性经济行为则有许多限制因素，因而需要政府部门更加重视隐性经济的消极影响，严格监管隐性经济。如可以依据不同类别的隐形经济特性，有针对性地采取控制措施，通过采取减排奖励机制、监察举报机制、环保红黄牌机制等，增加隐性经济成本，从而减少隐形经济行为，抑制隐形经济对环境保护和经济质量的负向效应。

（2）完善绿色监管措施。理顺绿色监管体制对于制造业企业绿色转型升级具有关键作用。绿色监管与环境监管不同，其范围和外延均大于环境监管。为实现制造业绿色转型升级，有关对其进行绿色监管的措施主要有以下三个方面：①经济措施方面。主要从生产、分配、消费等环节入手，限制污染环境及破坏生态行为。以财政、税收、绿色金融等为监管的经济手段即为庇古手段，该措施尤其重视财政支出和税收优惠方式，认为在资源流向生态文明建设方面起到了监管作用；以用能用水权、碳排放权交易及排污权为监管的经济手段为科斯手段，该措施在金融信贷领域可以得到拓展，完善绿色信贷、证券等商品，推动高耗能、高污染企业向资源集约、环境友好型企业转型，提高其建设生态文明的积极性。②行政措施方面。行政措施在行政组织内部及企业生产行为方面均发挥作用。一是对各级决策者的长远规划及计划的执行情况进行监督，维护企业绿色发展利益；二是对生产过程中及已完成项目的能源消耗和污染状况进行监督，预防并处理危害事件，可以限产甚至强制关停污染严重的项目；三是对组织内部人员的监管考核，提高全体成员环保意识，避免官僚主义，确立绿色协调发展政绩观。③法律措施方面。为推动制造业企业实施绿色转型，依法构建绿色制造管理体系，积极完善绿色制造相关法律法规。强化监督管理，包括环保执法监督、节能减排审核以及各项环境标准监察等，加强过程管理及事后监管，对执法队伍建设严格要求，对各类违法违规行为严肃处理。加强企业社会责任意识，鼓励企业公开社会环境相关信息，包括资源能源消耗及环境污染物达标情况等，以社会监督、舆论监督等推进大中小各类企业的可持续发展（中华人民共和国工业和信息化部，2016）。

7.3 制造业发展平台建设

我国制造业不同行业、地区、企业的自动化、信息化、智能化等差异较大，发展水平参差不齐，因此企业转型升级时呈现多样化的需求。政府在技术、服务上应给予企业支持，大力发展制造业平台建设，会聚数据、信息资源，并对企业开放共享，加速知识、技术、资源的流通，促进制造业企业转型升级。从企业需求出发，提出制造业转型升级亟须加强以下四类平台建设：制造业基础信息平台、制造业创新平台、制造业双创平台、制造业服务平台。

7.3.1　推动制造业基础信息平台建设

信息通信公共设施是国民经济发展的重要基础，其建设与发展水平已成为衡量一个国家和一个地区综合实力强弱的重要标志之一（谭清美、陈静，2016）[406]。建设工业大数据、工业云平台及工业互联网平台，能有效推动软件与服务、设计与制造资源、关键技术与标准的开放共享与融合，提升研发设计、生产制造、管理等环节的效率及质量，从而促进制造业转型升级，因此应加强工业大数据平台、云计算平台、工业互联网平台建设。

（1）工业大数据平台建设。建设大数据平台时，首先要树立融合与创新的意识，根据行业特点，主动寻找应用大数据的机会与领域；其次在产业内开展大数据咨询，通过咨询规划服务，明确各企业大数据建设的目标并制订相应的实施计划，如利用大数据调整设备参数提高生产率和产品质量，在供应链上运用大数据，对库存量产和生产配送情况实时动态监控从而降低成本，加速机器、设备、系统、车间、产品之间的互联互通，提升制造全过程的网络化、数字化；再次在前期咨询规划的基础上，成立大数据平台行动小组，并明确大数据平台建设是迭代工程，确立开放及分享的态度，使创新精神与工匠精神相结合，加强行业间企业的合作，促进数据及信息流动，扩大数据来源，并对数据源进行分析和挖掘，在大规模的数据中利用智能处理，获取有用信息；最后基于基础设备建立开放动态的决策环境，并提供指标、算法、模型帮助企业精准分析供给与需求，辅助企业决策，减少生产经营中的盲目性，实现智能生产。

（2）云计算平台建设。云计算平台集中了大型服务器的资源，通过软件管理用户需求，使用户可以快速精准地获取所需资源，搭建与自身需求相匹配的网络资源平台，降低经营成本、提升产品和服务的精准与先进性，促进企业转型升级。建设云计算平台首先应完善资源监控、服务计量计费、数据迁移、服务能力等方面的标准，并在实际应用中不断检验和完善标准；其次加强云计算相关基础设施建设，如鼓励运营商加大资金和资源投入，提高支撑云计算应用发展的基础网络出口带宽，扩充网络中心节点和云计算平台所在区域的宽带资源；再次鼓励与支持专业云计算企业联合运营商、科研院所、高校等突破弹性计算、资源监控管理与调度、虚拟整合等关键核心技术，不断提升云计算平台的应用软件开发、服务器与存储设备供给；最后在重点行业、重点区域设立专项资金，加速云计算平台核心技术研发与产品商业化。

（3）工业互联网平台建设。工业互联网是制造业转型升级的关键基础设施与工业生态体系，也是核心技术推动力，因此互联网平台建设是制造业转型升级重点推进的任务。建设工业互联网，首先要制定工业互联网平台标准，包括技术和服务的行业标准及国家标准体系、管理服务平台标准等。其次坚持"企业主导、市场选择、动态调整"的原则，政府积极开展工业互联网试点示范和平台能力评价活动，定期发布重点行业工业互联网示范企业名录，加强示范效应。企业应整合产学研用资源，推动基础共性技术模型化，开发预集成平台方案等强化平台设备管理、工业机理模型开发等能力。再次针对业务系统仍为"信息孤岛"的企业，制订行业工业设备云端迁移计划，推动智能设备和新能源设备上云。最后构建工业互联网平台试验测试体系和培育工业 APP，即大力支持龙头制造企业、互联网企业、科研院所、高校等合作共建工业互联网平台测试验证环境，通过开展功能、性能、适配性、可靠性等技术验证与测试评估服务，开展跨行业跨领域、特定区域及行业的平台试验测试，实现工业互联网平台高效适配（彭诗言、王西，2017）[407]，并引导第三方开发者基于平台开发新型工业 APP，形成基于平台的工业 APP 开发者创新生态体系。

7.3.2　促进制造业创新平台建设

2016 年《政府工作报告》提出"建设若干国家级制造业创新平台"，在新一代信息技术的推动下，使创新载体从单个企业转变为多主体协同创新网络，创新流程从线性链式转变为协同并行，创新模式从技术创新转变为技术与商业模式创新（郭佳、干勇，2017）[408]。因此急需制造业创新平台作为载体和支撑，围绕产业需求，以企业为创新主体，以高校院所为支撑，以中介服务机构为保障，加速核心重大关键技术突破，助推制造业转型升级，所以应重点发展制造业研发设计创新平台、智能制造创新平台、制造业服务创新平台。

（1）制造业研发设计创新平台。制造业研发设计创新平台建设首先应会聚虚拟仿真、试验等相关工具，帮助企业利用相关工具改善关键工艺流程，推动硬件、网络、计算等技术和制造工艺融合（马法尧、牟绍波等，2014）[409]。其次将工业技术、工艺经验、制造知识和方法模型化、软件化，构建产品研发流程和研发数据管理体系，帮助企业及早发现产品设计中的问题，减少方案变动，实现复杂产品的精益研发管理。再次将大型研发软件、应用软件和数据存储、治理等逐步向云端迁移，并提供标准接口，使用户能利用云端工具，如工业专用软件、工业数据分析、在线虚拟仿真等工作，享受个性化的云系统服务（丁明磊、陈志，2014）[410]。最后加强平台内技术创新，为制造企业提供任务模型、流程模型、3D数字模型、试验数据模型、工艺模型、车间数据模型等各种工程模型，为制造企业营造设计、分析与制造一体化环境，支持不同领域的工程师在统一的模型体系下工作，缩短研发周期，加速迭代与产品升级。

（2）智能制造创新平台。建设智能制造创新平台，首先应明确功能定位，选择具体行业，并根据行业特点制定建设规划；其次充分运用大数据、云计算等基础信息平台，实现制造资源数字化和在线化，促进线上线下资源互动整合。再次通过大规模一体化生产能力分享，将碎片化、闲置化的技术装备、服务等生产能力通过在线交易形成设计师、制造商、解决方案提供商、硬件供应商、消费者以及众多社会创业者广泛连接的大规模分工协作、价值共享、利益分成的新体系，大幅提升边际效率，提高生产效率；最后与企业深度合作，结合企业自身技术、研发等优势形成数字化、自动化的智能制造解决方案并开展智能制造系统推广服务、智能项目咨询服务、工业云服务、技术培训等业务，扩大平台影响力，丰富平台数据与资源。

（3）制造业服务创新平台。制造业管理服务创新平台建设，首先应完善管理制度、服务流程及收费标准并设立明确的服务及发展目标。其次引进相关领域的专业技术人才以保证为对接企业提供专业服务，将传感技术、计算机技术、软件技术、通信技术汇聚于该平台，并"嵌入"制造业产品中，为对接企业的产品实施产品数据分析的监测追溯、远程维护、产品全生命周期管理等在线增值服务。最后动态化管理服务创新平台，对营业收入、服务满意度、服务质量等标准进行考核，严格把控服务创新平台的服务质量，提升服务水平，帮助更多制造企业转型升级。

7.3.3　加速制造业双创平台建设

"大众创业、万众创新"是新时期党中央、国务院的重大战略部署，在解放和发展生产力、变革生产关系中发挥着极其重要的作用。截至2017年，重点行业骨干企业"双创"平台普及率接近60%（张恒梅，2015）[411]。为解决双创平台同质化问题，丰富平台类型，应重点发展基于个性化定制的双创平台、基于组织管理的双创平台、基于在线产业集群及区域合作的双创平台、基于"供应链＋创客"的双创平台。

（1）基于个性化定制的双创平台。个性化定制的双创平台前端连接研发生产，后端连接用户，因此建设该类平台首先利用大数据、云计算等先进技术实现在线汇聚、实时感知、分析预测的功能，动态实时掌握下游消费者多样化的需求；其次鼓励企业内部建立数据流动的生产体系，实现企业在研发、测试、生产、物流、管理、服务等环节以及在横向、纵向和产品全生命周期数据集成过程中的数据互联、互通、互操作，形成企业与用户需求数据无缝对接的智能化制造体系；最后将顾客需求反馈至设计研发、生产制造和供应链管理等关键环节，推进生产制造柔性化改造，促进用户个性化需求与智能制造体系无缝对接，有效解决定制化过程的不确定性、多样性和复杂性。

（2）基于组织管理的双创平台。基于组织管理的双创平台是企业内部的创新来源，是激发员工创新的有效媒介，建设该平台时首先应将资源开放与共享，以数据流、价值链为重点重塑核心业务流程。其次完善基于数据驱动的企业研发设计、生产制造、经营管理、市场营销等资源，促进企业自组织、自配置、自决策和自优化，实现企业网络化、平台化、创客化。最后以"创业小微"为基本单元，将员工分为"平台主""小微主""创客"三种类型，使员工从被动接受指令的执行者变为主动为用户创造价值的创客和动态合伙人，鼓励有价值的创新创业项目进入事业部发展，探索能发挥集团资源优势和创客技术优势的模式，打造集团和创业者利益共同体。

（3）基于在线产业集群及区域合作的双创平台。"双创"平台建设应发挥平台优势，孵化新生有价值的企业同时扩大区域合作。建设该类平台首先让大型制造业企业依托自身完备的制造能力体系和健全的产业链条，将"双创"平台推广、市场开拓并与地方"双创"工作有效对接，实现大企业技术、产品、能力的落地转化，更好地服务地方产业提质增效升级。其次促进制造业企业"双创"平台与国家新型工业化产业示范基地、国家高新技术产业开发区，以及各地特色产业园区的创业创新资源高效对接，打造市场化与专业化结合、线上与线下互动、孵化与创新衔接的载体，推动产业园区升级。再次在创新孵化方面，加强"双创"平台为园区初创企业提供投融资、技术支持、创业培训、品牌推广等创业孵化服务，提高创新孵化成功率。最后为供需企业搭建合作桥梁，通过平台发布能力信息和需求信息，实现供需对接，并且为企业提供集技术、人才、管理、渠道、市场、融资、培训等一体的一站式服务。

（4）基于"供应链＋创客"的双创平台。建设该类平台时，制造业企业首先应通过开放供应链体系接纳个体创新者，在提升自身产品创新体系的同时促进创客的创意得以实现；其次鼓励制造行业中的小型企业加入"双创"大潮中（高婴劢、许旭，2018）[412]，因为中小型制造业和行业龙头相比虽然规模较小，但供应链体系更能接受创客团队的小订单并满足他们对制造供应链的个性化需求，因此，应充分发挥创客空间在创客和中小型制造业企业间的纽带作用；最后促进创客空间与供应链深度融合，为国内外创客提供共享空间、共享技术、共享供应链的深度硬件孵化服务。专业的众创空间和专业的制造供应链合作，将国内外顶级的技术创客和国内传统制造产业相连接，能更高效、更专业地促进制造业的"双创"发展。

7.3.4 推进制造业服务平台建设

2017 年，工业和信息化部联合财政部印发了《关于推动中小企业公共服务平台网络有效运营的指导意见》，明确了中小企业公共服务平台网络的定位与职责，即以中小企业需求为导向，向中小企业提供公益性服务和增值性服务，以线上线下相结合的平台为依托，广泛集聚和共享服务资源，提高服务能力，对接服务需求。因此，制造业企业应依托制造业集聚区，加大生产性服务业公共服务平台建设，发展研发设计、信息、物流、商务、金融等现代服务业，不断提高服务水平和运营能力，为制造企业转型升级提供优质服务，应大力发展瞪羚企业服务平台、制造业双创服务平台、创业孵化服务平台、科技成果转化服务平台、制造业关键共性技术服务平台、制造业公共服务平台。

（1）瞪羚企业服务平台。在我国经济处在新旧动能转换的关键时期，瞪羚企业成为创新创业企业中的领头羊，对我国经济增长做出突出贡献。目前，超过50%的瞪羚企业集中于光电子信息与现代服务业、移动互联、物联网、地球空间信息、智能制造、生命健康等新兴领域。2016 年，瞪羚企业数量达到 2576 家，比 2015 年增加 491 家，瞪羚企业科技活动投入强度为 6.2%，技术收入和高新技术产品收入分别占营业收入的 29% 和 45%。加速瞪羚企业服务平台建设，为瞪羚企业发展提供经济支持、政策扶持，能有效推动瞪羚企业发展，带动制造业企业转型升级。瞪羚企业服务平台建设首先应联合政府机构，出台财税扶持政策、科技创新支持政策、宣传政策等，为瞪羚企业发展提供政策保障；其次会聚国内外知名的经济、产业、金融、法律、管理咨询等专家，成立瞪羚企业发展"专家库"，通过线上平台，解决瞪羚企业发展中的问题；最后借助银行、证券等金融机构，解决瞪羚企业发展中的资金问题，为其提供"一企一策"的精准金融服务。

（2）制造业双创服务平台。双创服务平台包括综合服务型模式、产业链条整合服务型模式、初创实体孵化服务型模式、技术创新推动服务型模式。基于这四类服务模式的双创平台建设，首先应利用互联网扁平化、网络化、去中心化特性，将生产与消费无缝链接，将多个小供给与复杂多变的市场需求有效对接。其次结合创业企业对云计算、大数据等新兴信息技术的需求，提供软件按需取用、大数据分析与挖掘、在线协同合作、技术资源交易和专业知识自动化等共享服务，促进数据流动和隐性知识显性化。再次引入分享、众扶、众创、众筹等模式，激发和调动各方积极性，引导创新要素向多业务、全链条、全周期渗透，推动创新资源能力高效共享和配置，推动创新向更灵活、更快速、更贴近用户的方向转变。最后塑造资本运作、市场渠道、品牌竞争力等优势，围绕初创小微企业的发展需求，整合优质服务机构和合作伙伴，为初创企业提供创业培训、人才培养、品牌宣传、市场推广等孵化服务，增强中小微企业市场竞争能力。

（3）创业孵化服务平台。该类平台能为科技中小企业（包括孵化器内的在孵化企业和孵化器外的中小企业）创新创业提供服务，该类平台建设主要包括孵化功能系统、共享服务系统、支撑实现系统。首先孵化功能系统建设应加强入驻服务、政策服务、项目申报、专家咨询、国际孵化、大学生创业、培训服务、投融资服务等。其次建设共享服务系统时应为创业孵化相关单位（如政府机构、孵化器、金融机构、辅导员专家、与孵化器建立合作协议的中介服务组织）和专业服务公司（会计师事务所、律师事务所、专利事务所、人才资源公司、培训公司、管理咨询公司、检测机构等）等提供人才数据库、行业数据库、产品数据库。最后支撑实现系统建设应在传统机构组织的基础上利用信息化方式连接共享服务系统和孵化功能系统，从而实现数据资源共享，使共享服务系统与孵化功能系统相辅相成，有效促进项目孵化成功。

（4）科技成果转化服务平台。科技成果转化服务平台是利用我国已有的网络和通信设施，为制造业企业提供国内外科技成果转化所需资源和优质服务。构建该平台首先应搭建全国范围内的科技服务交流与合作网络，加强全国范围内线上虚拟和线下专业服务的结合，完善产、学、研、政交流，科技项目申报，科技服务信息加工与咨询研究的工作系统；其次根据目前科技成果转化过程中存在的问题，如转化成功率不高、转化时间长等，改善科技成果转化业务流程，加强网上功能开发，集聚政府资源和市场资源，通过信息化方式实现信息集聚、处理与发散，向企业传递服务信息追踪数据库等功能；最后加强线下服务拓展服务，即集群服务，构建成果转化联盟，形成成果转化服务链及共建共享的协调机制。

（5）制造业关键共性技术服务平台。制造业在转型升级过程中，技术升级是难点也是核心，因此需要行业共性技术服务平台为制造企业提供支持。建设此类平台首先应明确平台搭建的目标，即迅速响应中小企业信息化、智能化、绿色化、高端化转型升级要求，提供所需的技术和支撑并根据平台的具体服务对象，合理定位，如"科学数据服务""专业技术服务"和"软件应用服务"等；其次建立数据库，如成立钢铁冶金特色数据库、机械工程材料主体数据库、微电子封装热—机械性能模拟分析特色数据库、车辆结构强度超媒体数据库、激光应用特色数据库等；再次利用平台网络资源为对接企业提供更基础、专业的技术服务，如"分析、仿真与虚拟现实技术""数据测量与三维建模"等专业技术服务，有效地支持企业产品升级、价值链升级；最后依托高校、科研院所的技术优势，面向制造企业转型升级过程中遇到的实际问题，为多家企业提供虚拟装配评审、产品工程分析、测量建模等服务。

（6）制造业公共服务平台。制造业公共服务平台建设首先应根据地区实际需要，通过公益性服务清单的方式，对符合清单要求的公益性服务给予支持，利用市场化的方式，开展精准化的个性增值服务；其次充分运用新一代信息技术，开发服务新产品，推动线下服务线上化、线上线下同步服务，丰富平台服务供给方式；最后以地区产业特色和中小企业发展需求为基础，聚合各领域资质好、能力强、信誉佳、规模大的优质服务机构于公共服务平台中，同时建立服务资源、服务信息等共享机制，鼓励各平台之间、各平台和窗口平台、窗口平台之间加强资源共享与合作（吴义爽、徐梦周，2011）[413]。

7.4 产业政策措施建议

产业政策既有助于化解短期内我国制造业面临的突出矛盾，又能更好地服务实现制造业强国的长远目标（国家发展改革委产业司，2014）[414]。为了保障我国制造业企业转型升级的顺利完成，在现有政策措施建议的基础上，提出以下四个方面的政策：①推进信息技术与制造业融合发展；②加速新兴产业与传统制造业协同发展；③优化制造业产业生态链及其发展环境；④促进制造业转型升级财政金融政策措施。

7.4.1 推进信息技术与制造业融合发展的政策措施建议

信息技术与制造业的融合，主要通过建立数据集成与创新中心，基于制造模式、生产组织方式和产业形态，规范与完善信息技术应用模式，重构制造业技术体系等方面。从以下五个方面提出推进信息技术与制造业融合发展的政策措施建议：

（1）鼓励企业两化融合的投入和试点。信息技术与制造业的融合发展，主要体现在信息技术在生产制造模式、生产组织方式以及产业形态等方面的深度融合（王媛媛、宗伟，2016）[415]，鼓励制造业在生产制造模式、生产组织方式等方面使用增材制造技术、虚拟制造技术，引导企业使用电子数据交换、工业互联网及大数据等技术手段重构制造业的技术体系，提高 MES、ERP、PLM 和机器设备网络的互联互通集成能力，发展联网协同、智能管控、大数据服务等新兴制造模式，全面提升资源配置优化、实时在线优化、生产管理精细化和决策科学化水平，鼓励企业加快建设"数字化车间"，推进智能制造单元、装备智能化升级、工艺流程改造、基础数据共享。

（2）引导企业应用工业互联网、工业云等信息技术。全方位引进工业互联网、工业云等载体，利用物联网、云计算、大数据等信息技术，完善目前制造业企业对数据采集、传输、存储、分析、决策和优化的整体水平，实现企业内部核心业务系统纵向整合、企业间业务系统横向集成以及业务协作、产品全价值链和全过程数据的集成共享（王海波等，2010）[416]。加大对数据信息的使用力度，加快培育新技术、新产品、新模式、新业态。

（3）推广企业两化融合典型应用模式。推动各级政府在技术改造、智能制造、新兴产业等项目中优先支持通过两化融合管理体系评定的企业，将企业的两化融合应用模式是否收效作为项目验收的必要条件。引导社会各界将两化融合的典型应用模式企业与供应商选择、招标投标、融资授信、品牌推广等工作相结合，推动评定结果逐步纳入国家社会信用体系。推动开展评定结果采信试点，总结提炼和普及推广评定结果采信的典型成果和经验。加快建设推动量化融合发展的多元投融资体系，积极发展科技金融，充分发挥金融资本作为引导科技进入市场的重要推动力量，探索建立风险补偿机制，引导更多的社会资金投向制造业和智慧产业。鼓励金融机构加大科技信贷支持，引导金融机构建立适合智慧产业发展特点的信贷管理和贷款评价制度，创新发展新型金融服务，重点对新一代信息技术和工业集成软件和设备研发、智慧产业基地建设、智慧企业培育、商业模式创新等方面给予资金支持。重点扶持企业利用信息技术提高研发流程和工艺流程效率，大力应用推广计算机辅助设计（CAD）、计算机辅助工程（CAE）、虚拟制造（VM）等，以改进工艺技术，提高制造业的工艺技术与工艺流程。大力推进三维 CAD 的应用，提升企业的设计能力、设计水平和产品的价值，并进一步降低生产成本，推进生产装备与过程的信息化和自动化。

（4）培育发展科技服务业，完善区域科技创新体系。增强科技服务支持，大力发展研发设计与创意、信息网络技术、节能环保技术、检验检测技术、技术咨询和知识产权等科技服务业（王秀峰，2012）[417]。培育发展技术市场，重点加强技术经纪人队伍、科技中介机构建设。着力推进研发总部建设，加快推进工业研究院、研发园区、创意广场等重大创新平台建设，引进和培育研发总部，进一步强化高校、科研院所对新兴产业培育、经济转型升级的技术创新服务。加大对技术创新公共服务平台的扶持和引导，实现创新技术资源和技术人才资源共享，弥补单个企业研发能力不足的问题。

（5）加强两化融合环境建设，提升两化融合的基础保障能力。加强信息基础设施建设，提升信息技术产业体系的支撑能力，为信息技术与制造业融合的"深度"与"广度"建设提供基础保障（陈靖元，2015）[418]。提升两化融合基础设施服务能力，加速两化融合基础设施建设规划与布局，搭建低时延、高可靠、广覆盖的工业互联网。加大对信息物理系统研发的投入力度，并在有能力的企业内开展实施，对智能控制系统、工业应用软件等基础应用软件进行组织开发，确保设备与产品的实时联通、精确识别、有效交互与智能控制。对制造业两化融合过程中的关键、核心技术瓶颈的突破者给予奖励，持续支持国产研发设计工具、制造执行系统、工业控制系统、大型管理软件的研发和产业化。开展 CPS 研究和行业的应用试点，支持检测验证、标准验证、系统集成等能力建设。

7.4.2 加速新兴产业与传统制造业协同发展的政策措施建议

传统制造业为新兴产业的快速发展提供了技术、人才、品牌和市场（黄伟，2007）[419]，新兴产业也为传统制造业转型升级提供了发展所需的"核高基"。两者相互促进，协同发展（张莞航，2017）[420]，基于此，从以下六个方面提出加速新兴产业与传统制造业协同发展的政策措施建议。

（1）构建新兴产业与传统制造业间的产业技术创新联盟。以企业作为科技创新的主体,重点对传统制造业转型升级过程中向新兴产业转型的企业给予更多的资金支持,鼓励传统制造业在技术改造与价值链延伸过程中与新兴产业的协同发展。改进现有科技创新体制机制,组建新型多角度、全方位的科技创新体系,鼓励体系间进行联合研发。搭建技术创新联盟组织,实现地区之间、产业之间的技术资源共享,促进企业间的技术交流与合作,进一步融合新兴产业与传统产业的技术要素。提升传统制造业中新兴产业的技术能力,提升传统制造业经济社会效益,围绕新兴产业进行企业升级与改造。

(2)鼓励传统制造业企业引进新兴产业中使用的新技术、新工艺、新模式、新产品。新兴产业与传统制造业协同发展的主要方式之一即为智能化,智能制造催生了传统制造业生产经营的新模式,与此同时,新兴产业的新技术和新产品植入传统制造业,推动了传统制造业的升级。鼓励传统制造业对生产线进行自动化、数字化改造升级,建立管理信息化和数字化升级示范企业。龙头企业应实现自身引领作用,带动中小型传统制造业企业实现自动化、信息化改造,提升自身智能化水平。搭建云制造与服务平台,在线提供关键工业软件及各类模型库和制造能力外包服务,为传统制造业智能化升级提供基础服务与指导。鼓励大中小型企业进行协同创新,完善现有协同创新模式,培育"隐性企业"的创新能力。推进"互联网+"小微企业,推广适合中小企业发展需求的信息化产品和服务,促进互联网和信息技术在生产制造、经营管理、市场营销各个环节中的应用。

(3)加速推进新兴产业发展,为传统制造业发展提供升级方向。推动新兴产业向产业链前端(研发、设计、采购环节)、产业链末端(销售、物流与售后服务环节)发展,提升新兴产业的企业核心竞争力与市场开拓能力。完善现有研发设计、工艺流程,将新兴产业与传统制造业进行融合创新,加强产业基础设施建设,改善传统制造业的发展环境,加大新兴产业在传统制造业中的含量与渗透,加大对国际传统制造业的投资力度,支持金融、物流、研发等发展潜力巨大的传统制造业与其他新兴服务业的发展,带动传统制造业整体水平的提高。

(4)促进新兴产业与传统制造业之间的人才协同。加大对传统制造业与新兴产业间的交叉人才培养力度,鼓励这类人才进行创新创业。通过外部引进、自主培养等形式大力加强兼具传统制造业与新兴产业融合发展所需的复合型人才与人才团队建设,削弱新兴产业与传统制造业的人才流动壁垒,实现产业人才的跨区域自由流动机制。

（5）构建有利于新兴产业与传统制造业之间协同发展的机制。培育壮大新兴产业及与其相关的传统制造业产业集群，在更高层次上形成新兴产业与传统制造业相互促进、并重发展的良性发展态势。从不同层面鼓励新兴产业向传统制造业的渗透延伸，推动传统制造业企业各环节实现提升，降低运营成本。在产业集聚地内提供相对应的配套服务，形成产业间互相带动和促进，强化服务业在传统制造业与新兴产业间的支撑作用。

（6）支持新兴产业的生产性配套服务。为新兴产业提高其需要的科技服务、咨询服务，建立创业中心、设计中心、孵化中心，提升生产性服务业的配套能力、服务能力和支撑能力，积极发展科技咨询、工业设计、信息服务、现代物流、电子商务等网络化社会化现代服务，构建完善的供应链和销售网。

7.4.3 优化制造业产业生态链及其发展环境的政策措施建议

产业生态链是指在一定时间和空间内由相关制造业产业链各方企业、消费者和市场及与其所在的环境组成的整体系统，是制造业内的企业之间，制造业与外部环境之间通过相互作用、相互影响而形成的相互依存的动态平衡系统（曹根基，2015）[421]。生态链的主要成员包括制造业原材料供应商、生产设备制造商、终端供应商、销售商、服务提供商、消费者、政府等（薛殿中等，2015）[422]。基于制造业产业协同升级，促进产业集聚，打造制造业产业生态链，完善区域多元化发展，构建区域特色产业发展平台，推动制造业企业集聚发展，优化周边产业生态链的发展环境，保障制造业企业转型升级顺利进行，从以下四个方面提出优化制造业产业生态链发展环境的政策措施建议。

（1）鼓励制造业企业构建企业生态链。强化技术、金融、人才、公共服务等政策对制造业企业构建生态链过程中的支撑作用，以龙头企业为主体，鼓励龙头企业率先构建企业生态链，发挥龙头企业在产业链与跨产业链间的联动效应，鼓励企业进行商业模式创新，搭建企业间的生态网络，为企业生态网络的构建提供基础支撑与平台。打破封闭式的生产模式，鼓励顾客、消费者参与产品的设计、生产、交付等环节，设计让顾客、消费者以及生产者决策进入市场的产品。鼓励制造业与互联网的跨界融合，促进制造业在业务模式、流通模式、生产效率、服务延伸等方面的互联网化程度，提升顾客、消费者在以上各方面的参与度。

（2）发挥产业集群优势打造制造业生态圈。加速推动区域产业集聚，借助产业集聚效应促进以龙头企业为中心形成生态链，构建区域生态链，促进产业链、创新链、生态链各链条相互支撑。使生态链中的企业主体、供应商及其他主体之间形成有效链接，积极发挥研发机构、高等院校、行业协会以及专业服务机构等多方作用，打造新型的以制造业为主体的生态网络集聚地。重塑产业经济地理，打造有机融合、良性循环的产业生态链和生态圈，加快构建具有国际竞争力和区域带动力的现代产业体系。针对企业发展问题，提供精准服务，努力做好企业服务保障，不断激发创业活力，提振投资信心。强化区域要素配置，为制造业企业生态链提供有效的金融与服务政策，构建区域生态圈，形成多层次的政府扶持体系，确保企业生态链与生态圈的协调发展。

（3）改革现有措施促进产业生态链健康发展。构建健康、持续发展的产业生态链，鼓励大中小企业以及国有、股份制、民营企业加入产业生态系统，推动产业内良性竞争，保持产业生态链系统平衡。对生态链内企业减免税收、增发补贴等，并实施积分制度，提高准入门槛，降低企业生产成本；给予消费者税收补贴，降低消费者的转换成本；对生态链内基础设施建设、共性技术研发与最终产品报废及回收处理等方面给予补贴，促进制造业产业生态链健康快速发展。

（4）切实加强对制造业生态链发展环境的监管。坚决打击一切破坏生态链系统的经济活动，对生态系统中的市场垄断和不正当竞争行为给予惩处，促进生态链内生产经营环境的持续优化。加快发展技术市场，扩展产业生态链，健全知识产权创造、运用、管理、保护机制。对不适宜当前发展的生态链给予淘汰，完善生态链内的职工安置、债务清偿、企业转产等政策措施，保持产业生态链持续健康发展。

7.4.4 促进制造业转型升级的财政金融政策措施建议

财政金融政策在我国制造业转型升级过程中发挥着至关重要的作用。为推进制造业转型升级，降低制造业企业财政金融负担，从以下八个方面提出促进制造业转型升级的财政金融政策措施建议。

（1）积极发展和完善支持制造强国建设的多元化金融组织体系。充分发挥各类银行机构的差异化优势，形成金融服务协同效应。构建专项制造业融资部门、金融科技管理机构，提升金融服务的专业化、精细化水平。对目前制造业的财务业务进行规范，鼓励制造业财务业务向产业链金融服务方面进行延伸。加快制造业领域融资租赁业务发展，支持制造业企业设备更新改造和产品销售。

（2）创新发展制造业的信贷管理体制和金融产品体系。对制造业企业的技术、人才及市场前景给予综合考评，满足科技创新引领型的制造业企业的资金需求。完善推广产业链金融产品和服务，推进投贷联动业务试点，为制造业企业提供有效资金支持。完善现有融资服务平台，支持企业并通过重组实现整合。

（3）大力发展支持制造业转型升级的金融市场体系。加速制造业中小型企业的上市或挂牌融资，设计开发符合制造业中小型企业特点的创新债券品种，支持制造业领域的信贷资产证券化。发挥保险市场作用，鼓励开发促进制造业转型升级的保险产品，鼓励保险资金加大对制造业领域的投资。加强政策协调和组织保障，完善制造业与金融部门之间的联动机制，加强沟通协调和双向信息共享。探索完善多样化的信用风险分担机制，支持金融机构加大对制造业领域的信贷投入。

（4）增加与制造业转型升级相关的财政投资规模。目前我国大中型装备制造业企业研发支出中，财政投入只占5%（张万强、潘敏，2015）[423]。当下中国正处于技术创新引领产业结构升级的关键时期，一些基础性的科学研究和重大装备技术的部署都需要国家财政投入，以增强经济的内生增长动力（王子林，2017）[424]。应充分发挥财政投入对制造业投资的引领作用推动制造业进行重大关键技术突破，提升制造业企业的国际地位。扩大对制造业企业的投资规模，将科技创新作为制造业转型升级的重点，加大对制造业服务平台的投资规模。着力加强对核心基础零部件、基础材料等"四基"企业的投资，扩大绿色技术创新投入，促进制造业绿色发展。

（5）精准实施制造业转型升级财政专项激励政策。实施制造业转型升级专项激励基金，给予制造业转型升级过程中新认定的首台（套）产品给予奖励与保险补贴，提升金融行业对制造业转型升级的质效；对优质制造业给予专项信贷支持，并给予一定的税负减免；通过实施财政补贴与财政奖励的形式鼓励制造业进行技术创新与产品创新，在资源集约利用和环保等方面给予税收优惠。对于制造业转型升级的专项资金存量较大的问题，要认真贯彻落实新《中华人民共和国预算法》的规定，加强财政资金的预算管理（刘佳宁，2016）[425]。由于制造业企业市场不确定性较强，可对制造业转型升级项目的财政激励采取动态调整机制。设立退出机制，对财政专项资金绩效实施考核，激励企业和管理部门加快财政资金的拨付速度和使用效率。

（6）优化制造业转型升级的财政补贴资金的投入渠道。通过鼓励科研院所与制造业企业合作研发，给予科研院所和企业财政贴息的鼓励，搭建制造业企业与科研院所间的协同发展机制。通过设立产业引导基金、股权投资引导基金，以政府引导、市场化运作及专业化管理为基础，对转型升级的制造业进行前补贴，对具有明确的、可考核的制造业转型升级项目采取后补助方式支持。

（7）适当拓宽制造业财政筹资渠道。依据制造业转型升级过程中遇到的问题，适当扩大财政资金支持规模。根据企业对财政资金的需求，充分发挥公司信用类债券的作用，支持制造业发行公司债券、融资券、定向工具，由专门机构对企业发行债券实行监管，鼓励地方政府与制造业建立 PPP 模式，吸引社会资金参与制造业的转型升级。利用地方政府与银行间的合作关系，建立制造业转型升级的产业基金，以保证转型升级过程中制造业企业对资金的需求。

（8）加大对中小型制造业企业转型升级的税后优惠政策宣传。对"小而美"的制造业转型升级贯彻执行"减税降费"政策。"小而美"的制造业指目前生产关键、核心零部件，有可能接触到产业链内核心技术的中小型企业，支持此类中小型制造业的转型升级，坚持对其实施"减费降税"政策，提高其转型升级的动力与热情。依托现有宣传方式，鼓励此类中小型企业使用现有优惠政策，让减税降费行动成为真正减轻制造业企业负担的有效路径。

7.5　本章小结

构建产业支撑体系是政府影响和引导产业发展的重要方式，有利于深化企业改革，加速企业转型升级。因此，笔者基于产业发展理论、制度创新理论、演化博弈理论、平台经济理论，为制造业企业转型升级构建了包含发展机制、协调机制、平台建设、产业政策的支撑体系。创新驱动发展机制包括自主创新的内生发展机制、产学研深度融合与合作创新机制、企业间联合创新机制、推动创新链与产业链融合发展的催生机制，有助于企业实现技术创新与制度创新交互，推动制造业企业创新发展；绿色发展协调机制包括生态环境补偿长效发展机制、严格约束的环保政策倒逼机制、绿色要素自由流动的信息共享机制、绿色监管体系的协同防治机制，能有效激发制造业企业绿色化转型升级的动力，促进企业绿色化转型升级；制造业发展平台建设包括制造业基础信息平台建设、制造业创新平台建设、制造业双创平台建设、制造业服务平台建设，加强平台建设能为制造业企业转型升级提供资源和服务，加速制造业企业转型升级；产业政策措施包括信息技术与制造业融合发展的产业政策、新兴产业与传统制造业协同发展的产业政策、制造业产业生态链及其发展环境的产业政策、财政金融支持的产业政策，有助于化解短期内我国制造业的突出矛盾，更好地服务于实现制造业强国的长远目标。

参考文献

［1］谢伏瞻. 论新工业革命加速拓展与全球治理变革方向［J］. 经济研究, 2019（7）: 4 - 13.

［2］李向阳. 亚洲区域经济一体化的"缺位"与"一带一路"的发展导向［J］. 中国社会科学, 2018（8）: 33 - 43.

［3］刘志彪, 吴福象. "一带一路"倡议下全球价值链的双重嵌入［J］. 中国社会科学, 2018（8）: 17 - 32.

［4］程大中. 中国参与全球价值链分工的程度及演变趋势——基于跨国投入—产出分析［J］. 经济研究, 2015（9）: 4 - 16, 99.

［5］毛蕴诗, 张伟涛, 魏姝羽. 企业转型升级: 中国管理研究的前沿领域——基于 SSCI 和 CSSCI（2002 - 2013 年）的文献研究［J］. 学术研究, 2015（1）: 72 - 82, 159 - 160.

［6］沈坤荣, 李震. 供给侧结构性改革背景下制造业转型升级研究［J］. 中国高校社会科学, 2017（1）: 64 - 73, 157.

［7］吕铁, 吴福象, 魏际刚等. "中国制造 2025"的六重玄机［J］. 改革, 2015（4）: 5 - 25.

［8］黄群慧, 李晓华. 中国工业发展"十二五"评估及"十三五"战略［J］. 中国工业经济, 2015（9）: 5 - 20.

［9］张舒. 传统制造业转型升级述评——以世界纺织业为例［J］. 财经问题研究, 2015（10）: 38 - 44.

［10］张其仔. 比较优势的演化与中国产业升级路径的选择［J］. 中国工业经济, 2008（9）: 58 - 68.

［11］金碚. 中国工业的转型升级［J］. 中国工业经济, 2011（7）: 5 - 14.

［12］张辽，王俊杰．"两化融合"理论述评及对中国制造业转型升级的启示［J］．经济体制改革，2017（3）：123－129．

［13］刘吉超，庞洋．两化融合背景下制造业竞争力的提升路径［J］．未来与发展，2013（11）：69－73．

［14］Michael J. Information System and Competitive Advantage：A Competency Based View［J］. Technovation, 2001（6）：147－156.

［15］张亚斌，金培振，沈裕谋．两化融合对中国工业环境治理绩效的贡献——重化工业阶段的经验证据［J］．产业经济研究，2014（1）：40－50．

［16］张靖宜，田易凡．政府干预、"两化融合"与城市环境污染——基于门槛效应模型的研究［J］．环境保护与循环经济，2018，38（5）：82－87．

［17］朱瑞博．价值模块整合与产业融合［J］．中国工业经济，2003（8）：24－31．

［18］汪本强，杨学春．区域性制造业与生产性服务业互动发展问题的研究述评及借鉴［J］．经济问题探索，2015（4）：186－190．

［19］Porter M. Conditions of the Formation of High Tech Industries Clusters［C］. The Third International Conference on Management of Innovation and Technology，2002.

［20］Gereffi G. International Trade and Industrial Upgrading in the Apparel Commodity Chain［J］. Journal of International Economics, 1999, 48（1）：37－70.

［21］Humphrey J. , Schmitz H. Governance and Upgrading：Linking Industrial Cluster and Global Value Chain Research［R］. Working Paper, 2000.

［22］Ernst D. Global Production Network and Industrial Upgrading－Knowledge－Centered Approach［R］. East－west Center Working Papers, 2001.

［23］Koopman R. , Wang Z. , Wei S. J. Estimating Domestic Content in Exports When Processing Trade is Pervasive［J］. Journal of Development Economics, 2012, 99（1）：178－189.

［24］唐东波．贸易开放、垂直专业化分工与产业升级［J］．世界经济，2013（4）：47－68．

［25］黄先海，诸竹君，宋学印．中国出口企业阶段性低加成率陷阱［J］．世界经济，2016，39（3）：95－117．

［26］郭晶，孙琪．全球价值链下浙江出口国内增加值的动态演进［J］．浙江理工大学学报（社会科学版），2016，36（4）：339－345．

［27］Poon T. S. C. Beyond the Global Production Networks：A Case of Further Upgrading of Taiwan's Information Technology Industry［J］. International Journal of Technology and Globalisation, 2004, 1（1）：130 – 144.

［28］王发明，毛荐其. 基于技术进步的产业技术协同演化机制研究［J］. 科研管理，2010，31（6）：41 – 48.

［29］郝凤霞，王彩霞. 产品内分工背景下本土需求规模与技术创新的研究——基于动态演化博弈方法和实证分析［J］. 科技管理研究，2016，36（3）：95 – 100.

［30］柴斌锋，杨高举. 高技术产业全球价值链与国内价值链的互动——基于非竞争型投入占用产出模型的分析［J］. 科学学研究，2011，29（4）：533 – 540.

［31］Cohen W. M.，Levinthal D. A. Adsorptive Capacity：A New Perspective on Learning［J］. Administrative Science Quarterly, 1990, 35（1）：128 – 152.

［32］Humphrey J.，Schmitz H. How Does Insertion in Global Value Chains Affect Upgrading in Industrial Clusters?［J］. Regional Studies, 2002, 36（9）：1017 – 1027.

［33］许南，李建军. 产品内分工、产业转移与中国产业结构升级［J］. 管理世界，2012（1）：182 – 183.

［34］佟家栋，谢丹阳，黄群慧. "逆全球化"与实体经济转型升级笔谈［J］. 中国工业经济，2017（6）：5 – 13.

［35］Gereffi G. Shifting Governance Structures in Global Commodity Chains, with Special Reference to the Internet［J］. American Behavioral Scientist, 2001, 44（10）：1616 – 1637.

［36］Gereffi G.，Humphrey J.，Sturgeon T. The Governance of Global Value Chains［J］. Review of International Political Economy, 2005, 12（1）：78 – 104.

［37］宋耘，王婕. 企业能力对企业自主品牌升级的影响研究——基于广东省制造业企业的调查分析［J］. 广东财经大学学报，2017（3）：85 – 98.

［38］卓越，张珉. 全球价值链中的收益分配与"悲惨增长"——基于中国纺织服装业的分析［J］. 中国工业经济，2008（7）：131 – 140.

［39］杨书群，汤虹玲. 基于全球价值链视角的中国制造业国家价值链的构建［J］. 中国发展，2013，13（1）：25 – 31.

［40］Koopman R.，Wang Z. Tracing Value – added and Double Counting in

Gross Exports [J]. Social Science Electronic Publishing, 2014, 104 (2): 459 – 494.

[41] 王岚, 盛斌. 全球价值链分工背景下的中美增加值贸易与双边贸易利益 [J]. 财经研究, 2014, 40 (9): 97 – 108.

[42] 王金亮. 基于上游度测算的我国产业全球地位分析 [J]. 国际贸易问题, 2014 (3): 25 – 33.

[43] Carluccio J., Fally T. Foreign Entry and Spillovers with Technological Incompatibilities in the Supply Chain – forthcoming in Journal of International Economics [J]. Working Papers, 2012, 90 (1): 123 – 135.

[44] 刘维林, 李兰冰, 刘玉海. 全球价值链嵌入对中国出口技术复杂度的影响 [J]. 中国工业经济, 2014 (6): 83 – 95.

[45] 邱斌, 叶龙凤, 孙少勤. 参与全球生产网络对我国制造业价值链提升影响的实证研究——基于出口复杂度的分析 [J]. 中国工业经济, 2012 (1): 57 – 67.

[46] Lee J. R., Chen J. S. Dynamic Synergy Creation with Multiple Business Activities: Toward a Competence – based Business Model for OEM Suppliers [J]. Advances in Applied Business Strategy, 2000 (6A): 209 – 228.

[47] Kaplinsky R., Morris M., Readman J. The Globalization of Product Markets and Immiserizing Growth: Lessons from the South African Furniture Industry [J]. World Development, 2002, 30 (7): 1159 – 1177.

[48] 周长富, 杜宇玮. 代工企业转型升级的影响因素研究——基于昆山制造业企业的问卷调查 [J]. 世界经济研究, 2012 (7): 23 – 28.

[49] 王成东, 綦良群, 蔡渊渊. 装备制造业与生产性服务业融合影响因素研究 [J]. 工业技术经济, 2015 (2): 134 – 142.

[50] 王映川. 我国先进装备制造业全要素生产率及影响因素分析——基于产业组织视角 [J]. 工业技术经济, 2017, 36 (1): 15 – 21.

[51] 邱红, 林汉川. 全球价值链、企业能力与转型升级——基于我国珠三角地区纺织企业的研究 [J]. 经济管理, 2014 (8): 66 – 77.

[52] 张玉臣, 吕宪鹏. 高新技术企业创新绩效影响因素研究 [J]. 科研管理, 2013, 4 (12): 58 – 65.

[53] 郑玉, 王高凤, 姜青克. 服务价值嵌入对中国制造业全球价值链分工地位的影响研究 [J]. 国际商务: 对外经济贸易大学学报, 2017 (6): 43 – 54.

［54］徐宁，皮建才，刘志彪．全球价值链还是国内价值链——中国代工企业的链条选择机制研究［J］．经济理论与经济管理，2014，34（1）：62－74.

［55］李田，刘阳春，毛蕴诗．OEM 企业逆向并购与企业升级——台升及万向的比较案例研究［J］．经济管理，2017（7）：67－84.

［56］崔岩，臧新，张秀珍．工业行业中服务外包与制造外包影响因素的比较——基于中国为发包国的实证研究［J］．国际贸易问题，2013（12）：117－125.

［57］黄灿，林桂军．全球价值链分工地位的影响因素研究：基于发展中国家的视角［J］．国际商务：对外经济贸易大学学报，2017（2）：5－15.

［58］容金霞，顾浩．全球价值链分工地位影响因素分析——基于各国贸易附加值比较的视角［J］．国际经济合作，2016（5）：39－46.

［59］江心英，李献宾，顾大福．全球价值链类型与 OEM 企业成长路径［J］．中国软科学，2009（11）：34－41.

［60］张辉．全球价值链理论与我国产业发展研究［J］．中国工业经济，2004（5）：38－46.

［61］林敏华．产品内分工对产业升级促进作用的途径分析［J］．印度洋经济体研究，2009，21（5）：34－36.

［62］毛蕴诗，郑奇志．基于微笑曲线的企业升级路径选择模型——理论框架的构建与案例研究［J］．中山大学学报（社会科学版），2012，52（3）：162－174.

［63］曾繁华，侯晓东，吴阳芬．"双创四众"驱动制造业转型升级机理及创新模式研究［J］．科技进步与对策，2016，33（23）：44－50.

［64］安果，伍江．产品内分工、技术扩散与我国技术进步路径——基于Spengler 模型的拓展分析［J］．产经评论，2012，3（3）：12－21.

［65］周密．后发转型大国价值链的空间重组与提升路径研究［J］．中国工业经济，2013（8）：70－82.

［66］冯梅．比较优势动态演化视角下的产业升级研究：内涵、动力和路径［J］．经济问题探索，2014（5）：50－56.

［67］张伟，游建民．全球价值链下产业链绿色低碳化升级研究［J］．江西财经大学学报，2017（4）：3－13.

［68］周维富．借鉴国际经验推动我国连续流程产业价值链升级的政策建议［J］．经济纵横，2016（11）：70－75.

[69] 吴迪. 循环经济视角下产业链升级问题研究 [J]. 中国集体经济, 2015 (15): 9-10.

[70] Schmitz H., Knorringa P. Learning from Global Buyers [J]. Journal of Development Studies, 2000, 13 (2): 311-332.

[71] 刘英基. 我国高技术产业高端化与技术创新耦合发展实证研究 [J]. 软科学, 2015 (1): 65-69.

[72] 苏鑫, 彭新永, 赵越. 开放式创新驱动战略性新兴产业高端化——研究综述与分析框架构建 [J]. 技术经济与管理研究, 2019 (12): 115-118.

[73] 杨水利, 易正广, 李韬奋. 基于再集成的"低端锁定"突破路径研究 [J]. 中国工业经济, 2014 (6): 122-134.

[74] 刘芸. 架构创新能力与企业全球价值链地位提升研究 [D]. 上海社会科学院博士学位论文, 2019.

[75] 胡迟. 以创新驱动打造我国制造业高质量成长——基于70年制造业发展回顾与现状的考察 [J]. 经济纵横, 2019 (10): 53-63.

[76] Gnyawali D. R., Park B. J. Co-opetition and Technological Innovation in Small and Medium-sized Enterprises: A Multilevel Conceptual Model [J]. Journal of Small Business Management, 2009, 47 (3): 308-330.

[77] 辜胜阻, 吴华君, 吴沁沁等. 创新驱动与核心技术突破是高质量发展的基石 [J]. 中国软科学, 2018 (10): 9-18.

[78] 张二震. 中国外贸转型: 加工贸易、"微笑曲线"及产业选择[J]. 当代经济研究, 2014 (7): 2, 14-18, 97.

[79] Verstrepen S., Deschoolmeester D., Van D. B. R. Servitization in the Automotive Sector: Creating Value and Competitive Advantage through Service after Sales [R]. International Conference on Advances in Production Management Systems, 2008.

[80] 陈晓涛. 产业结构软化的演进分析 [J]. 科学学与科学技术管理, 2006 (1): 145-147.

[81] 李毅. 世界大趋势——产业结构的高科技化 [J]. 中国高新区, 2001 (12): 17-18.

[82] 黄斌, 鲁旭. 产业高端化的几个重要评价指标及国际参照 [J]. 科技进步与对策, 2014 (12): 124-129.

[83] 史丹, 张成. 中国制造业产业结构的系统性优化——从产出结构优

化和要素结构配套视角的分析 [J]. 经济研究, 2017 (10): 158 – 172.

[84] 金碚, 吕铁, 邓洲. 中国工业结构转型升级: 进展、问题与趋势 [J]. 中国工业经济, 2011 (2): 5 – 15.

[85] 邵安菊. "中国制造"向"优质制造"升级的路径及对策 [J]. 经济纵横, 2016 (6): 42 – 46.

[86] 金碚. 关于"高质量发展"的经济学研究 [J]. 中国工业经济, 2018 (4): 5 – 18.

[87] 魏后凯, 王颂吉. 中国"过度去工业化"现象剖析与理论反思 [J]. 中国工业经济, 2019 (1): 5 – 22.

[88] 季书涵, 朱英明, 张鑫. 产业集聚对资源错配的改善效果研究 [J]. 中国工业经济, 2016 (6): 73 – 90.

[89] 孙德升, 刘峰, 陈志. 中国制造业转型升级与新微笑曲线理论 [J]. 科技进步与对策, 2017 (15): 49 – 54.

[90] 刘昌年, 张银银. 中国高新技术产业竞争力评价研究 [J]. 工业技术经济, 2014 (4): 28 – 35.

[91] Holzmann T., Sailer K., Katzyb B. R. Matchmaking as Multi – sided Market for Open Innovation [J]. Technology Analysis & Strategic Management, 2014, 26 (6): 601 – 615.

[92] 孔伟杰. 制造业企业转型升级影响因素研究——基于浙江省制造业企业大样本问卷调查的实证研究 [J]. 管理世界, 2012 (9): 120 – 131.

[93] 孙早, 宋炜, 孙亚政. 母国特征与投资动机——新时期的中国需要怎样的外商直接投资 [J]. 中国工业经济, 2014 (2): 71 – 83.

[94] 金福子, 刘洋. 制度创新对产业转型升级影响的区域性差异 [J]. 北京工业大学学报 (社会科学版), 2017 (5): 43 – 49, 82.

[95] 肖文, 林高榜. 政府支持、研发管理与技术创新效率——基于中国工业行业的实证分析 [J]. 管理世界, 2014 (4): 71 – 80.

[96] Greenwood S., Hinings C. R. Theorizing Change: The Role of Professional Associations in the Transformation of Institutionalized Fields [J]. Academy of Management Journal, 2002, 45 (1): 58 – 80.

[97] Lee P. M., Neil H. M. O. Ownership Structures and R&D Investments of U. S. and Japanese Firms: Agency and Stewardship Perspectives [J]. Academy of Management Journal, 2003, 48 (2): 212 – 225.

[98] 梁强，李新春，郭超. 非正式制度保护与企业创新投入——基于中国民营上市企业的经验研究 [J]. 南开经济研究，2011 (3)：97 - 110.

[99] 于波，范从来. 我国先进制造业发展战略的 PEST 嵌入式 SWOT 分析 [J]. 南京社会科学，2011 (7)：31 - 40.

[100] 石碧华. 长三角城市群产业联动协同转型的机制与对策 [J]. 南京社会科学，2014 (11)：9 - 16.

[101] Pietrobelli C.，Rabellotti. Upgrading in Cluster and Value Chains in Latin America：The Role of Policies [R]. Inter - American Development Bank，Working Paper，2004.

[102] 王金凤，仓元凯，冯立杰，岳俊举. 基于颠覆式创新的后发企业产业价值路径形成研究——制造业的多案例扎根分析 [J]. 科技管理研究，2018 (24)：1 - 9.

[103] 何玉长，方坤. 人工智能与实体经济融合的理论阐释 [J]. 学术月刊，2018 (5)：56 - 67.

[104] 胡大立. 我国产业集群全球价值链 "低端锁定" 战略风险及转型升级路径研究 [J]. 科技进步与对策，2016 (3)：66 - 71.

[105] 刘志彪. 基于内需的经济全球化：中国分享第二波全球化红利的战略选择 [J]. 南京大学学报，2012，49 (2)：51 - 59.

[106] 郑志来. 欧美高端制造业发展战略对我国的影响与应对 [J]. 经济纵横，2015 (4)：115 - 119.

[107] 邓向荣，曹红. 产业升级路径选择：遵循抑或偏离比较优势——基于产品空间结构的实证分析 [J]. 中国工业经济，2016 (2)：52 - 67.

[108] Soete L. International Diffusion of Technology，Industrial Development and Technological Leapfrogging [J]. World Development，1985 (3)：409 - 422.

[109] Elise S. B.，Paul R. K.，Daniel T. Leapfrogging in International Competition：A Theory of Cycles in National Technological Leadership [J]. American Economic Review，1993 (5)：1211 - 1219.

[110] 王越，费艳颖，刘琳琳. 产业技术创新联盟组织模式研究——以高端装备制造业为例 [J]. 科技进步与对策，2011 (24)：70 - 73.

[111] 余东华，李捷，孙婷. 供给侧改革背景下中国制造业 "高新化" 研究——地区差异、影响因素与实现路径 [J]. 天津社会科学，2017 (1)：97 - 107.

［112］金碚．工业的使命和价值——中国产业转型升级的理论逻辑［J］．中国工业经济，2014（9）：51-64.

［113］熊有伦，王瑜辉，杨文玉，尹周平．数字制造与数字装备［J］．航空制造技术，2008（9）：26-31.

［114］刘峰，宁健．智能制造企业技术创新效率及其影响因素［J］．企业经济，2016（4）：142-147.

［115］宋利康，郑堂介，黄少华．飞机装配智能制造体系构建及关键技术［J］．航空制造技术，2015（13）：40-45.

［116］王焱，王湘念．智能制造的基础、组成及发展途径［J］．航空制造技术，2015（13）：32-37.

［117］林汉川，汤临佳．新一轮产业革命的全局战略分析——各国智能制造发展动向概览［J］．人民论坛·学术前沿，2015（11）：62-75.

［118］周济．智能制造——"中国制造2025"的主攻方向［J］．中国机械工程，2015，26（17）：2273-2284.

［119］张曙．工业4.0和智能制造［J］．机械设计与制造工程，2014，43（8）：1-5.

［120］左世全．我国智能制造发展战略与对策研究［J］．世界制造技术与装备市场，2014（3）：36-41.

［121］蔡荣江．我国深入拓展智能制造技术应用路径的对策建议［J］．知识经济，2018（2）：39-40.

［122］肖静华，毛蕴诗，谢康．基于互联网及大数据的智能制造体系与中国制造企业转型升级［J］．产业经济评论，2016（2）：5-16.

［123］董志学，刘英骥．我国主要省市智能制造能力综合评价与研究——基于因子分析法的实证分析［J］．现代制造工程，2016（1）：151-158.

［124］朱森第．中国制造转型升级：智能制造到底该如何发力？［J］．机器人产业，2017（1）：36-41.

［125］黄阳华．德国"工业4.0"计划及其对我国产业创新的启示［J］．经济社会体制比较，2015（2）：1-10.

［126］汤临佳，李翔．推进我国智能制造发展的政策建议［J］．中国国情国力，2016（6）：8-10.

［127］李松．中国智能制造业国际竞争力影响因素及其提升策略研究［D］．安徽财经大学硕士学位论文，2017.

［128］杨志波．我国智能制造发展趋势及政策支持体系研究［J］．中州学刊，2017（5）：31－36．

［129］周济．创新驱动产业升级［N］．中国信息化周报，2016－10－24（7）．

［130］易开刚，孙漪．民营制造企业"低端锁定"突破机理与路径——基于智能制造视角［J］．科技进步与对策，2014，31（6）：73－78．

［131］赖红波．设计驱动型创新系统构建与产业转型升级机制研究［J］．科技进步与对策，2017，34（23）：71－76．

［132］辛国斌．辛国斌在中国设备管理协会2015年理事（扩大）会议上的讲话［J］．中国设备工程，2015（12）：22－23．

［133］姚丽媛，王健．智能制造特点与典型模式研究［J］．智慧中国，2017（10）：76－79．

［134］纪成君，陈迪．"中国制造2025"深入推进的路径设计研究——基于德国工业4.0和美国工业互联网的启示［J］．当代经济管理，2016，38（2）：50－55．

［135］陶永，王田苗，李秋实，赵罡．基于"互联网＋"的制造业全生命周期设计、制造、服务一体化［J］．科技导报，2016，34（4）：45－49．

［136］李永红，王晟．互联网驱动智能制造的机理与路径研究——对中国制造2025的思考［J］．科技进步与对策，2017，34（16）：56－61．

［137］张晨，刘纯彬．资源型城市绿色转型的成本分析与时机选择［J］．生态经济，2009（6）：33－36．

［138］黄海峰，李博，李锦学．论北京经济转型中的绿色经济发展［A］//北京经济发展报告（2007—2008）［M］．北京：社会科学文献出版社，2008：164－181．

［139］Ferguson P. The Green Economy Agenda：Business as Usual or Transformational Discourse？［J］．Environmental Politics，2015，24（1）：17－37．

［140］杨丹辉．工业绿色化，路在脚下［N］．人民日报，2016－02－24（023）．

［141］中国社会科学院工业经济研究所课题组，李平．中国工业绿色转型研究［J］．中国工业经济，2011（4）：5－14．

［142］王勇，刘厚莲．中国工业绿色转型的减排效应及污染治理投入的影响［J］．经济评论，2015（4）：17－30，44．

[143] 吴英姿，闻岳春．中国工业绿色生产率、减排绩效与减排成本 [J]．科研管理，2013，34（2）：105 – 111，151．

[144] 周五七，聂鸣．低碳转型视角的中国工业全要素生产率增长——基于1998—2010 年行业数据的实证分析 [J]．财经科学，2012（10）：73 – 83．

[145] 彭星，李斌．贸易开放、FDI 与中国工业绿色转型——基于动态面板门限模型的实证研究 [J]．国际贸易问题，2015（1）：166 – 176．

[146] 沈可挺，龚健健．环境污染、技术进步与中国高耗能产业——基于环境全要素生产率的实证分析 [J]．中国工业经济，2011（12）：25 – 34．

[147] 李玲，陶锋．中国制造业最优环境规制强度的选择——基于绿色全要素生产率的视角 [J]．中国工业经济，2012（5）：70 – 82．

[148] 屈小娥．考虑环境约束的中国省际全要素生产率再估算 [J]．产业经济研究，2012（1）：35 – 43．

[149] 卢强，吴清华，周永章等．工业绿色发展评价指标体系及应用于广东省区域评价的分析 [J]．生态环境学报，2013（3）：528 – 534．

[150] 姚西龙，牛冲槐，刘佳．创新驱动、绿色发展与我国工业经济的转型效率研究 [J]．中国科技论坛，2015（1）：57 – 62．

[151] 翟璐，刘春芝．供给侧结构性改革视域下工业转型升级绩效评价研究——以辽宁省为例 [J]．东北师大学报（哲学社会科学版），2018（2）：45 – 54．

[152] 苏利阳，郑红霞．中国省际工业绿色发展评估 [J]．中国人口·资源与环境，2013，23（8）：116 – 122．

[153] 傅为忠，黄小康．基于 DEA – Tobit 模型的工业绿色转型测评及其影响因素研究——以长三角地区为例 [J]．管理现代化，2016，36（1）：112 – 114．

[154] Hamdouch A. , Depret M. Policy Integration Strategy and the Development of the "Green Economy"：Foundations and Implementation Patterns [J]. Journal of Environmental Planning & Management，2010，53（4）：473 – 490．

[155] 袁晓玲，班斓，杨万平．陕西省绿色全要素生产率变动及影响因素研究 [J]．统计与信息论坛，2014，29（5）：38 – 43．

[156] 韩晶，蓝庆新．中国工业绿化度测算及影响因素研究 [J]．中国人口·资源与环境，2012，22（5）：101 – 107．

[157] 涂正革．环境、资源与工业增长的协调性 [J]．经济研究，2008

(2)：93－105.

[158] 李玲. 中国工业绿色全要素生产率及影响因素研究 [D]. 暨南大学博士学位论文，2012.

[159] 吴静. 新能源革命能否促进中国工业绿色转型？——基于因素分解法的实证分析 [J]. 经济体制改革，2017 (2)：184－191.

[160] 陈诗一. 能源消耗、二氧化碳排放与中国工业的可持续发展[J]. 经济研究，2009，44 (4)：41－55.

[161] 张江雪，王溪薇. 中国区域工业绿色增长指数及其影响因素研究 [J]. 软科学，2013，27 (10)：92－96.

[162] 廖中举，李喆，黄超. 钢铁企业绿色转型的影响因素及其路径 [J]. 钢铁，2016，51 (4)：83－88.

[163] 岳鸿飞，徐颖，吴璘. 技术创新方式选择与中国工业绿色转型的实证分析 [J]. 中国人口·资源与环境，2017，27 (12)：196－206.

[164] Jorgenson D. W., Wilcoxen P. J. Intertemporal General Equilibrium Modeling of U. S. Environmental Regulation [J]. Journal of Policy Modeling, 2004，12 (4)：715－744.

[165] 原毅军，谢荣辉. 环境规制与工业绿色生产率增长——对"强波特假说"的再检验 [J]. 中国软科学，2016 (7)：144－154.

[166] 彭星，李斌. 不同类型环境规制下中国工业绿色转型问题研究 [J]. 财经研究，2016，42 (7)：134－144.

[167] 朱东波，任力. 环境规制、外商直接投资与中国工业绿色转型 [J]. 国际贸易问题，2017 (11)：70－81.

[168] 齐亚伟. 节能减排、环境规制与中国工业绿色转型 [J]. 江西社会科学，2018，38 (3)：70－79.

[169] 李君安. 基于创新驱动的中国工业绿色化发展研究 [J]. 改革与战略，2014 (1)：97－100.

[170] 杨丹辉. 中国的工业化进程与绿色转型 [J]. 绿叶，2012 (8)：27－32.

[171] 姚聪莉. 资源环境约束下的中国新型工业化道路研究 [D]. 西北大学博士学位论文，2009.

[172] 韩晶. 中国工业绿色转型的障碍与发展战略研究 [J]. 福建论坛 (人文社会科学版)，2011 (8)：11－14.

［173］陈胜昌．中国的绿色经济模式与展望［A］//民生经济：转变经济发展方式的目标——中国生产力学会第16届年会暨世界生产力科学院（中国籍）院士研讨会文集［C］．中国生产力学会，2011：6．

［174］欧阳培，曹志宏．我国再生资源回收体系建设现状、问题及路径选择［J］．再生资源与循环经济，2012，5（7）：21－24．

［175］高红贵，刘忠超．中国绿色经济发展模式构建研究［J］．科技进步与对策，2013，30（24）：23－26．

［176］汪涛，王铵．中国钢铁企业商业模式绿色转型探析［J］．管理世界，2014（10）：180－181．

［177］傅志寰，宋忠奎，陈小寰，李晓燕．我国工业绿色发展战略研究［J］．中国工程科学，2015，17（8）：16－22．

［178］孙林岩，李刚，江志斌，郑力，何哲．21世纪的先进制造模式——服务型制造［J］．中国机械工程，2007（19）：2307－2312．

［179］李刚，孙林岩，李健．服务型制造的起源、概念和价值创造机理［J］．科技进步与对策，2009（13）：68－72．

［180］程东全，顾锋，耿勇．服务型制造中的价值链体系构造及运行机制研究［J］．管理世界，2011（12）：180－181．

［181］Marceau J.，Martinez C. Selling Solutions：Product Service Packages as Links between New and Old Economics［J］．Copenhagen/Elsinore，2002（1）：6－8．

［182］孙林岩，杨才君，高杰．服务型制造转型——陕鼓动力的案例研究［J］．管理案例研究与评论，2011（4）：257－264．

［183］王康周，江志斌，李娜，耿娜．服务型制造综合资源计划体系研究［J］．工业工程与管理，2011（3）：113－120．

［184］张富强，江平宇，郭威．服务型制造学术研究与工业应用综述［J］．中国机械工程，2018（18）：2144－2163．

［185］李晓华．服务型制造与中国制造业转型升级［J］．当代经济管理，2017（12）：30－38．

［186］Vandermerwe S.，Rada J. Servitization of Business：Adding Value by Adding Services［J］．European Management Journal，1988，6（4）：314－324．

［187］孙林岩，高杰，朱春燕，李刚，何哲．服务型制造：新型的产品模式与制造范式［J］．中国机械工程，2008（21）：2600－2604，2608．

［188］Tim B. , Andrew D. M. G. Creating Value by Delivering Integrated Solutions ［J］. International Journal of Project Management, 2005, 23 (5).

［189］黄群慧, 霍景东. 《中国制造 2025》战略下制造业服务化的发展思路［J］. 中国工业评论, 2015 (11): 46 – 55.

［190］周国华, 王岩岩. 服务型制造模式研究［J］. 技术经济, 2009 (2): 37 – 40, 128.

［191］何哲, 孙林岩, 贺竹磬, 李刚. 服务型制造的兴起及其与传统供应链体系的差异［J］. 软科学, 2008 (4): 77 – 81.

［192］张忠, 金青. 基于服务型制造网络的制造企业价值创造研究［J］. 商业研究, 2015 (4): 141 – 146.

［193］何哲, 孙林岩, 朱春燕. 服务型制造的概念、问题和前瞻［J］. 科学学研究, 2010 (1): 53 – 60.

［194］刘建国. 制造业服务化转型模式与路径研究［J］. 技术经济与管理研究, 2012 (7): 121 – 124.

［195］邓洲. 制造业与服务业融合发展的历史逻辑、现实意义与路径探索［J］. 北京工业大学学报 (社会科学版), 2019 (4): 61 – 69.

［196］颜廷标. 推动先进制造业和现代服务业深度融合［N］. 河北日报, 2019 – 08 – 05.

［197］李君, 成雨, 窦克勤, 邱君降. 互联网时代制造业转型升级的新模式现状与制约因素［J］. 中国科技论坛, 2019 (4): 68 – 77.

［198］侯雁. 基于利润链的服务型制造企业发展模式构建——中国制造企业发展面临的挑战与转型路径设计［J］. 广西社会科学, 2014 (11): 63 – 69.

［199］林文进, 江志斌, 李娜. 服务型制造理论研究综述［J］. 工业工程与管理, 2009 (6): 1 – 6, 32.

［200］汪应洛. 推进服务型制造: 优化我国产业结构调整的战略思考［J］. 西安交通大学学报 (社会科学版), 2010 (2): 26 – 31, 40.

［201］冯晓玲, 丁琦. 中国“制造业服务化”发展路径探讨［J］. 亚太经济, 2011 (6): 73 – 78.

［202］王珊珊. 施耐德电气公司服务化转型战略研究［D］. 首都经济贸易大学硕士学位论文, 2014.

［203］曹晖, 林雪萍. 服务型制造趋势: 走向服务闭环［J］. 中国工业评论, 2017 (9): 94 – 99.

［204］Bhagwati J. N. Splintering and Disembodiment of Services and Developing Nations ［J］. World Economy，2010，7（2）：133 – 144.

［205］戴志强. 制造企业向服务化转型的新动向［J］. 经济导刊，2007（8）：38 – 40.

［206］杨书群. 服务型制造的实践、特点及成因探讨［J］. 产经评论，2012（4）：46 – 55.

［207］赵一婷，刘继国. 制造业服务化：概念、趋势及其启示［J］. 当代经济管理，2008（7）：45 – 48.

［208］李转少. 服务型制造：企业竞争的新利器［J］. 中国机电工业，2007（12）：16 – 17.

［209］刘洪民，杨艳东. 生产性服务业与制造业融合促进我国制造业转型升级的战略思考——基于制造业价值链微笑曲线视角［J］. 经济界，2014（6）：29 – 35.

［210］李晶莹. 装备制造业服务型制造发展的模式与路径［J］. 机电产品开发与创新，2015（6）：1 – 4.

［211］Verma R.，Ettlie J. E.，Rosenthal S. R. Service Innovation in Manufacturing ［J］. Journal of Service Management，2012，23（3）：440 – 454.

［212］Gebauer H.，Ren G. J.，Valtakoski A. Service – driven Manufacturing：Provision，Evolution and Financial Impact of Services in Industrial Firms ［J］. Journal of Service Management，2012，23（1）：12 – 26.

［213］顾乃华，毕斗斗，任旺兵. 生产性服务业与制造业互动发展：文献综述［J］. 经济学家，2006（6）：35 – 41.

［214］顾乃华，毕斗斗，任旺兵. 中国转型期生产性服务业发展与制造业竞争力关系研究——基于面板数据的实证分析［J］. 中国工业经济，2006（9）：14 – 21.

［215］Ding K.，Jiang P.，Leng J. Modeling and Analyzing of an Enterprise Relationship Network in the Context of Social Manufacturing ［J］. Proceedings of the Institution of Mechanical Engineers，2015，95（4）：40 – 54.

［216］Mark J.，Carlos M. Supply Chain Management for Servitised Products：A Multi – industry Case Study ［J］. International Journal of Production Economics，2008，114（1）：27 – 39.

［217］Lusch R. F. Reframing Supply Chain Management：A Service – dominant Logic Perspective [J]. Journal of Supply Chain Management, 2011, 47 (1): 14 - 18.

[218] 杨智伟, 董大海. 从生产到服务: 中央装备制造企业转变发展方式的路径选择 [J]. 沈阳工业大学学报 (社会科学版), 2013 (3): 199 - 204.

[219] 泰勒尔. 产业组织理论 [M]. 北京: 中国人民大学出版社, 1997.

[220] 杨水利, 叶妍, 李银平. 企业服务型制造转型升级研究——以 SG 集团为例 [J]. 科技管理研究, 2018 (18): 220 - 226.

[221] Dunn E., Sebstad J., Batzdorff L. Lessons Learned on Mse up Grading in Value Chains [J]. Usaid, 2006 (5).

[222] 毛蕴诗, 吴瑶. 企业升级路径与分析模式研究 [J]. 中山大学学报 (社会科学版), 2009, 49 (1): 178 - 186.

[223] 刘斌, 魏倩, 吕越等. 制造业服务化与价值链升级 [J]. 经济研究, 2016 (3): 151 - 162.

[224] 戴维奇, 林巧. 本地与超本地制度网络、公司创业与集群企业升级 [J]. 科学学与科学技术管理, 2013, 34 (1): 39 - 47.

[225] Ponte S., Ewert J. Which Way is "Up" in Upgrading? Trajectories of Change in the Value Chain for South African Wine [J]. World Development, 2009, 37 (10): 1637 - 1650.

[226] 毛蕴诗, 黄程亮. 创新追赶情境下技术学习推动产品升级的机制研究——以宝钢汽车板升级为例 [J]. 吉林大学社会科学学报, 2017 (4): 105 - 116.

[227] 李慧巍. 集群网络学习、集群企业技术能力和企业升级的实证研究 [J]. 生产力研究, 2013 (2): 164 - 167.

[228] Ritter T., Gemünden H. G. Network Competence: Its Impact on Innovation Success and Its Antecedents [J]. Journal of Business Research, 2003, 56 (9): 745 - 755.

[229] 宋耘, 姚凤, 唐秋粮. 网络能力对企业产品升级影响的实证研究 [J]. 学术研究, 2013 (9): 66 - 73.

[230] 毛蕴诗, 温思雅. 基于产品功能拓展的企业升级研究 [J]. 学术研究, 2012 (5): 75 - 82.

[231] 张峰. 新产品研发、顾客关系管理与供应链管理能力的交互效应 [J]. 管理工程学报, 2016, 30 (3): 44 - 53.

[232] 苏敬勤, 刘静. 产品升级导向下的自主创新路径选择: 理论与案例 [J]. 科学学与科学技术管理, 2011, 32 (11): 65 - 71.

[233] 吴兆春, 于洪彦. 互动导向、顾客关系与公司绩效——兼论市场环境因素的调节作用 [J]. 广东财经大学学报, 2013, 28 (4): 67 - 72.

[234] 姚山季, 王永贵. 企业—顾客关系影响顾客参与新产品开发的多路径模型 [J]. 经济管理, 2010, 32 (11): 91 - 98.

[235] 黄海艳. 非正式网络对个体创新行为的影响——组织支持感的调节作用 [J]. 科学学研究, 2014, 32 (4): 631 - 638.

[236] 吴家喜. 企业关系能力与新产品开发绩效关系实证研究 [J]. 科技管理研究, 2009, 29 (11): 34 - 37.

[237] Nadvi, Mahmud K. Small Firm Industrial Districts in Pakistan [D]. University of Sussex, 1996.

[238] Schmitz H., Nadvi K. Clustering and Industrialization: Introduction [J]. World Development, 1999, 27 (9): 1503 - 1514.

[239] 毛蕴诗, 汪建成. 基于产品升级的自主创新路径研究 [J]. 管理世界, 2006 (5): 114 - 120.

[240] 耿慧芳, 张杰, 杨震宁. 国有企业创新绩效、市场环境变化与政策冲击——基于创新战略和政治嵌入的调节作用 [J]. 技术经济, 2018, 37 (3): 15 - 29.

[241] 孙玉涛, 刘凤朝. 中国企业技术创新主体地位确立——情境、内涵和政策 [J]. 科学学研究, 2016, 34 (11): 1716 - 1724.

[242] 郑月龙, 王琳. 多企业共性技术合作研发行为的演化动态 [J]. 系统工程, 2018, 36 (2): 71 - 79.

[243] 何星蓉. 基于协同的高端装备制造业产学研创新能力评价指标体系研究 [J]. 经济问题探索, 2018 (5): 186 - 190.

[244] 蒋为. 环境规制是否影响了中国制造业企业研发创新? ——基于微观数据的实证研究 [J]. 财经研究, 2015, 41 (2): 76 - 87.

[245] 姜劲, 孙延明. 代工企业外部社会资本、研发参与和企业升级 [J]. 科研管理, 2012, 33 (5): 47 - 55.

[246] 李四杰, 邵灵芝. 考虑消费者策略行为的供应商产品升级策略 [J]. 中国管理科学, 2018, 26 (4): 1 - 10.

[247] 马海燕, 于孟雨. 产品复杂度、产品密度与产业升级——基于产

品空间理论的研究 [J]. 财贸经济, 2018, 39 (3): 123 – 137.

[248] 刘斌, 王杰, 魏倩. 对外直接投资与价值链参与: 分工地位与升级模式 [J]. 数量经济技术经济研究, 2015, 32 (12): 39 – 56.

[249] 林桂军, 何武. 中国装备制造业在全球价值链的地位及升级趋势 [J]. 国际贸易问题, 2015 (4): 3 – 15.

[250] 李海舰, 周霄雪. 产品十化: 重构企业竞争新优势 [J]. 经济管理, 2017 (10).

[251] 赖红波, 丁伟, 程建新. 网络关系升级对企业升级行为与企业绩效的影响研究 [J]. 科研管理, 2013, 34 (11): 124 – 130.

[252] 陈丰龙, 徐康宁. 中国出口产品的质量阶梯及其影响因素 [J]. 国际贸易问题, 2016 (10): 15 – 25.

[253] 张杰, 郑文平, 翟福昕. 中国出口产品质量得到提升了么? [J]. 经济研究, 2014, 49 (10): 46 – 59.

[254] 张舒. 产业升级路径: 产品质量阶梯的视角 [J]. 财经问题研究, 2014 (10): 41 – 47.

[255] 刘瑞, 高峰. "一带一路" 战略区位路径选择与化解传统产业产能过剩 [J]. 社会科学研究, 2016 (1): 45 – 56.

[256] 王凤荣, 王康仕. "绿色" 政策与绿色金融配置效率——基于中国制造业上市公司的实证研究 [J]. 财经科学, 2018 (5): 1 – 14.

[257] 何帆, 朱鹤. 僵尸企业的识别与应对 [J]. 中国金融, 2016 (5): 20 – 22.

[258] 黄群慧, 李晓华. "僵尸企业" 的成因与处置策略 [N]. 光明日报, 2016 – 04 – 13.

[259] 工业和信息化部, 财政部. 智能制造发展规划 (2016—2020 年) [EB/OL]. http://www.ndrc.gov.cn/fzgggz/fzgh/ghwb/gjjgh/201706/t20170620_851813.html.

[260] 工业和信息化部. 工业和信息化部关于印发 《高端智能再制造行动计划 (2018 – 2020 年)》 的通知 [EB/OL]. http://www.miit.gov.cn/n1146285/n1146352/n3054355/n3057542/n3057544/c5900275/content.html.

[261] 工业和信息化部, 国家发展和改革委员会, 中国工程院. 关于印发 《发展服务型制造专项行动指南》 的通知 [EB/OL]. http://www.miit.gov.cn/n1146295/n1652858/n1652930/n3757016/c5164359/content.html.

［262］工业和信息化部．工业和信息化部关于印发《工业绿色发展规划（2016－2020 年)》的通知［EB/OL］．http：//www. ndrc. gov. cn/fzgggz/fzgh/ghwb/gjjgh/201706/t20170621_ 851925. html.

［263］工业和信息化部．工业和信息化部关于印发《信息化和工业化深度融合专项行动计划（2013－2018 年)》的通知［EB/OL］．http：//www. gov. cn/zhuanti/2013－09/05/content_ 2595243. htm.

［264］工业和信息化部．工业和信息化部关于印发《信息化和工业化融合发展规划（2016－2020 年)》的通知［EB/OL］．http：//www. miit. gov. cn/n1146285/n1146352/n3054355/n3057267/n3057273/c5390644/content. html.

［265］国务院．国务院关于印发《"十三五"国家战略性新兴产业发展规划》的通知［EB/OL］．http：//www. gov. cn/zhengce/content/2016－12/19/content_ 5150090. htm.

［266］迟福林．"十三五"：以结构性改革推动转型升级［N］．经济参考报，2015－12－16.

［267］福建省人民政府．福建省人民政府关于加快发展智能制造九条措施［EB/OL］．http：//www. fujian. gov. cn/zc/zxwj/szfwj/201507/t20150714_1468953. htm.

［268］国家税务总局．环境保护节能节水安全生产等专用设备投资抵免企业所得税有关问题［EB/OL］．http：//www. chinatax. gov. cn/n810341/n810765/n812161/n812559/c1085269/content. html.

［269］国务院．装备制造业调整和振兴规划［EB/OL］．http：//www. gov. cn/zwgk/2009－05/12/content_ 1311787. htm.

［270］蔡昉，都阳．积极应对我国制造业单位劳动力成本过快上升问题［J］．前线，2016（5）：24－25.

［271］李兰，潘建成，彭泗清，王云峰．企业家对宏观形势及企业经营状况的判断、问题和建议——2017 中国企业经营者问卷跟踪调查报告［J］．管理世界，2017（9）：75－91.

［272］曹霞，邢泽宇，张路蓬．政府规制下新能源汽车产业发展的演化博弈分析［J］．管理评论，2018（9）：82－96.

［273］贾男，刘国顺．大数据时代下的企业信用体系建设方案［J］．经济纵横，2017（2）：40－44.

［274］黄群慧．国有企业改革步入实质推进阶段［J］．紫光阁，2016

(6)：46 - 47.

[275] 工信部．工业和信息化部关于完善制造业创新体系，推进制造业创新中心建设的指导意见［EB/OL］．http：//www. gov. cn/xinwen/2016 - 08/30/content_ 5103702. htm.

[276] 黄群慧．中国的工业大国国情与工业强国战略［J］．中国工业经济，2012（3）：5 - 16.

[277] 李廉水．中国制造业发展研究报告［M］．北京：经济管理出版社，2017.

[278] 赵丽芬．美国和日本产业转型升级的经验与启示［J］．产业经济评论，2015（1）：100 - 104.

[279] 王海兵．产业转型升级的过程、特征与驱动要素——美国经验与启示［J］．河北科技大学学报（社会科学版），2018，18（1）：9 - 16.

[280] 贾根良，杨威．战略性新兴产业与美国经济的崛起——19 世纪下半叶美国钢铁业发展的历史经验及对我国的启示［J］．经济理论与经济管理，2012（1）：97 - 110.

[281] 胡鞍钢，任皓，高宇宁．国际金融危机以来美国制造业回流政策评述［J］．国际经济评论，2018（2）：7，112 - 130.

[282] 李长胜，蔡敏．产业政策与经济转型：美国 20 世纪 80 年代以来的经验与启示［J］．改革与战略，2018，34（7）：116 - 122.

[283] 杨朝辉．核心能力与战略多元化发展——基于通用电气公司的实证分析［J］．唐山学院学报，2015，28（6）：90 - 95，100.

[284] 周忠锋，刘保滨．德国机械制造业带给中国木工机械行业的思考［J］．林业机械与木工设备，2012（4）：13 - 15.

[285] 刘保滨．从德国机械制造业引发对中国家具机械设备发展的思考［J］．木工机床，2012（4）：45 - 46.

[286] 张曙．柔性制造系统的新进展［J］．组合机床，1983（1）：4 - 9，51.

[287] 范泽红，李雪．历尽沧桑见证汽车工业发展［J］．科学中国人，2006（11）：48 - 54.

[288] 谭波，郭红玉．政府与市场关系的创新思维——当代德国社会市场经济体制评析［J］．人民论坛·学术前沿，2017（4）：61 - 69.

[289] 孙杭生，丁庆蔚．日本"世界工厂"繁荣期的制造业转型升级

［J］．商业研究，2010（10）：170－173．

［290］徐冬青．日韩两国产业结构演进与经验：对苏南地区经济发展的启示［J］．世界经济与政治论坛，2007（6）：100－105．

［291］赵晋平．20世纪90年代以来日本产业结构的演变及其启示［J］．国际贸易，2007（9）：39－45．

［292］李晓燕，曹素娜．日本产业政策回顾及对我国产业政策的启示［J］．北方经贸，2009（12）：31－32．

［293］李魁，刘淑春．战后日本产业政策的演变及对我国产业政策的启示［J］．科技创业月刊，2006（3）：79－81．

［294］陈韶华．战后日本产业政策研究［D］．武汉大学博士学位论文，2011．

［295］孟昌，张欣．资源环境双重约束下的产业结构升级：日本的经验与启示［J］．林业经济，2012（2）：92－96．

［296］日本科学技术厅．1970年度科学技术白皮书［R］．日本科学技术厅，1970．

［297］凡夫俗子．日本制造业兴衰启示录［J］．商业观察，2018（6）：56－61．

［298］付卫东．制造业强国崛起与现代职业教育体系建设——日本的经验及启示［J］．华中师范大学学报（人文社会科学版），2015，54（4）：161－167．

［299］刘旭颖．日本制造业凭什么成功［N］．国际商报，2015－06－01（A04）．

［300］黄群慧，贺俊．"第三次工业革命"与中国经济发展战略调整［J］．中国工业经济，2013（1）：5－18．

［301］戴亦舒，叶丽莎，董小英，胡燕妮．CPS与未来制造业的发展：中德美政策与能力建构的比较研究［J］．中国软科学，2017（2）：11－20．

［302］雷家骕．创新作用于经济增长的一般机理研究［J］．中国青年科技，2007（4）：27－35．

［303］刘勇，黄子恒，杜师等．国际产能合作：规律、趋势与政策［J］．上海经济研究，2018（2）：100－107．

［304］孙浩进．国际产业转移的历史演进及新趋势的启示［J］．人文杂志，2011（2）：85－87．

［305］金碚．全球化新时代的中国产业转型升级［J］．中国工业经济，

2017（6）：41 – 46.

［306］赵芸芸. 积极应对全球制造业转移新趋势［N］. 中国经济时报，2018 – 07 – 17.

［307］刘瑞，高峰. "一带一路"战略的区位路径选择与化解传统产业产能过剩［J］. 社会科学研究，2016（1）：45 – 56.

［308］Baldwin R. , Venables A. Spiders and Snakes：Offshoring and Agglomeration in the Global Economy［R］. Nber Working Paper，2010.

［309］Gramer C. Can Africa Industrialize by Processing Primary Commodities? The Case of Moz – ambican Cashew Nuts［J］. World Development，1999，27（7）：1247 – 1266.

［310］王玉燕，林汉川，吕臣. 全球价值链嵌入的技术进步效应——来自中国工业面板数据的经验研究［J］. 中国工业经济，2014（9）：65 – 77.

［311］杨水利，杨祎. 产业对外依存度对价值增值影响的实证研究［J］. 运筹与管理，2019，28（10）：184 – 191.

［312］刘维林. 产品架构与功能架构的双重嵌入——本土制造业突破GVC 低端锁定的攀升途径［J］. 中国工业经济，2012（1）：152 – 160.

［313］Hummels D. , Ishii J. , Yi K. M. The Nature and Growth of Vertical Specialization in World Trade［J］. Journal of International Economics，2001，54（1）：75 – 96.

［314］Antràs. Orgnizing the Global Value Chain［J］. Econometrica，2013，81（6）：2127 – 2204.

［315］王直，魏尚进，祝坤福. 总贸易核算法：官方贸易统计与全球价值链的度量［J］. 中国社会科学，2015（9）：108 – 127，205 – 206.

［316］Koopman R. , Powers W. , Wang Z. , Wei S. J. Give Credit Where Credit is Due：Tracing Value Added in Global Production Chinas［R］. Nber Working Paper Series，2010.

［317］Wang Z. , Wei S. J. , Yu X. D. , Zhu K. F. Measures of Participation in Global Value Chains and Global Business Cycles［R］. Nber Working Paper Series，2017.

［318］Fally T. On the Fragmentation of Production in the U. S. University of Colorado – boulder［R］. Working Paper，2011.

［319］Antràs P. , Chor D. , Fally T. , Hillberry R. Measuring the Upstreamness of Production and Trade Flows [J]. American Economic Review, 2012, 102 (3): 412 – 416.

[320] Wang Z., Wei S. J. The Rising Sophistication in China's Exports: Assessing the Roles of Processing Trade, Foreign Invested Firms, Human Capital and Government Policies [J]. The Nber Conference on China's Growing Role, 2007 (7).

[321] Lall S. The "Sophistication" of Exports: A New Trade Measure [J]. World Development, 2006, 34 (2): 222 – 237.

[322] 李小平, 周记顺, 王树柏. 中国制造业出口复杂度的提升和制造业增长 [J]. 世界经济, 2015, 38 (2): 31 – 57.

[323] 唐海燕, 张会清. 产品内国际分工与发展中国家的价值链提升 [J]. 经济研究, 2009, 44 (9): 81 – 93.

[324] 王岚, 李宏艳. 中国制造业融入全球价值链路径研究——嵌入位置和增值能力的视角 [J]. 中国工业经济, 2015 (2): 76 – 88.

[325] 杨水利, 杨祎. 技术创新模式对全球价值链分工地位的影响 [J]. 科研管理, 2019, 40 (12): 11 – 20.

[326] Archibugi D., Coco A. Measuring Technological Capabilities at the Country Level: A Survey and a Menu for Choice [J]. World Development, 2004 (2): 629 – 654.

[327] 杜修立, 王维国. 中国出口贸易的技术结构及其变迁: 1980—2003 [J]. 经济研究, 2007 (7): 137 – 151.

[328] Hausmann R. Growth Accelerations [J]. Journal of Economic Growth, 2005 (4): 303 – 329.

[329] Hausmann R., Hidalgo C. A. Country Diversification, Product Ubiquity, and Economic Divergence [J]. Journal of Economic Dynamics & Control, 2010 (4): 309 – 342.

[330] Tacchella A., Cristelli M., Caldarelli G., Gabrielli A., Pietronero L. Economic Complexity Conceptual Grounding of a New Metrics for Global Competitiveness [J]. Journal of Economic Dynamics & Control, 2013 (37): 1683 – 1691.

[331] 苏杭, 郑磊, 牟逸飞. 要素禀赋与中国制造业产业升级——基于 WIOD 和中国工业企业数据库的分析 [J]. 管理世界, 2017 (4): 70 – 79.

[332] 程虹, 刘三江, 罗连发. 中国企业转型升级的基本状况与路径选

择——基于 570 家企业 4794 名员工入企调查数据的分析［J］. 管理世界，2016（2）：57 – 70.

［333］刘志彪. "一带一路"倡议下全球价值链重构与中国制造业振兴［J］. 中国工业经济，2017（6）：37 – 41.

［334］中华人民共和国商务部. 中国对外投资合作发展报告［R］. 2018.

［335］国家信息中心"一带一路"大数据中心. "一带一路"大数据报告［M］. 北京：商务印书馆，2017.

［336］国务院. 国务院关于深化"互联网 + 先进制造业"发展工业互联网的指导意见［EB/OL］. http：//www. gov. cn/zhengce/content/2017 – 11/27/content_ 5242582. htm.

［337］黄群慧. 论中国工业的供给侧结构性改革［J］. 中国工业经济，2016（9）：5 – 23.

［338］黄群慧. "十三五"时期新一轮国有经济战略性调整研究［J］. 北京交通大学学报，2016（2）：1 – 13.

［339］郭晓蓓. 欧美"再工业化"战略进展及对我国产业升级的启示［J］. 当代经济管理，2018（3）：89 – 97.

［340］黄群慧. 论新时期中国实体经济发展［J］. 中国工业经济，2017（9）：5 – 24.

［341］黄群慧. 经济新常态下的中国工业经济运行分析——2016 年特征与 2017 年挑战［J］. 河北经贸大学学报，2017（4）：1 – 6.

［342］德勤有限公司和美国竞争力委员会. 2016 全球制造业竞争力报告［R］. 2016.

［343］中国科学技术发展战略研究院. 2016 – 2017 国家创新指数报告［R］. 2017.

［344］中国工程院. 2015 中国制造强国发展指数报告［R］. 2016.

［345］国务院. 国务院关于印发《中国制造 2025》的通知［EB/OL］. http：//www. gov. cn/zhengce/content/2015 – 05/19/content_ 9784. htm.

［346］国家发展改革委. 国家发展改革委关于印发《增强制造业核心竞争力三年行动计划（2018 – 2020 年）》的通知［EB/OL］. http：//www. ndrc. gov. cn/gzdt/201711/t20171127_ 867960. html.

［347］杨祎，杨水利. 技术创新模式对国际竞争优势的影响研究［J］. 预测，2020，39（3）：10 – 17.

［348］彭爽，李利滨．中国产业国际竞争力再估算——基于比较优势与竞争优势的实证分析［J］．江西社会科学，2018（4）：61－69．

［349］徐坡岭．我国制造业在"一带一路"的产业链布局问题——竞争优势互补与中间贸易视角［J］．东北亚论坛，2018（137）：88－109．

［350］闫俊周，杨祎．中国战略性新兴产业供给侧创新效率研究［J］．科研管理，2019，40（4）：34－43．

［351］张轶龙，崔强．中国工业化与信息化融合评价研究［J］．科研管理，2013，34（4）：43－49．

［352］任毅，东童童．工业化与信息化融合发展述评及其引申［J］．改革，2015（7）：47－56．

［353］孔德洋，徐希燕．生产性服务业与制造业互动关系研究［J］．经济管理，2008（12）：74－79．

［354］唐晓华，张欣钰，李阳．制造业与生产性服务业协同发展对制造效率影响的差异性研究［J］．数量经济技术经济研究，2018（3）：59－77．

［355］杨祎，杨水利，叶建华，陈晓辉．制造业OFDI、技术差距与增加值出口［J］．经济经纬，2020，37（2）：69－76．

［356］熊宇．承接生产者服务业外包对制造业升级的促进——基于全球价值链视角［J］．国际经贸探索，2011，27（5）：4－10．

［357］张杰，刘志彪，郑江淮．出口战略、代工行为与本土企业创新——来自江苏地区制造业企业的经验证据［J］．经济理论与经济管理，2008，5（1）：12－19．

［358］李正风．科学知识生产方式及其演变［M］．北京：清华大学出版社，2005．

［359］黄明，薛云建．基于品牌价值提升的品牌文化战略创新（三）——品牌文化战略的建设层次［J］．企业研究，2012（11）：58－60．

［360］乔均，彭纪生．品牌核心竞争力影响因子及评估模型研究——基于本土制造业的实证分析［J］．中国工业经济，2013（12）：130－142．

［361］张弛．基于产业链治理的集群国际竞争力提升研究［D］．浙江大学博士学位论文，2011．

［362］覃毅．品牌主导型产业迈向全球价值链中高端路径探析［J］．经济学家，2018，5（5）：32－38．

［363］王琴．基于价值网络重构的企业商业模式创新［J］．中国工业经

济，2011（1）：79-88.

[364] 王玲玲. 基于服务创新的我国制造业产业链升级研究［D］. 南京财经大学硕士学位论文，2012.

[365] 周济，李培根，周艳红等. 走向新一代智能制造［J］. Engineering，2018，4（1）：28-47.

[366] 万志远，戈鹏，张晓林，殷国富. 智能制造背景下装备制造业产业升级研究［J］. 世界科技研究与发展，2018，40（3）：316-327.

[367] 柴天佑. 制造流程智能化对人工智能的挑战［J］. 中国科学基金，2018，32（3）：251-256.

[368] 吴金南，李见，黄丽华. 智能产品创造性对消费者感知吸引性与购买意图的影响研究［J］. 研究与发展管理，2017，29（5）：77-86.

[369] 方毅芳，宋彦彦，杜孟新. 智能制造领域中智能产品的基本特征［J］. 科技导报，2018，36（6）：90-96.

[370] 谭清美，王磊. "智能生产与服务网络"的安全界壳体系设计［J］. 系统工程理论与实践，2018，38（1）：79-92.

[371] 何涛. 红领集团推进服务型制造引领世界定制的战略与路径选择［J］. 对外经贸实务，2017（2）：89-92.

[372] 徐艳，顾江源，刘娟等. 智能时代绿色产品发展的升级途径［J］. 青岛科技大学学报（社会科学版），2017，33（4）：51-54.

[373] 钟源. 去年我国研发经费投入1.75万亿，居世界第二［N］. 经济参考报，2018-02-14（001）.

[374] 原毅军，戴宁. 基于绿色技术创新的中国制造业升级发展路径［J］. 科技与管理，2017，19（1）：8-15.

[375] 李昆. 绿色技术创新的平台效应研究——以新能源汽车技术创新及商业化为例［J］. 外国经济与管理，2017，39（11）：31-44.

[376] 马培根，房靖华，雷小云. 关于煤粉工业锅炉的技术分析与政策思考［J］. 环境与可持续发展，2011，36（5）：28-33.

[377] 中华人民共和国工业和信息化部. 关于加快推进环保装备制造业发展的指导意见［EB/OL］. http：//www.miit.gov.cn/n1146285/n11 46352/n3054355/n3057542/n3057545/c5873558/content.html.

[378] 杨琴，陈炜. 我国合同能源管理财税政策实施的完善思考［J］. 会计之友，2015（1）：91-94.

［379］李宁国，董战山，冯国滨．合同能源管理税收政策有效性实证研究［J］．山东财经大学学报，2016，28（4）：103－111.

［380］储宏．关于绿色工厂评价方法的探究［J］．资源节约与环保，2017（12）：92，94.

［381］杨檬，刘哲．绿色工厂评价方法［J］．信息技术与标准化，2017（Z1）：25－27.

［382］中华人民共和国工业和信息化部．绿色工厂评价通则［EB/OL］．http：//www.miit.gov.cn/n1146290/n1146402/n1146440/c6178229/part/6178233.pdf.

［383］陈栋，朱亚楠．绿色供应链绩效评价指标体系及模型构建［J］．交通科技与经济，2012，14（4）：94－97.

［384］毛涛．如何发掘优秀的绿色供应链企业［N］．中国工业报，2018－08－15（001）.

［385］陈波，梁彤缨．企业研发投入保障机制的相关研究评述［J］．科技管理研究，2014，34（6）：114－117.

［386］李志强．企业家创新行为制度配置：演化的特征［J］．管理世界，2009（7）：180－181.

［387］杨水利等．高校院所科技成果转化收益分配机制研究课题［R］.2018.

［388］刘新英，莫俊森，周瑞云．对广西工程技术研究中心建设现状的几点思考［J］．企业科技与发展，2018（4）：3－8.

［389］孙浩进．我国产学研技术创新战略联盟模式的国际经验借鉴［J］．前沿理论，2018（8）：6－9.

［390］马松尧．试论科技成果转化的动力机制［J］．兰州大学学报（社会科学版），2004（9）：122－126.

［391］杨萍，张源．我国科技成果转化的制度安排与机制优化［J］．科技管理研究，2010，30（9）：19－21.

［392］张广凤．中小企业联合创新机制研究——社会资本视角［J］．经济研究导刊，2010（12）：18－19.

［393］韩江波．创新链与产业链融合研究——基于理论逻辑及其机制设计［J］．技术经济与管理研究，2017（12）：32－36.

［394］方鹏．基于SD的产业链与创新链向产业创新链协同演进机制研究［D］．南华大学硕士学位论文，2016.

［395］李林，胡宇萱，曾立．科技兴军视角下区域军民融合创新体系研究［J］．科学管理研究，2017（2）：62-65.

［396］黄娟．"五大发展"理念下生态文明建设的思考［J］．中国特色社会主义研究，2016（5）：83-88.

［397］黄娟，程丙．简论长江经济带建设绿色协调发展带［J］．特区实践与理论，2017（4）：63-66.

［398］中华人民共和国生态环境部．关于健全生态保护补偿机制的意见［EB/OL］http：//zfs.mep.gov.cn/hjjj/gjfbdjjzcx/stbczc/201608/t20160823_362715.shtml.

［399］高小杰，陈森，李婧．提升南京市工业危废转移处置管理水平的对策研究——建立生态补偿机制初探［J］．安徽农学通报，2016，22（1）：59-60.

［400］湖北省人民政府．关于建立健全生态保护补偿机制的实施意见［EB/OL］http：//www.hubei.gov.cn/govfile/ezbf/201803/t20180306_1259441.shtml.

［401］中华人民共和国工业和信息化部．绿色制造工程实施指南（2016—2020年）［EB/OL］http：//www.miit.gov.cn/n1146285/n11 46352/n3054355/n3057542/n3057545/c5253469/content.html.

［402］中华人民共和国中央人民政府．"十三五"节能减排综合工作方案［EB/OL］http：//www.gov.cn/zhengce/content/2017-01/05/content_5156789.htm.

［403］中华人民共和国工业和信息化部．工业节能与绿色标准化行动计划（2017—2019年）［EB/OL］http：//www.miit.gov.cn/n1146295/n1652858/n1652930/n3757016/c5660058/content.html.

［404］陈忠良，魏来．加强产学研合作协同创新机制建设探究［J］．岳阳职业技术学院学报，2014，29（4）：5-8.

［405］余长林，高宏建．环境管制对中国环境污染的影响——基于隐性经济的视角［J］．中国工业经济，2015（7）：21-35.

［406］谭清美，陈静．信息化对制造业升级的影响机制研究——中国城市面板数据分析［J］．科技进步与对策，2016，33（20）：55-62.

［407］彭诗言，王西．制造业低碳信息管理创新与信息平台建设研究［J］．情报科学，2017，35（2）：102-106.

［408］郭佳，干勇．基于多人博弈的制造业创新中心建设对策研究［J］．管理现代化，2017，37（2）：12－15．

［409］马法尧，牟绍波，黄雷．提升高端装备制造业开放式创新能力的影响因素及对策［J］．经济纵横，2016（8）：82－85．

［410］丁明磊，陈志．美国建设国家制造业创新网络的启示及建议［J］．科学管理研究，2014，32（5）：113－116．

［411］张恒梅．当前中国先进制造业提升技术创新能力的路径研究——基于美国制造业创新网络计划的影响与启示［J］．科学管理研究，2015，33（1）：52－55．

［412］高婴劢，许旭．制造业"双创"平台的演进路径与应用场景［J］．中国工业评论，2018（1）：58－67．

［413］吴义爽，徐梦周．制造企业"服务平台"战略、跨层面协同与产业间互动发展［J］．中国工业经济，2011（11）：48－58．

［414］国家发展改革委产业司．改造提升制造业　推动服务业大发展中加快推进产业结构调整和转型升级［J］．中国经贸导刊，2014（4）：13．

［415］王媛媛，宗伟．第三次工业革命背景下推进我国智能制造业发展问题研究［J］．亚太经济，2016（5）：120－126．

［416］王海波，倪益华，黄娜莎．面向企业间业务协作的异构系统集成方法［J］．轻工机械，2010，28（4）：123－127．

［417］王秀峰．国务院：重点支持研发设计等8领域高技术服务业——当工人，就得把活干好、干精［J］．现代班组，2012（2）：46－47．

［418］陈靖元．基于工业4.0思想的某企业信息化与工业化深度融合规划与建设研究［D］．浙江工业大学硕士学位论文，2015．

［419］黄伟．我国装备制造业实施战略性贸易政策的几点思考［J］．国际贸易，2007（3）：10－13．

［420］张菀航．创新进阶：中国制造业的路径选择［J］．中国发展观察，2017（7）：15－18．

［421］曹根基．互联网＋智能制造深度融合的产业生态链分析［J］．无线互联科技，2015（24）：42－44．

［422］薛殿中，巩永华，王亦子．创新驱动网络经济生态链快速发展［J］．通信企业管理，2015（5）：75－77．

［423］张万强，潘敏．财政政策影响装备制造业发展的经验分析［J］．

财经问题研究，2015（7）：86 –91.

[424] 王子林．供给侧改革的创新驱动与产业升级［J］．当代经济，2017（5）：26 –28.

[425] 刘佳宁．新常态下制造业转型升级的金融支撑［J］．广东社会科学，2016（1）：46 –54.